令和5年版

タックス・ヘイブン税制の実務と申告

望月 文夫 著

一般財団法人 大蔵財務協会

はしがき

タックス・ヘイブン税制は昭和53年（1978年）に導入されました。その後、名称が外国子会社合算税制と改められる一方、多くの改正が行われてきました。当初はタックス・ヘイブンに所在する子会社等の所得を合算するものでしたが、理論的には、本税制の対象をタックス・ヘイブン所在子会社のみに限定すべきではなく、また、そもそもタックス・ヘイブンの定義自体もあいまいであったこともありました。

2010年代に入ると、特に米国多国籍企業による大規模な国際的租税回避を「税源浸食と利益移転（BEPS）」と捉え、G20と経済協力開発機構（OECD）によって国際課税の枠組みを再構築する議論（これを「BEPSプロジェクト」といいます。）が行われ、2015年10月に最終報告書が公表されました。

タックス・ヘイブン税制についても、最終報告書でその適正化が勧告されたことから、平成29年（2017年）度税制改正で抜本的に改正されました。その後、毎年のようにこれを補完する改正が行われました。その結果、本税制は非常に複雑になっただけでなく、課税対象範囲が拡大されたこともありますが、それまで関係のなかった個人や中小企業においても検討が求められることになりました。

今般、令和５年度税制改正（法律、政令、省令）、そしてこの間の通達改正を取り入れ、本制度の対象となる個人（居住者）について新たな記述を含めた最新版を出版することになりました。そして、本税制に関係する外国税額控除・為替差益についても説明しました。内容については、十分に意を尽くせない部分も多く、不十分なところも多いと存じます。読者の皆様方からの忌憚のないご意見、ご批判を賜りますようお願い申し上げます。

終わりに、本書刊行の機会を与えて下さいました一般財団法人大蔵財務協会の木村理事長をはじめ、刊行にあたって終始ご協力とご支援をいただきました編集局の諸氏に心より御礼を申し上げます。

令和５年11月

望月文夫

第1部　タックス・ヘイブン税制の概要

序　章　タックス・ヘイブン税制（外国子会社合算税制）の概要

第1章　外国関係会社の範囲

第2章　制度の適用を受ける内国法人（納税義務者）

第3章 特定外国関係会社又は対象外国関係会社の適用対象金額に係る合算課税（外国関係会社単位の合算課税）

第4章　外国関係会社の部分合算課税

第5章 外国金融子会社等

第6章 益金算入額の計算

第7章 居住者へのタックス・ヘイブン対策税制

第8章 その他

第２部 新タックス・ヘイブン税制Ｑ＆Ａ

第3部 法人税確定申告書の様式と作成事例

第1章 タックス・ヘイブン税制に関係する別表の種類と概要

第２章　申告書作成事例

第４部　参考法令等

凡 例

措法………租税特別措置法
措令………租税特別措置法施行令
措規………租税特別措置法施行規則
措通………租税特別措置法通達
Q&A………国税庁法人課税課情報「外国子会社合算税制に関するQ&A（平成29年度改正関係等）（情報）」平成30年１月（平成30年８月・令和元年６月改訂）

本書は、令和５年４月１日現在の法令・通達・情報等によっています。

第1部

タックス・ヘイブン税制の概要

序章　タックス・ヘイブン税制（外国子会社合算税制）の概要

はじめに

タックス・ヘイブン税制（外国子会社合算税制）は、外国子会社等を利用した租税回避を抑制するために、一定の条件に該当する外国子会社等の所得を、日本の親会社の所得とみなして合算し、日本で課税する制度です。昭和53年（1978年）に導入されたので、既に40年以上の歴史があります。

本税制の名称は、当初はタックス・ヘイブン対策税制と言われてきましたが、近年は外国子会社合算税制と言われています。本書では、便宜上タックス・ヘイブン税制という用語を使用しています。

さて、平成29年（2017年）度税制改正において、本税制は抜本的に改正されました。その背景として、いわゆる平成27年（2015年）10月に公表されたBEPSプロジェクトの最終報告書の行動3「外国子会社合算税制の強化」があり、「外国子会社の実態に即して課税すべき」との基本的な考え方が提示されました。

具体的には、いわゆるペーパー・カンパニー等についてはその全所得を親会社の所得として合算課税することにしたほか、外国子会社の所得を「能動的所得」と「受動的所得」に区分し、前者については「経済活動基準」を満たした場合には合算課税しない一方、後者については部分合算課税をすることにしました。その際、ペーパー・カンパニー等については、税負担割合が30％以上、その他の外国子会社については20％以上の場合には、合算課税を行いません。

このほか、受動的所得の範囲の拡大が行われるなど、全体として租税回避のリスクを所得や事業の内容によって把握する制度に改めるなど、厳しい制度になったということができます。

なお、企業の事務負担軽減の観点から、租税負担割合20％以上の外国子会社は、租税回避リスクの高いペーパー・カンパニー等を除き、合算課税を免除して申告不要とする制度適用免除等の措置を講じています。

以下、平成29年度改正以降の見直しの主なポイントについて掲げます。

外国子会社合算税制：平成29年度改正での見直しのポイント

○　日本企業の海外での事業展開を阻害することなく、効果的に租税回避リスクに対応できるよう、改正前の制度の骨格は維持しつつ、以下を見直し。見直しに当たっては、租税回避に関与していない企業に過剰な事務負担がかからないよう配慮。

見直しの目的	内　容
■　会社単位の租税負担割合が一定率（トリガー税率）以上である事のみを理由に、合算対象とされないことへの対応	■　トリガー税率を廃止し、ペーパーカンパニー等の所得は、原則、会社単位で合算 （注：ただし、一定の保険委託者・資源投資法人については、事業実態に配慮した特例を措置）
■　租税回避リスクに効果的に対応しつつ、改正前の制度と比較して過剰な事務負担が企業にかからないようにする	■　事務負担軽減の措置として、会社単位の租税負担割合「20%」による制度適用免除基準を策定
■　資本関係は無いが、契約関係等により子会社を支配しているケースや間接支配への対応	■　実質支配基準の導入と持株割合の計算方法の見直し
■　実体ある事業を行っている航空機リース会社や製造子会社の所得が合算されないよう対応	■　事業基準・所在地国基準の判定方法の見直し
■　第三者を介在させることで、「非関連者基準」を形式的に満たすケースへの対応	■　非関連者基準の判定方法の見直し
■　経済実体のない、いわゆる受動的所得は合算対象とする	■　受動的所得の対象範囲の限定（配当、利子、無形資産の使用料等） （注：ただし、金融機関が本業から得る金融所得は合算対象から除外）

《外国子会社合算税制：見直し後のイメージ》

・租税回避リスクを、外国子会社の個々の活動内容（所得の種類等）により把握

・租税回避リスクの低い外国子会社に、所得を「能動／受動」に分類する事務作業が発生しないよう、一定の税負担をしている外国子会社は適用を免除

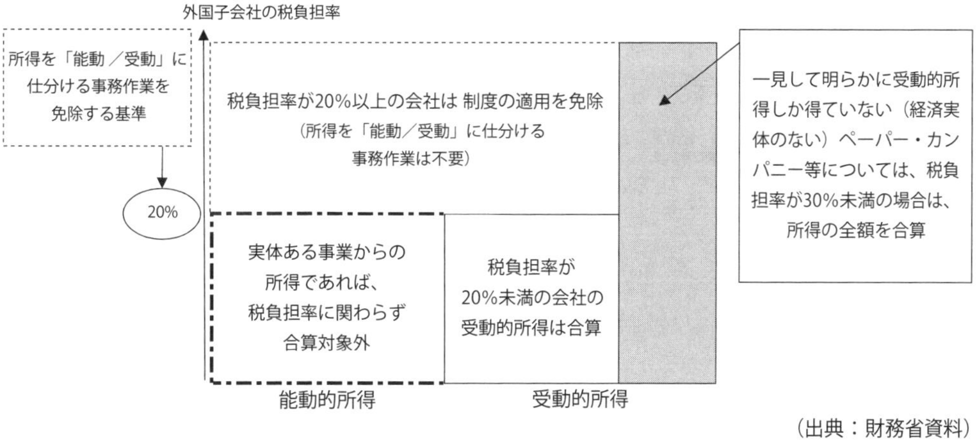

（出典：財務省資料）

1　現行のタックス・ヘイブン税制の特徴

平成29年度に抜本的に改正されたタックス・ヘイブン税制ですが、内国法人（居住者）の所得に合算される対象となる外国関係会社について、トリガー税率を廃止しました。従来は、租税負担割合20％未満の外国関係会社のみが本税制の適用だったのに対して、改正後は租税回避対策税制としての特徴が顕著に出ています。

そのため、合算課税の対象となる外国関係会社の種類が多くなったほか、部分合算課税の対象となる受動的所得の範囲も大幅に増えました。

一方、後述する特定外国関係会社に該当すると租税負担割合が30％（令和６年４月１日以降開始事業年度は27％）未満の場合に合算課税の対象となります。近年、各国とも税率を引き下げたことから諸外国の法人税の実効税率はほとんどの場合、30％を下回っています。極論にはなりますが全ての外国子会社について本税制の対象となるか否かについて申告前に検討しておく必要が出てきました。

令和５年度税制改正後の本税制の概要図は、次のとおりです。

《内国法人の外国関係会社に係る所得の課税の特例の見直し》

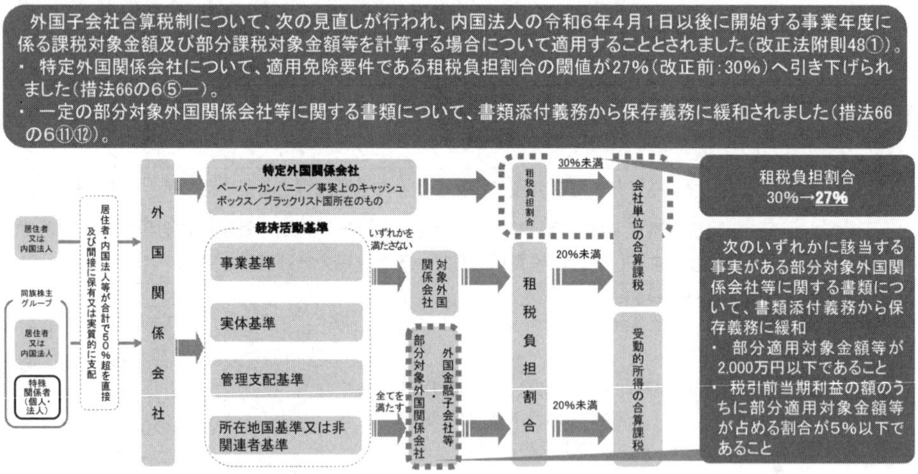

（出典：国税庁資料）

2　外国関係会社の種類

外国関係会社の種類と位置付けを図示すると、次のようになります。

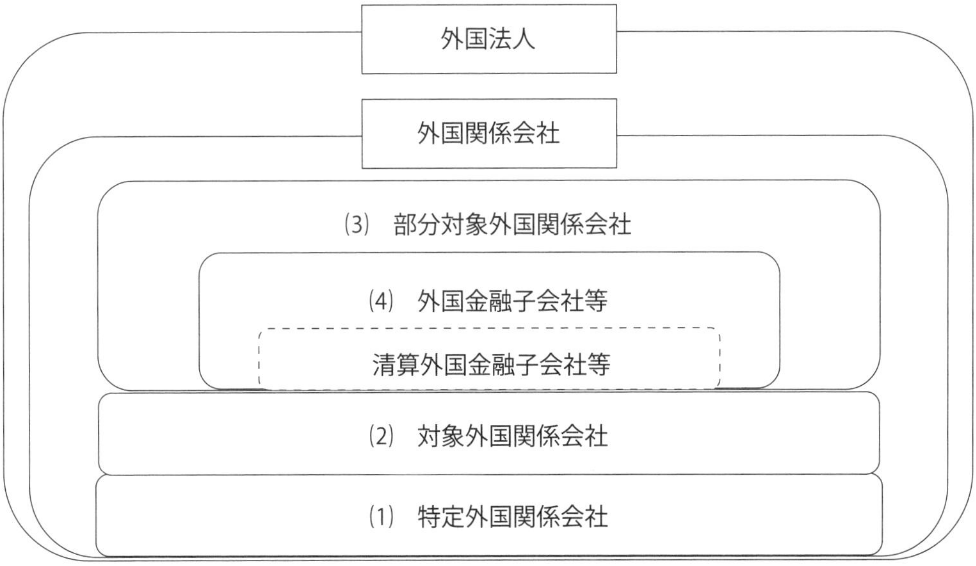

（著者作成）

上の図に基づいて本税制の対象となる外国関係会社について説明します。一番大きな概念として外国法人があります。そして、その中に外国関係会社という概念があり、これが本税制の対象となり、その外国関係会社の状況により合算課税となるか否かが決定されていきます。

(1)　特定外国関係会社・・・ペーパー・カンパニー、キャッシュ・ボックス、ブラック・リスト国（地域）所在法人の３つです。共通点としては、租税負担割合が30％（27％）未満の外国関係会社が該当するということです。

　このうち、ペーパー・カンパニーは、後述するように主に実体基準または管理支配基準のいずれかを満たさない外国関係会社を指します。

　次に、キャッシュ・ボックスは、一定の受動的所得が総資産額の30％を超えており、かつ、一定の固定資産の帳簿残高が総資産額の50％を超えるもの等を指します。

　最後のブラック・リスト国（地域）所在法人ですが、このブラック・リスト国（地域）は財務大臣が告示することになっています。執筆日現在、未だブラック・リスト国（地域）が告示されていないので、未定ということになります。

(2)　対象外国関係会社・・・特定外国関係会社以外の外国関係会社のうち、経済活動基準のいずれかを満たさないもので、租税負担割合が20％未満のものを指します。

⑶　**部分対象外国関係会社・・・**特定外国関係会社又は対象外国関係会社には該当しない外国関係会社のうち租税負担割合が20％未満のもので、一定の受動的所得（特定所得といいます。）を有するものを指します。

⑷　**外国金融子会社等・・・**本店所在地国の法令に準拠して銀行業を営む等の一定の要件を満たす部分対象外国関係会社を指します。そして、この中には本税制の対象とはならない清算外国金融子会社等という概念があります。これは、解散により外国金融子会社等に該当しないこととなった部分対象外国関係会社を指します。

なお、最初に特定外国関係会社を紹介したのは、本税制上、合算課税の対象にするための優先度が高いからです。本税制の構造上、まず会社単位の合算課税対象となる外国関係会社を特定する必要がありますが、初めにペーパー・カンパニー等の特定外国関係会社に該当するかを判定し、特定外国関係会社に該当した場合には、それ以下の検討は不要になります。そして、次に対象外国関係会社に該当するかを判定します。さらに、会社単位の合算課税にならない場合に限り、受動的所得のみ合算課税の対象となる部分対象外国関係会社の判定をします。

ただし、部分対象外国関係会社のうち、外国金融子会社等に該当する場合には部分対象外国関係会社ではなく、外国金融子会社等を優先することになります。

このように、抜本改正後は非常に複雑な制度になったので注意が必要です。

第1章　外国関係会社の範囲

はじめに

タックス・ヘイブン税制が適用されるのは、内国法人等が外国関係会社を何らかの形で保有していることが前提になります。そこで、本税制においては、内国法人等が直接又は間接に50％を超える持分を有する（又は実質支配関係にある）外国法人を、「外国関係会社」と定義しています。簡単に言えば、外国子会社のうち日本親会社が子会社の持分（株式など）の50％超を保有している場合、その外国子会社のことを外国関係会社といいます。

1　外国関係会社の範囲

外国関係会社とは、具体的には、次の①又は②に掲げる外国法人とされています（措法66の6②一）。このうち、①は内国法人等の持分割合等が50％超の場合をいい、②はいわゆる実質支配関係にある場合をいいます。

① 居住者及び内国法人並びに特殊関係非居住者（居住者又は内国法人と特殊の関係のある非居住者をいいます。）及び②に掲げる外国法人（これらを居住者等株主等といいます。）の外国法人に係る8ページ以下に掲げるイ、ロ又はハの割合のいずれかが50％を超える場合におけるその外国法人を外国関係会社

② 居住者又は内国法人との間に実質支配関係がある外国法人

ここで、「居住者等株主等」という用語の範囲を確認しておきましょう。居住者等株主等とは、次のものを指します。

居住者等株主等

＝居住者＋内国法人＋特殊関係非居住者＋実質支配関係にある外国法人

【居住者】居住者とは、日本に住所を有する個人です。住所の意義については、生活の本拠をいい、生活の本拠に該当するかについては客観的に判断することとされます。

【内国法人】内国法人とは、日本に本店又は主たる事務所を有する法人です。いわゆる外資系企業であっても、国内に本店があれば内国法人に該当します。

【特殊関係非居住者】居住者又は内国法人と特殊の関係のある非居住者を指し

ます。この場合の「特殊の関係」は非常に広範囲です。というのは、租税回避を防止するためです。

【上の②に掲げる外国法人】内国法人等との間で実質支配関係にある外国法人をいいます。

【特殊関係非居住者における「特殊の関係」とは】

特殊の関係とは、次に掲げる関係をいいます（措令39の14の２①、39の14⑥一）。

イ　その一方の者の親族

ロ　その一方の者と婚姻の届出をしていないが事実上婚姻関係と同様の事情にある者

ハ　その一方の者の使用人又は雇主

ニ　イからハまでに掲げる者以外の者でその一方の者から受ける金銭その他の資産によって生計を維持しているもの

ホ　ロからニまでに掲げる者と生計を一にするこれらの者の親族

ヘ　内国法人の役員（法人税法第２条第15号に規定する役員をいいます。以下この節において同じです。）及び当該役員に係る法人税法施行令第72条各号に掲げる者

次に外国関係会社の判定に用いられる株式保有割合、議決権保有割合、請求権保有割合を順に説明します。

イ　居住者等株主等の外国法人（実質支配関係がある外国法人に該当するものを除きます。）に係る直接保有株式等保有割合（居住者等株主等の有するその外国法人の株式等の数又は金額がその発行済株式等の総数又は総額のうちに占める割合をいいます。）及び居住者等株主等のその外国法人に係る間接保有株式等保有割合（居住者等株主等の他の外国法人を通じて間接に有するその外国法人の株式等の数又は金額がその発行済株式等の総数又は総額のうちに占める割合(注)をいいます。）を合計した割合

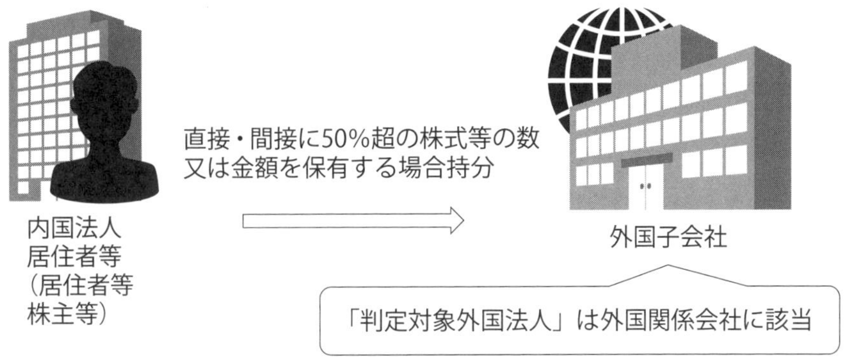
直接・間接に50%超の株式等の数
又は金額を保有する場合持分
内国法人
居住者等
（居住者等
株主等）
外国子会社
「判定対象外国法人」は外国関係会社に該当

（注）　上記イの間接保有株式等保有割合は、具体的には、次に掲げる場合の区分に応じ次に定める割合（次に掲げる場合のいずれにも該当する場合には、次に定める割合の合計割合）とされています（措令39の14の２②）。

（イ）　外国関係会社への該当性を判定しようとする外国法人（①において「判定対象外国法人」といいます。）の株主等である外国法人（②に掲げる外国法人に該当するものを除きます。）の発行済株式等の50％を超える数又は金額の株式等が居住者等株主等によって保有されている場合・・・その株主等である外国法人の有するその判定対象外国法人の株式等の数又は金額がその発行済株式等のうちに占める割合（その株主等である外国法人が二以上ある場合には、その二以上の株主等である外国法人につきそれぞれ計算した割合の合計割合）

《間接保有の場合》

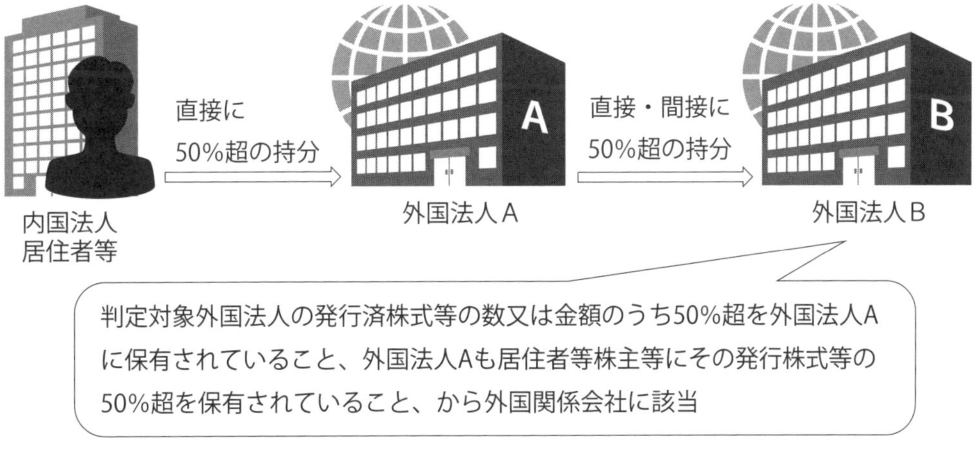
直接に
50%超の持分
A
直接・間接に
50%超の持分
B
内国法人
居住者等
外国法人Ａ
外国法人Ｂ
判定対象外国法人の発行済株式等の数又は金額のうち50%超を外国法人A
に保有されていること、外国法人Aも居住者等株主等にその発行株式等の
50%超を保有されていること、から外国関係会社に該当

（ロ）　判定対象外国法人の株主等である外国法人（上記（イ）に掲げる場合に該当する上記（イ）の株主等である外国法人及び②に掲げる外国法人に該当す

るものを除きます。）と居住者等株主等との間にこれらの者と株式等の保有を通じて連鎖関係にある一又は二以上の外国法人（②に掲げる外国法人に該当するものを除きます。(ロ）において「出資関連外国法人」といいます。）が介在している場合（出資関連外国法人及びその株主等である外国法人がそれぞれその発行済 株式等の50％を超える数又は金額の株式等を居住者等株主等又は出資関連外国法人（その発行済株式等の50％を超える数又は金額の株式等が居住者等株主等又は他の出資関連外国法人によって保有されているものに限ります。）によって保有されている場合に限ります。)・・・その株主等である外国法人の有するその判定対象外国法人の株式等の数又は金額がその発行済株式等のうちに占める割合（その株主等である外国法人が二以上ある場合には、その二以上の株主等である外国法人につきそれぞれ計算した割合の合計割合）

なお、「発行済株式」については、次のような通達があります。

（発行済株式）

66の6－1　措置法第66条の6第1項第1号イの「発行済株式」には、その株式の払込み又は給付の金額（以下66の6－2において「払込金額等」という。）の全部又は一部について払込み又は給付（以下66の6－2において「払込み等」という。）が行われていないものも含まれるものとする。

（注）例えば寄附金の損金算入限度額を計算する場合のように、いわゆる資本金基準額を計算する場合の資本金の額又は出資金の額は、払込済の金額による。

（直接及び間接に有する株式）

66の6－2　措置法第66条の6第1項、第6項又は第8項の内国法人が直接及び間接に有する外国関係会社（同条第2項第1号に規定する外国関係会社をいう。以下66の9の2－1までにおいて同じ。）の株式には、その株式の払込金額等の全部又は一部について払込み等が行われていないものも含まれるものとする。

（注）名義株は、その実際の権利者が所有するものとして同条第1項、第6項又は第8項の規定を適用することに留意する。

ロ　居住者等株主等の外国法人（実質支配関係がある外国法人に該当するものを除きます。）に係る直接保有議決権保有割合（居住者等株主等の有するその外国法人の議決権の数がその総数のうちに占める割合をいいます。）及び居住者等株主等のその外国法人に係る間接保有議決権保有割合（居住者等株主等の他の外国法人を通じて間接に有するその外国法人の議決権の数がその総数のうちに占める割合(注)をいいます。）を合計した割合

（注）　上記ロの間接保有議決権保有割合は、上記イの間接保有株式等保有割合に準じて計算することとされており（措令39の14の２③）、具体的には、次に掲げる場合の区分に応じ次に定める割合（次に掲げる場合のいずれにも該当する場合には、次に定める割合の合計割合）となります。

（イ）　判定対象外国法人の株主等である外国法人（②に掲げる外国法人に該当するものを除きます。）の議決権（剰余金の配当等に関する決議に係るものに限ります。（ロ）において同じです。）の総数の50％を超える数の議決権が居住者等株主等によって保有されている場合・・・その株主等である外国法人の有するその判定対象外国法人の議決権の数がその総数のうちに占める割合（その株主等である外国法人が二以上ある場合には、その二以上の株主等である外国法人につきそれぞれ計算した割合の合計割合）

（ロ）　判定対象外国法人の株主等である外国法人（上記（イ）に掲げる場合に該当する上記（イ）の株主等である外国法人及び②に掲げる外国法人に該当するものを除きます。）と居住者等株主等との間にこれらの者と議決権の保有を通じて連鎖関係にある一又は二以上の外国法人（②に掲げる外国法人に該当するものを除きます。（ロ）において「出資関連外国法人」といいます。）が介在している場合（出資関連外国法人及びその株主等である外国法人がそれぞれその議決権の総数の50％を超える数の議決権を居住者等株主等又は出資関連外国法人（その議決権の総数の50％を超える数の議決権が居住者等株主等又は他の出資関連外国法人によって保有されているものに限ります。）によって保有されている場合に限ります。）・・・その株主等である外国法人の有するその判定対象外国法人の議決権の数がその総数のうちに占める割合（その株主等である外国法人が二以上ある場合には、その二以上の株主等である外国法人につきそれぞれ計算した割合の合計割合）

ハ　居住者等株主等の外国法人（実質支配関係がある外国法人に該当するものを除きます。）に係る直接保有請求権保有割合（居住者等株主等の有するその外国法

人の株式等の請求権（剰余金の配当等を請求する権利をいいます。以下同じです。）に基づき受けることができる剰余金の配当等の額がその総額のうちに占める割合をいいます。）及び居住者等株主等のその外国法人に係る間接保有請求権保有割合（居住者等株主等の他の外国法人を通じて間接に有するその外国法人の株式等の請求権に基づき受けることができる剰余金の配当等の額がその総額のうちに占める割合(注)をいいます。）を合計した割合

（注）　上記ハの間接保有請求権保有割合は、上記イの間接保有株式等保有割合に準じて計算することとされており（措令39の14の２④）、具体的には、次に掲げる場合の区分に応じ次に定める割合（次に掲げる場合のいずれにも該当する場合には、次に定める割合の合計割合）となります。

（イ）　判定対象外国法人の株主等である外国法人（②に掲げる外国法人に該当するものを除きます。）の支払う剰余金の配当等の額の総額の50％を超える金額の剰余金の配当等の額を受けることができる株式等の請求権が居住者等株主等によって保有されている場合・・・その株主等である外国法人の有するその判定対象外国法人の株式等の請求権に基づき受けることができる剰余金の配当等の額がその総額のうちに占める割合（その株主等である外国法人が二以上ある場合には、その二以上の株主等である外国法人につきそれぞれ計算した割合の合計割合）

（ロ）　判定対象外国法人の株主等である外国法人（上記（イ）に掲げる場合に該当する上記（イ）の株主等である外国法人及び②に掲げる外国法人に該当するものを除きます。）と居住者等株主等との間にこれらの者と株式等の請求権の保有を通じて連鎖関係にある一又は二以上の外国法人（②に掲げる外国法人に該当するものを除きます。（ロ）において「出資関連外国法人」といいます。）が介在している場合（出資関連外国法人及びその株主等である外国法人がそれぞれその支払う剰余金の配当等の額の総額の50％を超える金額の剰余金の配当等の額を受けることができる株式等の請求権を居住者等株主等又は出資関連外国法人（その支払う剰余金の配当等の額の総額の50％を超える金額の剰余金の配当等の額を受けることができる株式等の請求権が居住者等株主等又は他の出資関連外国法人によって保有されているものに限ります。）によって保有されている場合に限ります。）・・・その株主等である外国法人の有するその判定対象外国法人の株式等の請求権に基づき受けることができる剰余金の配当等の額がその総額のうちに占める割合（その株主等である外国法人が二以上ある場合には、その二以上の株主等である外国法人につきそれぞれ計算した割合の合計割合）

2　直接支配の外国関係会社

直接支配している外国関係会社について説明すると、次のようになります。

内国法人が外国子会社の持分（株式など）を直接に50％超保有していれば、上の図のようになります。これについては、特に問題はないと思われます。

3　間接保有の外国関係会社

次に、いわゆる間接保有している外国関係会社について説明します。

⑴　掛け算方式から連鎖方式への変更

間接保有の持株割合等をどのように計算するかについては、平成29年度税制改正前は、居住者・内国法人等が株式等を直接有する外国法人に対する持株割合等と、その外国法人が株式等を直接有する別の外国法人に対する持株割合等を乗じる（掛け算をする）ことで、判定対象となる外国法人に対する居住者・内国法人等の持株割合等を算出する「掛け算方式」を採用しており、各段階での持株割合等を乗じて計算した割合が50％を超える場合には「外国関係会社」と判定していました。

《平成29年度税制改正以前の間接保有の場合》

したがって、例えば、□も○も60や70の場合は、掛け算をすることで50%以下になってしまい、外国子会社Bは外国関係会社にはなりません。そこで、50%超の持分による支配が連続していても間接支配はしていないと判定されることになっていました。

(2)　平成29年度税制改正後の連鎖方式

これに対して、平成29年度税制改正では、外国関係会社の判定においては、50%超の連鎖関係があれば支配関係が連続していると判定することとされました。よって、改正後は、居住者・内国法人等と外国法人との間、及びその外国法人と別の外国法人との間に、それぞれ50%を超える株式等の持株割合等の連鎖がある場合には、「外国関係会社」に該当することとなります。

《平成29年度税制改正後の間接保有の事例》

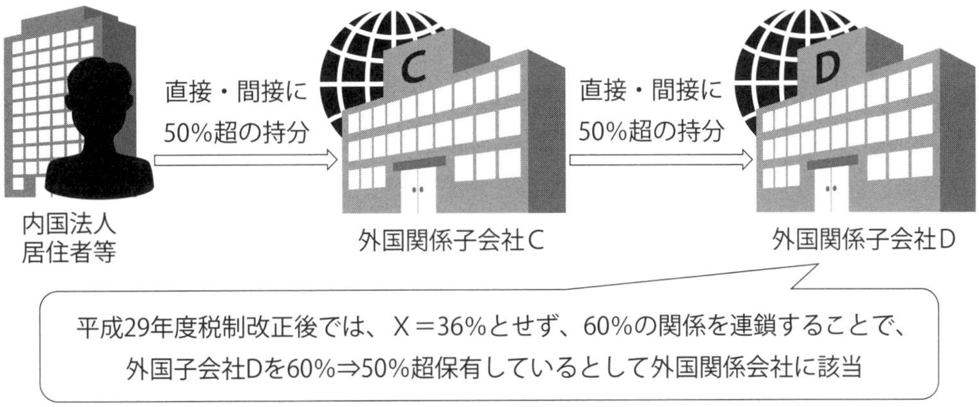

また、外国子会社Cが外国子会社Dの株式を51％保有していたとしても、上の事例と同じように外国子会社Dは外国関係会社に該当することになります。

4　実質支配関係

(1)　実質支配関係の意義

実質支配関係とは、居住者又は内国法人（以下４において「居住者等」といいます。）と外国法人との間に次に掲げる事実その他これに類する事実が存在する場合におけるその居住者等とその外国法人との間の関係[注]とされています（措法66の６②五、措令39の16①）。

イ	居住者等が外国法人の残余財産のおおむね全部について分配を請求する権利を有していること。
ロ	居住者等が外国法人の財産の処分の方針のおおむね全部を決定することができる旨の契約その他の取決めが存在すること（その外国法人につき上記イに掲げる事実が存在する場合を除きます。）。

（注）　一の居住者又は内国法人と外国法人との間に上記イ又はロに掲げる事実その他これに類する事実が存在する場合におけるその一の居住者又は内国法人と外国法人との関係をいいます。したがって、複数の居住者又は内国法人が有する権利等を合計したところではじめて外国法人の残余財産のおおむね全部を請求する権利を有することとなる場合や外国法人の財産の処分の方針のおおむね全部を決定することができることとなる場合は、実質支配関係がある場合には該当しないことになります。

上記イは、解散や清算など一定の状況の下での会社の財産に対する権利を通じた支配関係に着目したものです。また、おおむね全部とは、全部ではないものの相当程度高い割合を有する場合が想定されています。第三者に僅かな残余財産の分配請求権を持たせることにより実質支配関係への該当を回避するループホールを防ぐために、おおむね全部とされているものです。

これに対し上記ロは、財産は残余財産に限定されていないため、財産の処分は解散や清算といった場面に限定されておらず、例えば、会社の通常の事業活動における商品の販売等もこれに含まれます。ロは、こうした様々な場面における財産の処分に関する方針のおおむね全部について決定することができる旨の契約その他の取決めを通じた支配関係に着目したものです。

実質支配関係がある外国法人の所得を100％合算する効果を踏まえ、また、企業にとっての不確実性や事務負担を考慮して、実質支配関係の類型は上記イ及びロのような形で会社財産に対する支配関係があると認められる場合に限定したものとなっています。

⑵　実質支配関係から除外される場合

実質支配関係とは、上記⑴のとおり、居住者等と外国法人との間に⑴イ又はロに掲げる事実その他これに類する事実が存在する場合におけるその居住者等とその外国法人との間の関係とされている一方、居住者等が組成した外国法人をビークルとするファンドについて、居住者等がファンドの財産の処分に関する方針のおおむね全部を決定できる場合に該当する可能性があることから、「その外国法人の行う事業から生ずる利益のおおむね全部が剰余金の配当、利益の配当、剰余金の分配その他の経済的な利益の給付としてその居住者等（その居住者等と特殊の関係（８ページを参照してください。）のある者を含みます。）以外の者に対して金銭その他の資産により交付されることとなっている場合」には、実質支配関係には該当しないことになっています。

⑶　実質支配関係の判定を行わない場合

上記⑴に掲げる関係がないものとして措置法第66条の６第２項第１号（イに係る部分に限ります。）の規定を適用してその外国法人の外国関係会社の該当性を判定した場合に、居住者及び内国法人並びに特殊関係非居住者（居住者の親族等）とその外国法人との間に直接及び間接の持株割合等が50％を超える関係がある場合におけるその居住者等とその外国法人との間の関係は、実質支配関係から除外されます（措令39の16①）。

つまり、実質支配関係を考慮しないところで、持株割合等に基づいてその外国法人が外国関係会社に該当する場合には、殊更に実質支配関係の判定は行わないこととされています。

外国関係会社について、イメージ図を示すと次のようになります。

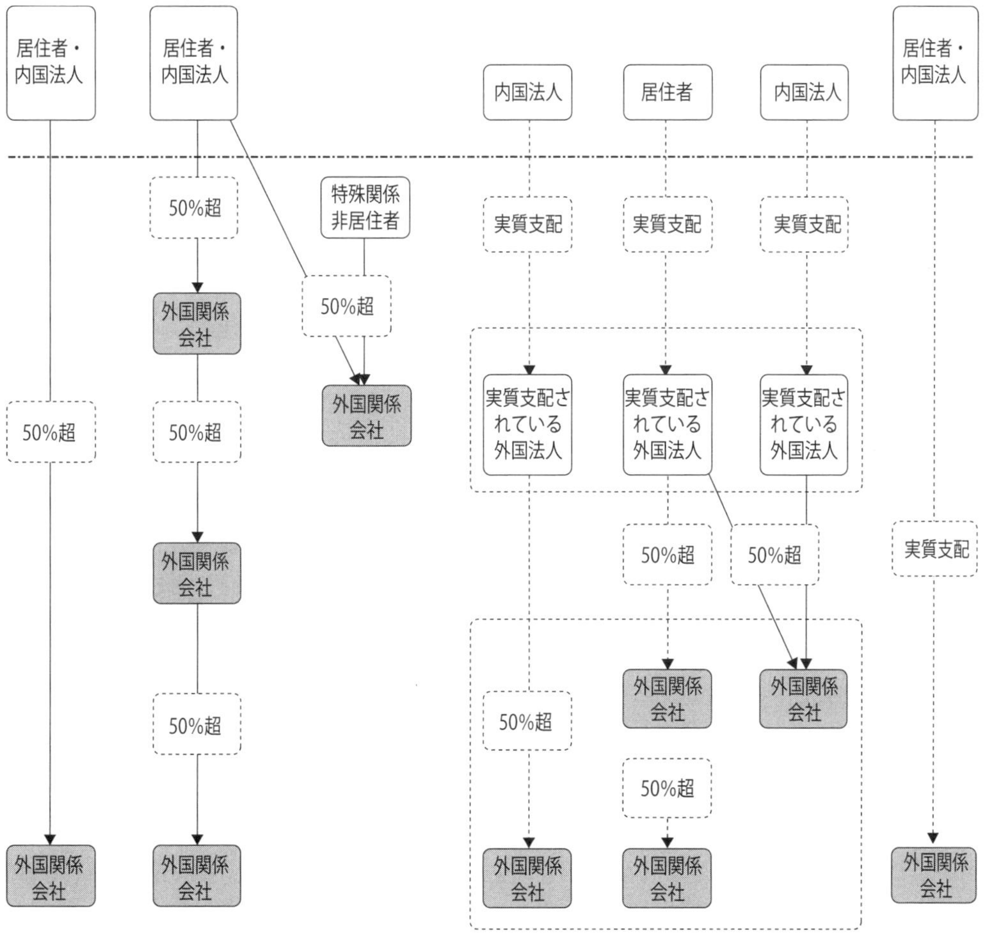

（出典：財務省資料）

【タックス・ヘイブン税制（外国子会社合算税制）のはじめの一歩】

ここまで、外国関係会社の範囲を説明してきました。本税制の適用を考える上で、最初に行うべきことは、内国法人・居住者等が外国法人に10%以上出資した（又は実質支配関係にある）場合に本税制の適用対象になる可能性のある外国関係会社に該当するか否か、です。

ここまでの作業で、内国法人等が出資した外国法人が外国関係会社に該当した場合には、第２章以下に進むことになりますし、該当しない場合には本税制の適用はありません。

第２章　制度の適用を受ける内国法人（納税義務者）

はじめに

本税制の適用を受ける内国法人、つまり本税制の納税義務者は、外国関係会社の持株割合等の10%以上を直接及び間接に有する内国法人を基本としており、改正前の制度と同様となっています。

平成29年度以降の改正において、外国関係会社との間に実質支配関係のある内国法人が本税制の適用を受ける内国法人の範囲に追加されたほか、実質支配基準の導入に伴う持株割合等に係る計算に関する整備が行われました。

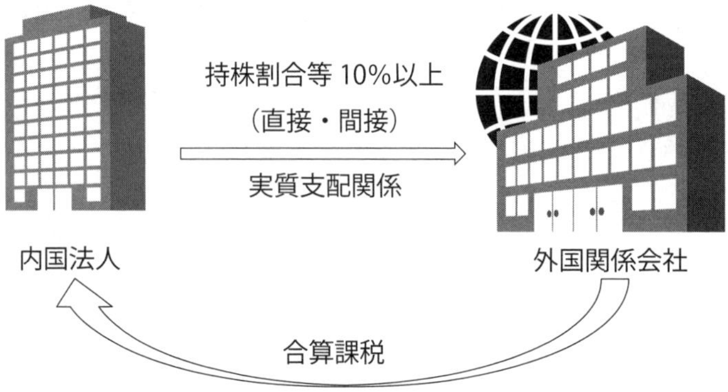

1　制度の概要

納税義務者となる内国法人は、具体的には、次に掲げる内国法人とされています（措法66の６①一～四）。

(1)	外国関係会社の株式等を（直接・間接を含む）10%以上保有する内国法人
(2)	外国関係会社との間に実質支配関係（直接・間接を含む）がある内国法人
(3)	上の⑴と⑵の両方を含む場合
(4)	直接・間接の株式等保有割合が10%以上である一の同族株主グループに属する内国法人

(1)　内国法人の外国関係会社に係る割合のいずれかが10%以上である場合におけるその内国法人

①　株式等の数又は金額

内国法人が直接保有する外国関係会社の株式等の数又は金額（その外国関係会社と

居住者又は内国法人との間に実質支配関係がある場合には、０とします。）と他の外国法人を通じて間接に有するその外国関係会社の株式等の数又は金額(注)の合計数又は合計額がその外国関係会社の発行済株式等の総数又は総額のうち10%以上である場合

（注）　上でいう「間接に有する外国関係会社の株式等の数又は金額」は、外国関係会社の発行済株式等に、次のイ及びロに掲げる場合の区分に応じ次に定める割合（次に掲げる場合のいずれにも該当する場合には、次に定める割合の合計割合）を乗じて計算した株式等の数又は金額とされています（措令39の14③）。

イ　その外国関係会社の株主等である他の外国法人（イにおいて「他の外国法人」といいます。）の発行済株式等の全部又は一部が内国法人等（内国法人又はその内国法人との間に実質支配関係がある外国法人をいいます。イ及びロにおいて同じです。）により保有されている場合・・・その内国法人等の当該他の外国法人に係る持株割合（発行法人と居住者又は内国法人との間に実質支配関係がある場合には、零とします。）に当該他の外国法人のその外国関係会社に係る持株割合を乗じて計算した割合（当該他の外国法人が二以上ある場合には、二以上の当該他の外国法人につきそれぞれ計算した割合の合計割合）

ロ　その外国関係会社と他の外国法人（その発行済株式等の全部又は一部が内国法人等により保有されているものに限ります。ロにおいて「他の外国法人」といいます。）との間に一又は二以上の外国法人（ロにおいて「出資関連外国法人」といいます。）が介在している場合であって、その内国法人等、当該他の外国法人、出資関連外国法人及びその外国関係会社が株式等の保有を通じて連鎖関係にある場合・・・その内国法人等の他の外国法人に係る持株割合、当該他の外国法人の出資関連外国法人に係る持株割合、出資関連外国法人の他の出資関連外国法人に係る持株割合及び出資関連外国法人のその外国関係会社に係る持株割合を順次乗じて計算した割合（その連鎖関係が二以上ある場合には、その二以上の連鎖関係につきそれぞれ計算した割合の合計割合）

《直接に発行株式等を10%以上保有する場合》

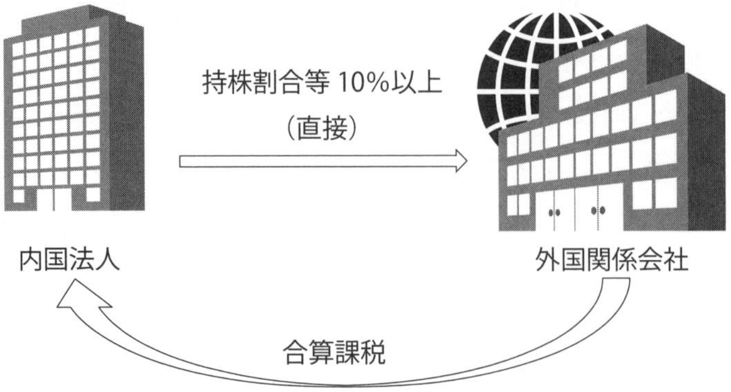

《直接・間接に発行株式等を10%以上保有する場合》

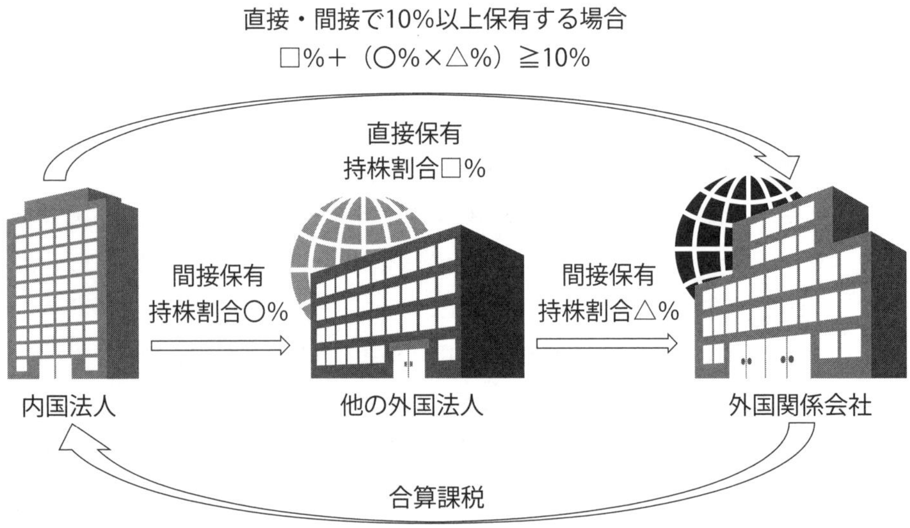

《間接に発行株式等を10%以上保有する場合》

持株割合（間接）等10%以上の場合

○%×△%≧10%

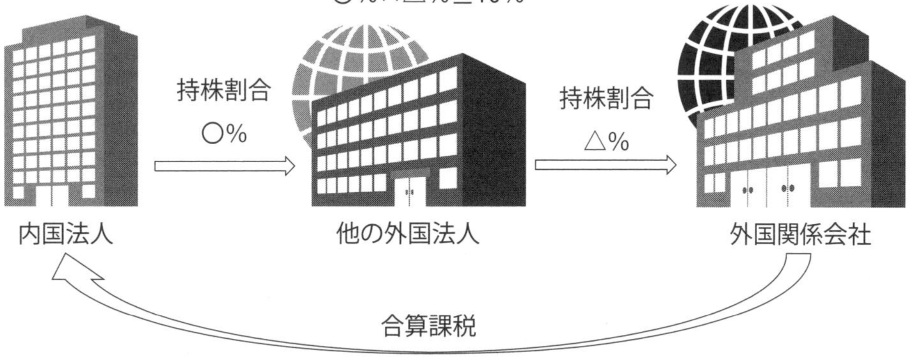

上の図のように、間接的に外国関係会社の発行株式等を10%以上保有する場合に「間接保有」などといいます。

持株割合（間接）等 10%以上の場合

○%×△%×□%≧10%

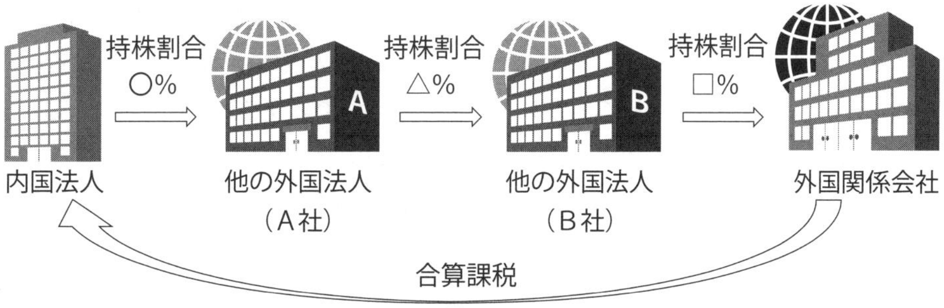

他の外国法人の数は一つとは限りません。２つ以上でも「間接保有」になります。なお、上の図でいうＢ社のことを「出資関連外国法人」といいます。

②　議決権

その有する外国関係会社の議決権（剰余金の配当等に関する決議に係るものに限ります。）の数（その外国関係会社と居住者又は内国法人との間に実質支配関係がある場合には、零）及び他の外国法人を通じて間接に有するその外国関係会社の議決権の数(注)の合計数がその外国関係会社の議決権の10%以上の場合

（注）　上記②の「間接に有する外国関係会社の議決権の数」は、上記①の間接に有する外国関係会社の株式等の数又は金額に準じて計算することとされています（措令39の14④）。

具体的には、間接に有する外国関係会社の議決権の数は、外国関係会社の議決権の総数に、次に掲げる場合の区分に応じ次に定める割合（次に掲げる場合のいずれにも該当する場合には、次に定める割合の合計割合）を乗じて計算した議決権の数とされています。

（イ）その外国関係会社の株主等である他の外国法人（（イ）において「他の外国法人」といいます。）の議決権の全部又は一部が内国法人等（内国法人又はその内国法人との間に実質支配関係がある外国法人をいいます。（イ）及び（ロ）において同じです。）により保有されている場合・・・その内国法人等の当該他の外国法人に係る議決権割合（その株主等の有する議決権の数がその総数のうちに占める割合をいい、その議決権に係る法人と居住者又は内国法人との間に実質支配関係がある場合には、零とします。）に当該他の外国法人のその外国関係会社に係る議決権割合を乗じて計算した割合（当該他の外国法人が二以上ある場合には、二以上の当該他の外国法人につきそれぞれ計算した割合の合計割合）

（ロ）その外国関係会社と他の外国法人（その議決権の全部又は一部が内国法人等により保有されているものに限ります。（ロ）において「他の外国法人」といいます。）との間に一又は二以上の外国法人（（ロ）において「出資関連外国法人」といいます。）が介在している場合であって、その内国法人等、当該他の外国法人、出資関連外国法人及びその外国関係会社が議決権の保有を通じて連鎖関係にある場合・・・その内国法人等の当該他の外国法人に係る議決権割合、当該他の外国法人の出資関連外国法人に係る議決権割合、出資関連外国法人の他の出資関連外国法人に係る議決権割合及び出資関連外国法人のその外国関係会社に係る議決権割合を順次乗じて計算した割合（その連鎖関係が二以上ある場合には、その二以上の連鎖関係につきそれぞれ計算した割合の合計割合）

《直接に議決権を10%以上保有する場合》

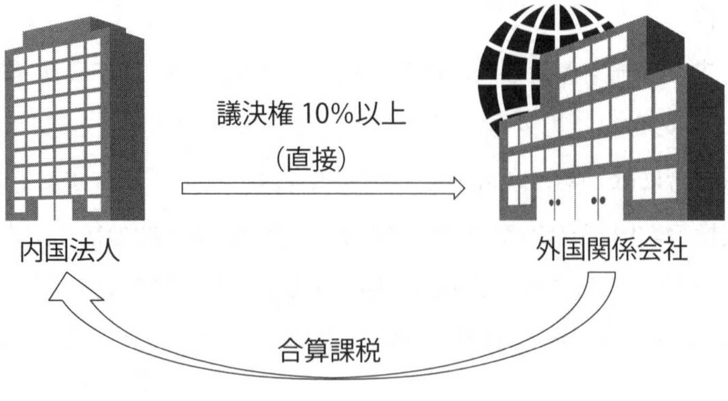

《間接に議決権を10%以上保有する場合》

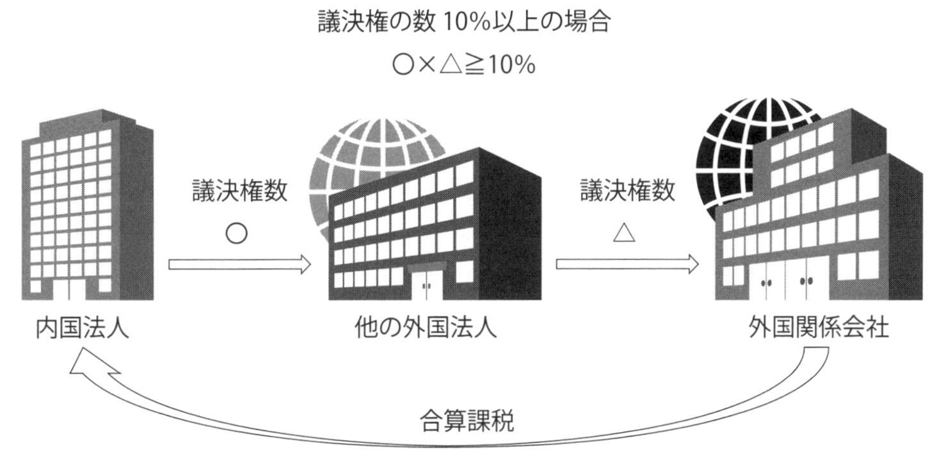

上の図のように、間接的に外国関係会社の議決権の数を10%以上保有する場合に「間接保有」などといいます。

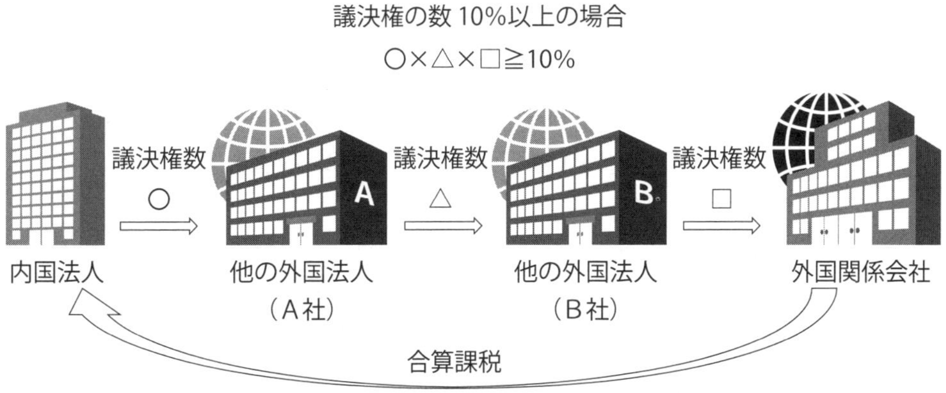

他の外国法人の数は一つとは限りません。２つ以上でも「間接保有」になります。なお、上の図でいうＢ社のことを「出資関連外国法人」といいます。

③　株式等の請求権

その有する外国関係会社の株式等の請求権に基づき受けることができる剰余金の配当等の額（その外国関係会社と居住者又は内国法人との間に実質支配関係がある場合には、零）及び他の外国法人を通じて間接に有するその外国関係会社の株式等の請求権に基づき受けることができる剰余金の配当等の額(注)の合計額がその外国関係会社の株式等の請求権に基づき受けることができる剰余金の配当等の総額のうちに占める割合が10%以上の場合

（注）　上記③の「間接に有する外国関係会社の株式等の請求権に基づき受けることができる剰余金の配当等の額」は、上記①の間接に有する外国関係会社の株式等の数又は金額に準じて計算することとされています（措令39の14⑤）。

具体的には、間接に有する外国関係会社の株式等の請求権に基づき受けることができる剰余金の配当等の額は、外国関係会社の株式等の請求権に基づき受けることができる剰余金の配当等の総額に、次に掲げる場合の区分に応じ次に定める割合（次に掲げる場合のいずれにも該当する場合には、次に定める割合の合計割合）を乗じて計算した剰余金の配当等の 額とされています。

（イ）　その外国関係会社の株主等である他の外国法人（(（イ）において「他の外国法人」といいます。）の株式等の請求権の全部又は一部が内国法人等（内国法人又はその内国法人との間に実質支配関係がある外国法人をいいます。（イ）及び（ロ）において同じです。）により保有されている場合・・・その内国法人等の当該他の外国法人に係る請求権割合（その株主等の有する株式等の請求権に基づき受けることができる剰余金の配当等の額がその総額のうちに占める割合をいい、その請求権に係る株式等の発行法人と居住者又は内国法人との間に実質支配関係がある場合には、零とします。）に当該他の外国法人のその外国関係会社に係る請求権割合を乗じて計算した割合（当該他の外国法人が二以上ある場合には、二以上の当該他の外国法人につきそれぞれ計算した割合の合計割合）

（ロ）　その外国関係会社と他の外国法人（その株式等の請求権の全部又は一部が内国法人等により保有されているものに限ります。（ロ）において「他の外国法人」といいます。）との間に一又は二以上の外国法人（(（ロ）において「出資関連外国法人」といいます。）が介在している場合であって、その内国法人等、当該他の外国法人、出資関連外国法人及びその外国関係会社が株式等の請求権の保有を通じて連鎖関係にある場合・・・その内国法人等の当該他の外国法人に係る請求権割合、当該他の外国法人の出資関連外国法人に係る請求権割合、出資関連外国法人の他の出資関連外国法人に係る請求権割合及び出資関連外国法人のその外国関係会社に係る請求権割合を順次乗じて計算した割合（その連鎖関係が二以上ある場合には、その二以上の連鎖関係につきそれぞれ計算した割合の合計割合）

《直接に株式等の請求権を10%以上保有する場合》

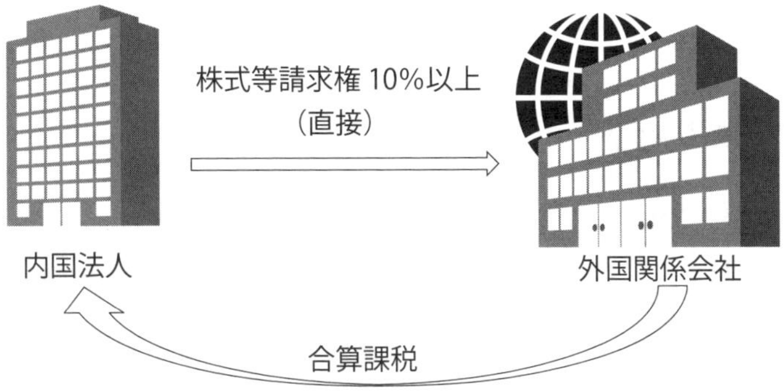

《間接に株式等請求権を10%以上保有する場合》

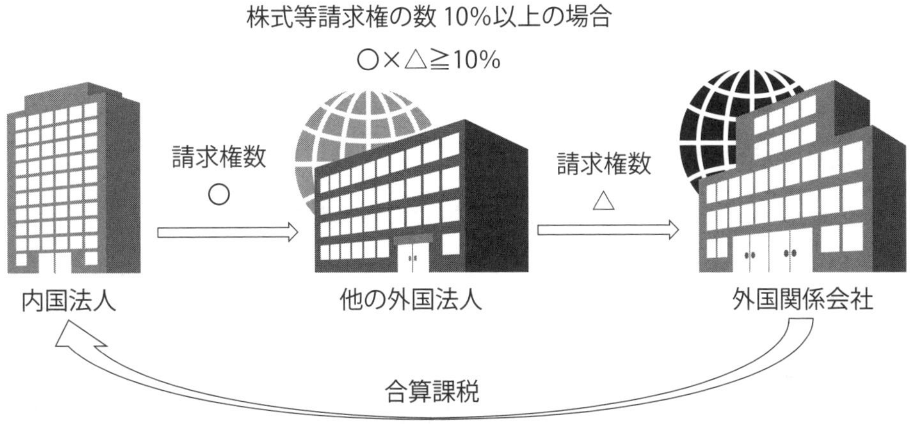

上の図のように、間接的に外国関係会社の議決権の数を10%以上保有する場合に「間接保有」などといいます。

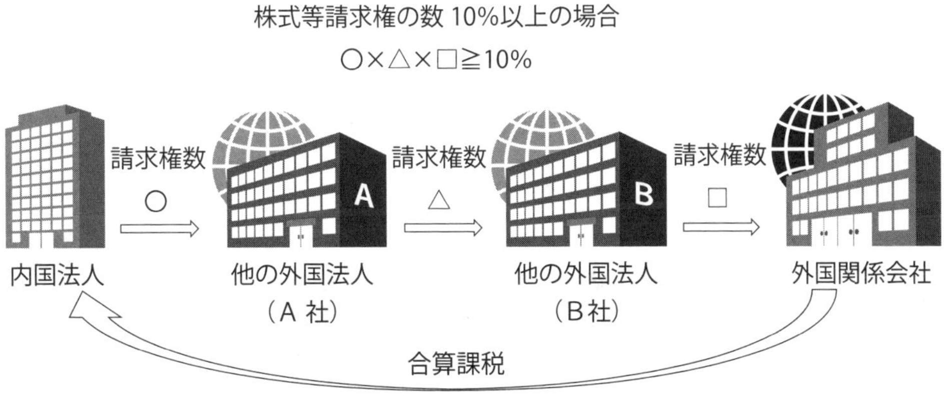

他の外国法人の数は一つとは限りません。２つ以上でも「間接保有」になります。なお、上の図でいうＢ社のことを「出資関連外国法人」といいます。

⑵　外国関係会社との間に実質支配関係がある内国法人

実質支配関係について図で示すと、次のようになります。

《直接に実質支配する場合》

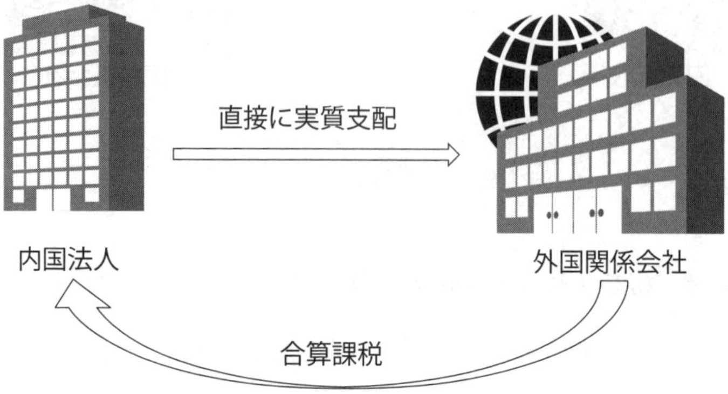

《間接に実質支配する場合》

2以上の外国法人を実質支配する場合

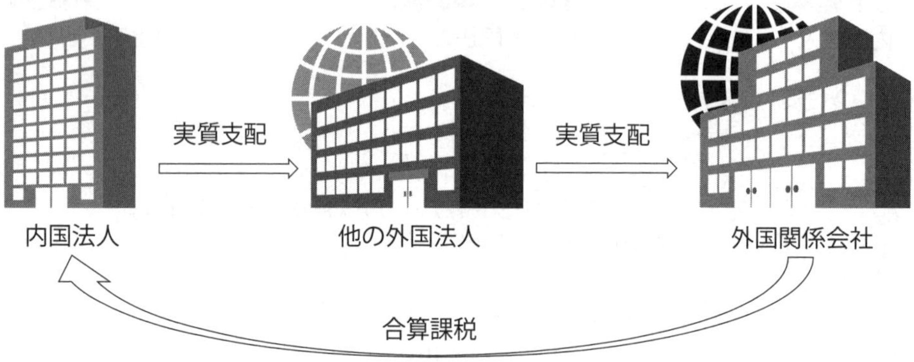

3つ以上の外国法人を実質支配する場合

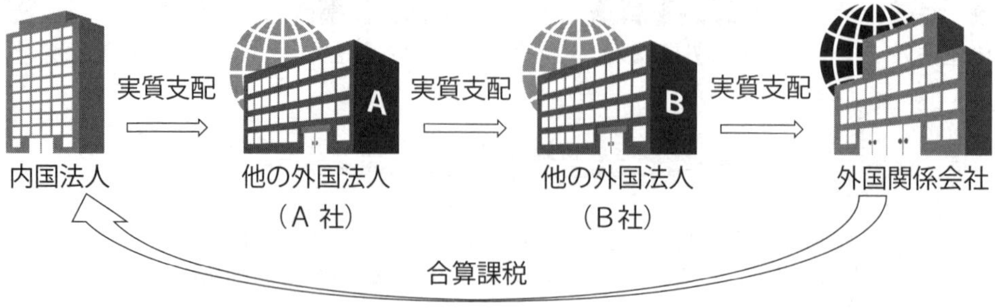

⑶　内国法人との間に実質支配関係がある外国関係会社の他の外国関係会社に係る直接及び間接の持株割合等が10%以上である場合のその内国法人（上の⑴と⑵の両方を含む内国法人）

具体的には、外国関係会社（内国法人との間に実質支配関係があるものに限ります。）の他の外国関係会社に係る上記⑴①から③までに掲げる割合のいずれかが10%以上である場合におけるその内国法人（上記⑴に掲げる内国法人を除きます。）とされています。

《持株割合10%以上＋実質支配関係を有する場合》

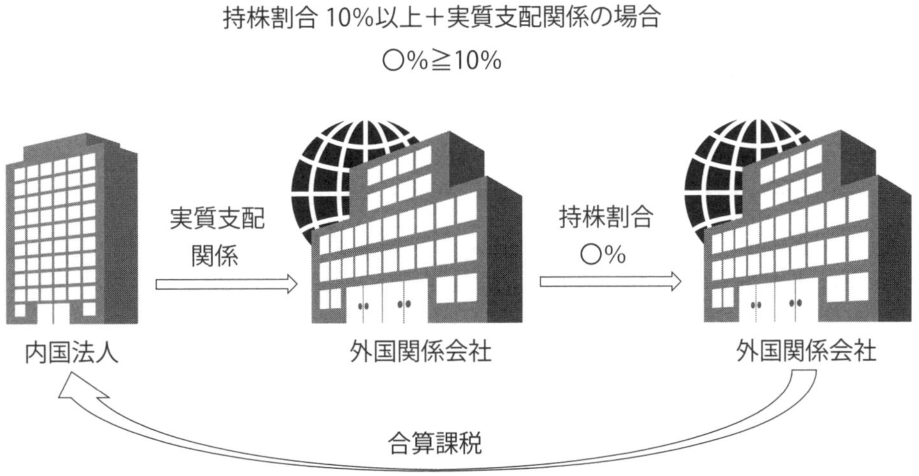

《実質支配関係＋持株割合10%以上を有する場合》

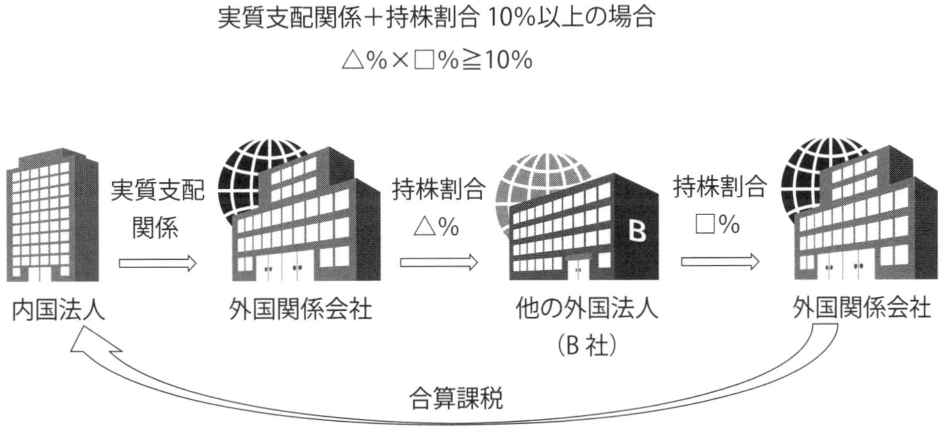

（注）　上の図で、△%が10%以上であれば、他の外国法人（B社）は外国関係会社に該当します。

⑷　直接及び間接の持株割合等が10%以上である一の同族株主グループに属する内国法人

具体的には、外国関係会社に係る上記⑴①から③までに掲げる割合のいずれかが10%以上である一の同族株主グループ(注)に属する内国法人（外国関係会社に係る上記⑴①から③までに掲げる割合のいずれかが零を超えるものに限るものとし、上記⑴及び⑶に掲げる内国法人を除きます。）とされています。

（注）　同族株主グループとは、外国関係会社の株式等を直接又は間接に有する者及びその株式等を直接又は間接に有する者との間に実質支配関係がある者（その株式等を直接又は間接に有する者を除きます。）のうち、一の居住者又は内国法人、その一の居住者又は内国法人との間に実質支配関係がある者及びその一の居住者又は内国法人と特殊の関係のある者（外国法人を除きます。）をいいます（措法66の6①四)。

この場合の「一の居住者又は内国法人と政令で定める特殊の関係のある者」は、次に掲げる個人又は法人とされています（措令39の14⑥)。

①　次に掲げる個人

イ　居住者の親族

ロ　居住者と婚姻の届出をしていないが事実上婚姻関係と同様の事情にある者

ハ　居住者の使用人

ニ　イからハまでに掲げる者以外の者で居住者から受ける金銭その他の資産によって生計を維持しているもの

ホ　ロからニまでに掲げる者と生計を一にするこれらの者の親族

ヘ　内国法人の役員及びその役員に係る法人税法施行令第72条各号（特殊関係使用人の範囲）に掲げる者

②　次に掲げる法人

イ　一の居住者又は内国法人（その居住（当該居住者又は内国法人と前号に規定する特殊の関係のある個人を含みます。以下この項において「居住者等」といいます。）が他の法人を支配している場合における当該他の法人

ロ　一の居住者等及びその一の居住者等とイに規定する特殊の関係のある法人が他の法人を支配している場合における当該他の法人

ハ　一の居住者等及びその一の居住者等とイ及びロに規定する特殊の関係のある法人が他の法人を支配している場合における当該他の法人

ニ　同一の者とイからハまでに規定する特殊の関係のある二以上の法人のいずれかの法人が一の居住者等である場合におけるその二以上の法人のうちその一の居住者等以外の法人

納 税 義 務 者 の 範 囲（イメージ）

①　内国法人の外国関係会社に係る直接・間接の持分割合が10％以上である場合における内国法人（根拠規定：措法66の６①一）
②　外国関係会社との間に実質支配関係がある内国法人（根拠規定：措法66の６①二）
③　内国法人との間に実質支配関係がある外国関係会社の他の外国関係会社に係る直接・間接の持分割合が10％以上である場合におけるその内国法人（①に掲げる内国法人を除きます。）（根拠規定：措法66の６①三）
④　外国関係会社に係る直接・間接の持分割合が10％以上である一の同族株主グループに属する内国法人（内国法人が当該内国法人との間に実質支配関係がある被支配外国法人を通じて外国関係会社の持分を有する場合には、当該内国法人（Ａ）に係る当該被支配外国法人（Ｂ）の外国関係会社（Ｃ）に対する直接・間接の持分割合（ｆ％）が零を上回るものに限り、①及び③に掲げる内国法人を除きます。）（根拠規定：措法66の６①四）

《納税義務者の範囲のイメージ図》

※　→は「直接・間接の持分割合」の判定に用いる持分割合

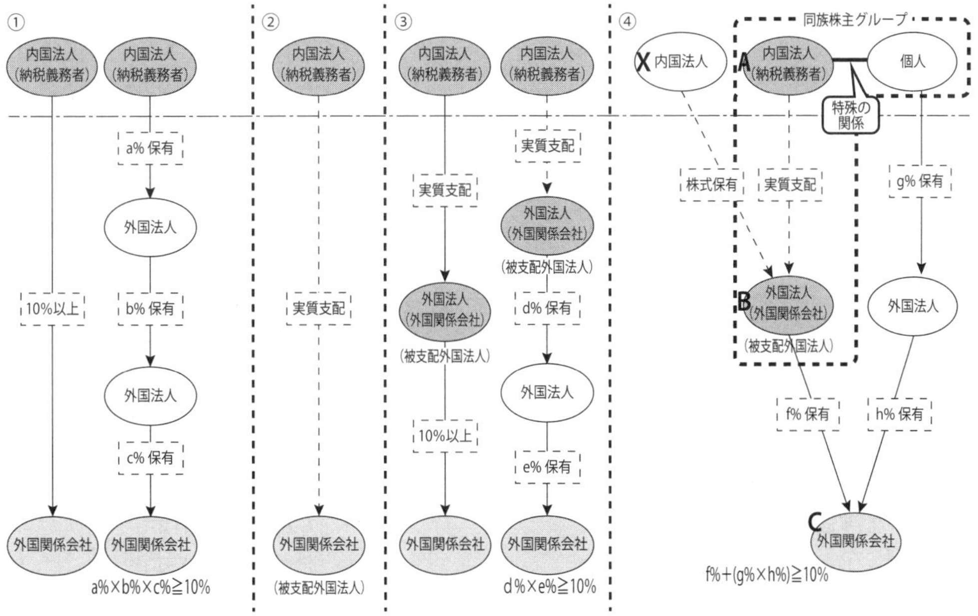

（出典：財務省資料）

第３章　特定外国関係会社又は対象外国関係会社の適用対象金額に係る合算課税（外国関係会社単位の合算課税）

はじめに

平成29年度税制改正において、ペーパー・カンパニー等について租税負担割合が30％未満のときは、特定外国関係会社として会社単位で合算することとされました。これについては、令和５年度税制改正により27％未満と変更されました。適用時期は、内国法人の令和６年４月１日以降開始事業年度から、居住者の令和６年分以後の各年分からとされました。

一方、平成29年度税制改正で名称変更がなされた経済活動基準のいずれかを満たさない場合、その外国関係会社の租税負担割合が20％未満の場合には、対象外国関係会社として同じく会社単位の合算課税がされました。ただし、実体のある事業を行っている航空機リース会社、特定保険外国子会社等、そして製造子会社の所得が合算されないように事業基準・所在地国基準・管理支配基準の判定方法の見直しが行われたほか、実態としては関連者間取引であるにもかかわらず、第三者を介在させることで非関連者基準を形式的に満たすケースに対応するため、非関連者基準の判定方法の見直し等が行われました。

以下、会社単位の合算課税の判定材料となる経済活動基準、特定外国関係会社、そして対象外国関係会社について説明します。

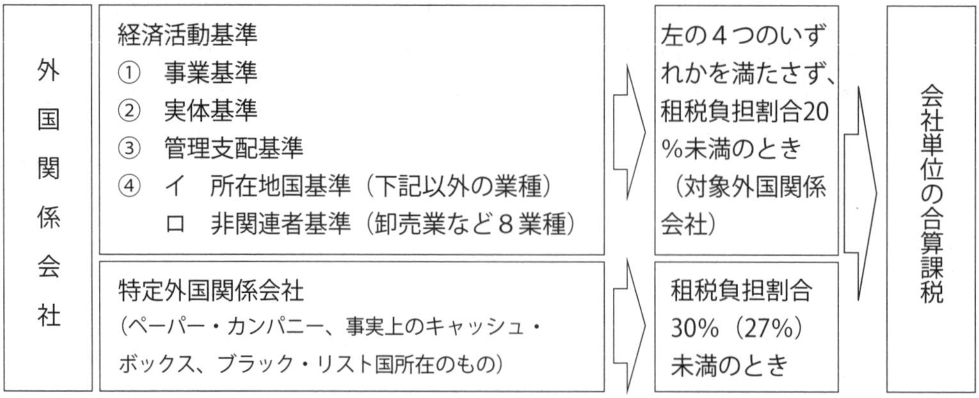

※　令和５年度税制改正において、特定外国関係会社に該当するのは租税負担割合が27％未満とされました。適用時期は、令和６年４月１日以降開始事業年度となりま

す。以下、30%の箇所については、（27%）と記載しています。

1　概要

外国関係会社の発行済株式等の10%以上を有する等の要件を満たす内国法人に係る外国関係会社のうち、特定外国関係会社又は対象外国関係会社に該当するものの所得に相当する金額のうちその内国法人が直接及び間接に有する数又は金額並びにその内国法人とその特定外国関係会社又は対象外国関係会社との間の実質支配関係の状況を勘案して計算した金額に相当する金額は、その内国法人の収益の額とみなして各事業年度終了の日の翌日から２月を経過する日を含むその内国法人の各事業年度の所得の金額の計算上、益金の額に算入することとされます（措法66の６①)。

《本税制の検討チャート》

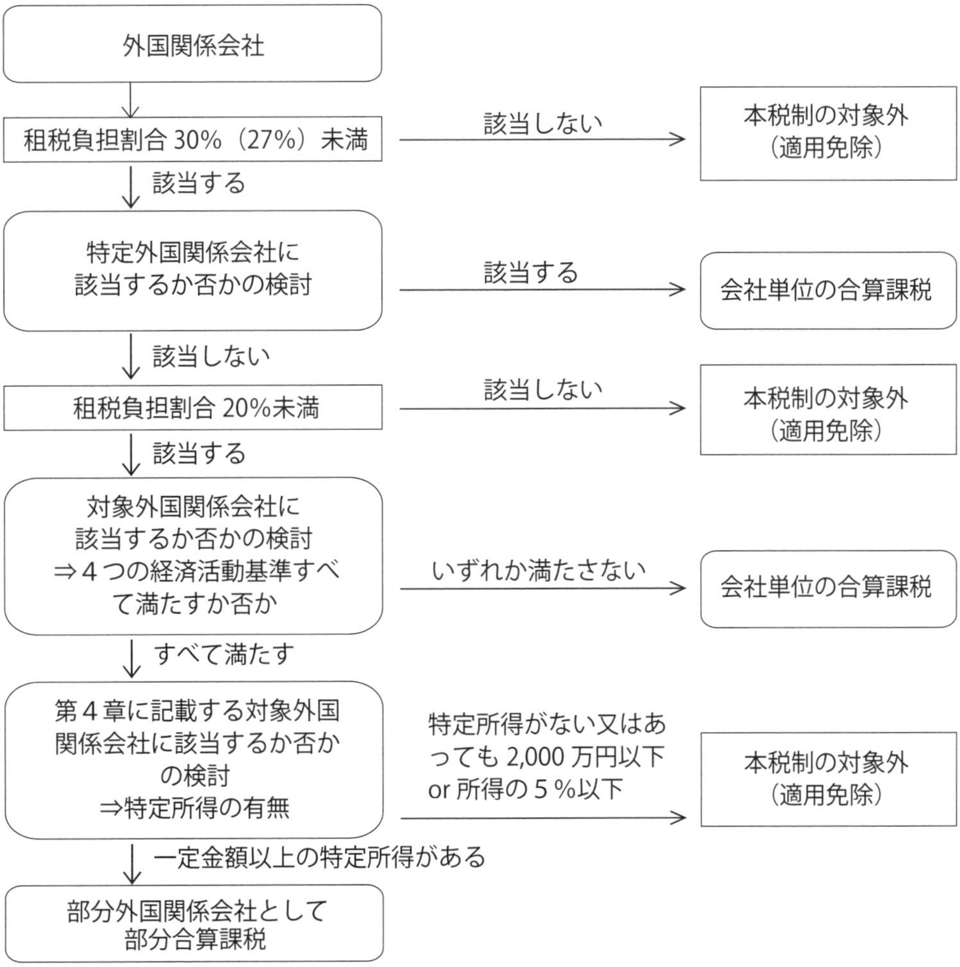

（注）　外国金融子会社等については、ここでは省略しています。

2　特定外国関係会社

(1)　はじめに

特定外国関係会社は、租税回避リスクの高いペーパー・カンパニー等が該当し、租税負担割合が30％（27％）未満の場合に会社単位の合算課税の対象とされます。

令和５年度税制改正で、内国法人の令和６年４月１日以降開始事業年度については27％未満とされました。これについては、グローバル・ミニマム課税（各対象会計年度に係る国際最低課税額に対する法人税）が導入され、対象企業に追加的な事務負担が生じることを契機として、タックス・ヘイブン税制（外国子会社合算税制）に関して、想定される租税回避リスクと企業の事務負担等とを総合的に勘案した、と説明されています。

現実の問題として、以下の《2021年　各国法人税実効税率》にあるように、経済協力開発機構（OECD）諸国の多くで実効税率が27％を下回っています。また、経済的に緊密な米国については、州税の税率によって27％を下回る場合が多いとも考えられます。このようなことから、引き続き外国子会社の租税負担割合を入念に検討し、本税制の適用の有無を判断しなければなりません。

《2021年　各国法人税実効税率》

国　名	法人税（実効税率）	国　名	法人税（実効税率）
豪州	28.5	韓国	25.9
オーストリア	23.5	ラトビア	17.0
ベルギー	23.3	リトアニア	13.7
カナダ	23.8	ルクセンブルク	23.2
チリ	37.9	メキシコ	30.1
チェコ	18.3	オランダ	23.7
デンマーク	20.0	ニュージーランド	27.1
エストニア	17.0	ノルウェー	21.0
フィンランド	19.8	ポーランド	15.5
フランス	25.9	ポルトガル	25.1
ドイツ	26.6	スロバキア	19.3
ギリシャ	21.0	スロベニア	17.5
ハンガリー	10.2	スペイン	23.3
アイスランド	18.8	スウェーデン	19.7
アイルランド	12.4	スイス	18.6
イスラエル	21.6	トルコ	12.6
イタリア	21.3	英国	12.6
日本	28.4	米国	22.3

（出典：経済協力開発機構（OECD）資料）

⑵　特定外国関係会社の種類

特定外国関係会社とは、具体的には、次の①から③までに掲げる外国関係会社とされています（措法66の６②二）。

①	ペーパー・カンパニー
②	事実上のキャッシュ・ボックス
③	ブラック・リスト国所在のもの

⑶　ペーパー・カンパニー

このうち、ペーパー・カンパニーとは次のいずれにも該当しないものをいいます（措法66の６②二イ⑴～⑸）。

イ	実体基準を満たす外国関係会社
ロ	管理支配基準を満たす外国関係会社
ハ	外国子会社（25％以上の保有）の株式等の保有を主たる事業とする外国関係会社で、その収入金額のうちに占める当該株式等に係る剰余金の配当等の額の割合が著しく高いことその他の政令で定める要件に該当するもの
ニ	特定子会社（部分対象外国関係会社に該当するものその他の政令で定めるもの）の株式等の保有を主たる事業とする外国関係会社で、その本店所在地国を同じくする管理支配会社によってその事業の管理、支配及び運営が行われていること、当該管理支配会社がその本店所在地国で行う事業の遂行上欠くことのできない機能を果たしていること、その収入金額のうちに占める当該株式等に係る剰余金の配当等の額及び当該株式等の譲渡に係る対価の額の割合が著しく高いことその他の政令で定める要件に該当するもの
ホ	その本店所在地国にある不動産の保有、その本店所在地国における石油その他の天然資源の探鉱、開発若しくは採取又はその本店所在地国の社会資本の整備に関する事業の遂行上欠くことのできない機能を果たしている外国関係会社で、その本店所在地国を同じくする管理支配会社によってその事業の管理、支配及び運営が行われていることその他の政令で定める要件に該当するもの

⑷　実体基準を満たす外国関係会社

イ　はじめに

実体基準とは、外国関係会社がその主たる事業を行うに必要と認められる事務所、店舗、工場その他の固定施設を有しているか否かを判定するものです（措法66の６②イ⑴）。

固定施設を有している外国関係会社に該当するかどうかの判定については、いくつかの点に留意する必要があります。ここでは、外国関係会社が主たる事業を行うために利用する固定施設を有するかどうかが問題とされ、固定施設が所有か賃貸かといった形式は問われません。

また、外国関係会社の主たる事業を行うのに必要な固定施設とされていますので、たとえ固定施設を有していても、その固定施設が主たる事業を行うに当たって必要なものと認められない場合には、実体基準を満たさないことになります。

なお、固定施設の所在地国・地域がどこかということについては要件とされていませんので、外国関係会社の本店所在地国以外にその主たる事業を行うに必要な固定施設を有している場合であっても、実体基準を満たすことになります。この点、3で解説する経済活動基準における実体基準と少しだけ異なります。

ロ　実体基準の概要

固定施設を有している外国関係会社に該当するかどうか（＝実体基準を満たしているかどうか）の判定については、いくつかポイントがあります。

イ	外国関係会社が主たる事業を行うために利用する固定施設を有するかどうか	固定施設が所有か賃貸かといった形式は問われない
ロ	外国関係会社が固定施設を有していたとして、その固定施設が主たる事業を行うに当たって必要なものか	主たる事業を行うに当たって必要なものでなければ実体基準を満たさない
ハ	固定施設の所在地国・地域がどこかということについては要件とされていない	外国関係会社の本店所在地国以外にその主たる事業を行うに必要な固定施設を有している場合でも実体基準の要件を満たす
ニ	外国関係会社がわが国にその主たる事業を行うに必要な固定施設を有する場合	その外国関係会社はペーパー・カンパニーに該当しないことになるが、わが国に有する固定施設が恒久的施設に該当する場合には、その恒久的施設の果たす機能及び事実関係に基づき、その恒久的施設に帰せられるべき所得に対して法人税が課される

ハ　実体基準に関する通達

また、国税庁は、平成29年度税制改正を受けて、次のような措置法通達66の6－6を新たに公表しました。

（主たる事業を行うに必要と認められる事務所等の意義）

66の6－6　措置法第66条の6第2項第2号イ(1)及び第3号ロのその主たる事業を行うに必要と認められる事務所、店舗、工場その他の固定施設を有していることとは、外国関係会社がその主たる事業に係る活動を行うために必要となる固定施設を有していることをいうのであるから、同

項第２号イ⑴及び第３号ロの規定の適用に当たっては、次のことに留意する。（平29年課法２―22「二」により追加）

⑴　外国関係会社の有する固定施設が、当該外国関係会社の主たる事業を行うに必要と認められる事務所、店舗、工場その他の固定施設（以下66の６―６において「事務所等」という。）に該当するか否かは、当該外国関係会社の主たる事業の業種や業態、主たる事業に係る活動の内容等を踏まえて判定すること。ただし、当該外国関係会社の有する固定施設が、主たる事業に係る活動を行うために使用されるものでない場合には、主たる事業を行うに必要と認められる事務所等には該当しない。

⑵　外国関係会社が主たる事業を行うに必要と認められる事務所等を賃借により使用している場合であっても、事務所等を有していることに含まれること。

二　ペーパー・カンパニーの判定における実体基準について（国税庁が公表しているＱ＆Ａより）

ペーパー・カンパニーの判定については、国税庁から「外国子会社合算税制におけるＱ＆Ａ」（最終改訂令和元年６月）（以下、単に「Ｑ＆Ａ」といいます。）が公表されているので、以下にその解説部分（８～９ページ）を引用することとします。

ペーパー・カンパニーについては、特定外国関係会社に該当するものとして会社単位で合算課税の対象とすることとされています。その判定基準の一つである実体基準（措置法第66条の６第２項第２号イ⑴の要件をいいます。以下同じです。）は、対象外国関係会社（措置法第66条の６第２項第３号に規定する対象外国関係会社をいいます。以下同じです。）を判定する際の経済活動基準（平成29年度改正前の適用除外基準）における実体基準と同様に、独立した企業としての活動の実体を有するのかを判定する基準となっています。

この実体基準の内容は、外国関係会社が主たる事業を行うに必要と認められる事務所、店舗、工場その他の固定施設の存在という物的な側面から独立した企業としての活動の実体を有するのかを判定するものです。

ここでいう固定施設とは、単なる物的設備ではなく、そこで人が活動することを前提とした概念であるため、外国関係会社の事業活動を伴った物的設備である必要があると考えられます。例えば、外国関係会社が主たる事業として不動産賃貸業を行っている場合における賃貸不動産は、一般的に借主が居住等の用に供するものであって、外国関係会社が事業活動を行うものではないため、実体基準における固定施設には該当しないと考えられます。また、この場合における「人の活動」は必ずしも外国関係会社に雇用された者のものに限られません。例えば、発電事業を主たる事業として行っている外国関係会社が、その有する発電所の運営をこれを専門とする他の会社に委託している場合のその発電所は、主として委託先である他の会社の役員又は使用人が利用する物的設備によりますが、その発電所は、外国関係会社の発電等といった物的設備とともにそれを動かすための人を一体とした事業活動を伴ったものであるため、実体基準における固定施設に該当すると考えられます。

次に、外国関係会社が有する固定施設が主たる事業を行うに必要と認められるかは、主たる事業の業種や業態に応じてその態様は異なるものであるため、例えば、小売業なら店舗、製造業なら工場などが該当すると考えられる一方で、それ以外の事業についてどのような機能・用途を有する固定施設を要するのか、あるいはどの程度の規模の固定施設を要するのかは、その主たる事業の内容、その事業に係る活動の内容などから個別に判断することとなります。

なお、実体基準は、主たる事業を行うために必要と認められる固定施設が「有る」か「無い」かによって判定しますので、外国関係会社が固定施設について所有権を有する必要は無く、賃借により使用している場合であっても固定施設を有していることになります。

ところで、実体基準は、外国関係会社が主たる事業を行うに必要と認められる固定施設を有しているかどうかにより判定をすることとなりますので、外国関係会社の有する固定施設が、①主たる事業に使用されていない場合や、②主たる事業を行うために必要と認められないものである場合には、実体基準を満たさないこととなります。さらに、主たる事業が人の活動を要しない事業である場合には、主たる事業を行うに必要と認められる固定施設は有していないこととなります。

国税庁は、続いて実体基準を満たすか否かの判定について、次の３つの事例を紹介しています。

Ｑ１　子会社の事業の進捗への関与等を行っている場合

内国法人であるＰ社（商社）は、Ｆ国において発電事業を営むＡ社の事業を管理等を行う目的で、Ｆ国にＡ社を子会社とするＳ社（Ｐ社の外国関係会社に該当します）を設立しました。Ｓ社は、単にＡ社の株式を保有するだけでなく、Ｆ国において事務所を賃借し、その役員及び使用人はその事務所においてＡ社の行う設備投資や事業の進捗への関与、Ａ社に提供する資金の調達や他の株主との調整等に従事しています。

このような場合において、Ｓ社は実体基準を満たすことになりますか。

（注）Ｓ社の当該事業年度の租税負担割合は25％となっています。

Ａ　本件については、Ｓ社の役員及び使用人がＡ社の行う設備投資や事業の進捗への関与等の業務に従事するために、賃借した事務所を使用しているとのことですので、その賃借した事務所は主たる事業を行うために必要と認められる固定施設に該当し、Ｓ社は事業基準を満たしているものとされます。

Ｑ２　関係会社の事務所の一室を賃借して子会社の事業の進捗への関与等を行っている場合

上記Ｑ１のケースにおいて、Ｓ社はその業務にＳ社の役員及び使用人を従事させるため、Ｆ国に所在し、Ｐ社の外国関係会社に該当するＢ社の事務所の一室を賃借しており、Ｓ社の役員及び使用人はその事務所の一室においてＡ社の行う設備投資や事業の進捗への関与、Ａ社に提供する資金の調達や他の株主との調整等に従事しています。このような場合において、Ｓ社は実体基準を満たすことになりますか。

Ａ　本件については、Ｓ社が事務所として使用するのは、Ｂ社の事務所の一室であるということですが、Ａ社の行う設備投資や事業の進捗への関与等の業務を行うのにその一室で十分であり、Ｓ社の役員及び使用人がこれらの業務等に従事するためにその一室を使用しているのであれば、その事務所の一室は主たる事業を行うに必要と認められる固定施設に該当し、実体基準を満たすと考えられます。

さらに、外国関係会社の中には、事務所の一室の中の一画を使用して事業活動を行うといった場合もありえます。このような場合であっても、その事業活動を行うのにその一画で十分であり、その一画を使用して役員又は使用人が主たる事業に係る活動を行っているという実態があるのであれば、その一画は主 たる事業を行うに必要と認められる固定施設に該当すると考えられます。

Q３　主たる事業を行うに必要な固定施設を有していると認められない場合

内国法人であるＰ社（製造業）は、かねてからＦ国において工業所有権を保有しているＳ社（外国関係会社に該当します。）の株式を保有しています。Ｓ社はＦ国にあるビルの一室を事務所用に賃借していますが、Ｓ社の主たる事業はその保有する工業所有権に係る使用料を得ることのみであり、Ｓ社の銀行口座に使用料が振り込まれるだけであるため、Ｓ社の役員及び使用人はその一室を使用して主たる事業に係る活動を行っている実態はありません。なお、Ｓ社はこの一室以外の固定施設を有していません。

このような場合において、Ｓ社は実体基準を満たすことになりますか。

Ａ　本件については、Ｓ社の主たる事業は工業所有権に係る使用料を得ることであり、その使用料はＳ社の銀行口座において収受することとなっています。Ｓ社はビルの一室を賃借しているとのことですが、Ｓ社はその一室を使用して、主たる事業に係る活動を行っているという実態がないということですので、その一室は主たる事業を行うに必要な固定施設には該当しないと考えられます。

なお、仮に、ビルの一室を使用していたとしても、その主たる事業が工業所有権に係る使用料を得ることのみであって、その事業活動にその一室を使用する必要もないと認められる場合には、その一室はその主たる事業に必要な固定施設には該当しないものと考えられます。

国税庁は、本通達がペーパー・カンパニーの判定、そして後述する経済活動基準における実体基準の意義について明らかにしました。そして、これらの実体基準と平成29年度税制改正前の適用除外基準における実体基準が概ね同様の要件とされていることから、本通達により従来の取扱いを変更するものではない、としています。

これらの実体基準は、固定施設の存在という物的な側面から独立した企業としての実体を有しているかどうかを判定するものですが、ここでいう固定施設とは、単なる物的設備ではなく、そこで行われる活動を前提とした概念であることとされます。そこで、実体基準の判定においては、外国関係会社の事業活動を伴った物的設備である必要があると考えられるとしています。

そして、外国関係会社が有する固定施設が主たる事業に必要と認められるか否かについて、主たる事業の業種や業態に応じてその態様は異なるものであるため、例えば、小売業なら店舗、製造業なら工場などが該当すると考えられる一方で、主たる事業がそれ以外の事業である場合には、どのような機能・用途を有する固定施設を要するのか、あるいはどの程度の規模の固定施設を要するのかを、その主たる事業の内容、その事業に係る活動の内容などから個別に判断することとなるとしています。

続けて、これらの実体基準は、外国関係会社が主たる事業を行うに必要と認められる固定施設を有しているかどうかにより判定することとなるため、外国関係会社の有する固定施設がその主たる事業に係る活動を行うために使用されるものでない場合には、ここでいう固定施設には該当しないとしています。そして、主たる事業が人の活動を要しない事業である場合には、主たる事業を行うに必要と認められる固定施設は有していないことになるとしています。

また、この外国関係会社が固定施設を「有している」かどうかは、外国関係会社が事業活動を行うために必要となる固定施設が「有る」か「無い」かによって判定することとなるため、その所有権を有している必要はなく、賃借により使用している場合であっても固定施設を有していることになるとしています。

なお、ビルの一室を事務所として賃借しているとしても、外国関係会社の主たる事業が工業所有権の使用料を得ることである場合には、その事業活動のために事務所を使用する必要がないと考えられることから、その一室はその主たる事業を行うために必要な固定施設には該当しないことになります。

ホ　複数の保険会社又は保険持株会社に保有されている外国保険子会社に係る

ロイズ特例及び保険委託者特例

ペーパー・カンパニーの判定におけるロイズ特例及び保険委託者特例の対象となる外国関係会社に関して、

（イ）「一の内国法人（保険業を主たる事業とするもの又は保険持株会社に限る。）及び当該一の内国法人との間に100％の資本関係のある内国法人（保険業を主たる事業とするもの又は保険持株会社に限ります。）によってその発行済株式等の全部を直接又は外国法人を通じて間接に保有されている外国関係会社である」旨の要件に改正、

（注）二の法人のいずれか一方の法人が他方の法人の発行済株式等の全部を直接又は間接に保有する関係又は二の法人が同一の者によってそれぞれその発行済株式等の全部を直接又は間接に保有される場合における当該二の法人の関係（特定資本関係）。

（ロ）また、特定保険受託者（特定保険協議者）の要件に、その役員又は使用人がその本店所在地国において保険業を的確に遂行するために通常必要と認められる業務の全てに従事している旨の要件（通常必要業務従事要件）が追加されました。

※　これは令和元年度税制改正において導入されたものですが、この改正は後述する対象外国関係会社の判定及び部分対象外国関係会社である外国金融機関の判定についても同様です。

なお、保険委託者特例における特定保険受託者の範囲について、次のように改正されています。

すなわち、特定保険委託者（保険会社グループ内の再保険会社）Ｃ社に保険業務の委託（届出等）をされた者（同じ保険会社グループ内の保険会社）Ｂが他の特定保険委託者に該当する場合には、当該他の特定保険委託者Ｂに業務委託（届出等）をされた者で一定の要件を満たすもの（Ａは当該特定保険委託者Ｃに係る特定保険受託者の範囲に含まれます）。

ヘ　実体基準のまとめ

国税庁の解説にもあるように、平成29年度以降の税制改正においても実体基準については大きな変更点はありません。したがって、国税庁の解説と実際に生じている事案を見比べるなどして、適切な処理を行うことが重要であると思われます。

⑸　管理支配基準を満たす外国関係会社

①　管理支配基準の概要

管理支配基準とは、外国関係会社が本店所在地国においてその事業の管理、支配及び運営を自ら行っているか否かを検討するものです（措法66の６②イ⑵）。

管理支配基準は、その本店所在地国においてその事業の管理、支配及び運営を自ら行っていることとされ、平成29年度税制改正後においても基本的には従来の内容を維持しています。

管理支配基準が規定されたのは、独立企業としての実体を備えているというためには、事業の管理、支配及び運営という企業の機能面に着目しても独立企業としての実体を備えている必要があるとの考え方に基づくものであり、機能的な側面から独立企業としての必要条件を明らかにしたものであるとされています。

事業の管理、支配及び運営を行うことの意味は、法人が事業を行うにあたり事業方針や業績目標などを定め、それらを達成するために事業計画等を策定するなど事業をどのように行うかを決定し、それらに基づき裁量をもって事業を遂行することと考えられます。

また、管理支配基準における「自ら」行うということは、外国関係会社が事業の管理、支配及び運営を自ら行うことを意味することから、その行為の結果と責任等が外国関係会社自らに帰属することまでも意味するものではありません。

管理支配基準を満たすか否かは、具体的には、取締役会が本店所在地で開かれている等特定外国子会社等が自ら事業の管理支配を行っているかどうかにより判断すべきであり、管理、支配及び運営を自ら行っているかどうかは、外国関係会社の株主総会及び取締役会の開催、役員としての職務執行、会計帳簿の作成及び保管等が行われている場所並びにその他の状況を勘案の上判定することとなります。

なお、管理支配基準は、必要と認められる常勤役員及び従業員が存在していることを前提としているとされます。一方、外国関係会社の役員が親会社又は地域統括会社（親会社等）の役員を兼務している場合がありますが、その役員が本店所在地国において外国関係会社の役員の立場で外国関係会社の事業計画の策定等を行い、かつ、その事業計画等に従い職務を執行している限りにおいては、管理支配基準を満たすものと考えられます。また、外国関係会社の役員が常勤・非常勤かによって左右されるべきものでもありません。ただし、外国関係会社の役員が名義だけの役員の場合、不特定多数の会社のために業として行う役員のみの場合には、一般的にその役員が外国関係会社の事業計画の策定等を行っておらず、職務を執行しているとは認められないことから、外国関係会社は自ら事業の管理、支配及び運営を行っていないものと考えられます。

②　管理支配基準の通達

平成29年度税制改正を受けて、国税庁は管理支配基準について、次のように２つの通達を公表しています。このうち、イについては新設されたものですが、法令に特に変更はありませんので、その取扱いについては従来と同じとなっています。

イ　自ら事業の管理、支配等を行っていることの意義

（自ら事業の管理、支配等を行っていることの意義）

66の６－７　措置法第66条の６第２項第２号イ⑵及び第３号ロの「その事業の管理、支配及び運営を自ら行っている」こととは、外国関係会社が、当該外国関係会社の事業計画の策定等を行い、その事業計画等に従い裁量をもって事業を執行することであり、これらの行為に係る結果及び責任が当該外国関係会社に帰属していることをいうのであるが、次の事実があるとしてもそのことだけでこの要件を満たさないことにはならないことに留意する。

⑴　当該外国関係会社の役員が当該外国関係会社以外の法人の役員又は使用人（以下66の６－８において「役員等」という。）を兼務していること。

⑵　当該外国関係会社の事業計画の策定等に当たり、親会社等と協議し、その意見を求めていること。

⑶　当該事業計画等に基づき、当該外国関係会社の業務の一部を委託していること。

国税庁によれば、管理支配基準は、外国関係会社が「事業の管理、支配及び運営を自ら行っている」かどうかにより、外国関係会社が機能面から独立した企業としての実体を有しているかどうかを判定するものであるとしています。

そして、この「事業の管理、支配及び運営を…行っている」こととは、法人

が事業を行うに当たり事業方針や業績目標などを定め、それらを達成するために事業計画等を策定するなど、事業をどのように運営していくかを決定し、それらに基づき裁量をもって事業を執行していることを意味すると考えられるとしています。

また、この「自ら」行うということは、文字どおり外国関係会社が事業の管理、支配及び運営を自ら行うことであり、独立企業として事業を行うことにより通常生ずることとなる結果や責任が外国関係会社自らに帰属することを意味すると考えられるとしています。

これらのことからすると、「その事業の管理、支配及び運営を自ら行っている」こととは、外国関係会社が自らの事業計画の策定等をし、その事業計画等に従い裁量をもって事業を執行していることに加え、これらの行為に係る結果及び責任が当該外国関係会社に帰属することであると考えられるとしています。

次に、通達⑴から⑶の記述について、以下のように述べています。

まず、⑴については、外国関係会社の役員が親会社の役員を兼ねているという理由だけで管理支配基準を満たさないことにはならないとしており、非常勤であったとしても同様であるとしています。あくまで、その役員が外国関係会社の役員としての職責を果たしているか否かで判断すべきとしています。

⑵については、一般的に、子会社等が事業計画の策定等に当たり、親会社と協議しその意見を求めるケースも少なくないことから、外国関係会社が事業計画の策定等に当たり親会社等と協議し、その意見を求めていたとしても、そのことのみをもって管理支配基準を満たさないことにはならないとしています。

⑶については、外国関係会社が業務の一部を委託している場合でも、自ら策定等した事業計画等に従って事業を行っているようなケースもあるため、業務の一部を委託していることだけをもって管理支配基準を満たさないことにはならないことを記載しています。

ロ　事業の管理、支配等を本店所在地国において行っていることの判定

（事業の管理、支配等を本店所在地国において行っていることの判定）

66の６－８　措置法第66条の６第２項第２号イ⑵及び第３号ロにおけるその事業の管理、支配及び運営を本店所在地国（同項第２号イ⑵に規定する本店所在地国をいう。以下66の６－27までにおいて同じ。）において

行っているかどうかの判定は、外国関係会社の株主総会及び取締役会等の開催、事業計画の策定等、役員等の職務執行、会計帳簿の作成及び保管等が行われている場所並びにその他の状況を総合的に勘案の上行うことに留意する。

本通達は、従来のものとほとんど同じであり、外国関係会社がその本店所在地国において、その事業の管理、支配及び運営を行っているかどうかの判定は、当該外国関係会社の株主総会及び取締役会等の開催、事業計画の策定等、役員等の職務執行、会計帳簿の作成及び保管等が行われている場所並びにその他の状況を総合的に勘案の上行うことを留意的に明らかにしているものです。

この場合、例えば、当該外国関係会社の株主総会の開催が本店所在地国以外の場所で行われていたとしても、そのことだけでは、当該外国関係会社が管理支配基準を満たさないことにはならないことになります。

③　ペーパー・カンパニーの判定における管理支配基準について（国税庁が公表しているＱ＆Ａより）

国税庁は、Ｑ＆Ａを公表しており、管理支配基準に関する基本的考え方を公表しています。これまでに述べたことと重複する部分が多いのですが、重要と思われるので以下に掲載します。

管理支配基準は、実体基準とともにペーパー・カンパニーを判定するための基準の一つであり、対象外国関係会社を判定する際の経済活動基準（平成29年度改正前の適用除外基準）における管理支配基準と同様に、会社の機能面から独立した企業としての実体があるかを判定する基準です。

この管理支配基準は、外国関係会社が本店所在地国においてその事業の管理、支配及び運営を自ら行っていることが要件となっています。

法人の事業について管理、支配及び運営を行うということの意味は、法人が事業を行うに当たり事業方針や業績目標などを定め、それらを達成するために、事業計画等を策定するなど、事業をどのように運営していくかを決定し、それらに基づき、裁量をもって事業を執行することと考えられます。

また、管理支配基準における「自ら」行うということは、外国関係会社が事業の管理・支配・運営を自ら行うことを意味するものであることから、その行為の結果と責任等が外国関係会社自らに帰属することであると考えられます。

なお、ここでいう結果と責任等が帰属することとは、独立企業として事業を行っていれば通常生じることとなる結果及び負担すべき責任が帰属することをいうのであって、外国関係会社の利益が配当を通じて株主である親会社に帰属することまでを意味するものではありません。

一方、外国関係会社の役員が、その親会社又は地域統括会社（以下「親会社等」といいます。）の役員又は使用人を兼務している場合もありますが、その役員が本店所在地国において外国関係会社の役員の立場で外国関係会社の事業計画の策定等を行い、かつ、その事業計画等に従い職務を執行している限りにおいては、管理支配基準を満たすものと考えられます。また、外国関係会社の役員がいわゆる常勤か非常勤かによって左右されるものでもないと考えられます。

この場合において、役員が責任を負い、裁量をもって事業を執行しているのであれば、外国関係会社はその活動に対する報酬を負担するのが通常であると考えられます。そのため、外国関係会社からの報酬の支払いが認められない場合には、役員が責任を負い、裁量をもって事業を執行していることの証明には乏しく、ひいては外国関係会社自らが事業の管理、支配及び運営を行っていないと判断される重要な要素となりえます。とりわけ、地域統括会社の役員又は従業員が、外国関係会社の役員を兼務している場合等、同じグループ会社に勤務している場合は、どちらの会社の立場で業務が執行されたのかの判別は困難であるため、合理的な理由（例えば、労務管理の事務負担の観点等から、別途外国関係会社が報酬を負担していると認められるような事実）なく、外国関係会社から報酬が支払われず地域統括会社から報酬が支払われているときは、その役員は、地域統括会社の役員又は従業員の立場で業務を執行していると判断されることもありえます。

なお、外国関係会社の役員が、名義だけの役員や、不特定多数の会社のために業として行う役員のみである場合には、一般的にはその役員が外国関係会社の事業計画の策定等を行っておらず、職務を執行していないと考えられるため、外国関係会社は自ら事業の管理、支配及び運営を行っていないものと考えられます。

この管理支配基準と実体基準のいずれも満たさない場合には、特定外国関係会社に該当し、租税負担割合が20％以上であっても、会社単位での合算課税の対象となります。
（注）　平成29年度改正前の適用除外基準における管理支配基準と平成29年度改正後のペーパー・カンパニーに係る管理支配基準の内容に変更はありませんので、今回のＱ＆Ａは、従来の取扱いを変更するものではありません。

この中で注目すべきことは、平成29年度税制改正後においても、管理支配基準についての当局の考え方には変化がないということです。これまで、管理支配基準については、納税者にとってかなり厳しい解釈で実務が行われてきましたが、引き続き同様であるということです。この点を踏まえて、実際のＱ＆Ａを見ていきたいと思います。

Ｑ４　役員が兼務役員である場合

上記Ｑ１（筆者注：37ページ）のケースにおいて、Ｓ社には役員としてＣのみがその職務に従事しており、その役員Ｃは、Ａ社の行う設備投資や事業の進捗への関与、Ａ社に提供する資金の調達や他の株主との調整等に係る事業計画の策定を行った上で、その事業計画に従い資金調達や与信の決定、これらの実行及び事後的な確認やその他の職務を執行しています。なお、役員ＣはＰ社のＦ国における地域 統括会社であるＢ社の使用人を兼務していますが、Ｓ社の業務に関わる報酬は、Ｓ社からその支払いを受けています。

このような場合において、Ｓ社は管理支配基準を満たすことになりますか。

Ａ　本件については、役員Ｃは、Ｓ社の役員の立場でＳ社の事業計画の策定を行った上で、その事業計画に従い資金調達や与信の決定、これらの実行及び事後的な確認やその他の職務を執行し、これらの職務に対してＳ社から役員Ｃに報酬が支給されています。この場合において、役員Ｃは、Ｐ社のＦ国における地域統括会社であるＢ社の使用人を兼務しているとのことですが、単なる名義だけの役員として存在しているわけではなく、Ｓ社の役員の立場でＳ社の事業計画の策定を行い、かつ、その事業計画に従い職務を執行していることから、管理支配基準を満たすものと考えられます。

他方、役員Ｃが地域統括会社Ｂ社の使用人として、その地域内のグループ全体の事業計画の策定を行っている場合であって、役員ＣがＳ社の役員の立場でＳ社の職務を執行していないのであれば、Ｓ社は管理支配基準を満たさないものと考えられます。このため、役員Ｃは、Ｂ社の使用人として行う職務とＳ社の役員として行う職務とを明確に区別しておく必要があります。

Ｑ５　一部の業務につき親会社等に確認を求めることがある場合

上記Ｑ４のケースにおいて、Ｓ社の業務のうち、資金調達及び与信に係る業務については、全て地域統括会社であるＢ社に確認を求めることとしています。このような場合において、Ｓ社は管理支配基準を満たすことになりますか。

Ａ　本件については、Ｓ社の業務のうち、資金調達及び与信に係る業務については、全て地域統括会社であるＢ社に確認を求めることとしているとのことですが、最終的な確認は地域統括会社であるＢ社が行うとしても、Ｓ社の役員が事業計画案を策定するなど職務執行の重要な事項を自ら判断しているのであれば、Ｓ社において事業の管理、支配及び運営を自ら行っているものと考えられます。

また、例えば、一定額以上の案件については、Ｓ社は地域統括会社であるＢ社に情報を報告するのみであり、Ｂ社において実際の資金調達や与信に係る事業計画の策定を行うこともあるかと思いますが、この場合であっても、一定額未満の案件についてはＳ社において事業計画案を策定し、その事業計画に従って、実際に職務を執行しているのであれば、その範囲においては、Ｓ社において事業の管理、支配及び運営を自ら行っており、管理支配基準を満たすものと考えられます。

しかしながら、Ｓ社において事業計画の策定は一切行わず、全ての事項について親会社等の指示を仰いで職務執行しているだけの場合には、次のＱ６に該当するものを除き、Ｓ社において事業の管理、支配及び運営を自ら行っていないものと考えられます。

Ｑ６　事業計画の策定は親会社等が行い、外国関係会社の役員はその策定された計画に従って職務を執行しているのみである場合

上記Ｑ４のケースにおいて、地域統括会社であるＢ社は、その地域内にお

けるグループ全体の与信に係る業務に関する事業計画の策定を行っており、S社の役員はその事業計画に従って職務を執行しています。その事業計画では、与信に当たっての資金調達をどのように行うかは記載されていないため、S社の役員は資金調達に関しては、自ら資金調達計画を策定し、金融機関等から必要となる資金を調達しています。

このような場合において、S社は管理支配基準を満たすことになりますか。

A　本件において、仮に、地域統括会社B社がS社の全ての事業計画の策定を行い、S社の役員Cがその事業計画に従い与信の実行をしているだけの場合には、S社において事業の管理、支配及び運営を自ら行っていないものと考えられます。

本件については、S社は別途、資金調達等、与信に係る業務以外の業務に関する事業計画の策定を自らが行い、S社の役員Cがその事業計画に従い実際に資金調達等を実行していることから、S社において事業の管理、支配及び運営を自ら行っており、管理支配基準を満たすものと考えられます。

Q7　業務の一部を委託している場合

上記Q4のケースにおいて、S社の業務のうち、資金調達や与信に係る業務の一部についてはF国における金融機関に委託しています。また、契約書の作成についてはF国における弁護士に助言を求め、帳簿作成等に係る業務はP社のF国における地域統括会社であるB社からシェアードサービスの提供を受けています。

このような場合において、S社は管理支配基準を満たすことになりますか。

A　管理支配基準では、事業の管理、支配及び運営を自ら行っていることが要件とされていますが、自ら事業計画の策定等を行っており、その事業計画等に従って業務を行っているのであれば、その業務の一部を委託していたとしても、そのことだけでは管理支配基準を満たさないことにはならないと考えられます。本件については、S社において、例えばA社の資金需要を把握し、外貨の調達の規模、入金・回収の時期といった事業計画の策定を行った上で、実際の調達業務や入金・回収業務については金融機関に委託しているのであれば、Ｓ社はその事業の管理、支配及び運営を自ら行っており、管理支配基準を満たすものと考えられます。

なお、契約書の作成等の補助業務（広告宣伝、市場調査、専門的知識の提供 その他の当該外国関係会社が業務を行う上での補助的な機能を有する業務をいいます。以下同じです。）について、例えば現地法令に詳しい弁護士等の外部専門家に助言を求めることは、管理支配基準の判定の要素にはなりません。

また、経理事務等のような、いずれの会社にあっても共通的に発生する業務について、経済的合理性の観点からいわゆるシェアードサービスの提供を受けたとしても、そのことのみをもって管理支配基準を満たさないことにはならないと考えられます。

Ｑ８　外国関係会社の事業が工業所有権に係る使用料を得ることのみである場合

上記Ｑ３のケースにおいて、弁護士事務所に所属するＤ弁護士がＳ社の役員として登記されており、Ｓ社には他に役員や使用人は存在していません。Ｓ社の役員Ｄは、Ｐ社の指示の下、Ｓ社専用の銀行口座に使用料が振り込まれたらＰ社に報告するとともに、一定額が貯まったらＰ社に送金する業務を行っています。

このような場合において、Ｓ社は管理支配基準を満たすことになりますか。

Ａ　本件については、Ｓ社は資産として工業所有権を有し、Ｐ社の指示の下、その使用料の入金を受け、親会社Ｐに報告をするとともに、一定額が貯まったら親会社Ｐに送金することが主な業務となっています。このことからすると、役員Ｄが行っていることは判断を伴わない単なる取次ぎにすぎず、Ｓ社は自ら事業計画の策定等を行い、その事業計画等に従い裁量をもって事業を執行しているとは考えられません。このため、Ｓ社は管理支配基準を満たさないものと考えられます。

④　特定保険協議者および特定保険受託者に関する管理支配基準

管理支配基準については、次の状況にあることを含むものとされています（措法66の６②三ロ、措令39の14の３㉖）。

イ　外国関係会社（特定保険外国子会社等に該当するものに限ります。）に係る特定保険協議者がその本店所在地国においてその事業の管理、支配及び運営を自ら行っている状況

ロ　外国関係会社（特定保険委託者に該当するものに限ります。）に係る特定保険受託者がその本店所在地国においてその事業の管理、支配及び運営を自ら行っている状況

このうち、イは、英国ロイズ市場において、保険引受子会社と管理運営子会社を別会社とした上でこれらが一体となって保険業を営む場合に、これらを一体として自ら管理支配を行っているかどうかの判定を行うというものであり、改正前の適用除外基準における管理支配基準の判定において設けられていた措置（旧措法66の６③、旧措令39の17⑥）と同様の措置となっています。

また、上記のロは、英国ロイズ市場以外でも保険引受子会社と管理運営子会社を別会社とした上でこれらを一体として保険業を営む場合があることへの対応として、平成29年度税制改正で新たに設けられたものです。

これについて、国税庁は次の通達を公表しています。

（特定保険協議者又は特定保険受託者の管理支配基準の判定）

66の６－９　措置法令第39条の14の３第４項及び第26項の特定保険協議者又は特定保険受託者がその本店所在地国においてその事業の管理、支配及び運営を自ら行っているかどうかの判定は、66の６－７及び66の６－８の取扱いにより行うことに留意する。

国税庁は、特定保険外国子会社等又は特定保険委託者の管理支配基準における特定保険協議者又は特定保険受託者の管理支配基準の判定をどのように行うかについて、外国関係会社が管理支配基準を満たしているかの判定については、措置法通達66の６－７《自ら事業の管理、支配等を行っていることの意義》及び66の６－８《事業の管理、支配等を本店所在地国において行っていることの判定》により行う旨の取扱いを定めており、特定保険協議者又は特定保険受託者も外国関係会社に該当することから、これと同様に行うのが合理的であると留意的に明らかにしていると説明しています。

なお、これらは、外国関係会社が保険業を営む場合であることから、通常の事業を営む場合には該当しません。

⑤　管理支配基準のまとめ

管理支配基準については、実体基準と同様、平成29年度税制改正後も従前と同様の取扱いがなされています。ただし、管理支配基準については、従来より納税者にとって厳しい取扱いがなされてきました。今後も、これまでの事案などを参考にして適切に対処すべきであると思われます。

(6)　外国子会社の株式等の保有を主たる事業とする等の一定の外国関係会社

ここから述べる(6)から(8)までは令和元年度税制改正で導入されたものです。これは、トランプ税制によって米国の連邦法人税率が35％から21％に引き下げられたことを一つの契機として、改めて米国等におけるビジネスの実態を見ると、倒産隔離や不動産登記等の事務 コストの軽減等の事業上の理由から、固定施設や人員を有さない法人を活用する実務が一般的に行われていますが、これらが常に租税回避リスクが高いものとみなすことは必ずしも適当ではないと考えられます。

こうした法人のうち、合算対象とならない子会社配当等が収益の大部分である外国関係会社や、実体のあるビジネスに関して用いられている本店所在地国の不動産や資源等を源泉とするものが収益の大部分である外国関係会社など、一定の要件の下で、租税回避リスクが限定的であると考えられるものについては、ペーパー・カンパニーに該当しないこととされました（措法66の６②二イ(3)～(5)、措令39の14の３⑰～㉑、措規22の11⑤～㉑）。

さて、外国子会社の株式等の保有を主たる事業とする外国関係会社で、その収入金額のうちに占めるその株式等に係る剰余金の配当等の額の割合が著しく高いこと等の一定の要件に該当するものはペーパー・カンパニーから除外されます（措法66の６②二イ(3)）。

ここでいう外国子会社とは、外国法人（外国関係会社とその本店所在 地国を同じくするものに限ります。）の発行済株式等のうちにその外国関係会社が保有しているその株式等の占める割合等が25％以上であり、かつ、その状態がその外国関係会社がその外国法人から受ける剰余金の配当等の額の支払義務が確定する日以前６か月以上継続している場合のその外国法人をいいます（措令39の14の３⑱）。

⑺　特定子会社の株式等の保有を主たる事業とする等の一定の外国関係会社

イ　概要

特定子会社の株式等の保有を主たる事業とする外国関係会社で、その本店所在地国を同じくする管理支配会社によってその事業の管理、支配及び運営が行われていること、その管理支配会社がその本店所在地国で行う事業の遂行上欠くことのできない機能を果たしていること、その収入金額のうちに占めるその株式等に係る剰余金の配当等の額及びその株式等の譲渡に係る対価の額の割合が著しく高いこと等の一定の要件に該当するもの（措法66の6 ②二イ⑷）もペーパー・カンパニーから除外されます。

特定子会社とは、次に掲げる外国関係会社をいいます（措令39の14の3 ⑧、措規22の11⑩～⑬）。

（イ）特定子会社の株式等の保有を主たる事業とする外国関係会社で一定の要件の全てに該当するもの（措令39の14の3 ⑩、措規22の11⑦⑧）。

（ロ）被管理支配会社の株式等の保有を主たる事業とする外国関係会社で一定の要件の全てに該当するもの（措規22の11⑩）。ここで言う被管理支配会社とは、特定子会社の株式等の保有を主たる事業とする外国関係会社で、一定の要件の全てに該当するものをいいます。

ロ　管理支配会社

さて、令和元年度税制改正によって、上記のように管理支配会社という新しい概念が導入されるなどしました。そこで、国税庁は新しい通達を発遣することで、措令39の14の3第8項に規定されている「(管理支配会社によって事業の管理、支配等が行われていることの判定」及び「事業の遂行上欠くことのできない機能の意義」について明らかにしています。

以下、国税庁が令和元年に発遣した2つの通達とそれらの解説を掲げます。

【新設】（管理支配会社によって事業の管理、支配等が行われていることの判定）

66の6－9の2　措置法令第39条の14の3第8項第1号に規定する「その事業の管理、支配及び運営が管理支配会社によって行われていること」とは、管理支配会社（措置法第66条の6第2項第2号イ⑷に規定する管理支配会社をいう。以下66の６－９の３までにおいて同じ。）が、同号イ⑷に規定する特定子会社（以下66の６－９の３において「特定子会社」という。）の株式等の保有を主たる事業とする外国関係会社の事業計画の策定等を行い、その事業計画に従い裁量をもって事業を執行することをいうのであるが、管理支配会社とは同条第１項各号に掲げる内国法人に係る他の外国関係会社のうち一定の要件を満たすものをいうのであるから、当該管理支配会社と当該外国関係会社との間に直接に株式等を保有する関係がない場合であっても、これに該当する場合があることに留意する。

措置法令第39条の14の３第９項第３号ロ、措置法規則第22条の11第10項第１号及び第20項第１号のその事業の管理、支配及び運営が管理支配会社等によって行われていることについても、同様とする。

【解説】

1　外国子会社合算税制上、事務所等の実体がなく、かつ、事業の管理支配等を自ら行っていない外国関係会社（以下「ペーパー・カンパニー」という。）は、租税負担割合が30％以上である場合を除き、特定外国関係会社として会社単位の合算課税の対象とされている（措法66の６①②⑤）。

令和元年度の税制改正において、特定外国関係会社の範囲について見直しが行われ、次に掲げる要件の全てを満たす外国関係会社は、ペーパー・カンパニーに該当しないこととされた（措法66の６②二イ⑷、措令39の14の３⑧、措規22の11⑩～⑬）。

⑴　事業要件

特定子会社（注）１の株式等の保有を主たる事業とすること

⑵　不可欠機能要件

管理支配会社（注）２の行う事業（その管理支配会社の本店所在地国において行うものに限る。）の遂行上欠くことのできない機能を果たしていること

⑶　被管理支配要件

イ　その事業の管理、支配及び運営が管理支配会社によって行われていること

ロ　その事業を的確に遂行するために通常必要と認められる業務の

全てが、その本店所在地国において、管理支配会社の役員又は使用人によって行われていること

⑷　所在地国要件

その本店所在地国を管理支配会社の本店所在地国と同じくすること

⑸　課税要件

その所得がその本店所在地国で課税対象とされていること

⑹　収入割合要件

その事業年度の収入金額の合計額のうちに占める特定子会社から受ける剰余金の配当等その他一定の収入の額の合計額の割合が95％を超えていること

⑺　資産割合要件

その事業年度終了の時における貸借対照表に計上されている総資産の帳簿価額のうちに占める特定子会社の株式等その他一定の資産の帳簿価額の合計額の割合が95％を超えていること

（注）1　「特定子会社」とは、措置法第66条の6第1項各号に掲げる内国法人に係る他の外国関係会社（管理支配会社とその本店所在地国を同じくするものに限る。）で、部分対象外国関係会社に該当するものをいう（措法66の6②二イ⑷、措令39の14の3⑧）。

2　「管理支配会社」とは、同号に掲げる内国法人に係る他の外国関係会社のうち、部分対象外国関係会社に該当するもので、その本店所在地国において、その役員又は使用人がその主たる事業を的確に遂行するために通常必要と認められる業務の全てに従事しているものをいう（措法66の6②二イ⑷括弧書）。

2　本通達では、上記1⑶イの被管理支配要件における「その事業の管理、支配及び運営が管理支配会社によって行われていること」とは、管理支配会社が特定子会社の株式等の保有を主たる事業とする外国関係会社の事業計画の策定等を行い、その事業計画に従い裁量をもって事業を執行することをいうことを明らかにしている。

3　ところで、外国関係会社が、会社単位の合算課税の対象となる特定外国関係会社又は対象外国関係会社に該当するかどうかを判定する場合の要件の一つとして、その本店所在地国において、その事業の管理、支配及び運営を自ら行っていることの要件（以下「管理支配基準」という。）

が定められているが（措法66の６②二イ⑵、三ロ）、この場合の「その事業の管理、支配及び運営を自ら行っていること」とは、外国関係会社が、当該外国関係会社の事業計画の策定等を行い、その事業計画に従い裁量をもって事業を執行することであり、これらの行為に係る結果及び責任が当該外国関係会社に帰属していることをいう（措通66の６－７）。

一方、本通達における外国関係会社の被管理支配要件の判定は、「外国関係会社の事業計画の策定等を行い、その事業計画に従い裁量をもって事業を執行」しているかどうかにより判定する点については管理支配基準の判定と同様であるが、管理支配会社が外国関係会社の事業の管理、支配及び運営を行ったとしても、当該管理支配会社と当該外国関係会社は別人格であり、これらの行為に係る結果及び責任は当該外国関係会社が負うこととなることから、これらの行為に係る結果及び責任が管理支配会社に帰属しない点で、管理支配基準の判定と異なる。

４　また、上記１（注）２のとおり、管理支配会社とは、措置法第66条の６第１項各号に掲げる内国法人に係る他の外国関係会社のうち、部分対象外国関係会社に該当するもので、その本店所在地国において、その役員又は使用人がその主たる事業を的確に遂行するために通常必要と認められる業務の全てに従事しているという要件を満たすものをいうこととされており、外国関係会社との間に直接に株式等を保有する関係に限定されていないことから、特定子会社の株式等の保有を主たる事業とする外国関係会社と兄弟会社である他の外国関係会社であっても、管理支配会社に該当する場合がある。

本通達では、このことを留意的に明らかにしている。

【新設】（事業の遂行上欠くことのできない機能の意義）

66の６－９の３　措置法令第39条の14の３第８項第２号に規定する「管理支配会社の行う事業（……）の遂行上欠くことのできない機能を果たしていること」とは、特定子会 社の株式等の保有を主たる事業とする外国関係会社が存在しないとしたならば、管理支配会社の行う事業の継続に支障をきたすこととなり、かつ、当該事業の継続のために代替する機能が必要となることをいう。

同条第９項第１号イ、同項第３号イ⑴（ⅱ）、同号ハ、措置法規則第

22条の11第10項第2号、第14項第1号及び第20項第2号の欠くことのできない機能を果たしていることについても、同様とする。

【解説】

1　外国子会社合算税制上、事務所等の実体がなく、かつ、事業の管理支配等を自ら行っていない外国関係会社（以下「ペーパー・カンパニー」という。）は、租税負担割合が30％（27％）以上である場合を除き、特定外国関係会社として会社単位の合算課税の対象とされている（措法66の6①②⑤）。

令和元年度の税制改正において、特定外国関係会社の範囲について見直しが行われ、次に掲げる要件の全てを満たす外国関係会社は、ペーパー・カンパニーに該当しないこととされた（措法66の6②二イ⑷、措令39の14の3⑧、措規22の11⑩～⑬）。

⑴　事業要件

特定子会社（注）1の株式等の保有を主たる事業とすること

⑵　不可欠機能要件

管理支配会社（注）2の行う事業（その管理支配会社の本店所在地国において行うものに限る。）の遂行上欠くことのできない機能を果たしていること

⑶　（以下略）

2　本通達では、上記1⑵の不可欠機能要件における「管理支配会社の行う事業（……）の遂行上欠くことのできない機能を果たしていること」とは、特定子会社の株式等の保有を主たる事業とする外国関係会社が存在しないとしたならば、管理支配会社の行う事業の継続に支障をきたすこととなり、かつ、当該事業の継続のために代替する機能が必要となることをいうことを明らかにしている。

3　この「事業の継続に支障をきたすこと」とは、特定子会社の株式等の保有を主たる事業とする外国関係会社が存在しないとしたならば、管理支配会社が行う事業の継続に影響が生ずることを意味するが、これは、当該外国関係会社が存在しないと直ちに当該事業の継続に影響を及ぼすこととなる場合に限定されず、当該事業に係る費用負担の増加、事業展開の停滞等によって、中長期的に当該事業の継続に影響を及ぼすことと

なる場合が含まれる。
　したがって、例えば、外国関係会社が管理支配会社の事業に係る資産を所有することによって、当該資産の管理・売却等を容易にする機能を果たしている場合には、通常は当該外国関係会社が存在しないと直ちに当該事業の継続に影響を及ぼすこととはならないと考えられるが、このような場合であっても、当該事業に係る費用負担の増加、事業展開の停滞等によって、中長期的に当該事業の継続に影響を及ぼすこととなるのであれば、「事業の継続に支障をきたすこと」に該当する。
4　また、「代替する機能が必要となること」とは、特定子会社の株式等の保有を主たる事業とする外国関係会社が存在しないとしたならば、管理支配会社が行う事業の継続のために何らかの手段を講ずる必要があることを意味し、当該外国関係会社が存在しないとしても、何らかの手段を講ずる必要がないのであれば、「代替する機能が必要となること」には該当しないこととなる。

私見ですが、令和元年度税制改正は大企業を中心に該当事例があると考えられます。中小企業においては、本件のような外国関係会社はあまり例がないと思われます。

⑻　不動産の保有、石油等の天然資源の探鉱等又は社会資本の整備に関する事業の遂行上欠くことのできない機能を果たしている等の一定の外国関係会社

具体的には、次に掲げる外国関係会社とされています（措法66の６②二イ⑸、措令39の14の３⑨、措規22の11⑭～㉓）。
（イ）　不動産保有に係る一定の外国関係会社
（ロ）　管理支配会社が自ら使用する不動産を保有する一定の外国関係会社
（ハ）　資源開発等プロジェクトに係る一定の外国関係会社

⑼　ペーパー・カンパニーでないことを証する資料の提示又は提出

税務当局の当該職員は、内国法人に係る外国関係会社が（ペーパー・カンパニー）に該当するかどうかを判定するために必要があるときは、その内国法人に対し、期間を定めて、その外国関係会社が上の⑶イからホまでのいずれかを満たすことを

明らかにする書類その他の資料の提示又は提出を求めることができることとされています（措法66の6③）。

この場合において、その書類その他の資料の提示又は提出がないときは、その外国関係会社が上の⑶イからホまでに該当しないもの（ペーパー・カンパニー）と推定することとされます（措法66の6③）。

⑽　ペーパー・カンパニーであるか否かを判定するための実体基準又は管理支配基準を満たすことを明らかにする書類等の具体例

国税庁はQ＆Aにおいて、次のような事例を掲げペーパー・カンパニーに該当するか否かを判定するための実体基準又は管理支配基準を満たすことを明らかにする書類等の具体例を公表しています。

Q８の２　実体基準又は管理支配基準を満たすことを明らかにする書類等の具体例

上記Q１（筆者注：37ページ）のケースにおいて、S社は賃借した事務所においてA社の行う設備投資や事業への進捗の関与等を行っているとのことですが、S社が実体基準を満たすことを明らかにする書類等としてどのようなものが考えられますか。また、Q４のケースにおいて、S社の役員Cは、地域統括会社であるB社の使用人を兼務しているとのことですが、S社が管理支配基準を満たすことを明らかにする書類等としてどのようなものが考えられますか。

A　実体基準を満たすことを明らかにする書類では、①外国関係会社の主たる事業を行うに必要と認められる事務所、店舗、工場その他の固定施設の存在が明らかになっている必要があります。また、固定施設は単なる物的設備ではなく、そこで人が活動することを前提とした概念であることから、②外国関係会社の主たる事業に必要であり、かつ、実際に利用されていることが明らかになっている必要があります。

①を満たす資料としては、例えばその取得又は賃借等をした固定施設の売買契約書、賃貸借契約書、登記簿謄本、賃料や維持管理費用を負担していることが分かる書類、外観・内観写真、事務所等のパンフレットなどが考えられます。また、②を満たす資料としては、例えば社内組織図、事務所等における配席図等のレイアウト表、シフト表、事業活動の内容が分かる定期報告

書（日報や月報等）、維持管理費用の支出等の明細その他の役員及び使用人が固定施設において主たる事業に係る業務等に従事している実態を確認できる資料が考えられます。

Ｑ１のケースでは、事務所を賃借しているとのことですので、①を満たす資料としては、例えば事務所の賃貸借契約書が考えられます。また、Ｓ社の役員及び使用人がその事務所においてＡ社の行う設備投資や事業の進捗への関与、Ａ社に提供する資金の調達や他の株主との調整等に従事しているとのことですので、②を満たす資料としては、例えば事務所に設置されている机、椅子、応接セットや通信機器などのレイアウト表や、Ｓ社の役員及び使用人がその事務所においてＡ社・金融機関・他の株主等とのやり取りを行ったことが分かる書類などが考えられます。

次に、管理支配基準は、外国関係会社が本店所在地国において「事業の管理、支配及び運営を自ら行っている」かどうかを判定するものであり、その意味するところは、外国関係会社が事業を行うに当たり、③事業方針や業績目標などを定め、④それを達成するために事業計画等を策定するなど、事業をどのように運営していくかを決定し、⑤それらに基づき、裁量をもって事業を執行しているかどうかを明らかにする必要があります。

③を満たす書類としては、例えば本店所在地国で開催した株主総会又は取締役会に係る株主総会議事録又は取締役会議事録、その他外国関係会社が事業方針や業績目標を定めたことが分かる資料等が該当します。また、④を満たす書類としては、本店所在地国で策定した事業計画書や社内稟議書等が該当します。さらに、⑤を満たす書類としては、例えば本店所在地国において外国関係会社の役員の名で締結した契約書や作業指図書などが該当します。

Ｑ４のケースにおいても、上記③から⑤までを明らかにする書類として、上記の書類が考えられます。また、Ｑ４のケースは、Ｓ社の役員Ｃは、地域統括会社であるＢ社の使用人を兼務しているとのことですが、役員が責任を負い、裁量をもって事業を執行しているのであれば、外国関係会社はその活動に対する報酬を負担するのが通常であると考えられます。このため、この場合の⑤を満たす書類としては、外国関係会社がその役員の職務執行に応じた報酬を支払っていることが確認できる賃金台帳等の帳簿書類及び損益計算書等（労務管理 の事務負担の観点等から、兼務先の会社がまとめて報酬を支払っている場合においては、別途外国関係会社が給与負担金等として役員

> の報酬を負担していると認められるような事実を確認できる契約書等の書類）が必要と考えられます。
>
> なお、上記①から⑤までの事実が確認できる書類は、通常、事業活動を行う上で作成される書類によることとなるため、必ずしも上記で例示されている書類が全て必要となるわけではなく、例示されていない書類であっても上記①から⑤までの事実が確認されるものであれば実体基準又は管理支配基準を満たすことになります。また、①固定施設の存在及び②固定施設での業務内容が確認できる資料（例えば、小売業の場合、店舗で消費者向けに販売を行っていることが分かるもの）など、外国関係会社が事業を行う上で、上記①から⑤までのうちの複数の事実が確認できる資料を作成していることも考えられますので、上記①から⑤までの個々の事実について、それぞれ個々の資料で明らかにする必要もありません。

このＱ＆Ａは、外国関係会社がペーパー・カンパニーに該当するか否かを判定するために公表されたものですが、実際には外国関係会社の固定施設や役員などがあり、登記しただけで会社の実体がないいわゆるペーパー・カンパニーではないものを前提として構成されていることがわかります。したがって、対象外国関係会社に関する実体基準と管理支配基準を満たすことを証する資料の作成についても、大いに役に立つと考えられます。

⑾ ペーパー・カンパニー等の整理に伴う一定の株式譲渡益の免除特例

内国法人が外国企業を買収した場合、その傘下にペーパー・カンパニー等が存在する場合があります。この場合、ペーパー・カンパニー等を整理した場合に生ずる所得は、本税制による合算課税の対象となっていました。これに関して、平成30年度税制改正においてペーパー・カンパニー等の整理に当たって生ずる一定の株式譲渡益について、適用対象金額の計算上控除する措置が講じられました。これについては、後述する適用対象金額のところで説明します。

⑿ 事実上のキャッシュ・ボックス

① 概要

BEPSプロジェクトの最終報告書では、豊富な資本を持ちながら、能動的な事業遂行やリスク管理に必要な機能をほとんど果たしていない事業体を「事実上のキャッシュ・ボックス」と呼び、税源浸食リスクが高い旨を指摘しています。そこで、平成29年度税制改正において、その総資産に比べて受動的所得の占める割合が高い外国関係会社については、事実上のキャッシュ・ボックスとして、特定外国関係会社に分類することとされました。

その後、令和元年度税制改正において、グループ内の再保険を営む一定の外国関係会社を事実上のキャッシュ・ボックスに追加することとされました。

②　受動的所得の占める割合が高い外国関係会社

事実上のキャッシュ・ボックスに分類されるものとして受動的所得の占める割合が高い外国関係会社がありますが、具体的には、その総資産額に対する後述する部分合算課税の対象となる各種所得の金額で異常所得の金額を除いた金額の合計額に相当する金額の合計額の割合が30％を超える外国関係会社とされます。

ただし、セーフ・ハーバーとして、総資産額に対する有価証券、貸付金、固定資産（無形資産等を除くものとし、貸付けの用に供しているものに限ります。）及び無形資産等の合計額の割合が50％を超える外国関係会社に限られることになっています。

ここでいう総資産額は、外国関係会社のその事業年度終了の時における貸借対照表に計上されている総資産の帳簿価額とされています（措令39の14の３③）。また、ここでいう帳簿価額とは、外国関係会社がその会計帳簿に記載した金額になります。

また、無形資産等とは、次のものをいいます（措法66の６⑥九）。

・工業所有権その他の技術に関する権利、特別の技術による生産方式若しくはこれらに準ずるもの（これらの権利に関する使用権を含む）
・著作権（出版権及び著作隣接権その他これに準ずるものを含む）

一方、部分合算課税の対象となる各種所得（特定所得といいます）については、受取配当や受取利子などが該当します。なお、ここでいう金額とは、例えば、剰余金の配当等の額そのものではなく、剰余金の配当等の額から除くこととされる持株割合25％以上の株式に係る剰余金の配当等などを除外した後の剰余金の配当等の額の合計額から、剰余金の配当等の額を得るために直接要した費用の額及び剰余金の配当等に係る費用の額を控除した金額（いわゆる純額）を意味します。

③　グループ内の再保険を営む一定の外国関係会社

措置法第66条の６②二ハは、次に掲げる要件のいずれにも該当する外国関係会社を事実上のキャッシュ・ボックスとして規定しています。

(1)	外国関係会社の各事業年度の非関連者等収入保険料の合計額の収入保険料の合計額に対する割合として計算した割合が10％未満であること
(2)	外国関係会社の各事業年度の非関連者等支払再保険料合計額の関連者等収入保険料の合計額に対する割合として計算した割合が50％未満であること

上の規定は、関連者からの収入保険料が大部分（90％以上）を占めているためにその引き受ける保険リスクの大部分が関連者の有するリスクであり、かつ、引き受けた保険リスクの多く（50％以上）を自ら抱え込んでいるために、保険におけるリスクの移転や分散といった重要な機能を果たしていると考えにくいような外国関係会社について、特に租税回避リスクが高い事実上のキャッシュ・ボックスと考えられることから、会社単位の合算課税の対象としようとするものです。

④　外国金融子会社等の場合

外国金融子会社等とは、部分対象外国関係会社のうち銀行業、金融商品取引業又は保険業を行う一定の要件を満たす金融子会社等と定義されています（措法66の６②七）。一方、部分対象外国関係会社は以下で述べる経済活動基準の全てを満たす外国関係会社で特定外国関係会社に該当するものを除くこととされているので（措法66の６②六）、外国金融子会社等の定義上は、特定外国関係会社に該当するものが除かれていることになります。しかし、特定外国関係会社の一類型である事実上のキャッシュ・ボックスの該当性を判定する上での金融子会社等は、規定の循環を回避するために、特定外国関係会社に該当するものを除外しないところの外国金融子会社等とされています（措法66の６②二ロ）。

外国金融子会社等は、その総資産額に対する租税特別措置法第66条の６第８項第１号に掲げる金額に相当する金額又は同項第２号から第４号までに掲げる金額に相当する金額の合計額のうちいずれか多い金額の割合が30％を超えるものとされています（措法66の６②二ロ）。また、セーフ・ハーバーとしての総資産額に対する有価証券等の額の割合が50％を超えるかどうかの判定は、①で説明した通常の事業会社と同様となっています。

⑤　清算外国金融子会社等

平成30年度税制改正において、受動的所得の計算方法について、清算外国金融子会社等の特定清算事業年度における部分適用対象金額に係る改正に対応した規定の整備が行われました。

具体的には、特定外国関係会社に該当しないものとした場合に清算外国金融子会社等に該当することとなる外国関係会社の特定清算 事業年度にあっては、総資産額に対する特定金融所得金額がないものとした場合の特定金額の合計額が30％を超えるかどうかで判定することとされました。なお、セーフ・ハーバーとしての総資産額に対する有価証券等の額の割合が50％を超えるかどうかの判定は、平成30年度税制改正前と同様です（措法66の６②二ロ）。

＊　事実上のキャッシュ・ボックスの概要図は、次のようになります。日本の内国法人の場合、その多くが次の図にいう事業会社に該当するものと考えられます。そこで、外国子会社が事実上のキャッシュ・ボックスとなるか否かの判定基準としては、後述する受動的所得（ただし、部分合算課税の対象となる部分）の金額の合計が、総資産の30％を超えるか否かの計算をしなければならないことになります。

《事実上のキャッシュ・ボックスの概要図》

①　総資産の額に対する一定の受動的所得（※）の割合が30%を超える外国関係会社
　ただし、総資産の額に対する一定の資産の額の割合が50%を超えるものに限る
（※）一定の受動的所得の範囲

<table>
<tr><th></th><th>受取配当等</th><th>受取利子等</th><th>有価証券貸付対価</th><th>有価証券譲渡損益</th><th>デリバティブ取引損益</th><th>外国為替差損益</th><th>その他の金融損益</th><th>保険所得</th><th>固定資産貸付対価</th><th>無形資産等使用料</th><th>無形資産等譲渡損益</th><th>異常所得</th></tr>
<tr><td>事業会社</td><td>○</td><td>○</td><td>○</td><td>○</td><td>○</td><td>○</td><td>○</td><td>×</td><td>○</td><td>○</td><td>○</td><td>×</td></tr>
<tr><td>清算外国金融子会社等相当</td><td colspan="8">＊　特定清算事業年度では特定金融所得がないものとして計算</td><td>○</td><td>○</td><td>○</td><td>×</td></tr>
<tr><td>外国金融子会社等相当</td><td colspan="8">○
（異常資本に係る所得）</td><td>○</td><td>○</td><td>○</td><td>×</td></tr>
</table>

いずれか多い金額

（注）　各受動的所得（ただし、保険所得は含まれません。）の金額は、部分合算対象所得を計算するとした場合の部分合算対象所得。例えば、受取配当等については、持株割合25%以上の配当等を除外した金額。

②　次のいずれにも該当する外国関係会社
イ　非関連者等収入保険料（※）の合計額の収入保険料の合計額に対する割合が 10%未満
　（※）　非関連者等から収入する一定の収入保険料
ロ　非関連者等支払再保険料合計額（※）の関連者等収入保険料（非関連者等収入保険料以外の収入保険料）の合計額に対する割合が 50%未満
　（※）　非関連者等に支払う再保険料の合計額を関連者等収入保険料の合計額の収入保険料の合計額に対する割合で按分した金額

≪計算式のイメージ≫

$$\frac{\text{非関連者等収入保険料の合計額}}{\text{収入保険料の合計額}} < 10\% \quad \text{かつ} \quad \frac{\text{非関連者等支払再保険料合計額}}{\text{関連者等収入保険料の合計額}} < 50\%$$

（出典：財務省資料）

⒀　ブラック・リスト国（地域）に所在する外国関係会社

特定外国関係会社の３つ目の類型は、ブラック・リスト国（地域）に所在する外国関係会社です。これは、BEPSプロジェクトを推進するOECD・G20において、税に関する透明性向上に向けた進捗が見られない国・地域に対して、「防御的措置」が検討されることを受けて採用されたものです。

具体的には、税に関する透明性向上に向けた進捗が見られない国・地域としてOECD・G20が公表を予定している、いわゆる「ブラック・リスト」の掲載国・地域を参考にしながら、租税に関する情報の交換に関する国際的な取組への協力が著しく不十分な国又は地域を財務大臣が指定し、その国又は地域に本店又は主たる事務所を有する外国関係会社について、特定外国関係会社に該当することとされています（措法66の６②二ハ）。

財務大臣はその国又は地域を指定したときは、これを告示することとされています（措法66の６⑭）。平成29年度税制改正から一定の年数が経過していますが、執筆日現在、財務大臣による告示はされていません。

⒁　特定外国関係会社のまとめ

特定外国関係会社の判定基準は、以下の２つの要件を満たす外国関係会社です。

①	ペーパー・カンパニー、事実上のキャッシュ・ボックス、又はブラック・リスト国所在の外国関係会社のいずれかに該当する外国関係会社
②	租税負担割合が30％（27％）未満の外国関係会社

わが国の内国法人の場合、積極的な租税回避行為を行う場合が少ないのですが、現状、米国をはじめとする多くの先進国では実効税率が30％未満となっています。これは、韓国や中国、そして台湾をはじめとするアジア諸国においても同様です。外国関係会社の租税負担割合は、各国税法の規定に基づく損金算入状況が異なることから、必ずしも実効税率と同じではありません。

そこで、内国法人が行う作業として一番重要なことは、外国関係会社の租税負担割合を把握することです。これは、事業年度終了後のできるだけ早い時期に行うべきと考えます。その際、使用するのは「法人税確定申告書別表17（３）付表２」です。具体的な記載要領は第３部でご説明していますので、詳細についてはそちらをご参照ください。この作業を行うことにより、自社が有する外国関係会社の租税負担割合が30％未満であるか否かが明らかになると思います。

そして、その次に外国関係会社がペーパー・カンパニーと認定されることにならないか、具体的には上の⑶のイからホを満たさないと認定されるか否か、特に実体基準と管理支配基準を満たさないと認定されないか、について十分に注意すべきことになります。

また、外国関係会社が事実上のキャッシュ・ボックスに該当することにならないか、についても十分に注意する必要があります。こちらは、受動的所得の多寡、そして、帳簿価額を見ることで算定することが可能になります。最終的には、適用対象事業年度で判定すべきですが、適用前の実績に基づいた計算を行うことで、外国関係会社が事実上のキャッシュ・ボックスにどの程度該当する可能性があるのかがわかることになります。

いずれにしても、外国子会社が特定外国関係会社と判定されると内国法人の所得金額に会社単位で合算されることになります。会社としては、非常に手間のかかる作業になるので、できるだけ前倒しして実施すべきだと思われます。

3　対象外国関係会社と経済活動基準

(1)　はじめに

平成29年度税制改正において、新たにペーパー・カンパニー等の特定外国関係会社を規定したことで、法令上、経済活動基準のうち実体基準と管理支配基準は特定外国関係会社と対象外国関係会社の２か所で規定されることになりました。

つまり、外国関係会社のうち（経済活動基準のみで判定すると）実体基準と管理支配基準のいずれかを満たさない場合には、特定外国関係会社の一つであるペーパー・カンパニーと判定されます（措法66の６②二)。これに対して、特定外国関係会社に該当しない外国関係会社のうち、事業基準、実体基準、管理支配基準、そして所在地国基準又は非関連者基準の４つのいずれかを満たさない外国関係会社は対象外国関係会社と判定されます（措法66の６②三)。

なお、ペーパー・カンパニーと判定されるためには、租税負担割合が30％（27％）未満であることが求められますが、対象外国関係会社の場合には租税負担割合が20％未満になります。

以下、経済活動基準の４つについて、該当条文を示した上で順番に説明していきます。

(2)　事業基準

①　概要

はじめに、事業基準の条文（措法66条の６②三イ）を掲げます。

> イ　株式等若しくは債券の保有、工業所有権その他の技術に関する権利、特別の技術による生産方式若しくはこれらに準ずるもの（これらの権利に関する使用権を含む。）若しくは著作権（出版権及び著作隣接権その他これに準ずるものを含む。）の提供又は船舶若しくは航空機の貸付けを主たる事業とするもの（次に掲げるものを除く。）でないこと。
>
> (1)　株式等の保有を主たる事業とする外国関係会社のうち当該外国関係会社が他の法人の事業活動の総合的な管理及び調整を通じてその収益性の向上に資する業務として政令で定めるもの（ロにおいて「統括業務」という。）を行う場合における当該他の法人として政令で定めるものの株

式等の保有を行うものとして政令で定めるもの

⑵　株式等の保有を主たる事業とする外国関係会社のうち第７号中「部分対象外国関係会社」とあるのを「外国関係会社」として同号の規定を適用した場合に外国金融子会社等に該当することとなるもの（同号に規定する外国金融機関に該当することとなるもの及び⑴に掲げるものを除く。）

⑶　航空機の貸付けを主たる事業とする外国関係会社のうちその役員又は使用人がその本店所在地国において航空機の貸付けを的確に遂行するために通常必要と認められる業務の全てに従事していることその他の政令で定める要件を満たすもの

事業基準を満たすことについては、まず、株式等若しくは債券の保有、工業所有権その他の技術に関する権利、特別の技術による生産方式若しくはこれらに準ずるもの（これらの権利に関する使用権を含みます。）若しくは著作権（出版権及び著作隣接権その他これに準ずるものを含みます。）の提供又は船舶若しくは航空機の貸付けを主たる事業とするものでないこと（措法66の６②三イ)、が原則とされます。

ただし、これらの事業を主たる事業とする外国関係会社であっても、上の⑴から⑶に該当する外国関係会社は除かれることとされます。

イ　統括会社・地域統括会社・・・株式等の保有を主たる事業とする外国関係会社のうちその外国関係会社が他の法人の事業活動の総合的な管理及び調整を通じてその収益性の向上に資する業務（以下「統括業務」といいます。）を行う場合における他の法人の株式等の保有を行うもの（措法66の６②三イ、措令39の14の３⑰～㉒）

ロ　航空機の貸付けを主たる事業とする外国関係会社のうち次の要件を満たすもの（措法66の６②三イ、措令39の14の３㉓）

ⅰ　外国関係会社の役員又は使用人がその本店所在地国において航空機の貸付けを的確に遂行するために通常必要と認められる業務の全てに従事していること。

ⅱ　外国関係会社のその事業年度における航空機の貸付けに係る業務の委託に係る対価の支払額の合計額のその外国関係会社のその事業年度における航空機の貸付けに係る業務に従事する役員及び使用人に係る人件費の額の

合計額に対する割合が30％を超えていないこと。

ⅲ　外国関係会社のその事業年度における航空機の貸付けに係る業務に従事する役員及び使用人に係る人件費の額の合計額のその外国関係会社のその事業年度における航空機の貸付けによる収入金額からその事業年度における貸付けの用に供する航空機に係る償却費の額(注)の合計額を控除した残額（その残額がない場合には、人件費の額の合計額に相当する金額）に対する割合が5％を超えていること。

（注）外国関係会社における会計上の償却費の額を念頭に置いたものです。

事業基準の対象となる事業は、その地に本店を置いて事業を行う積極的な経済合理性を見出すことが困難なものを限定列挙しています。つまり、日本にある本店で行うことができる事業であって、わざわざ外国関係会社で行うことは経済合理性の観点から不合理というものです。

ただし、一定の要件を満たす「統括業務」を行う統括会社（地域統括会社）、そして「航空機の貸付け」を行う外国関係会社については、事業基準の対象となる外国関係会社から除くこととされています。これらは、内国法人の事業形態の変化に税制が対応してきたことを示すものと言えます。数10年前には内国法人で地域統括会社を有するものはほとんど見られませんでしたが、経済のグローバル化や情報技術の進展により外国子会社をすべて日本で管理するのではなく、外国子会社により近い場所に一定の機能を有する地域統括会社を設ける方が経営上妥当とされたことに税制が対応したことを示しています。

また、従来「事業基準」に含まれていた「航空機の貸付け」について、近年、単に税負担を軽減するためではなく、外国におけるノウハウや高度な人材を活用して自ら航空機の調達及び貸付けを行う外国関係会社が見られることを踏まえ、「航空機の貸付け」を行う外国関係会社のうち上のⅰからⅲまでの要件を満たすものについて、事業基準の対象となる外国関係会社から除くこととされました。

② 主たる事業の判定

外国関係会社の事業が一つだけであれば問題はありませんが、複数の事業を営む場合があります。この場合、会社単位の合算課税を行うためには、外国関係会社の主たる事業を決定する必要があり、これについて、国税庁は次の通達を公表しています。

（主たる事業の判定）

66の６－５　措置法第66条の６第２項第２号イ、同項第３号同条第６項第１号ロ若しくは同項第２号又は措置法令第39条の15第１項第４号イ若しくは第39条の17の２第２項第５号イの規定を適用する場合において、外国関係会社が２以上の事業を営んでいるときは、そのいずれが主たる事業であるかは、それぞれの事業に属する収入金額又は所得金額の状況、使用人の数、固定施設の状況等を総合的に勘案して判定する。

主たる事業の判定については、平成29年10月24日のデンソー事件最高裁判決において、その収入の85～90パーセント程度が配当収入であったものの、シンガポール子会社には多くの人員がおり、いわゆる地域統括会社の機能を果たしていることを重視することで、主たる事業が株式の保有ではないとされました。いわゆる大企業の場合、シンガポールなどに地域統括会社の機能を有する外国関係会社を置き、それ以外の東南アジア諸国に別の外国関係会社を複数設置することで、シンガポール子会社が事業基準を満たすことができる場合があるとされたものです。この事件においては、事業基準を満たすか否かに焦点が当たりましたが、外国関係会社が複数の事業を営んでいる場合に主たる事業が何かについて判断された代表的事例といえます。

一方、中小企業の場合には、多くの外国子会社を有することがあまりないこともあり、外国関係会社に地域統括会社の機能を持たせることは考えにいということがあります。このようなことから、別の外国関係会社等の株式を保有させることでその収入金額の大部分が配当収入になってしまうことで事業基準を満たさない、と判定されないように留意する必要があると思われます。

③　統括会社と被統括会社

いわゆる統括会社が行う統括業務と被統括会社等について、国税庁は以下に掲げる通達を公表しています。

以下、これらについて、順番に説明していきたいと思います。

イ　株式等の保有を主たる事業とする統括会社の経済活動基準の判定

（株式等の保有を主たる事業とする統括会社の経済活動基準の判定）

66の6—10　措置法第66条の6第2項第3号の規定の適用上、統括会社（措置法令第39条の14の3第20項に規定する統括会社をいう。）に該当する株式等の保有を主たる事業とする外国関係会社が、「その本店所在地国においてその主たる事業（……）を行うに必要と認められる事務所、店舗、工場その他の固定施設を有していること（……）並びにその本店所在地国においてその事業の管理、支配及び運営を自ら行っていること（……）」に該当するかどうかは、当該外国関係会社の行う統括業務を「その主たる事業」として、その判定を行うことに留意する。

措置法令第39条の14の3第32項に規定する「主たる事業」が同項第4号に規定する「主として本店所在地国において行っている場合」に該当するかどうかの判定についても、同様とする。（平29年課法2—22「二」により追加、平30年課法2—12「二十九」、令元年課法2—6「一」により改正）

本通達について、国税庁は、統括会社は被統括会社の株式の保有をしていることで事業基準を満たしているが、それを前提として、後述する実体基準、管理支配基準そして所在地国基準を満たしているか否かを判定すべきことを留意的に明らかにしています。

ロ　被統括会社の事業の方針の決定又は調整に係るものの意義

（被統括会社の事業の方針の決定又は調整に係るものの意義）

66の6—11　措置法令第39条の14の3第17項に規定する「被統括会社の事業の方針の決定又は調整に係るもの（当該事業の遂行上欠くことのできないものに限る。）」とは、被統括会社（同条第18項に規定する被統括会社をいう。以下66の6—12までにおいて同じ。）の事業方針の策定及び指示並びに業務執行の管理及び事業方針の調整の業務で、当該事業の遂行上欠くことのできないものをいう。（平29年課法2—22「二」、令元年課法2—6「一」により追加）

（注）　例えば、同条第17項に規定する外国関係会社が被統括会社の事業方針の策定等のために補完的に行う広告宣伝、情報収集等の業務は、「被統括会社の事業の方針の決定又は調整に係るもの」に該当しないことに留意する。

本通達について、国税庁は、次のように解説しています。

【解説】

1　平成29年度の税制改正において、外国子会社合算税制の条文構成が変更されたことに伴い、外国子会社合算税制に関する既存の取扱い（旧措通66の６－１から66の６－21まで）を廃止し、所要の見直しを行った上で、改正後の条文に沿ってその取扱い（措通66の６－１から66の６－30まで）を新たに定めている。本通達は、「被統括会社の事業の方針の決定又は調整に係るものの意義」について、従来明らかにされていた取扱い（旧措通66の６－17の４）と同様の取扱いを定めるものである。

2　外国子会社合算税制の適用上、外国関係会社が統括会社に該当するためには、複数の被統括会社（外国法人である２以上の被統括会社を含む場合に限る。）に対して統括業務を行っていることが要件の一つとされている（措令39の14の３⑳一）。

この統括業務とは、外国関係会社が被統括会社との間における契約に基づき行う業務のうち、「被統括会社の事業の方針の決定又は調整に係るもの（当該事業の遂行上欠くことのできないものに限る。）」（以下「事業方針の決定等」という。）であって、当該外国関係会社が２以上の被統括会社に係る当該業務を一括して行うことにより、これらの被統括会社の収益性の向上に資することとなると認められるものをいうこととされている（措令39の14の３⑰）。

この要件を満たすかどうかの判定上、例えば、アジアや欧州等の一定地域を統括している外国関係会社において、その地域におけるグループ傘下の企業に対して、その企業の事業方針の決定、指示及び調整といった業務以外に、グループ傘下の企業の広告宣伝や情報収集等の業務を一括して行っているという実態がある場合、これらの業務のいずれが統括業務たる「事業方針の決定等」に該当するのかといった疑義が生じ得る。

この点について、「事業方針の決定等」とは、被統括会社の事業方針の策定及び指示並びに業務執行の管理及び事業方針の調整といった枢要な業務をいうことを本通達の本文で明らかにしている。

3　この場合の「事業方針の策定及び指示」とは、具体的には、統括会社が2以上の被統括会社の置かれた状況を踏まえ、事業方針を練り上げ、策定し、その方針に基づいた事業展開を図るよう指示を与えることを想定している。また、「業務執行の管理」とは、指示した事業方針に即した企業活動が被統括会社において行われているかどうかを継続的に管理し、適宜指導を行うような場面を想定している。さらに、「事業方針の調整」とは、例えば当該地域における市況の変化など後発的な事情により当初決定した事業方針に修正や調整を加える必要が生じた場面を想定している。

また、法令上、「事業方針の決定等」は被統括会社の事業の遂行上欠くことのできないものに限るとされているが（措令39の14の3⑰括弧書）、事業方針の策定及び指示並びに業務執行の管理及び事業方針の調整の業務は、通常、被統括会社の行う事業の方向性を左右する業務であることから、一般的にはその事業の遂行上欠くことのできないものに該当すると考えられる。

4　ここで、外国関係会社が被統括会社の事業方針の策定等そのものではなく、これを補完するものとして広告宣伝、情報収集といった業務を行う場合もあろうが、これらの補完的な業務は、被統括会社の「事業方針の決定等」には該当しない。

したがって、例えば、外国関係会社の関与なしに、被統括会社が自ら主導的に事業方針の策定等を行うとともに、広告宣伝や情報収集といった補完的な業務を当該外国関係会社が行っているような場合には、当該外国関係会社は「事業方針の決定等」を行っていることとはならない。本通達の注書では、このことを留意的に明らかにしている。

5　なお、この統括業務に該当するためには、「外国関係会社が2以上の被統括会社に係る当該業務を一括して行うことによりこれらの被統括会社の収益性の向上に資することとなると認められるもの」であることも要件の一つとされている。すなわち、統括会社における統括業務は、地域の経済圏に対応した現地の被統括会社を統括することで収益性の向上を図るものであり、統括会社をその地に設けて統括業務を行うことの経済合理性が求められることになる。

このような統括業務は、必ずしも定量的に収益性の向上に資するかどうかを証明できない業務であることに鑑みれば、具体的な業績の数値結果等が求められるものではないが、地域経済圏に展開するグループ企業の商流の一本化や間接部門の合理化に通じるなどの当該業務の重要性及び当該業務が被統括会社、ひいてはグループ企業の収益に貢献している業務であることを合理的に説明することができる必要があろう。

（筆者注：国税庁が本解説を公表した後に税制改正が行われ条文番号がずれていることから、執筆日現在有効な条文番号に変更しています。）

上の説明を読む限り、統括業務に関しては平成29年度以降の税制改正において特に変更はなく、従来どおりの取扱いがなされるものであることがわかります。

ハ　被統括会社に該当する外国関係会社の経済活動基準の判定

（被統括会社に該当する外国関係会社の経済活動基準の判定）

66の６―12　被統括会社に該当する外国関係会社（特定外国関係会社に該当するものを除く。）が措置法第66条の６第２項第３号に掲げる要件のいずれにも該当する場合には、当該被統括会社は対象外国関係会社に該当せず、同条第１項の規定の適用はないことに留意する。（平29年課法２―22「二」により追加）

（注）　当該被統括会社が本店所在地国においてその事業の管理、支配及び運営を自ら行っているかどうかの判定は、66の６―７及び66の６―８の取扱いにより行う。

本通達については、被統括会社が統括会社が行った事業方針の決定などに基づいて活動していることから管理支配基準を満たさないのではないか、という疑問が生じますが、これらの被統括会社が管理支配基準を満たすか否かについて個別に検討すべきとしています。

ニ　被統括会社の事業を行うに必要と認められる者

（被統括会社の事業を行うに必要と認められる者）

66の6―13　措置法令第39条の14の3第18項に規定する「その本店所在地国にその事業を行うに必要と認められる当該事業に従事する者を有する」とは、同項の法人がその事業の内容、規模等に応じて必要な従事者を本店所在地国に有していることをいうのであるから、当該事業に従事する者は当該法人の事業に専属的に従事している者に限られないことに留意する。（平29年課法2―22「二」、令元年課法2―6「一」により追加）

本通達について、被統括会社である法人がその事業の内容、規模等に応じて必要な従事者を本店所在地国に有していれば、措置法令第39条の14の3⑱の要件を満たすものと考えられるとしています。したがって、同項にある「当該事業に従事する者」は、必ずしもその法人の事業に専属的に従事している者に限られるということではなく、他の法人の事業にも従事している者もこれに含まれることとされます。

ホ　専ら統括業務に従事する者

（専ら統括業務に従事する者）

66の6―14　措置法令第39条の14の3第20項第2号に規定する「専ら当該統括業務に従事する者……を有している」とは、同項の外国関係会社に同条第17項に規定する統括業務を行う専門部署（以下66の6―14において「統括部署」という。）が存している場合には当該統括部署で当該統括業務に従事する者を有していることをいい、当該外国関係会社に統括部署が存していない場合には当該統括業務に専属的に従事する者を有していることをいう。（平29年課法2―22「二」により追加、令元年課法2―6「一」により改正）

本通達における「専ら」とは、物理的・時間的に専属しているということではなく、機能的な面で専属していることを指すと考えられるとされます。そこで、統括業務に従事する者が必要な統括業務を遂行した上で、更に統括業務以外の業務に従事していたとしても、その者は「専ら統括業務に従事する」という要件を満たすこととなるとされます。

次に、「専ら当該統括業務に従事する者を有している」の意義について、外国関係会社に統括業務を行う専門部署（以下「統括部署」といいます。）が設けられているかどうかによって場合分けして明らかにしています。すなわち、統括部署が設けられている場合には、その統括部署で統括業務に従事する者を有していることをいいます。また、統括部署が設けられていない場合には、統括業務に機能的な面から専属的に従事する者を有していることをいい、例えば、統括業務の担当者が１人しかいない場合に、当該者が普段は統括業務に従事し、統括業務の手隙を見計らって統括業務以外の業務にも従事することになりますが、それは統括業務の遂行に支障がない程度のものであるなど、当該者が統括業務の担当者としての機能を果たしているときには、「専ら当該統括業務に従事する者を有している」こととされます。

④　船舶又は航空機の貸付けの意義

平成29年度税制改正で、船舶又は航空機を貸し付けている場合には事業基準を満たすこととされました。これについて、国税庁は次の通達を公表しています。

（船舶又は航空機の貸付けの意義）

66の６－15　措置法第66条の６第２項第３号イ又は同条第６項第８号の規定の適用上、船舶又は航空機の貸付けとは、いわゆる裸用船（機）契約に基づく船舶（又は航空機）の貸付けをいい、いわゆる定期用船（機）契約又は航海用船（機）契約に基づく船舶（又は航空機）の用船（機）は、これに該当しない。

平成29年度税制改正の趣旨は、上述したように外国におけるノウハウや高度な人材を活用して自ら航空機の調達及び貸付けを行う外国関係会社が見られることに基づくことになります。したがって、改正前と同じように定期用船（機）契約等はこれに含まれません。

⑤　航空機リースに関する国税庁のＱ＆Ａ

国税庁は、Ｑ＆Ａにおいて航空機リースについて、次のように解説しています。

Ｑ９　事業基準から除外される航空機リース会社における「通常必要と認められる業務」の範囲

内国法人であるＰ社は、Ｆ国を本店所在地国とするＳ社の株式を保有しています。Ｓ社は航空機リース業を主たる事業とする外国関係会社に該当します。Ｓ社の役員及び使用人は、Ｆ国において航空機リースを行うための業務として、ａ）購買活動・資金調達、ｂ）営業活動、ｃ）条件交渉・契約書作成、ｄ）取引管理、ｅ）機材管理、ｆ）与信管理、ｇ）機材売却などを行っています。

このような場合において、Ｓ社の役員及び使用人は、措置法第66条の６第２項第３号イ⑶に規定する航空機の貸付けを的確に遂行するために通常必要と認められる業務の全てに従事していることになりますか。

Ａ　平成29年度改正において、外国関係会社の役員又は使用人が、本店所在地国において航空機の貸付けを的確に遂行するために通常必要と認められる業務の全てに従事している等の要件を満たす場合には、実体のある事業を行っている航空機リース会社として事業基準の対象となる外国関係会社から除外することとされています（措置法66の６②三イ⑶）。

この航空機の貸付けを的確に遂行するために通常必要と認められる業務ですが、航空機リース業を主たる事業としている会社では、通常、以下のような業務が行われているようです。

ａ）　航空機製造会社及び同業他社への購買活動、リースバックを前提とした航空会社からの売却提案への対応及び親会社や金融会社等からの資金調達

ex.市場動向把握、交渉

ｂ）　航空会社（借り手）向け営業活動

ex.事業計画/機材計画等の聴取、市場動向把握

ｃ）　航空会社（借り手）との条件交渉・基本合意書作成・契約書作成

ex.リース契約（リースバック取引である場合には併せて機材の売買契約）に関する条件交渉・基本合 意書の作成・契約書の作成

d）　取引管理

ex.入金チェック、保険管理、航空会社における契約遵守状況モニタリング

e）　機材管理

ex.技術評価、整備単価等評価、航空会社における機材整備状況モニタリング

f）　与信管理

ex.与信先財務分析、懸念先モニタリング、信用事由発生時の機材及び債権回収

g）　リース期中及びリース満期時における再販活動（機材売却、再リース、リース延長）

ex.同業他社や投資家、航空会社等に対しての営業活動

これらの業務のいずれにも従事していると認められる場合には、航空機の貸付けを的確に遂行するために通常必要と認められる業務の全てに従事していると考えられます。

本件については、Ｓ社の役員及び使用人は本店所在地国であるＦ国において、上記a）～ｇ）の業務に従事しているとのことですので、航空機の貸付けを的確に遂行するために通常必要と認められる業務の全てに従事していると考えられます。

Q10　通常必要と認められる業務の全てに従事しているかどうかの判定

上記Q９のケースで、Ｓ社の航空機リース業に係る業務のうち、次の業務については、それぞれ次のとおり委託を行っています。

⑴　「ａ）購買活動」に当たって、通関士に輸出入関連手続を委託

⑵　「ｃ）条件交渉・契約書作成」に当たって、弁護士にひな型の作成を委託

⑶　「ｅ）機材管理」に当たって、機体メンテナンスを整備会社に委託

⑷　「ａ）購買活動」、「ｂ）営業活動」及び「ｇ）機材売却」に当たって、グループ会社に製造会社及び航空会社等への取次ぎや調査を委託

⑸　「ｆ）与信管理」に当たって、債権回収をサービサーに委託

このような場合において、Ｓ社の役員及び使用人は、措置法第66条の６第２項第３号イ⑶に規定する航空機の貸付けを的確に遂行するために通常必要

と認められる業務の全てに従事していることになりますか。

なお、この航空機リース業に係る人件費の総額に占めるこれらの業務委託費の総額の割合は30％以下となっています。

A　実体のある事業を行っている航空機リース会社として事業基準の対象となる外国関係会社から除外されるためには、外国関係会社の役員又は使用人が、本店所在地国において航空機の貸付けを的確に遂行するために通常必要と認められる業務の全てに従事していることが要件の一つとされています。この「全てに従事している」かどうかの判定に当たって、委託を一切行ってはいけないと解するのは適当ではありませんが、外国関係会社の役員又は使用人が、通常必要と認められる業務の全てに従事していることとなるためには、補助業務を除き、業務委託に当たって、その外国関係会社が仕様書等（工事、工作などの内容や手順などを説明した書面その他これに類するものをいいます。以下同じです。）を作成し、又は指揮命令していることが必要であると考えられます（措通66の６－16）。そこで、本件については、上記⑴～⑸の業務委託が行われているとのことですが、上記⑴及び⑵については補助業務に係る委託に該当し、上記⑶～⑸の業務委託については、Ｓ社の役員及び使用人が仕様書等を作成したり、委託先に具体的に指示を行っていたりする事実があると認められる場合には、Ｓ社の役員及び使用人は航空機の貸付けを的確に遂行するために通常必要と認められる業務の全てに従事していると考えられます。なお、外国関係会社が航空機リース業を行うに当たり、その親会社等と協議し、その意見や承認を求めることもあると考えられますが、案件を提案したり、方針を策定したりするのが外国関係会社であるのであれば、この要件の判定には影響を与えないものと考えられます。

⑶　実体基準

経済活動基準における実体基準は、特定外国関係会社の項でご説明したこととほとんど同じです。そこで、実体基準の内容については、特定外国関係会社の項（32ページ以下）をご覧ください。

繰り返しになりますが、実体基準とは、その本店所在地国においてその主たる事業（統括業務を行う外国関係会社にあっては統括業務とし、経営管理を行う外国関係会社にあっては政令で定める経営管理とします。）を行うに必要と認められる事務所、店舗、工場その他の固定施設を有していること（これらを有していることと同様の状況にあるものとして政令で定める状況にあることを含みます。）（措法66の６②三ロ）をいいます。

実体基準は、主たる事業を行うに必要な事務所、店舗、工場その他の固定施設をその本店所在地国に有していることとされ、平成29年度税制改正後の経済活動基準においても従来の内容を踏襲しています。この点、レンタルオフィス事件（東京高裁平成25年５月29日判決）において、「レンタルオフィスが事務所等の固定施設に該当するかどうかは、自己所有であるかどうかは問題でなく、またその固定施設の規模についてはその業種・事業形態に応じて判断すべきである。賃借権等の正当な権原に基づき固定施設を使用していれば足り、固定施設を自ら所有している必要はない」と判断しました。

なお、対象外国関係会社の判定に係る経済活動基準における実体基準では、固定施設は本店所在地国になければなりません。この点、ペーパー・カンパニーの実体基準とは異なりますのでご注意ください。

⑷　管理支配基準

管理支配基準とは、外国関係会社がその本店所在地国においてその事業の管理、支配及び運営を自ら行っていること（措法66の６②二ハ、同項三ロ、）をいいます。管理支配基準は、その本店所在地国においてその事業の管理、支配及び運営を自ら行っていることとされ、改正後の経済活動基準においてもこの内容を維持しています。

管理支配基準についても、特定外国関係会社の項で（41ページ以下）説明しているのでそちらをご参照ください。

⑸　非関連者基準又は所在地国基準

非関連者基準と所在地国基準については、外国関係会社の各事業年度においてその行う主たる事業の区分に応じ次に定める場合に該当すること（措法66の６②三ハ）とされています。これも従前と同じです。

ただし、以下に述べるように非関連者基準については、租税回避への対策がなされています。

①　非関連者基準

非関連者基準は、外国関係会社が卸売業、銀行業、信託業、金融商品取引業、保険業、水運業、航空運送業又は物品賃貸業（航空機の貸付けを主たる事業とするものに限ります。）を営む場合に適用されます。それ以外の事業の場合は、後述する所在地国基準を適用することになります。

非関連者基準とは、その事業を主として外国関係会社に係る関連者以外の者との間で行っている場合（措法66の6②三ハ(1)）であり、卸売業等の一定の業種に適用される基準で、その事業を主として関連者以外の者と行っていることを要件とするものであり、改正後の経済活動基準においてもこの内容を維持しています。

ただし、平成29年度税制改正では、次のような改正が行われました。

イ　関連者の範囲

実質支配基準の導入に伴って、非関連者基準における関連者の範囲に次の者が追加されました。

- 居住者又は内国法人との間に実質支配関係がある外国法人（以下イにおいて「被支配外国法人」といいます。）（措令39の14の3㉗四）
- 被支配外国法人が外国関係会社に係る間接保有の株式等を有する場合におけるその株式等の保有に係る他の外国法人及び出資関連外国法人（措令39の14の3㉗五）
- 被支配外国法人の同族関係者（措令39の14の3㉗六ハ）

ロ　非関連者基準の適用対象となる事業

非関連者基準の適用対象となる事業に航空機の貸付けの事業が追加されるとともに（措法66の6②三ハ(1)）、各事業年度の航空機の貸付けによる収入金額の合計額のうちに関連者以外の者から収入するものの合計額の占める割合が50％を超える場合には非関連者基準を満たすこととされました（措令39の14の3㉘七）。

ハ　関連者取引とされる第三者介在取引

関連者取引とされる第三者介在取引の要件を次のとおり見直すこととされました。

すなわち、非関連者基準については、関連者との取引に非関連者が介在している場合について、「相当の理由があると認められる場合を除き、関連者との間で直接行われた取引とみなす」旨の規定が設けられていましたが（旧措令39の17⑪）、非関連者を介在させる「相当の理由」の範囲が必ずしも明確ではありませんでした。

そこで、平成29年度税制改正では、取引対象となる資産等が外国関係会社から非関連者を介して関連者に移転等をされ、又は関連者から非関連者を介して外国関係会社に移転等をされることがあらかじめ定まっている場合には、外国関係会社と非関連者との取引は関連者取引とみなすこととし、関連者取引とみなされる第三者介在取引に関する整備が行われました。

具体的には、次に掲げる取引は、外国関係会社とその外国関係会社に係る関連者との間で行われた取引とみなして、非関連者基準を適用することとされました（措令39の14の３㉙）。

ⅰ　外国関係会社と非関連者との間で行う取引（ⅰにおいて「対象取引」といいます。）により非関連者に移転又は提供をされる資産、役務その他のものがその外国関係会社に係る関連者に移転又は提供をされることが対象取引を行った時において契約その他によりあらかじめ定まっている場合におけるその対象取引

ⅱ　外国関係会社に係る関連者と非関連者との間で行う取引（ⅱにおいて「先行取引」といいます。）により非関連者に移転又は提供をされる資産、役務その他のものがその外国関係会社に係る非関連者と外国関係会社との間の取引（ⅱにおいて「対象取引」といいます。）により外国関係会社に移転又は提供をされることが先行取引を行った時において契約その他によりあらかじめ定まっている場合におけるその対象取引

《非関連者基準の判定における第三者介在取引に関する概要図》

次の取引は外国関係会社Ａと関連者との間において行われた取引とみなして、非関連者基準を適用する。

①　外国関係会社Ａと非関連者Ｂとの間で行う取引《対象取引》により非関連者Ｂに移転・提供をされる資産・役務等が、関連者Ｄに移転・提供をされることが外国関係会社Ａと非関連者Ｂとの間の取引を行った時において契約等によりあらかじめ定まっている場合における外国関係会社Ａと非関連者Ｂとの間の取引《対象取引》

②　関連者Ｄと非関連者Ｃとの間で行う取引《先行取引》により非関連者Ｃに移転・提供をされる資産・役務等が、非関連者（Ｃ･･･Ｂ）と外国関係会社Ａとの間の取引《対象取

引》により外国関係会社Ａに移転・提供をされることが関連者Ｄと非関連者Ｃとの間の取引を行った時において契約等によりあらかじめ定まっている場合における外国関係会社Ａと非関連者（Ｃ･･･Ｂ）との間の取引《対象取引》

《①のケース：外国関係会社が行う販売取引等》

《②のケース：外国関係会社が行う購入取引等》

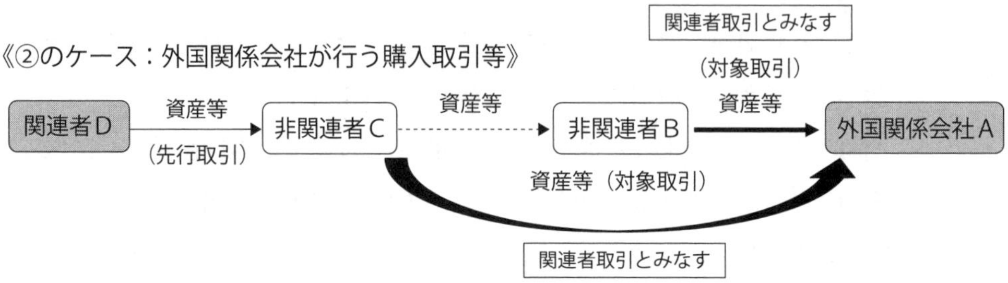

二　一定の保険子会社の扱い

英国ロイズ市場において、保険引受子会社と管理運営子会社を別会社とした上でこれらが一体となって保険業を営む場合に、これらを一体として非関連者基準の判定を行うこととする措置が設けられており、改正後も同様の措置が維持されています。

また、平成29年度税制改正では英国ロイズ市場以外でも保険引受子会社と管理運営子会社を別会社とした上でこれらを一体として保険業を営む場合があることへの対応として、一定の保険引受子会社と管理運営子会社との間の取引は関連者取引に該当しないものとして非関連者基準の判定を行うこととする措置が設けられました（措令39の14の３㉘五)。

なお、国税庁は非関連者基準に関して、次のような通達を公表しています。

（金融商品取引業を営む外国関係会社が受けるいわゆる分与口銭）

66の６－18　金融商品取引業を営む内国法人に係る外国関係会社で金融商品取引業を営むものが、その本店所在地国においてその顧客から受けた有価証券の売買に係る注文（募集又は売出しに係る有価証券の取得の申込みを含む。以下66の６－18において同じ。）を当該内国法人に取り次いだ場合において、その取り次いだことにより当該内国法人からその注文に係る売買等の手数料（手数料を含む価額で売買が行われた場合における売買価額のうち手数料に相当する部分を含む。）の一部をいわゆる分与口銭として受け取ったときは、その分与口銭は措置法令第39条の14の３第28項第４号に規定する関連者以外の者から受ける受入手数料に該当するものとして取り扱う。

本通達は平成29年度税制改正前と同じものです。非関連者基準において、外国関係会社の主たる事業が金融商品取引業である場合には、各事業年度の受入手数料の50％超が関連者以外の者からの収入でなければならないとされています（措令39の14の３㉘四）。

証券会社である外国子会社が現地の顧客から注文を受けた場合に、その注文が日本における有価証券の取得等であるときは、その注文を親会社である日本の証券会社に取り次ぐことがあるとされます。このようないわゆる「つなぎ取引」があった場合には、親会社である日本の証券会社からその注文を取った現地の子会社に対して、いわゆる「分与口銭」が支払われることとなります。この分与口銭の収受はその形式をみる限り、関連者からの収入ということとなります。しかし、このような「分与口銭」の収受は相手方が子会社であるかどうかにかかわらず証券業界において一般的に行われており、親子会社間に特有の取引ではないと認めらます。

そこで、このような現地からのつなぎ取引に基づく分与口銭の収受は、経済活動基準の判定上、関連者以外の者との取引、すなわち「非関連者取引」に係る収入として認めることが相当と考えられ、本通達はこれを明らかにしています。

ホ　保険業を主たる事業とする外国関係会社に係る非関連者基準

現地で保険業を営む外国関係会社が、グループの資本の効率化等の観点から、グループ内再保険取引を通じて引き受けたリスクの再配分を行うことがあります。他方でグループ内の再保険取引については、保険引受けによる所得を保険リスクの所在地国から別の国に容易に移転できるという意味で、租税回避リスクが高いという側面があります。

これらを踏まえ、令和元年度税制改正において、一定の要件を満たす再保険取引に係る再保険料に限り、関連者から収入する保険料に該当しないこととする等、保険業を主たる事業とする外国関係会社に係る非関連者基準の適用について改正が行われました。具体的には、次のとおりです。

> 1　特定保険受託者に係る特定保険委託者は関連者に含まれないものとはしない（関連者に該当する）こととする。
> 2　特定保険委託者又は特定保険受託者が収入する一定の再保険料（注）について、関連者から収入する保険料に該当しないこととする。
> （注）次の全ての要件を満たす再保険に係る再保険料とする。
> ⑴　その特定保険委託者とその特定保険委託者に係る特定保険受託者との間で行われる再保険又は同一の特定保険受託者に係る特定保険委託者間で行われる再保険であること。
> ⑵　その再保険に係る原保険に係る収入保険料の95％以上が本店所在地国に所在する非関連者のリスクに係るものであること。
> ⑶　資本の効率化に資するものであること。
> 3　特定保険受託者が特定保険委託者から受ける業務委託手数料の額について、関連者から収入する保険料に該当しないこととする。

②　所在地国基準

所在地国基準は、その事業を主としてその本店所在地国（本店所在地国に係る一定の水域を含みます。）において行っている場合（措法66の6②三ハ⑵）に適用します。

所在地国基準は、非関連者基準が適用される業種以外の業種に適用され、主として外国関係会社の本店所在地国においてその事業を行っていることを要件とするものであり、平成29年度税制改正後の経済活動基準においてもこの内容を維持しています。

なお、平成29年度税制改正では、製造業に係る所在地国基準の整備が行われました。すなわち、製造業については、本店所在地国において製造行為が行われている場合に所在地国基準を満たすとされてきましたが、製造業を主たる事業とする外国関係会社が「主として本店所在地国において製品の製造を行っている場合」に所在地国基準を満たす旨が明確化されました（措令39の14の3㉜三）。

また、「外国子会社の経済実態に即して課税すべき」とのBEPSプロジェクトの基本的な考え方を踏まえ、新たに、本店所在地国において製造行為を行う場合に加えて、「本店所在地国において製造における重要な業務を通じて製造に主体的に関与している場合」にも、所在地国基準を満たすこととされました（措令39の14の３㉜三）。

具体的には、外国関係会社が本店所在地国において行う次に掲げる業務の状況を勘案して、外国関係会社がその本店所在地国においてこれらの業務を通じて製品の製造に主体的に関与していると認められる場合にも所在地国基準を満たすこととされています（措規22の11㉔）。

・　工場その他の製品の製造に係る施設又は製品の製造に係る設備の確保、整備及び管理
・　製品の製造に必要な原料又は材料の調達及び管理
・　製品の製造管理及び品質管理の実施又はこれらの業務に対する監督
・　製品の製造に必要な人員の確保、組織化、配置及び労務管理又はこれらの業務に対する監督
・　製品の製造に係る財務管理（損益管理、原価管理、資産管理、資金管理その他の管理を含みます。）
・　事業計画、製品の生産計画、製品の生産設備の投資計画その他製品の製造を行うために必要な計画の策定
・　その他製品の製造における重要な業務

「本店所在地国において製造における重要な業務を通じて製造に主体的に関与している場合」には、自社工場が本店所在地国以外の国又は地域に所在する場合のほか、本店所在地国以外の国又は地域に製造委託先の工場が所在する場合も含まれます。

したがって、これらの業務は自社製造の場合及び製造委託の場合のいずれの場合にも当てはめられることが想定されています。また、これらの業務の全てを行っていなければ、主体的に関与していると認められないというものではなく、外国関係会社の規模、製品の種類等によって勘案すべき業務の内容は異なるものと考えられます。

これまで多くの裁判で争われてきたいわゆる「来料加工」については、平成29年度税制改正によって所在地国基準を満たす場合が多くなるものと考えられます。ただし、上に掲げたように、本店所在地国において製造活動が行われない場合、「本店所在地国において製造における重要な業務を通じて製造に主体的に関与している場合」に該当しているかどうか、について、上に掲げた事項を外国関係会

社が行っているか否か、十分に検討する必要があるといえるでしょう。

③　事業の判定に関する通達

非関連者基準又は所在地国基準は、外国関係会社の事業によっていずれかを適用することになります。この点について、国税庁は次の通達を公表しています。

（事業の判定）
66の6－17　外国関係会社の営む事業が措置法第66条の6第2項第3号ハ(1)又は措置法令第39条の14の3第32項第1号から第3号までに掲げる事業のいずれに該当するかどうかは、原則として日本標準産業分類（総務省）の分類を基準として判定する。（平29年課法2—22「二」により追加、平30年課法2—12「二十九」、令元年課法2—6「一」により改正）

本通達は従来からあったものです。非関連者基準又は所在地国基準の適用については、卸売業、銀行業、信託業、金融商品取引業、保険業、水運業、航空運送業又は物品賃貸業（航空機の貸付けを主たる事業とするものに限ります。）に該当する場合には非関連者基準を適用し、それ以外の事業の場合には所在地国基準を適用することになります。

したがって、原則として、日本標準産業分類の分類において上の8つの事業に該当するか否かによって、いずれの基準を用いるべきかが決まることになります。

また、いわゆる「来料加工業」のように日本標準産業分類に掲載されていない事業が、今後内国法人に係る外国関係会社で行われるかもしれません。このような場合、本通達に従って日本標準産業分類に基づいた判定が必要になってくるものと思われます。

なお、外国関係会社が2以上の事業を営んでいるときは、そのいずれの事業が主たる事業であるかは、上述した措置法通達66の6－5《主たる事業の判定》により判定することとなります。

4　会社単位の合算課税の適用免除

(1)　特定外国関係会社の会社単位の合算課税の適用免除

特定外国関係会社については、より租税回避リスクが高いことから、わが国の法人税の実効税率等を参考に、想定される租税回避リスクや企業の事務負担等を勘案して、各事業年度の租税負担割合が30％以上の場合におけるその事業年度に係る適用対象金額について、合算課税の適用を免除することとされています（措法66の６⑤一）。

⑵　対象外国関係会社の会社単位の合算課税の適用免除

対象外国関係会社については、企業の事務負担軽減の観点から、改正前の制度との継続性を踏まえ、各事業年度の租税負担割合が20％以上の場合におけるその事業年度に係る適用対象金額について、合算課税の適用を免除することとされています（措法66の６⑤二）。

5　租税負担割合の計算

⑴　概要

外国関係会社の租税負担割合は、本税制にとって非常に重要になります。これについて、平成29年度税制改正後も原則として、従来の制度を引き継いでいます（措令39の17の２）。

なお、改正前は、外国関係会社が本店所在地国において軽減され、又は免除された外国法人税の額で、内国法人がその外国関係会社から受けた配当等について間接外国税額控除の適用を受けるとした場合に、租税条約の規定によりその外国関係会社が納付したものとみなされるものを加算することとされていました（旧措令39の14②二ロ）。

しかし、平成21年度税制改正における外国子会社配当益金不算入制度の導入に伴い、間接外国税額控除制度は３年間の経過措置を経て廃止されているため、この間接外国税額控除に関する取扱いが廃止されることになりました。

本制度における租税負担割合の計算式は、次のとおりです。

【租税負担割合の算式】

		本店所在地国において課される外国法人税	＋	第三国において課される外国法人税								
本店所在地国の法令に基づく所得	＋	本店所在地国の法令で非課税とされる所得（受取配当を除く）	＋	損金算入支払配当	＋	損金算入外国法人税	＋	損金算入されない保険準備金等	＋	益金算入すべき保険準備金	－	益金算入還付外国法人税

※　実務上、別表17（３）付表２の下半分を用いて（現地通貨で）計算することにな

ります。

⑵　無税国に本店がある場合の租税負担割合の計算

一方、無税国に所在する外国関係会社の租税負担割合は、決算に基づき所得の金額を基に、税法令がある国に所在する外国関係会社の租税負担割合の計算における調整と同様の調整を加えて計算することになりました（措令39の17の２②ロ）。

租税負担割合の式は次のようになります。

【無税国に本店がある場合の租税負担割合の算式】

$$\frac{\text{第三国において課される外国法人税}}{\text{決算に基づく所得（会計上の利益）} + \text{費用計上している支払配当} + \text{費用計上している外国法人税} + \text{損金算入されない保険準備金等} + \text{益金算入すべき保険準備金} - \text{受取配当} - \text{還付外国法人税}}$$

⑶　租税負担割合の算式に関する留意事項

国税庁は、平成29年度税制改正後の本税制に関する通達改正の解説の中で、租税負担割合を計算する算式で用いられる項目について、次の２点について解説をしています。

イ　分子にある外国法人税について

国税庁の解説によると、分子にある本店所在地国又は第三国で課される外国法人税とは、「各事業年度の決算に基づく所得の金額につき実際に課される外国法人税をいう。」としています。

ロ　本店所在地国の法令で非課税とされる所得について

ここでいう「非課税所得」について、国税庁は次のような通達を公表しています。

（非課税所得の範囲）

66の６－25　措置法令第39条の17の２第２項第１号イ⑴に規定する「その本店所在地国の法令の規定により外国法人税の課税標準に含まれないこととされる所得の金額」には、例えば、次のような金額が含まれること

に留意する。（平29年課法２―22「二」により追加、平30年課法２―12「二十九」、令元年課法２―６「一」により改正）

⑴　外国関係会社の本店所在地国へ送金されない限り課税標準に含まれないこととされる国外源泉所得

⑵　措置法第65条の２の規定に類する制度により決算に基づく所得の金額から控除される特定の取引に係る特別控除額

（注）　国外源泉所得につき、その生じた事業年度後の事業年度において外国関係会社の本店所在地国以外の国又は地域からの送金が行われた場合にはその送金が行われた事業年度で課税標準に含めることとされているときであっても、租税負担割合を算出する場合には、当該国外源泉所得の生じた事業年度の課税標準の額に含めることに留意する。

この通達について、法令上、この租税負担割合を計算する場合において、外国関係会社の本店所在地国の法令により外国法人税の課税標準に含まれないこととされる所得の金額（以下「非課税所得」といいます。）があるときは、その非課税所得を所得の金額に加算した金額によることとされています（措令39の17の２）。

そこで、具体的にどのような金額が含まれるかについて、国税庁は次のように解説しています。

⑴　まず、外国関係会社が本店所在地国以外で得た所得で、本店所在地国に送金されない限り課税標準に含まれないこととされる所得のように、条件付で非課税とされている所得についても、非課税所得に含まれることを、本通達の⑴で明らかにしている。

なお、この外国関係会社の本店所在地国に送金されない限り非課税とされている国外源泉所得は、当然のことながら、送金が行われた事業年度に本店所在地国で課される課税標準の額に含めることとなると思われるが、この場合でも租税負担割合の計算では、国外源泉所得の生じた事業年度の所得の金額に含め、送金が行われた事業年度の所得の金額には含めないこととなる。本通達の注書では、このことを念のため明らかにしている。

⑵　また、非課税所得には、その事業年度に生じた所得が非課税とされて

いるものだけではなく、課税所得の計算上、外国関係会社の本店所在地国の法令により政策上の特別な措置として、決算に基づく所得の金額から特別に控除することとされ、事実上非課税となる金額も含まれる。例えば、我が国の措置法第65条の２《収用換地等の場合の所得の特別控除》の規定に類する制度により決算に基づく所得の金額から控除される特別控除額は、非課税所得に含まれることを、本通達の(2)で明らかにしている。

なお、本通達についても、改正前と同じ趣旨であるとされます。

6　経済活動基準を満たさないと推定する場合

(1)　概要

平成29年度税制改正において、本制度の適用を除外する適用除外基準から、会社単位の合算課税の対象とする外国関係会社を特定するための基準（経済活動基準）へと適用除外基準の位置付けが変更されたことを踏まえ、本制度の適用除外を受けるための要件として設けられていた確定申告書への書面添付要件及び資料等の保存要件は廃止されました。

そして、これらの要件に代えて、引き続き本制度の実効性を確保する観点から、税務当局が求めた場合に、外国関係会社が経済活動基準を満たすことを明らかにする書類等の提示又は提出がないときには、経済活動基準を満たさないものと推定することとされました。

具体的には、税務当局の当該職員は、内国法人に係る外国関係会社が経済活動基準の４つの要件に該当するかどうかを判定するために必要があるときは、その内国法人に対し、期間を定めて、その外国関係会社が経済活動基準の４つの要件に該当することを明らかにする書類その他の資料の提示又は提出を求めることができることとされました。そして、その書類その他の資料の提示又は提出がないときは、その外国関係会社は経済活動基準の４つの要件に該当しないものと推定することとされています（措法66の６④)。

さて、上に記載した「外国関係会社が経済活動基準を満たすことを明らかにする書類その他の資料の提示又は提出を求める」とは、どのような場合をいうのでしょうか。

まず、その前段階として、問題となっている外国関係会社が特定外国関係会社でないこと、そして、上述した租税負担割合が20％未満である場合にこのような資料提供が求められることになります。

逆に言えば、外国関係会社の租税負担割合が20％以上であれば、このような資料提出が不要になります。

したがって、納税者の立場に立つと、外国関係会社の租税負担割合が20％以上なのか否かを早急に調べる必要があるということになります。

そして、外国関係会社の租税負担割合が20％未満である場合、その所得が内国法人の所得に会社単位で合算課税の対象にならないために、経済活動基準の４つを満たしていることを明らかにする必要が出てきます。

第4章　外国関係会社の部分合算課税

はじめに

特定外国関係会社を除く外国関係会社が経済活動基準を満たした場合であっても（つまり、対象外国関係会社にならなくても）、税負担割合が20％未満である外国関係会社の場合は、次に掲げる部分適用対象金額について、内国法人等の益金の額に加算されることとされます。このような外国子会社のことを「部分対象外国関係会社」と呼びます。

1　部分対象外国関係会社と特定所得の金額の益金算入

(1)　部分対象外国関係会社

法令上、部分対象外国関係会社とは、経済活動基準を全て満たす外国関係会社（特定外国関係会社に該当するものを除きます。）とされています（措法66の6②六）。

なお、部分対象外国関係会社のうち、外国金融子会社等に該当するものについての特定所得の金額等については、別の章で簡単にご説明します。以下、本章においては、部分対象外国関係会社とは外国金融子会社等以外の部分対象外国関係会社を指すものとします。

(2)　特定所得の金額の益金算入

内国法人に係る部分対象外国関係会社（外国金融子会社等を除きます。）が、各事業年度に係る2以下に掲げる金額（「特定所得の金額」）を有する場合には、その各事業年度の特定所得の金額に係る部分適用対象金額のうちその内国法人の直接間接に有する持株割合等並びにその内国法人とその部分対象外国関係会社との間の実質支配関係を勘案して政令で定めるところにより計算した金額（「部分課税対象金額」）は、その内国法人の各事業年度の所得の金額の計算上、益金の額に算入されます（措法66の6⑥、措令39の17の3）。

2　特定所得の金額の概要

(1)　剰余金の配当等

特定所得の金額に含まれる剰余金の配当等の計算は、次のとおりです。

まず、剰余金の配当等（法人税法第23条第１項第１号に規定する剰余金の配当、利益の配当又は剰余金の分配をいい、同項第２号に規定する金銭の分配を含みます。）の額の合計額を算出します。

次に、以下に述べる２つの除外対象となる配当等があれば、それを差し引くことになります。

①	部分対象外国関係会社の有する他の法人の株式等の数又は金額のその発行済株式等の総数又は総額のうちに占める割合が25％以上であり、かつ、その状態が支払義務が確定する日（一定のみなし配当に該当する配当等の場合には同日の前日）以前６月以上継続している等の場合における当該他の法人（ロに該当する場合を除きます。）から受ける剰余金の配当等の額（措法66の６⑥一イ、措令39の17の３⑥）
②	部分対象外国関係会社の有する他の外国法人（化石燃料を採取する事業（自ら採取した化石燃料に密接に関連する事業を含みます。）を主たる事業とする外国法人のうち、租税条約のわが国以外の締約国等内に化石燃料を採取する場所を有するものに限ります。）の株式等の数又は金額のその発行済株式等の総数又は総額のうちに占める割合が10％以上である場合の当該他の外国法人から受ける剰余金の配当等の額（措法66の６⑥一ロ、措令39の17の３⑦）

なお、上の２つについては、適切な課税を行うため支払法人において損金算入される配当等の額は除かれます（措法66の６⑥一、措令39の17の３④）。

また、上の②にいう「租税条約」ですが、通常の二重課税排除を目的とする二国間租税条約とされ、税務行政執行共助条約やBEPS防止措置実施条約は除かれます（措令39の15①四ロ、措令39の17の３⑦、措規22の11㉖）。

そして、上の剰余金の配当等の額を得るために「直接要した費用の額の合計額」、及びその剰余金の配当等の額に係る費用の額として次の算式により計算した金額を控除します。

【算式】

$$\text{部分対象外国関係会社がその事業年度において支払う負債の利子の額の合計額} \times \frac{\text{部分対象外国関係会社がその事業年度終了の時において有する株式等（剰余金の配当等の額に係るものに限ります。）の貸借対照表に計上されている帳簿価額の合計額}}{\text{部分対象外国関係会社のその事業年度終了の時における貸借対照表に計上されている総資産の帳簿価額}} - \text{直接要した費用の額の合計額として剰余金の配当等に係る特定所得の金額の計算上控除される負債の利子の金額}$$

最終的に、上のプロセスを踏んだ残額が剰余金の配当等に係る部分合算対象所得となります（措法66の６⑥一、措令39の17の３⑤）。

⑵　受取利子等

受取利子等については、受取利子等（その経済的な性質が利子に準ずるものを含みます。）の額の合計額を算出します。そして、「利子に準ずるもの」としては、支払を受ける手形の割引料、償還有価証券に係る調整差益、その他経済的性質が利子に準ずるもの（ただし、リース資産の引渡しを行った場合の対価に含まれる利子相当額、そして一定の金利スワップ等に係る損益の額を除きます。）があります（措令39の17の３⑨⑩、措規22の11⑪）。

次に、以下に掲げる４つの除外すべきものがあります（措法66の６⑥二、措令39の17の３⑩）。

①	業務の通常の過程において生ずる預貯金利子の額	その行う事業に係る業務の通常の過程において生ずる預金又は貯金（所得税法第２条第１項第10号（定義）に規定する政令で定めるものを含みます。）の利子の額（措法66の６⑥二）
②	一定の貸金業者が行う金銭の貸付けに係る利子の額	金銭の貸付けを主たる事業とする部分対象外国関係会社（金銭の貸付けを業として行うことにつきその本店所在地国の法令の規定によりその本店所在地国において免許又は登録その他これらに類する処分を受けているものに限ります。）で、その本店所在地国においてその役員又は使用人がその行う金銭の貸付けの事業を的確に遂行するために通常必要と認められる業務の全てに従事しているものが行う金銭の貸付けに係る利子（措法66の６⑥二）
③	一定の割賦販売等に係る利子の額	割賦販売等（割賦販売法第２条第１項から第４項（定義）までに規定する割賦販売、ローン提携販売、包括信用購入あっせん又は個別信用購入あっせんに相当するものをいいます。）を行う部分対象外国関係会社でその本店所在地国においてその役員又は使用人が割賦販売等を的確に遂行するために通常必要と認められる業務の全てに従事しているものが行う割賦販売等から生ずる利子（措令39の17の３⑩一）
④	関連者以外の者に行う支払猶予により生ずる利子の額	部分対象外国関係会社（その本店所在地国においてその役員又は使用人がその行う棚卸資産の販売及びこれに付随する棚卸資産の販売の対価の支払の猶予に係る業務を的確に遂行するために通常必要と認められる業務の全てに従事しているものに限ります。）が当該部分対象外国関係会社に係る次号イ及びロに掲げる者以外の者に対して行う棚卸資産の販売の対価の支払の猶予により生ずる利子の額（措令39の17の３⑩二）
⑤	一定のグループファイナンスに係る利子の額	イ　部分対象外国関係会社（その本店所在地国においてその行う金銭の貸付けに係る事務所、店舗その他の固定施設を有し、かつ、その本店所在地国においてその役員又は使用人がその行う金銭の貸付けの事業を的確に遂行するために通常必要と認められる業務の全てに従事しているものに限ります。）がその関連者等（個人を除きます）に対して行う金銭の貸付けに係る利子の額（措令39の17の３⑩三）

	ロ　部分対象外国関係会社がその部分対象外国関係会社の関連者等である外国法人（上のイに掲げる部分対象外国関係会社及び外国金融子会社等に限ります。）に対して行う金銭の貸付けに係る利子の額（措令39の17の３⑩四）

そして、上の受取利子等の額を得るために「直接要した費用の額の合計額」を控除します。

これらにより、部分合算課税の対象となる受取利子等の額を算出することができます（措法66の６⑥二）。

⑶　有価証券の貸付けの対価

有価証券の貸付けによる対価の額の合計額からその対価の額を得るために直接要した費用の額の合計額を控除した残額が部分合算課税の対象となります（措法66の６⑥三）。

⑷　有価証券の譲渡損益

有価証券の譲渡に係る対価の額の合計額からその有価証券の譲渡に係る原価の額及びその対価の額を得るために直接要した費用の額の合計額を減算した金額が部分合算課税の対象となります（措法66の６⑥四）。

ただし、その譲渡の直前において部分対象外国関係会社の有する他の法人の株式等の数又は金額のその発行済株式等に占める割合が、その譲渡の直前において25％以上である場合における当該他の法人の株式等の譲渡に係る対価の額は、合算対象から除外されます。

⑸　デリバティブ取引に係る損益

ここでいうデリバティブ取引とは、法人税法第61条の５第１項（デリバティブ取引に係る利益相当額又は損失相当額の益金又は損金算入等）に規定するデリバティブ取引をいいます。そして、部分対象外国関係会社が行ったデリバティブ取引に係る利益の額又は損失の額が部分合算課税の対象となります（措法66の６⑥五、措規22の11㉞）。

次に、以下に掲げる５つの除外すべきものがあります（措法66の６⑥五、措規22の11㉟、㊱以下）。

イ	ヘッジ目的で行われることが明らかなデリバティブ取引等に係る損益
ロ	本店所在地国の法令に準拠して商品先物取引業又はこれに準ずる事業を行う外国関係会社で、本店所在地国においてその役員又は使用人がこれらの事業を的確に遂行するために通常必要と認められる業務の全てに従事していること等の要件を満たすものが行うこれらの事業から生ずる商品先物取引等に係る損益

以上により算出された金額がデリバティブ取引に係る部分合算課税の対象となります。

⑹　外国為替差損益

部分対象外国関係会社が行う取引又はその有する資産若しくは負債につき外国為替の売買相場の変動に伴って生ずる利益の額又は損失の額は、部分合算課税の対象となります（措法66の6⑥六）。

ただし、部分対象外国関係会社が行う事業に係る業務の通常の過程において生ずる利益の額又は損失の額は、部分合算課税の対象から除外されます（措法66の6⑥六、措令39の17の3⑮）。なお、部分対象外国関係会社が為替差益を得る投機的な事業を行った結果として得られた為替差損益については除外対象にはなりません。

⑺　その他の金融所得

上記⑴から⑹までに掲げる金額に係る利益の額又は損失の額を生じさせる資産の運用、保有、譲渡、貸付けその他の行為により生ずる利益の額又は損失の額は、部分合算課税の対象とされます（措法66の6⑥七）。

これらについては、いわゆる「その他の金融所得」として、上記⑴から⑹までに掲げる所得（これらに類する所得を含みます。）を生じさせる資産（例えば、株式や信託受益権など）の運用、保有、譲渡、貸付けその他の行為により生ずる上記⑴から⑹までに掲げる所得以外の所得を部分合算課税の対象とすること、つまり金融所得について漏れることのないように、いわゆるバスケット・クローズとして規定されたとされています。

その他の金融所得としては、次のようなものが考えられます（措令39の17の3⑯）。

①	投資信託の収益の分配金
②	売買目的有価証券の評価損益
③	有価証券の空売りに係るみなし決済損益
④	信用取引に係るみなし決済損益

⑤	発行日取引に係るみなし決済損益
⑥	有価証券の引受けに係るみなし決済損益

なお、ヘッジ取引として行った一定の取引に係る損益については、一定の要件を満たす場合に限り「その他の金融所得」から除外されることになっています（措法66の６⑥七、措規22の11㊸）。

⑻　保険所得

令和元年度税制改正において、保険所得が部分合算課税の対象に追加されました。部分対象外国関係会社に係る特定所得の金額に追加された保険所得の金額は、各事業年度の収入保険料から支払再保険料を控除した正味の収入保険料と、支払保険金から収入した再保険金を控除した正味の支払再保険金の額との差額に相当する金額とされています（措法66の６ ⑥七の二）。

具体的には、部分対象外国関係会社のイに掲げる金額からロに掲げる金額を減算した金額とされています（措令39の17の３⑰⑱）。

イ		ロ
イ　その事業年度において収入した、又は収入すべきことの確定した収入保険料（その収入保険料のうちに払い戻した、又は払い戻すべきものがある場合には、その金額を控除した残額）及び再保険返戻金の合計額からその事業年度において支払った、又は支払うべきことの確定した再保険料及び解約返戻金の合計額を控除した残額	－	ロ　その事業年度において支払った、又は支払うべきことの確定した支払保険金の額の合計額からその事業年度において収入した、又は収入すべきことの確定した再保険金の額の合計額を控除した残額

保険所得の範囲は次のようになります。

《部分合算課税の対象となる保険所得の範囲》

○　①に掲げる金額から②に掲げる金額を減算した金額について、部分対象外国関係会社（外国金融子会社等に該当するものを除く。）に係る部分合算課税の対象となる特定所得の金額に追加。
①　収入保険料の合計額（A）から支払った再保険料の合計額（B）を控除した残額に相当する金額
②　支払保険金の額の合計額（C）から収入した再保険金の額の合計額（D）を控除した残額に相当する金額

【イメージ】

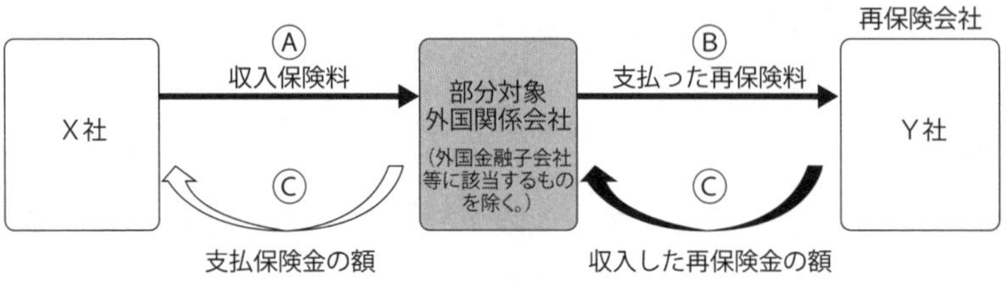

【計算式】

保険所得の金額＝①（　A　－　B　）－②（　C　－D　）

（出典：財務省資料）

⑼　固定資産の貸付けの対価

固定資産の貸付け（不動産又は不動産の上に存する権利を使用させる行為を含みます）による対価の額からその対価の額を得るために直接要した費用の額（その有する固定資産に係る償却費の額として計算した金額を含みます。）の合計額を控除した残額は、部分合算課税の対象となります（措法66の６⑥八、措令39の17の３⑳㉑）。

なお、無形資産等（措法第66条の６第６項第９号に規定する無形資産等をいいます。）に該当するものは、ここでいう固定資産からは除かれます（措令39の17⑲）。

また、上でいう償却費とは、その事業年度の減価償却資産の償却費の計算及びその償却の方法（法人税法31条）の規定の例に準じて計算した場合に算出される償却限度額に達するまでの金額とされています（措令39の17の３㉑）。

最後に、固定資産の貸付けのために直接要する金額と償却費の額を計算し、これらを控除することで部分合算課税の対象金額を算出します。

⑽　無形資産等の使用料

無形資産等の使用料の合計額からその使用料を得るために直接要した費用の額（一定の償却費の額を含みます。）の合計額を控除した残額が部分合算課税の対象になります（措法66の６⑥九）。

なお、平成29年度税制改正において、本税制にいう「無形資産等」について、次のように措置法に規定されました。

【無形資産等とは】

無形資産等とは、工業所有権その他の技術に関する権利、特別の技術による生産方式若しくはこれらに準ずるもの（これらの権利に関する使用権を含みます。）又は著作権（出版権及び著作隣接権その他これに準ずるものを含みます。）をいいます（措法66の６⑥九）。

次に、以下に掲げる３つの除外すべきものがあります（措令39の17の３㉒）。

①	部分対象外国関係会社が無形資産等の研究開発を自ら行った場合のその無形資産等の使用料
②	部分対象外国関係会社が取得した無形資産等につき相当の対価を支払い、かつ、その無形資産等をその事業（株式等若しくは債券の保有、無形資産等の提供又は船舶若しくは航空機の貸付けを除きます。③において同じです。）の用に供している場合のその無形資産等の使用料
③	部分対象外国関係会社が使用を許諾された無形資産等につき相当の対価を支払い、かつ、その無形資産等をその事業の用に供している場合のその無形資産等の使用料

このうち、①にある「自ら行った研究開発の意義」について、国税庁は次のように通達を公表しています。

（自ら行った研究開発の意義）

66の６－29　措置法令第39条の17の３第22項第１号に規定する「部分対象外国関係会社が自ら行った研究開発」には、同号の部分対象外国関係会社が他の者に研究開発の全部又は一部を委託などして行う研究開発であっても、当該部分対象外国関係会社が自ら当該研究開発に係る企画、立案、委託先への開発方針の指示、費用負担及びリスク負担を行うものはこれに該当することに留意する。（平29年課法２－22「二」により追加、平30年課法２－12「二十九」、令元年課法２－６「一」により改正）

「自ら行った」については、どこからどこまでを行えば「自ら行った」といえるか、という事実認定の問題になってきます。この点、国税庁は外部に研究開発を委託した場合であっても、研究開発の企画・立案、委託先への指示・費用負担・リスク負担を行っていれば、「自ら行った研究開発」に該当するとしています。一方、費用負担のみを負う場合にはこれに該当しないとしています。

現実には、研究開発について様々な場合が想定されます。部分対象外国関係会社になるということは、経済活動基準の４つを全て満たしている外国関係会社なので一定の組織を有し人員を配置しているはずです。したがって、後日問題にならないよう、企画書や研究開発の役割分担など意思疎通を十分に図った上で、関係する資料を親会社と子会社との間で共有しておくことが望ましいでしょう。

最後に、固定資産の貸付けと同様、直接要する金額と償却費の額を計算し、これらを控除することで部分合算課税の対象金額を算出します。

⑾　無形資産等の譲渡損益

無形資産等の譲渡に係る対価の額の合計額からその無形資産等の譲渡に係る原価の額の合計額及びその対価の額を得るために直接要した費用の額の合計額を減算した金額が部分合算課税の対象となります（措法66の６⑥十）。

なお、無形資産等の譲渡損益については、平成29年度税制改正で新たに部分合算課税の対象となったものです。

次に、無形資産等の譲渡損益から除外すべきものは、⑼で述べた①及び②と同様です（措令39の17の３㉒、㉖）。

①	部分対象外国関係会社が無形資産等の研究開発を自ら行った場合のその無形資産等の譲渡に係る対価の額
②	部分対象外国関係会社が取得した無形資産等につき相当の対価を支払い、かつ、その無形資産等をその事業（株式等若しくは債券の保有、無形資産等の提供又は船舶若しくは航空機の貸付けを除きます。）の用に供している場合のその無形資産等の譲渡に係る対価の額

上に述べた無形資産等の譲渡対価の額（除外すべきものを除きます。）から原価の額を差し引いた上で、直接要した費用の額を差し引くことで部分合算課税の対象を算出します。

⑿　異常所得

異常所得とは、上の⑴から⑾までに掲げる金額がないものとした場合のその各事業年度の決算に基づく所得の金額から、その各事業年度に係る以下に掲げる一定の所得控除額を控除した残額とされています（措法66の６⑥十一、措令39の17の３㉓）。

なお、控除を行った結果としてマイナスとなった場合には異常所得に係る特定所得の金額はゼロになります（措法66の６⑥十一）。

上の所得控除額は、外国関係会社の総資産に減価償却累計額及び人件費等の額を加算した金額の合計額に50％を乗じて計算した金額をいいます。所得控除額の計算式は次のとおりとなります。

【所得控除額の算式】

（総資産の額＋人件費＋減価償却費の累計額）×50％

各金額は、その事業年度（人件費の額を除き、残余財産が確定した日を含む事業年度の場合には、前事業年度末）の貸借対照表の帳簿価額による（措令39の17の３㉚㉛）

《部分合算課税の対象となる「異常所得」について》

〇外国関係会社の資産規模や人員等の経済実態に照らせば、その事業から通常生じ得ず、発生する根拠のないと考えられる所得については、「異常所得」として部分合算課税の対象とされる。

【所得金額の計算方法】外国金融子会社等以外の部分対象外国関係会社の場合（措法66の６⑥十一）
（外国金融子会社等の場合はこれに準じて計算（措法66の６⑧五））

他の部分合算課税対象の所得類型に係る下記イからヌまでの金額がないものとした場合の各事業年度の決算に基づく所得の金額（すなわち会計上の税引後当期利益の額）

〔措法66の６⑥十一〕
〔措令39の17の３㉓〕

－

所得控除額

〔措令39の17の３㉗〕

- イ 支払を受ける剰余金の配当等の額
- ロ 受取利子等の額
- ハ 有価証券の貸付による対価の額
- ニ 有価証券の譲渡に係る対価の額－譲渡原価の額
- ホ デリバティブ取引に係る損益の額
- ヘ 外国為替差損益の額
- ト イ～ヘに類する所得を生じさせる資産等から生ずる所得以外の所得の金額
- チ 固定資産の貸付けによる対価の額
- リ 支払を受ける無形資産等の使用料
- ヌ 無形資産等の譲渡に係る対価の額－譲渡原価の額

ル （総資産の額＋人件費＋減価償却費の累計額）×50％

（措令39の17の３㉖㉗）
各金額は、その事業年度（人件費の額を除き、残余財産が確定した日を含む事業年度の場合には、前事業年度末）のB/Sの帳簿価額による。

〔イメージ〕

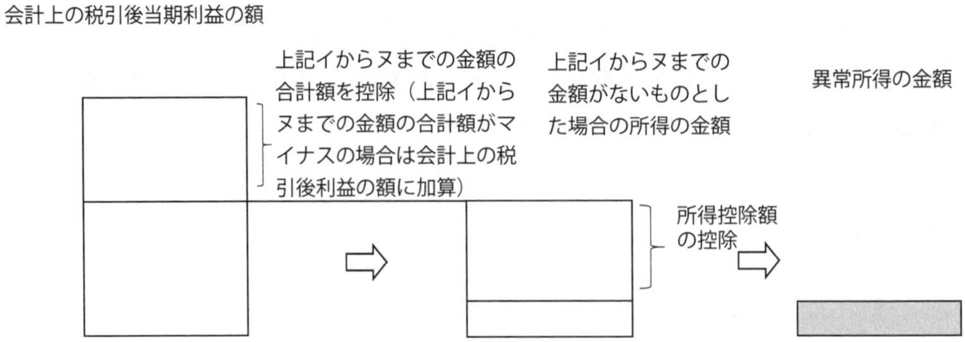

（出典：財務省資料）

平成29年度税制改正において、通常の事業を営んで経済活動基準を満たした外国関係会社の租税負担割合が20％未満であれば受動的所得を合算するのですが、特定した受動的所得だけを合算するだけでは「課税漏れ」が生じる可能性があることから、このような異常所得を算出するようにしたのではないかと考えられます。

3　部分適用対象金額

部分適用対象金額とは、２で述べた特定所得の金額のうち、以下に計算した額をいいます（措法66の６⑦、措令39の17の３㉜）。

イ	非損益通算グループ所得の金額	⑴から⑶まで、⑻、⑼及び⑾に掲げる所得の金額の合計額
ロ	損益通算グループ所得の金額	上記２⑷から⑺まで及び⑽に掲げる所得の金額の合計額（これらの黒字と赤字を損益通算をするので、その合計額がゼロを下回る場合がありますが、その場合にはゼロとします。）を基礎として、各事業年度開始の日前７年以内に開始した各事業年度において生じた⑷から⑺まで及び⑽に掲げる金額の合計額がゼロを下回る部分の金額につき繰越控除を適用することで調整を加えた金額とを合計した金額をいいます。

部分適用対象金額を２つのグループに区分する意味を考えてみます。

イのグループに属する所得は、配当、利子、貸付けの対価、使用料、そして異常所得です。つまり、これらはすべて受領するだけですので赤字になることはありません。

これに対して、ロのグループに属する所得は、有価証券譲渡損益、デリバティブ取引の損益、無形資産等の譲渡損益などになります。譲渡損益ですので、必ずしも黒字になるわけではありません。そこで、損益通算をして赤字の場合にはゼロにする、ということです。

その上で、前７年以内の部分適用対象損失額の繰越控除を認めることとして、その上でイの所得と合算したところで、部分適用対象金額を算出する、ということです。

なお、前７年内事業年度のうち、次の４で述べる少額免除基準を満たすことにより部分合算課税の適用が免除となった事業年度において生じた部分適用対象損失額についても、繰越控除の対象となります。

また、その部分対象外国関係会社のその事業年度における部分適用対象金額の計算においては、前７年内事業年度の部分適用対象損失額の控除は行われることとなります。したがって、結果として、部分対象外国関係会社のその事業年度における部分適用対象金額が後述の少額免除基準を満たすことになり、部分合算課税が行われない場合であっても、その事業年度において損益通算グループ所得の金額がプラスとなっている場合にあっては、繰越控除可能な前７年内事業年度の部分適用対象損失額について、当期の損益通算グループ所得がゼロに達するまでの全額を控除する必要があります。

さらに、部分対象外国関係会社のその事業年度の部分適用対象金額の計算上、前７年内事業年度において特定外国関係会社又は対象外国関係会社に該当していた場合に生じた欠損金額、及び外国金融子会社等に該当していた場合に生じた金融子会社等部分適用対象損失額を控除することはできません。

４　適用免除

次に該当する場合には、部分対象外国関係会社の部分適用対象金額については、適用しないこととされます（措法66の６⑩）。

①　外国関係会社の各事業年度の租税負担割合が20％以上である場合

②　部分合算課税に係る少額免除基準のうち金額基準を2,000万円以下の場合

③　各事業年度の決算に基づく所得の金額に占める部分適用対象金額が５％以下の場合

なお、適用免除はどの時点で判定するかについては、実務上大きな問題になります。つまり、内国法人の持株割合が10％だった場合、「自社の部分課税対象金額が2,000万円以下だから適用免除になる。」と考えていいのか、という問題です。

これについては、部分対象外国関係会社の部分適用対象金額で判定することになりますので、実務上十分な注意が必要になります。持株割合に関係なく、外国関係会社の部分適用対象金額で判定します。

5　部分合算課税金額

部分合算課税金額とは、上述した部分適用対象金額に内国法人が有する持分（正確には、請求権等勘案合算割合ですが、株式数や実質所有関係などをいいます。）を乗じて算出される金額をいいます（措法66条の６⑥）。

本税制は、外国子会社への請求権等勘案合算割合が10％以上あると合算課税の対象となります。正確には、次の算式を用いて算定することになります（措令39の17の３①）。

【算式】

部分対象外国関係会社の各事業年度の部分適用対象金額 × その各事業年度終了の時におけるその内国法人のその部分対象外国関係会社に係る請求権等勘案合算割合

【特定所得の考え方】

平成29年以降の改正によって、特定所得の範囲が大幅に拡大され、制度も複雑になりました。法令や通達が詳細に規定されているので、これに事実関係を当てはめることで、実務上の問題点がなくなるようにも考えられます。

しかし、実際には企業の実務担当者を悩ませる問題はいくつも生じると考えられます。ここでは、無形資産等の使用料について、少し考えてみましょう。

例えば、メーカーである内国法人が外国に外国関係会社を有して製造活動を行ったり、卸売活動を行ったりしていることがあります。外国関係会社に一定の人員がいて、現地の顧客のニーズに適合するために（若干の手直しを含みます。）開発活動を行う場合があります。一方、製品や製造ノウハウのベースとなる研究開発活動は過去に日本で行われたとします。そして、その外国関係会社は自己の開発活動に基づいて別法人（第三者だけでなく関連者を含みます。）から一定の使用料を受領する場合も考えられます。このような場合、外国関係会社は自ら研究開発活動を行ったことになるのでしょうか。

本文でも述べましたが、最終的には事実認定の問題になります。そして、部分合算課税が導入された趣旨に立ち戻る必要があります。

特定所得は、本来、内国法人で受領することが可能であり、わざわざ外国関係会社を設立する必要がない場合に課税すべき所得です。このように考えれば、外国に子会社を設立し、その役員の指揮命令下で一定の人員が配置され顧客のニーズに適合する活動を行う場合、部分合算課税の対象とすべき特定所得の範囲はおのずと限られる、と考えるべきではないでしょうか。

　ただし、訴訟においては制度趣旨より法令の文理解釈がより重視されることを忘れてはいけません。ここに、実務の難しさがあります。

第５章　外国金融子会社等

はじめに

平成29年度税制改正で本税制に外国金融子会社等という概念が導入され、平成30年度に大幅改正されました。外国金融子会社等は、会社単位の合算課税ではなく特定所得の金額のみを合算することになります。これは、平成27年（2015年）10月に公表されたBEPSプロジェクトに基づいて、外国金融子会社等に対して異常な水準の資本が投下されている場合には、異常な水準の資本に係る所得について、部分合算課税の対象とすることとされたものです。

外国金融子会社等は、いわゆる金融機関及び金融持株会社が該当するものであり、通常の事業会社は該当しないことから、本書ではごく基本的な事項のみを記載することにします。

1　外国金融子会社等の意義

外国金融子会社等とは、次の部分対象外国関係会社をいいます（措法66の６②七、措令39の17）。

(1)　外国金融機関

本店所在地国の法令に準拠して銀行業、金融商品取引業（金融商品取引法第28条第１項（通則）に規定する第一種金融商品取引業と同種類の業務に限ります。）又は保険業を行う部分対象外国関係会社でその本店所在地国においてその役員又は使用人がこれらの事業を的確に遂行するために通常必要と認められる業務の全てに従事しているものをいいます。

なお、平成30年度税制改正において、英国ロイズ市場において、現地の法令に従って設立された保険引受子会社と管理運営子会社が一体となって保険業を営む場合には、これらを一体として外国金融子会社等の該当要件の判定を行うこととされました。また、英国ロイズ市場以外で、保険委託者と保険受託者を別会社とした上で、現地の法令に従って、これらが一体となって 保険業を営む場合も同様とすることとされました。

(2)　外国金融持株会社等

部分対象外国関係会社のうち次のイからニまでに掲げるもの（一の内国法人及びその一の内国法人との間に特定資本関係のある内国法人（「一の内国法人等」）によってその発行済株式等の全部を直接又は間接に保有されているものに限ります。）とされています（措令39の17③）。

①　次に掲げる要件の全てに該当する部分対象外国関係会社

イ　その本店所在地国の法令に準拠して専ら特定外国金融機関（次に掲げる外国法人をいいます。）の経営管理及びこれに附帯する業務（「経営管理等」）を行っていること（経営管理要件）。

ロ　その本店所在地国においてその役員又は使用人が特定外国金融機関の経営管理を的確に遂行するために通常必要と認められる業務の全てに従事していること（経営管理業務従事要件）。

ハ　その事業年度終了の時における貸借対照表に計上されているⅰに掲げる金額のⅱに掲げる金額に対する割合が75％を超えること（75％要件）。

ⅰ　その有する特定外国金融機関の株式等及び従属関連業務子会社（その発行済株式等の50％を超える数又は金額の株式等を有するものに限ります。）の株式等の帳簿価額の合計額

ⅱ　その総資産の帳簿価額から特定外国金融機関及び従属関連業務子会社に対する貸付金の帳簿価額を控除した残額その総資産の帳簿価額から外国金融機関に対する貸付金の帳簿価額を控除した残額

ニ　その事業年度終了の時における貸借対照表に計上されているⅰに掲げる金額のⅱに掲げる金額に対する割合が50％を超えること（50％要件）。

ⅰ　その有する特定外国金融機関の株式等の帳簿価額

ⅱ　その総資産の帳簿価額から特定外国金融機関に対する貸付金の帳簿価額を控除した残額

②　次に掲げる要件の全てに該当する部分対象外国関係会社（１又は２以上の外国金融機関の株式等を有するものに限るものとし、①に該当する部分対象外国関係会社を除きます。）

イ　その本店所在地国の法令に準拠して専ら特定外国金融機関の経営管理等及び特定間接保有外国金融機関等（特定中間持株会社がその株式等を有する外国法人並びに特定中間持株会社がその株式等を有する上記①に該当する部分

対象外国関係会社（その発行済株式等の50％を超える数又は金額の株式等を有するものに限ります。）をいいます。）の経営管理等を行っていること。

ロ　その本店所在地国においてその役員又は使用人が特定外国金融機関の経営管理及び特定間接保有外国金融機関等の経営管理を的確に遂行するために通常必要と認められる業務の全てに従事していること。

ハ　その事業年度終了の時における貸借対照表に計上されているⅰに掲げる金額のⅱに掲げる金額に対する割合が75％を超えること。

ⅰ　その有する特定外国金融機関の株式等、特定中間持株会社の株式等及び従属関連業務子会社の株式等の帳簿価額の合計額

ⅱ　その総資産の帳簿価額から特定外国金融機関、特定中間持株会社及び従属関連業務子会社に対する貸付金の帳簿価額を控除した残額

ニ　その事業年度終了の時における貸借対照表に計上されているⅰに掲げる金額のⅱに掲げる金額に対する割合が50％を超えること

ⅰ　その有する特定外国金融機関の株式等及び特定中間持株会社の株式等の帳簿価額の合計額

ⅱ　その総資産の帳簿価額から特定外国金融機関及び特定中間持株会社に対する貸付金の帳簿価額を控除した残額

③　次に掲げる要件の全てに該当する部分対象外国関係会社（一又は二以上の特定外国金融機関の株式等を有するものに限るものとし、上記①又は②のいずれかに該当する部分対象外国関係会社を除きます。）

イ　その本店所在地国の法令に準拠して専ら特定外国金融機関の経営管理等、上記①、②又は下記④のいずれかに該当する部分対象外国関係会社（その発行済株式等の50％を超える数又は金額の株式等を有するものに限ります。）の経営管理等及び特定間接保有外国金融機関等の経営管理等を行っていること。

ロ　その本店所在地国においてその役員又は使用人が特定外国金融機関の経営管理、上記①、②又は下記④のいずれかに該当する部分対象外国関係会社の経営管理及び特定間接保有外国金融機関等の経営管理を的確に遂行するために通常必要と認められる業務の全てに従事していること。

ハ　その事業年度終了の時における貸借対照表に計上されているⅰに掲げる金額のⅱに掲げる金額に対する割合が75％を超えること。

ⅰ　その有する外国金融機関の株式等、上記①、②及び下記④に掲げる部分対象外国関係会社の株式等、特定中間持株会社の株式等並びに従属関連業

務子会社の株式等の帳簿価額の合計額

ⅱ　その総資産の帳簿価額から特定外国金融機関、上記①、②及び下記④に掲げる部分対象外国関係会社、特定中間持株会社並びに従属関連業務子会社に対する貸付金の帳簿価額を 控除した残額

ニ　その事業年度終了の時における貸借対照表に計上されているⅰに掲げる金額のⅱに掲げる金額に対する割合が50％を超えること。

ⅰ　その有する特定外国金融機関の株式等、上記①、②及び下記④に掲げる部分対象外国関係会社の株式等並びに特定中間持株会社の株式等の帳簿価額の合計額

ⅱ　その総資産の帳簿価額から特定外国金融機関、上記①、②及び下記④に掲げる部分対象外国関係会社並びに特定中間持株会社に対する貸付金の帳簿価額を控除した残額

④　次に掲げる要件の全てに該当する部分対象外国関係会社（一又は二以上の特定外国金融機関の株式等を有するものに限るものとし、上記①から③までのいずれかに該当する部分対象外国関係会社を除きます。）

イ　その本店所在地国の法令に準拠して専ら特定外国金融機関の経営管理等、上記①から③までのいずれかに該当する部分対象外国関係会社（その発行済株式等の50％を超える数又は金額の株式等を有するものに限ります。）の経営管理等及び特定間接保有外国金融機関等の経営管理等を行っていること。

ロ　その本店所在地国においてその役員又は使用人が特定外国金融機関の経営管理、①から③までのいずれかに該当する部分対象外国関係会社の経営管理及び特定間接保有外国金融機関等の経営管理を的確に遂行するために通常必要と認められる業務の全てに従事していること。

ハ　その事業年度終了の時における貸借対照表に計上されているⅰに掲げる金額のⅱに掲げる金額に対する割合が75％を超えること。

ⅰ　その有する特定外国金融機関の株式等、上記①から③までに掲げる部分対象外国関係会社の株式等、特定中間持株会社の株式等及び従属関連業務子会社の株式等の帳簿価額の合計額

ⅱ　その総資産の帳簿価額から特定外国金融機関、上記①から③までに掲げる部分対象外国関係会社、特定中間持株会社及び従属関連業務子会社に対する貸付金の帳簿価額を控除した残額

ニ　その事業年度終了の時における貸借対照表に計上されているⅰに掲げる金

額のⅱに掲げる金額に対する割合が50％を超えること。

ⅰ　その有する特定外国金融機関の株式等、上記①から③までに掲げる部分対象外国関係会社の株式等及び特定中間持株会社の株式等の帳簿価額の合計額

ⅱ　その総資産の帳簿価額から特定外国金融機関、上記①から③までに掲げる部分対象外国関係会社及び特定中間持株会社に対する貸付金の帳簿価額を控除した残額

2　特定所得の金額

⑴　異常な水準の資本に係る所得

一の内国法人が100％の持分を有する外国金融子会社等に対して、その事業規模に照らして通常必要とされる水準を大幅に超えた、異常な水準の資本を投下している場合には、その異常な水準の資本から生じた所得については、部分合算課税の対象とされます。具体的には次のとおりとされています。

①　対象となる外国金融子会社等の範囲

一の内国法人及びその一の内国法人との間に特定資本関係(注)のある内国法人によってその発行済株式等の全部を直接又は間接に保有されている外国金融子会社等（その設立の日から同日以後５年を経過する日を含む事業年度終了の日までの期間を経過していないもの及びその解散の日から同日以後３年を経過する日を含む事業年度終了の日までの期間を経過していないものを除きます。）が異常な水準の資本に係る所得に対する合算課税の対象となります（措法66の６⑧一、措令39の17の４②）。

（注）　特定資本関係とは、いずれか一方の法人が他方の法人の発行済株式等の全部を直接又は外国法人を通じて間接に保有する関係をいい、具体的には、外国金融持株会社等の判定における措置法令39条の17第４項及び第５項の規定を準用することとされています（措令39の17の４②）。

②　異常な水準の資本

その親会社等資本持分相当額の総資産の額に対する割合が70％を超える場合に異常な水準にあるものと判定されます（措法66の６⑧一）。

イ　親会社等資本持分相当額

親会社等資本持分相当額とは、外国金融子会社等の純資産の額につき剰余金その他に関する調整を加えた金額をいいます（措法66の６⑧一）。

ロ　総資産の額

（イ）　保険業を行う外国金融子会社等以外のものの場合

外国金融子会社等のその事業年度終了の時における貸借対照表に計上されている総資産の帳簿価額とされています（措令39の17の４⑥）。

（ロ）　保険業を行う外国金融子会社等の場合

次に掲げる金額の合計額とされています（措令39の17の４⑥、措規22の11⑲）。

ｉ　外国金融子会社等のその事業年度終了の時における貸借対照表に計上されている総資産の帳簿価額

ⅱ　外国金融子会社等が保険契約を再保険に付した場合において、その再保険を付した部分につきその本店所在地国の保険業法に相当する法令の規定により積み立てないこととした同法第116条第１項（責任準備金）に規定する責任準備金に相当するものの額及び同法第117条第１項（支払備金）に規定する支払備金に相当するものの額の合計額

⑵　固定資産の貸付けの対価

第４章（98ページ）で記載したものに準じて計算した場合に算出される金額に相当する金額とされています。

⑶　無形資産等の使用料

第４章（98ページ）で記載したものに準じて計算した場合に算出される金額に相当する金額とされています。

⑷　無形資産等の譲渡損益

第４章（100ページ）で記載したものに準じて計算した場合に算出される金額に相当する金額とされています。

⑸　異常所得

第4章（100ページ）で記載したものに準じて計算した場合に算出される金額に相当する金額とされています。

3　金融子会社等部分適用対象金額

金融子会社等部分適用対象金額は、次に掲げる金額のうちいずれか多い金額とされています（措法66の6⑨）。

異常な水準の資本に係る所得と、それ以外の所得の内容が実質的に重複する可能性があることから、二重に合算課税の対象となることを避けるため、このような調整が設けられているものです。

⑴　異常な水準の資本に係る所得の金額

⑵　上記2の⑵、⑶及び⑸に掲げる金額の合計額と、2の⑷に掲げる金額（零を下回る場合には零とされます。）を基礎としてその各事業年度開始の日前7年以内に開始した各事業年度において生じた2の⑷に掲げる金額が零を下回る部分の金額につき調整を加えた金額とを合計した金額

4　金融子会社等部分課税対象金額

金融子会社等部分課税対象金額は、金融子会社等部分適用対象金額のうちその内国法人が直接及び間接に有するその部分対象外国関係会社の株式等の数又は金額につきその請求権の内容を勘案した数又は金額並びにその内国法人とその部分対象外国関係会社との間の実質支配関係の状況を勘案して計算した金額とされています（措法66の6⑧）。

第6章 益金算入額の計算

1 概要

内国法人に係る外国関係会社が各事業年度において、適用対象金額を有する場合には、2に述べる算式により計算される課税対象金額に相当する金額は、その内国法人の収益の額とみなして、特定外国子会社等の各事業年度の終了の日の翌日から2か月を経過する日を含むその内国法人の各事業年度の益金の額に算入します（措法66の6①）。

実際には、内国法人が確定申告書の提出に当たり、課税対象金額を申告調整（別表4で加算（その他流出処理））することにより、所得金額に加算することになります。

《(ケース1) 内国法人及び特定外国子会社等がともに12月決算の場合》

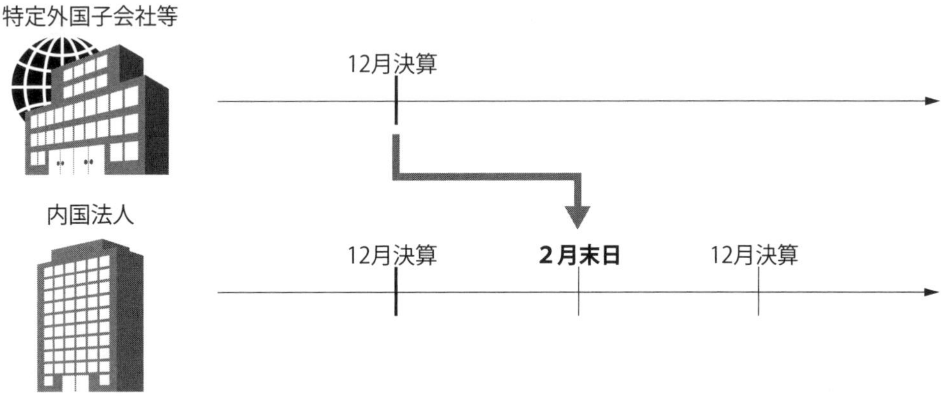

この場合、外国関係会社の課税対象金額は、内国法人の翌期の確定申告書において益金の額に加算されることになります

《(ケース２)　特定外国子会社等が12月決算で内国法人が３月決算の場合》

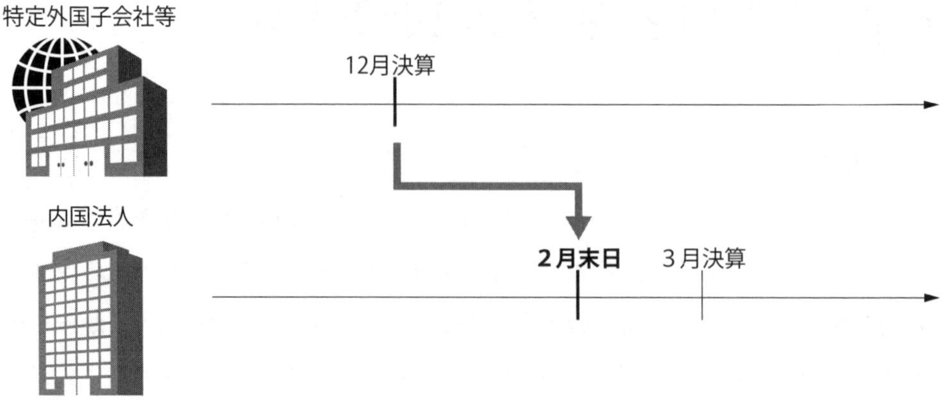

ケース２の場合、外国関係会社の課税対象金額は、内国法人の３月決算の確定申告書において益金の額に加算されることになります

2　課税対象金額の算定の順序

課税対象金額の算定の順序

①　特定外国子会社等について、日本の法人税法に基づく計算又は外国関係会社の本店所在地国の法令のいずれかから選択した方法により、**基準所得金額**を算出します

⇩

②　基準所得金額から前７年以内の繰越欠損金の含み額と納付することとなる法人所得税額の含み額を控除して、**適用対象金額**を算定します

⇩

③　適用対象金額に内国法人の直接間接の持分割合を乗じて**課税対象金額**を算定します

3　基準所得金額の算定

２の①において算出する「基準所得金額」は、外国関係会社の決算所得金額について、法人税法及び租税特別措置法による所得の金額の計算に準ずるものとして一定の基準により調整を加えた各事業年度の所得の金額となります。調整を行う場合には、わが国の法人税法等の基準に従って行う方法が原則的です（措令39の15①）が、納税者の計算の便宜等を考慮して、本店所在地国の法人税に関する法令に基づき計算した所得の金額に所定の調整を加える方法と選択することもできます（措令39の15②）。ただし、選択した方法は、継続して適用することが条件となっており、変更する場合

には、確定申告書提出前にあらかじめ所轄税務署長の承認を受ける必要があります（措令39の15⑩）。

この場合、基準所得金額を計算する場合において、これらの規定により各事業年度において控除されることになる金額があるときには、その各事業年度に係る確定申告書にその金額の計算に関する明細書の添付がある場合に限り、その金額をその各事業年度の基準所得金額の計算上控除します。ただし、その添付がなかったことについて税務署長がやむを得ない事情があると認める場合において、その明細書の提出があったときは、この限りではありません（措令39の15⑨）。

なお、いずれの方法を採用する場合であっても、外国関係会社がその内国法人との間の取引につき移転価格税制の規定の適用がある場合には、その取引がこれらの規定に規定する独立企業間価格で行われたものとして計算した場合に算出される所得の金額又は欠損の金額としなければなりません（措令39の15①②）。

4　わが国の法令による場合

外国関係会社の各事業年度の基準所得金額を算定する際、その決算に基づく金額に次の調整を行います（措令39の15①）。

各事業年度の決算に基づく所得の金額につき、 法人税法第２編第１章第１節第２款から第９款まで及び第12款までを準用します

━（以下の規定は適用されません）

法法23	受取配当等の益金不算入
法法23の２	外国子会社配当益金不算入 （注）　損金算入配当等の額については、基準所得金額の計算上控除することはできません（措令39の15①四）
法法25の２	受贈益
法法26①～④	還付金等の益金不算入
法法27	中間申告における繰戻しによる還付に係る災害損失金額の益金算入
法法33⑤	資産の評価損
法法37②	寄附金の損金不算入
法法38	法人税額の損金不算入
法法39	第２次納税義務に係る納付税額の損金不算入等
法法40	法人税額から控除する所得税額の損金不算入
法法41	法人税額から控除する外国税額の損金不算入
法法41の２	分配時調整外国税相当額の損金不算入
法法55④	不正行為等に係る費用等の損金不算入
法法57	青色申告書を提出した事業年度の欠損金の繰越

法法59	会社更生等による債務免除等があった場合の欠損金の損金算入
法法61の2⑰	有価証券の譲渡益又は譲渡損の益金又は損金算入
法法61の11	完全支配関係がある法人間の取引の損益
法法62の5③～⑥	現物分配による資産の譲渡
法法62の7	特定資産に係る譲渡等損失額の損金不算入（適格現物分配に係る部分に限ります）

＋（租税特別措置法については、以下の規定を準用します）

措法43	特定船舶の特別償却
措法45の2	医療用機器等の特別償却
措法52の2	特別償却不足額がある場合の償却限度額の計算の特例
措法57の5	保険会社等の異常危険準備金
措法57の6	原子力保険又は地震保険に係る異常危険準備金
措法57の8	特定船舶に係る特別修繕準備金
措法57の9	中小企業者等の貸倒引当金の特例
措法61の4	交際費等の損金不算入
措法65の7～65の9	特定資産の買換え
措法66の4③	国外関連者への寄附金の損金不算入
措法67の12、67の13	組合事業等による損失がある場合の課税の特例

＋

各事業年度に外国関係会社が納付する法人所得税
（法人の所得を課税標準として課される税）
及びその附帯税その他当該附帯税に相当する税

－（以下の3つを控除します）

①	各事業年度において還付を受ける法人所得税の額
②	外国関係会社（発行済株式の25％以上を6か月以上保有）から受ける配当等の額
③	外国関係会社の株式等の特定譲渡に係る譲渡利益額

5　外国関係会社の本店所在地国の法人所得税に準拠する場合

外国関係会社の各事業年度の基準所得金額を算定する際、その決算に基づく金額に次の調整を行います（措令39の15②）。

⑴　加算項目

加算する項目	①　本店所在地国の法令により課税所得に含まれなかった金額
	②　損金算入された支払配当等の額
	③　減価償却が自由償却制度によっている場合、日本の法人税法に定める減価償却限度超過額
	④　資産の評価損を損金算入している場合に、法人税法33条《資産の評価損の損金不算入等》の規定により損金不算入に相当する金額
	⑤　役員に対して支給する給与の額のうち、損金算入している場合には、法人税法34条の規定により損金不算入に相当する金額
	⑥　特殊関係使用人の給与の額のうち、損金算入している場合には、法人税法36条の規定により損金不算入に相当する金額
	⑦　損金に算入した寄附金の額で日本の法人税法の規定によるものとした場合に損金に算入されない金額
	⑧　納付する法人所得税の額で損金に算入されている金額
	⑨　繰越欠損金の金額で損金算入されている額
	⑩　損金に算入された保険準備金の積立額のうち日本の措置法で損金とならない金額
	⑪　益金に算入された保険準備金取崩額について、日本の措置法で益金の額とならない金額
	⑫　交際費等について、日本の措置法の規定に従って計算した場合に損金に算入されない金額
	⑬　組合事業の損失の損金不算入額

⑵　減算項目

減算する項目	①　組合損失超過額のうち、日本の措置法の規定に従って計算した場合に損金に算入される金額
	②　還付された法人所得税が益金に算入されている場合のその金額
	③　資産の評価益が益金に算入されている場合は、法人税法25条《資産の評価益の益金不算入》の規定により益金に算入されないこととなる金額
	④　外国子会社（発行済株式の25％以上を６か月以上保有）から受ける配当等の額
	⑤　外国関係会社が得る特定譲渡に係る譲渡利益額

6　企業集団等所得課税規定

令和元年度税制改正で、企業集団等所得課税規定が導入されました。これは、以下に述べるように、外国関係会社が本店所在地国等で連結納税規定やパススルー課税規定を適用する場合の基準所得金額の算定に係るルールです。

企業集団等所得課税規定とは、次に掲げる規定とされます（措令39の15⑥）。

イ	本店所在地国における連結納税規定	外国法人の属する企業集団の所得に対して法人所得税を課することとし、かつ、当該企業集団に属する一の外国法人のみが当該法人所得税に係る納税申告書に相当する申告書を提出することとする当該外国法人の本店所在地国の法令の規定
ロ	第三国における連結納税規定	外国法人の属する企業集団の所得に対して法人所得税を課することとし、かつ、当該企業集団に属する一の外国法人のみが当該法人所得税に係る納税申告書に相当する申告書を提出することとする当該外国法人の本店所在地国以外の国又は地域の法令の規定
ハ	パススルー課税規定	外国法人の所得を当該外国法人の株主等である者の所得として取り扱うこととする当該外国法人の本店所在地国の法令の規定

なお、イに掲げる本店所在地国における連結納税規定については、米国やフランス等の連結納税規定は含まれますが、英国におけるグループリリーフ制度、ドイツのオルガンシャフトは本規定には含まれないものとされます。

同様に、ロに掲げる第三国における連結納税規定については、例えば、バミューダを本店所在地国とする子会社について、米国税法上、米国子会社として取り扱った上で、米国における連結納税の対象とするような場合の米国の連結納税規定が該当します。

ハに掲げるパススルー課税規定については、日本の税法上、外国法人と認識される事業体がその事業体の本店所在地国ではパススルー課税事業体として認識される場合におけるその事業体の本店所在地国におけるパススルー課税に関する規定をいいます。

上の5で述べたように、基準所得金額の計算方法の一つとして現地法令基準を用いることができます。現地法令基準による基準所得金額は、外国関係会社の決算に基づく所得の金額につき、その外国関係会社の本店所在地国の法令の規定により計算した所得の金額にその所得の金額に係る調整を加えた金額とされています(措令39の15②)。

しかし、「本店所在地国の法令の規定により計算した所得の金額」は、その本店所在地国の法人所得税に関する法令の規定から企業集団等所得課税規定を除いた規定により計算した所得の金額とされます。

具体的なイメージ図は、次に示すとおりです。

《現地で連結納税を行う外国関係会社の適用対象金額等の計算方法の整備》

○　外国子会社合算税制は外国関係会社ごとに適用されることから、その適用対象金額、租税負担割合及び外国税額控除等の計算については、外国関係会社ごとに行うのが基本的枠組み。

○　この枠組みを踏まえ、現地で連結納税又はパススルー課税が行われている外国関係会社の適用対象金額、租税負担割合及び外国税額控除等の計算について、現地の法令の規定のうち企業集団等所得課税規定（連結納税・パススルーとして取り扱われる規定）を適用しないものとして各社別に計算される金額を用いて計算するものとして整備。

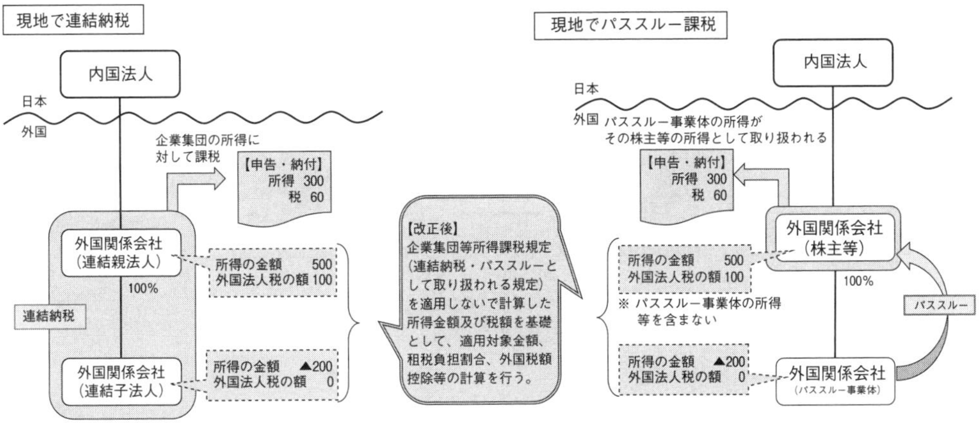

（出典：財務省資料）

7　適用対象金額

適用対象金額は、基準所得金額に繰越欠損金額及び納付法人所得税の額に関する調整を加えた額をいいます。日本の法令に基づいて基準所得金額の計算をする場合には関係ありませんが、現地法令基準に基づいて基準所得金額の計算を行う場合に関係が出てきます。令和元年度税制改正で企業集団等所得課税規定が導入されたことから、これに対応した改正が行われました（措令39の15⑤）。

⑴　過去の欠損金額

現地法令基準により基準所得金額を計算している外国関係会社は、企業集団等所得課税規定を除いた法令の規定により計算することになります（措令39の15⑤一）。

⑵　納付法人所得税の額

法人所得税に関する法令に企業集団等所得課税規定がある場合、納付することとなる法人所得税の額及び還付を受けることとなる法人所得税の額について、それぞれ個別計算納付法人所得税額及び個別計算還付法人所得税額により計算することになります（措令39の15⑤二）。

外国関係会社の適用対象金額の計算のイメージは、次の図のようになります。

《特定外国関係会社又は対象外国関係会社の適用対象金額等の計算の概要》

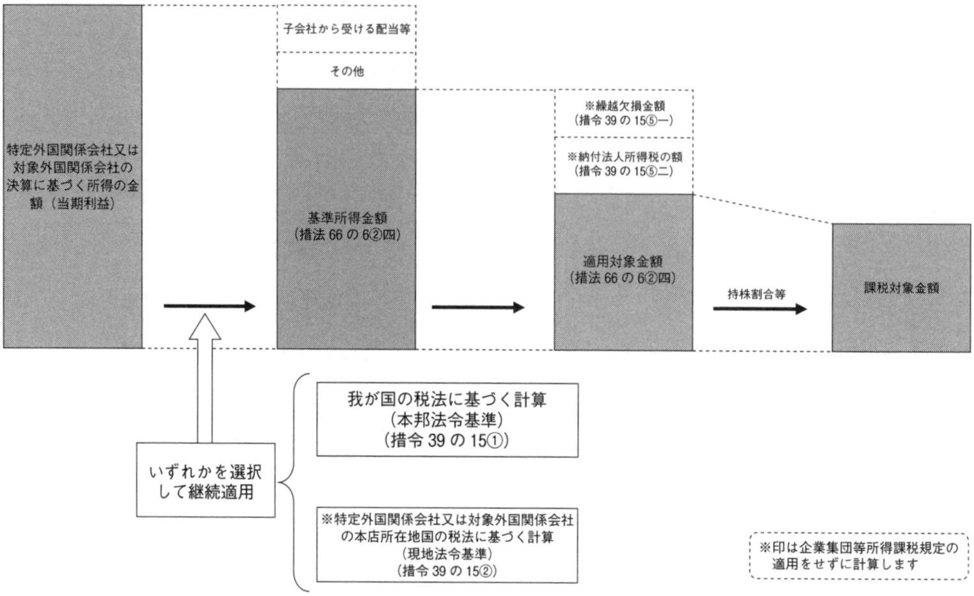

（出典：財務省資料）

8　課税対象金額の計算

課税対象金額は、適用対象金額に、外国関係会社の各事業年度終了の時における発行済株式等のうちに、内国法人の有するその外国関係会社の請求権勘案保有株式等の占める割合を乗じて計算した金額とするとされています（措令39の14①）。

ここでいう、「請求権勘案保有株式等」というのは、次の算式により計算した数をいいます（措令39の14②一）。

【算式】

$$\text{外国関係会社の発行済株式等} \times \frac{\text{内国法人が受けることができる法人税法23条１項１号に規定する剰余金の配当等の分配額}}{\text{上記の剰余金の配当等の分配額の総額}} + \text{請求権勘案間接保有株式等}$$

請求権勘案間接保有株式等とは、外国法人の発行済株式等に、次に掲げる場合の区分に応じそれぞれ次に定める割合を乗じて計算した株式等の数又は金額をいいます（措令39の14②二）。

①	外国法人の株主等である他の外国法人の発行済株式等の全部又は一部が内国法人により所有されている場合	内国法人の他の外国法人に係る持株割合に当該他の外国法人のその外国法人に係る持株割合を乗じて計算した割合
②	当該外国法人と他の外国法人との間に一又は二以上の外国法人が介在している場合であって、当該内国法人、当該他の外国法人、出資関連外国法人及び当該外国法人が株式等の所有を通じて連鎖関係にある場合	当該内国法人の当該他の外国法人に係る持株割合、当該他の外国法人の出資関連外国法人に係る持株割合、出資関連外国法人の他の出資関連外国法人に係る持株割合及び出資関連外国法人の当該外国法人に係る持株割合を順次乗じて計算した割合

9　課税対象金額の計算過程

これまでに記述した課税対象金額の計算過程を図示すると、以下のとおりとなります。

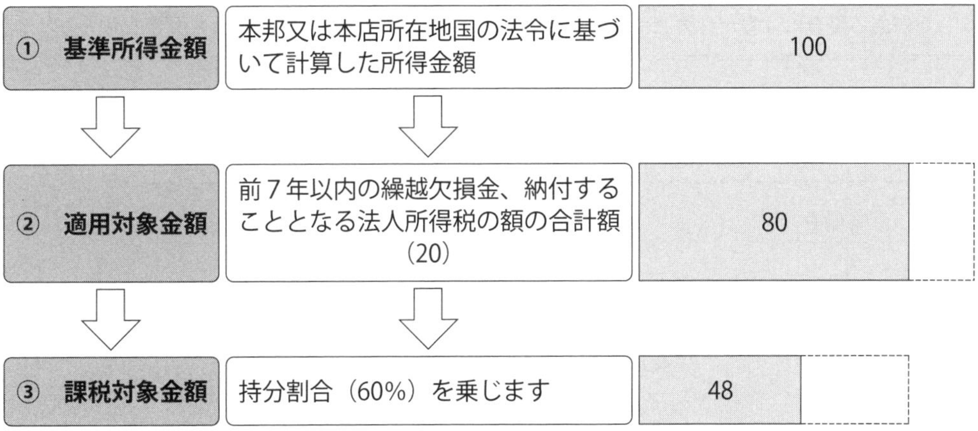

《課税対象金額の計算》

合算対象金額である課税対象金額は、外国関係会社の適用対象金額に請求権等勘案合算割合（次に掲げる場合の区分に応じそれぞれ次に定める割合）を乗じて計算する。

① 内国法人が外国関係会社（居住者・内国法人に実質支配されている外国法人（「被支配外国法人」）に該当するものを除く。）の株式等を直接又は他の外国法人を通じて間接に有している場合……その外国関係会社の発行済株式等のうちにその内国法人の有するその外国関係会社の請求権等勘案保有株式等（※）の占める割合

② 外国関係会社が内国法人に係る被支配外国法人に該当する場合……100%

③ 内国法人に係る被支配外国法人が外国関係会社（被支配外国法人に該当するものを除く。）の株式等を直接又は他の外国法人を通じて間接に有している場合…その外国関係会社の発行済株式等のうちにその内国法人に係る被支配外国法人の有するその外国関係会社の請求権等勘案保有株式等（※）の占める割合

④ ①及び③の場合のいずれにも該当する場合……①及び③の割合を合計した割合

（※）「請求権等勘案保有株式等」とは、内国法人又は被支配外国法人が有する外国法人の株式等の数・金額（請求権の内容考慮後のもの）と請求権等勘案間接保有株式等（外国法人の発行済株式等に、各連鎖段階の持株割合（請求権の内容考慮後のもので、実質支配関係がある場合には零）を乗じて計算した株式等の数・金額）を合計した数・金額をいう。

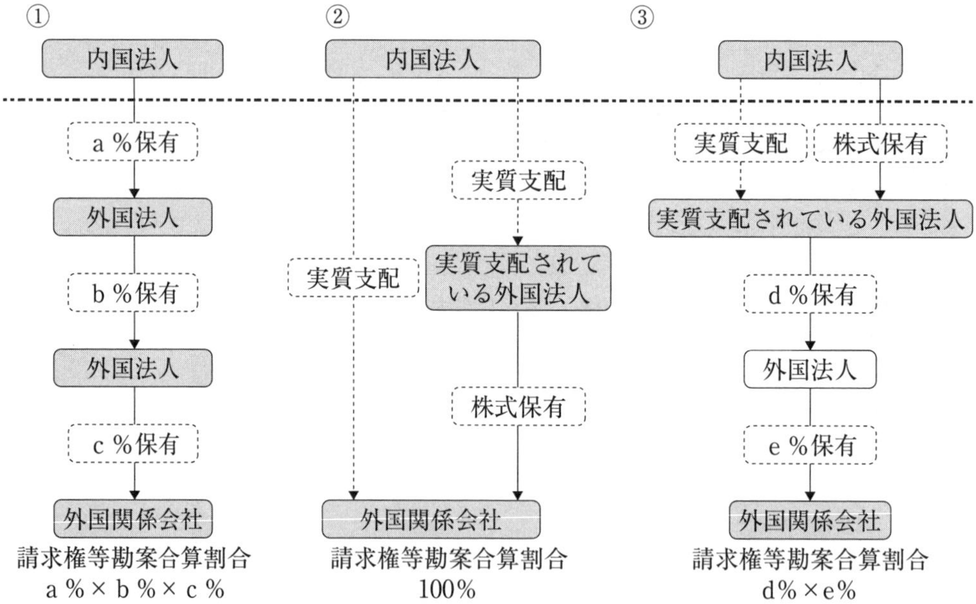

（出典：財務省資料）

10　ペーパー・カンパニー等の整理に伴う一定の株式譲渡益の免除の特例

外国企業を買収した場合、その傘下にペーパー・カンパニー等が存在することがあります。特に、米国企業を買収すると、多くの場合買収した企業の子会社や孫会社にペーパー・カンパニー等が含まれます（下図①）。

一方、ペーパー・カンパニー等を株式譲渡により清算する場合、株式譲渡益が発生して本税制による合算課税の対象となります（下図②）。

そこで、ペーパー・カンパニー等の整理を行った場合で株式譲渡益が出たときでも、本税制の適用がなされないようにするため、平成30年度税制改正において適用対象金額の計算上控除する措置が講じられました。

具体的には、一定の外国関係会社の各事業年度における特定部分対象外国関係会社株式等の特定譲渡に係る譲渡利益額はその適用対象金額の計算上、控除されることとされています（措令39の15①五）。

(1)　外国企業を買収した場合の具体的な事例

以下では、内国法人が外国企業を買収した場合で、その下に（本税制でいう）ペーパー・カンパニーがぶら下がっている場合を見てみます。例えば、米国企業の場合、何らかの形でカリブ海のタックス・ヘイブンに所在するペーパー・カンパニーを抱えていることが多いです。内国法人は、米国企業の将来性などを考慮して買収するのですが、そのことと米国企業がペーパー・カンパニーを抱えていることとは別問題です。

《海外Ｍ＆Ａにより A 社を頂点とする海外企業グループの買収のいくつかのパターン》

①　買収後何もしない場合

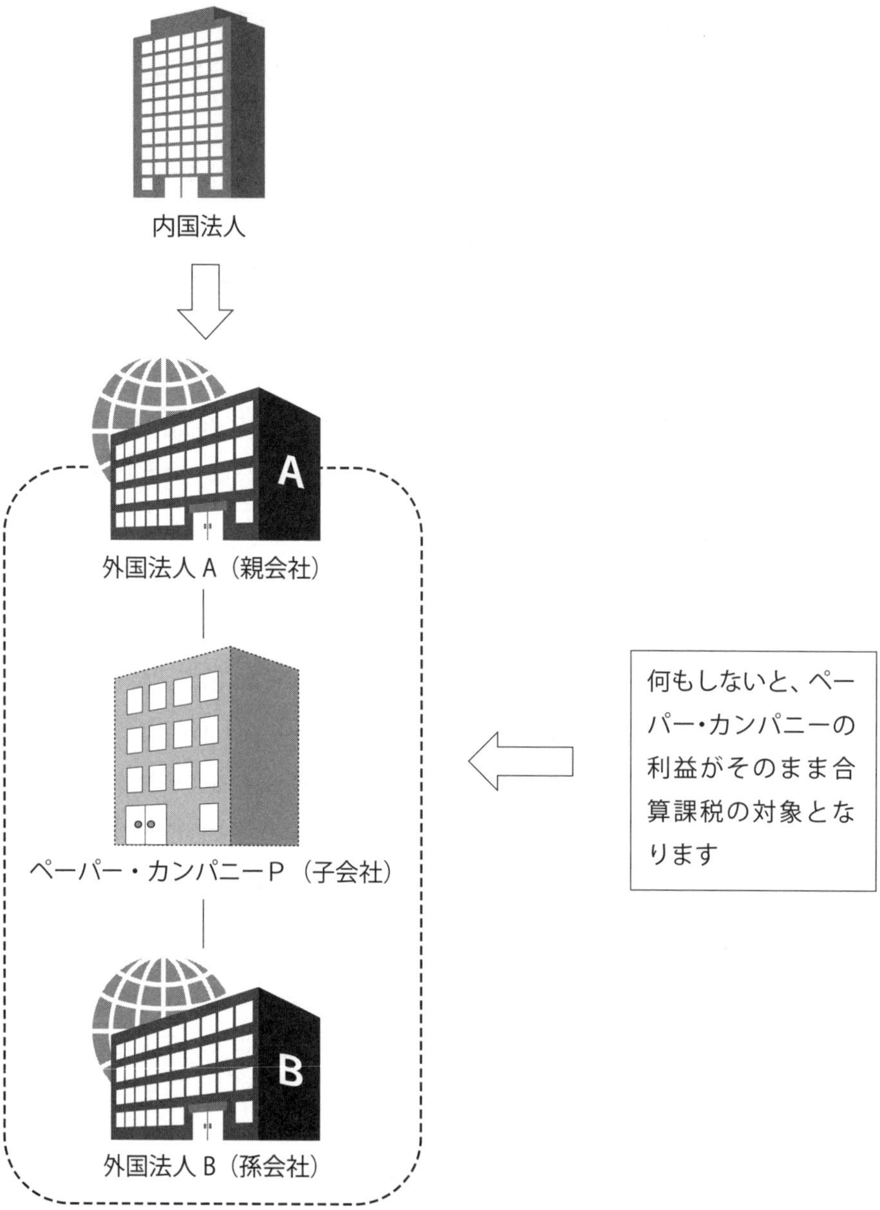

②　買収後、ペーパー・カンパニーを株式譲渡により清算する場合

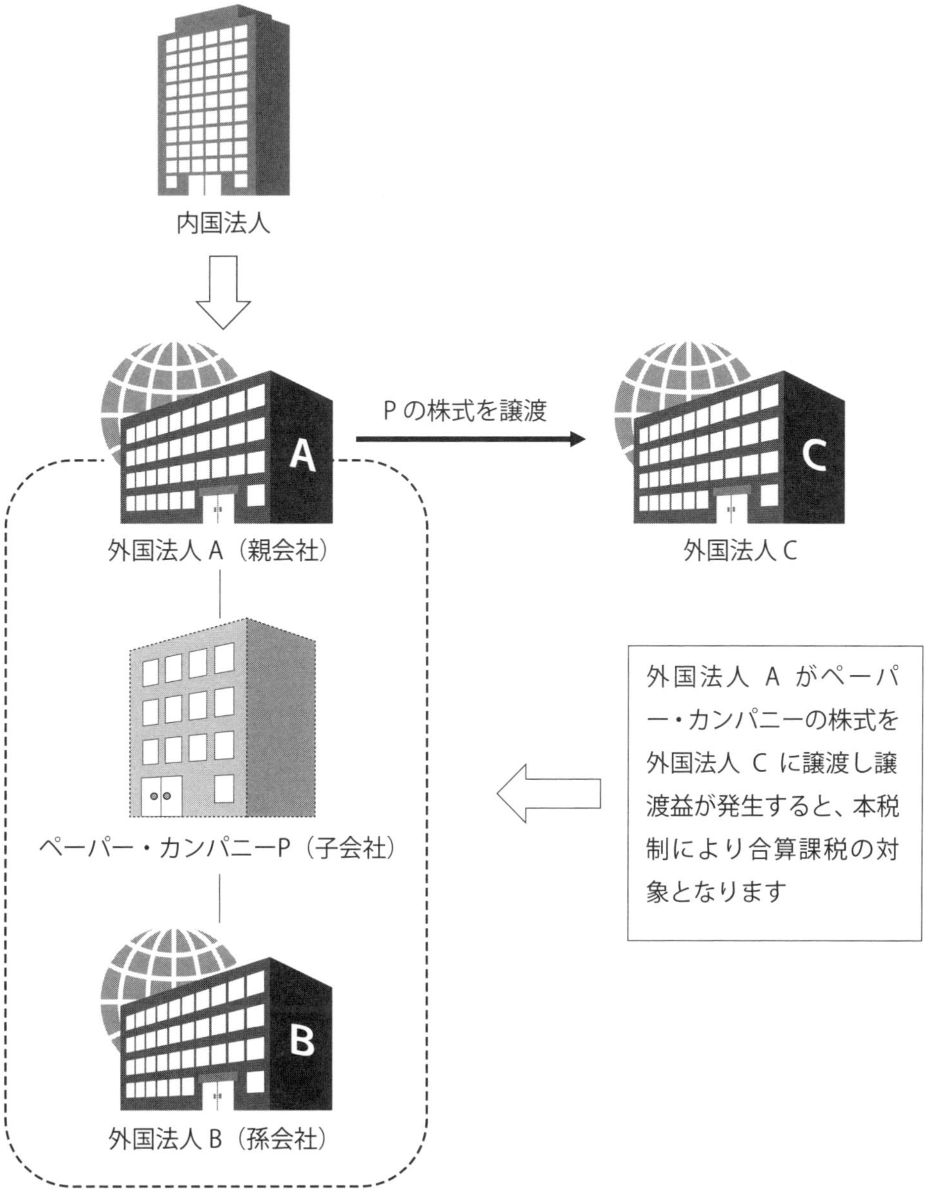

そこで、平成30年度税制改正において、一定の要件を満たす場合にペーパー・カンパニーの株式譲渡益については、その株式譲渡益を課税しないようにできる特例が導入されました。

具体的には、次のようにすることです。

⑵　特例の概要

海外M＆A等により新たに傘下に入った特定外国関係会社又は対象外国関係会社（「ペーパー・カンパニー等」）が、外国関係会社の統合に関する基本方針及び統合に伴う組織再編の実施方法等を記載した計画書に基づいて、一定の期間内(注)に、その有する外国関係会社の株式等を他の外国関係会社等に譲渡をした場合において、その譲渡後にそのペーパー・カンパニー等の解散が見込まれること等の要件を満たすときは、そのペーパー・カンパニー等の株式等の譲渡による利益の額を、外国子会社合算税制による合算対象所得から除外するという制度です。

（注）居住者等株主等によるそのペーパー・カンパニー等に係る直接・間接の株式保有割合等が50％を超えることとなった日（特定関係発生日）から原則として２年を経過する日までの期間内の日を含む事業年度になります。

⑶　ペーパー・カンパニー等の整理に伴う一定の株式譲渡益の免除特例の内容及び適用要件

①　内容

特定外国関係会社又は対象外国関係会社（ペーパー・カンパニー等(注1)）が有する部分対象外国関係会社株式等(注2)の特定譲渡に係る譲渡利益額について、そのペーパー・カンパニー等の適用対象金額の計算上、控除することです。

（注１）その発行済株式等の全部又は一部が一定の内国法人〔＝租税特別措置法第66条の６第１項各号に掲げる内国法人（＝持株割合10％以上等である内国法人）〕によって保有されるものを除きます。

（注２）特定部分対象外国関係会社株式等〔＝そのペーパー・カンパニー等に係る居住者等株主等の持株割合等が50％超となった場合（そのペーパー・カンパニー等が設立された場合を除きます。）のその超えることとなった日（特定関係発生日）にそのペーパー・カンパニー等が有する部分対象外国関係会社に該当する外国法人の株式等〕に限ります。

なお、上でいう特定譲渡とは、⑵に掲げる要件の全てに該当する特定部分対象外国関係会社株式等の譲渡をいいます。

②　適用要件

適用要件には、以下の５つの要件があります。

イ　譲渡先要件

親会社である内国法人等又は他の部分対象外国関係会社への譲渡であること

ロ　期間要件

（イ）　特定関係発生日から原則として２年以内の事業年度に行う譲渡であること

（ロ）　現地の法令等により上記期間内の譲渡が困難である場合には、特定関係発生日から５年以内の事業年度に行う譲渡であること（譲渡が困難とは、外国における許認可が得られないことをいいます）

ハ　解散等要件

次のいずれかに該当すること

（イ）　清算中のペーパー・カンパニー等が行う譲渡であること

（ロ）　譲渡日から２年以内にそのペーパー・カンパニー等の解散が見込まれること

（ハ）　譲渡日から２年以内に非関連者がそのペーパー・カンパニー等の発行済株式等の全部を有すると見込まれること

ニ　統合計画書要件

次に掲げる事項を記載した計画書に基づいて行われる譲渡であること

（イ）　居住者等株主等の持株割合等が50％超とする目的

（ロ）（イ）の目的を達成するための基本方針

（ハ）（イ）の目的を達成するために行う組織再編成に係る基本方針

（ニ）　組織再編成の内容及び実施時期

（ホ）　その他参考となるべき事項

ホ　特定事由非該当要件

特定部分対象外国関係会社株式等を発行した外国法人の合併、分割、解散その他の事由に伴って、そのペーパー・カンパニー等において生ずる譲渡でないこと

※　本特例の内容と要件を満たす組織再編成後の状況は、次のとおりです。

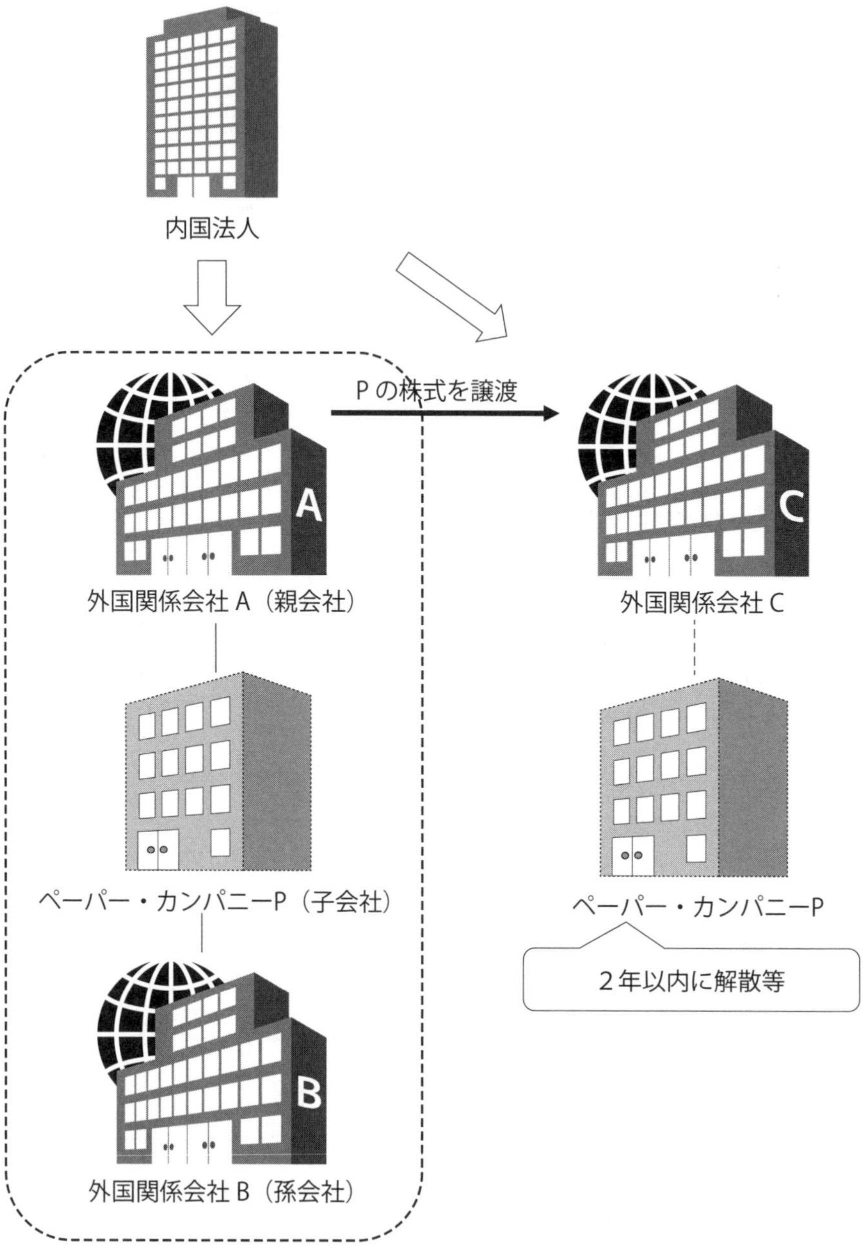
内国法人
Pの株式を譲渡
A
外国関係会社A（親会社）
C
外国関係会社C
ペーパー・カンパニーP（子会社）
ペーパー・カンパニーP
2年以内に解散等
B
外国関係会社B（孫会社）

第7章 居住者へのタックス・ヘイブン対策税制

はじめに

タックス・ヘイブン税制は、内国法人だけでなく居住者にも適用されます。筆者の経験では、居住者に対してタックス・ヘイブン税制が適用された事例はいくつもあります。内国法人より多いとも考えられます。

居住者に対する法令上の根拠条文は、措置法40条の4がベースとなります。居住者に対してタックス・ヘイブン税制が適用されると、合算課税される金額は雑所得に該当します。ということは、総合課税されるので累進課税の適用を受けることになります。措置法40条の4の規定は前章までに説明した措置法66条の6の制度と非常に類似していますが、以下に述べるような重要な差異があります。

具体的な差異として、①居住者用の通達や明細書がないこと、②内国法人については、外国で納付した税額に関して外国税額控除を適用することができる（措法66条の7）のに対して、居住者についてはこれに相当する条文がないこと、の2つがあります。

本章では、これら2つについてご説明しますが、その前にタックス・ヘイブン税制が適用される内国法人用と居住者用の条文の差異について見ていきたいと思います。

1　内国法人と居住者との適用条文の差異

(1)　外国税額控除の規定の有無

まずは、次の表をご覧ください。

	内国法人	居住者
合算課税・部分合算課税等	措置法66条の6	措置法40条の4
外国税額控除	同66条の7	−
課税済課税対象金額の配当益金不算入（配当所得からの控除）	同66条の8	同40条の5

内国法人の場合、合算課税の対象とされる措置法66条の6の他、外国関係会社が課税対象金額に基づいて納付した外国税額を控除できる規定（同66条の7）がある一方、居住者にはこれに相当する規定はありません。その理由は、居住者が株式を

有する外国関係会社が外国で納付した税額について、自己が納付したわけではないので外国税額控除をすることができないからです。そこで、居住者が有する外国関係会社が納付した税額は、税額控除することができずに損金算入のように外国関係会社の所得金額から控除することになります。この点、タックス・ヘイブン税制が導入された昭和53年（1978年）から変更されていません。

したがって、居住者が本税制の適用を受けて合算課税を受ける場合、内国法人に比べて納付税額が増える可能性が高いことにご留意ください。その上、居住者の場合には雑所得に加算されることになり、累進課税の適用を受けることから、その点でも内国法人に比して課税割合が高くなることが予想されます。

⑵　課税済課税対象金額の益金不算入（配当所得からの控除）

一方、措置法66条の８は課税済課税対象金額から配当された金額の益金不算入の規定であり、課税対象金額を配当した場合の配当所得からの控除を定めた措置法40条の５と類似する規定と考えられます。

そこで、措置法40条の５を見てみます（下線は筆者）。

> 居住者が外国法人から受ける剰余金の配当等の額がある場合には、当該剰余金の配当等の額のうち当該外国法人に係る次に掲げる金額の合計額に達するまでの金額は、当該居住者の当該剰余金の配当等の額の支払を受ける日（「配当日」）の属する年分の当該外国法人から受ける剰余金の配当等の額に係る配当所得の金額の計算上控除する。
>
> 一　外国法人に係る課税対象金額、部分課税対象金額又は金融子会社等部分課税対象金額で、配当日の属する年分において前条第１項、第６項又は第８項の規定により当該年分の雑所得の金額の計算上総収入金額に算入されるもののうち、当該居住者の有する当該外国法人の直接保有の株式等の数及び当該居住者と当該外国法人との間の実質支配関係の状況を勘案して政令で定めるところにより計算した金額
>
> 二　略

措置法40条の５の意義は、タックス・ヘイブン税制で合算することを規定する措置法40条の４がみなし課税であるのに対して、同条によりみなし課税された額のうち実際に配当された金額については二重課税を避けることを目的として、配当所得

の金額の算定上控除することです。計算方法の詳細については、措置法施行令25条の19に規定されています。

したがって、非常に簡単な言い方をすれば、居住者の場合にはタックス・ヘイブン税制で課税されるくらいなら、その分配当すれば、納税資金を確保することができることになります。タックス・ヘイブン税制は、「みなし課税」として総収入金額（雑所得）に算入されますが、実際に受領しているわけではないので納税資金を別の所得から捻出しなければならないのですが、措置法40条の５の範囲内であれば配当課税を回避することができます。

2　居住者に係る適用対象金額の計算等

居住者に係る適用対象金額は、外国関係会社の各事業年度の決算に基づく所得の金額に係る措令第39条の15第１項（内国法人の適用対象金額の計算規定）第１号及び第２号に掲げる金額の合計額から当該所得の金額に係る同項第３号（還付法人所得税額）及び第５号（外国関係会社が有する孫会社株式の譲渡利益額）に掲げる金額の合計額を控除した残額とされます（措令25の20①）。

居住者に係る適用対象金額の計算方法は、その大部分を内国法人の適用対象金額の計算方法を借用していますが、一部異なります。このことから、法人税法確定申告書別表を使用することができません。

3　居住者に係る課税対象金額の計算等

居住者に係る課税対象金額は、居住者に係る特定外国関係会社又は対象外国関係会社の各事業年度の適用対象金額から次に掲げる金額の合計額（イ及びロ）を控除した残額に、当該各事業年度終了の時における当該居住者の当該特定外国関係会社又は対象外国関係会社に係る請求権等勘案合算割合を乗じて計算した金額とされます（措令25の19①）。

イ	各事業年度の剰余金の処分により支出される金額若しくは本店所在地国以外の国（地域）又はこれらの国（地域）の地方公共団体により法人の所得を課税標準として課される税及びこれに附帯して課される（利子税を除きます）附帯税に相当する税その他これらの附帯税に相当する税に類する税
ロ	各事業年度の費用として支出された金額（法人所得税の額及び配当等の額を除きます）のうち所得の金額の計算上損金の額に算入されなかったため又は所得の金額に加算されたため当該各事業年度の適用対象金額に含まれた金額

課税対象金額の計算方法についても、内国法人の課税対象金額の計算方法と異なる

ので注意が必要です。

4　居住者の雑所得の計算上必要経費に算入される金額

居住者の総収入金額に算入されることとなる特定外国関係会社又は対象外国関係会社の課税対象金額に係る雑所得の金額の計算上必要経費に算入すべき金額は、次のイ及びロに掲げる金額の合計額とされます（措令25の19③）。

イ	居住者がその有する特定外国関係会社又は対象外国関係会社（「特定外国関係会社等」。なお、間接保有の株式等に係る外国関係会社の株式等を含みます。）を取得するために要した負債の利子でその年中に支払うものの額のうち、その年においてその者が当該特定外国関係会社等の株式等を有していた期間に対応する部分の金額
ロ	特定外国関係会社又は対象外国関係会社から受ける所得税法施行令第222条の２第４項第２号に規定する剰余金の配当等の額に係る外国所得税の額でその年中に納付するもの

5　内国法人では適用されるが、居住者では適用されない法令等

個人と法人との差異などを理由として、内国法人に係るタックス・ヘイブン税制において適用される条項の中には、居住者に係るタックス・ヘイブン税制に適用されないものがあります。具体的には、次のような法令があります。

(1)	特定外国関係会社及び対象外国関係会社の範囲を決定するための管理支配基準の判定における特定保険外国子会社、特定保険委託者等に係る特定保険協議者の規定（措令39の14の３①④）
(2)	経済活動基準における実体基準又は管理支配基準における特定保健外国子会社等、特定保健委託者に関する規定（措令39の14の３㉕㉖）
(3)	外国金融子会社等の判定における保険会社特例の規定（措令39の17①②）
(4)	部分合算課税の対象となる剰余金の配当等の額から除外される一定の資源開発法人からの配当等の特例の規定（措令39の17の３⑦⑧）

以上を頭に入れたところで、居住者に係るタックス・ヘイブン税制の具体的事例を見ていきましょう。

6　タックス・ヘイブン税制（居住者の事例）

(1)　事実の概要

居住者Ｘは、米国（Ａ州）に法人Ｙを設立しその持分割合は100％である。米国法人Ｙは、12月決算だが、内国法人Ｚの株式10万株を保有している。Ｚは３月決算であるが、半期（６月下旬と12月上旬）に各100円の配当をしている。この結果、米国法人Ｙは半期毎に100円×10万株＝1,000万円を受領している（毎年合計2,000万

円。なお、便宜上、１米ドル＝100円として計算する)。

米国法人Ｙは、2021年12月期に20万ドルの収入を有している。一方、Ｙはいわゆるペーパー・カンパニーであり、唯一の収入であるＺからの配当受領口座は国内にあるほか、米国での確定申告は日本に所在する税理士法人の米国の出先に手数料を支払うことで実施している。米国に事務所等はなく、役員は便宜上Ｘのみと仮定する。

米国の連邦法人税率は21パーセント、所在するＡ州の州法人税率は７パーセントと仮定する。

このような場合、居住者Ｘにタックスヘイブン税制が適用されることになります。

《事案の概要図》

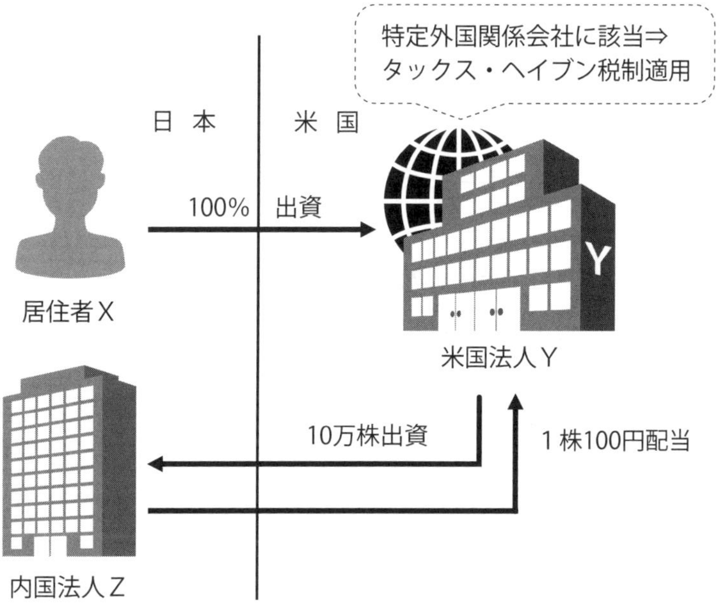

⑵　居住者の雑所得に加算される課税対象金額の算出方法

①　租税負担割合の計算

Ａ州法人税申告書	2021年12月期
イ　課税所得金額	180,000ドル
州税（７％）	12,600ドル
米国連邦法人税申告書	
ロ　課税所得金額（州税損金算入後）	167,000ドル

連邦税（21％）	35,070ドル
ハ　外国法人税額（分子）	47,670ドル
ニ　州税損金算入前所得金額（分母）	180,000ドル
租税負担割合	26.4833%＞30%

②　日本法令基準による計算

	2021年12月期
イ　当期の決算上の利益金額	140,000ドル
ロ　納付した法人所得税	40,600ドル
基準所得金額	180,600ドル
ハ　繰越欠損金当期控除額	0ドル
ニ　納付法人所得税額（注1）	（40,600ドル）
ホ　適用対象金額	140,000ドル
ヘ　課税対象金額（持株割合100％）	140,000ドル
為替レート（2022年2月末日のTTM）	115.55円（注2）
課税対象金額（円換算後）	16,177,000円

※このほか、米国基準で計算する方法がありますが、ここでは省略します。

⑶　タックス・ヘイブン税制の適用の解説

イ　外国関係会社への該当性（租税負担割合の計算）

本ケースのＹの租税負担割合は次のようになります。

【租税負担割合の計算】

$$\frac{47{,}670\text{ドル}}{180{,}000\text{ドル}} = 26.483\%$$

※　Ｙの租税負担割合が30％未満であることから、特定外国関係会社に該当するか否かを検討する必要があります。一方、Ｙの租税負担割合が20％を上回っていることから、対象外国関係会社や部分対象外国関係会社になることはありません。

○　租税負担割合の計算については、以下の法人税確定申告書別表17⑶付表2の下半分を使用する方法もあります。この表については、居住者も使用可能です。

所得に対する租税の負担割合の計算								
所得の金額の計算	当期の所得金額	当期の決算上の利益又は欠損の額	22		租税の額の計算	本店所在地国の外国法人税の額：本店所在地国において課される外国法人税の額	34	
		本店所在地国における課税所得金額	23					
	加算	非課税所得の金額	24			本店所在地国の外国法人税の額：所得の額に応じて税率が高くなる場合に納付したものとみなされる税額	35	(　　　%)
		損金の額に算入した支払配当等の額	25					
		損金の額に算入した外国法人税の額	26			本店所在地国の外国法人税の額：納付したものとみなして本店所在地国の外国法人税の額から控除される額	36	
		保険準備金繰入限度超過額	27			本店所在地国外において課される外国法人税の額	37	
		保険準備金取崩不足額	28					
		小計	29			租税の額 ((34)から(37)までの合計額)	38	
	減算	(24)のうち配当等の額	30		所得に対する租税の負担割合 $\frac{(38)}{(33)}$		39	%
		益金の額に算入した還付外国法人税の額	31					
		小計	32		(33)が零又は欠損金額となる場合の租税の負担割合		40	
	所得の金額 ((22)又は(23))＋(29)－(32)		33					

（注）　居住者の租税負担割合の規定は措令25条の22の２にあり、内国法人の規定（措令39条の17の２）を参照しています。

ロ　納税義務者の確定

本ケースの場合、居住者Ｘが100％子会社としてＹを設立したので、Ｘが納税義務者になります。

ハ　特定外国関係会社に該当するか否か

①　ペーパー・カンパニーに該当するか（＝実体基準、管理支配基準などを満たしているか否か）の検討

(i)　実体基準（Ｙが主たる事業を行うのに必要な固定施設を有しているか）…本事例ではいわゆるペーパー・カンパニーであり、実体はないので満たしていないことになります。

(ii)　管理支配基準（Ｙが米国においてその事業の管理、支配及び運営を自ら行っているか）…Ｙは配当を受領して米国の研究機関に寄附をすることを目的としていますが、役員はＸのみであり、管理支配基準を満たしていないことになります。

※　Ｙはペーパー・カンパニーであると判定します。

②　キャッシュ・ボックス、ブラック・リスト国所在法人に該当するか
既に、ペーパー・カンパニーに該当しているので、検討は不要です。

※　以上のことから、本ケースではＹは特定外国関係会社に該当することになります。これにより、上述したような計算を行います。

なお、上述したように、米国で納付した法人所得税額（40,600ドル）については、納税義務者が居住者の場合には税額控除ではなく、課税所得金額の計算を行う場合に差し引くことができるのみです。

次に、為替レートについては、外国関係会社の決算期の２か月後のTTMを使用することになります。⑵②の表の（注２）においては、便宜上2022年２月末日の米ドルのTTMを示しています。

7　為替差益が発生した場合の処理

本税制とは直接関係ありませんが、居住者が措置法40条の５を適用して外国子会社から配当の額を受領した場合には為替差益が発生する可能性があるので、６とは別の事例で説明します。

ご案内のように、外国為替は大きく変動します。2022年２月末日の米ドルのTTMは115.55円でしたが、2023年２月末日では136.33円と20円以上も円安になっています。その後も円安は続いており、執筆日現在149円程度になっています。

このような状況の下、居住者が本税制の適用を見越して外国関係会社から配当を受領した場合には、為替差益が発生する場合があるので、少しご説明します。

仮に、居住者Ｆが100％出資する外国関係会社Ｚの2022年12月31日終了事業年度の決算をしたところ、本税制が適用されて10万米ドルの課税対象金額が発生したとします。この場合、居住者は2023年２月末日現在のTTM（136.33円）に基づいて、13,633,000円を令和５年分の雑所得の額に含めなければなりません。

本税制はみなし課税であり、雑所得の額である1,300万円余りが入金されたわけではありません。そこで、居住者Ｆは、納税資金を確保する意味で、措置法40条の５に基づいてこの外国関係会社Ｚから配当を10万ドル受領することにしました。配当を受領したのは令和５年９月26日でしたが、その日のTTMは148.95円だったので、実際の入金額は14,895,000円でした。

ここで、本税制に基づいて雑所得に加算されたのが13,633,000円でしたので、実際の入金額との差額（14,895,000円－13,633,000円＝1,262,000円）は、為替差益となり、

こちらも居住者Ｆの雑所得に加算することになります。

《為替差益のイメージ図》

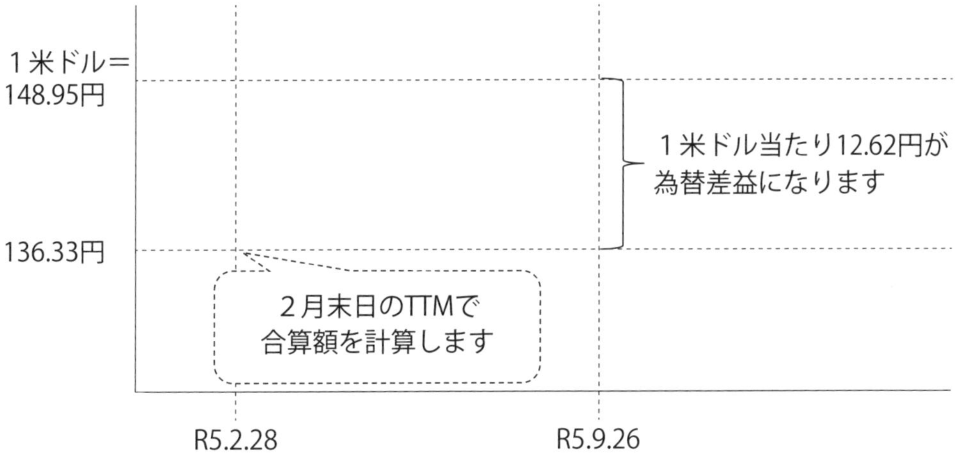

一方、措置法40条の５に基づいて実際に配当した際、２月末日よりも円高（例えば、１ドル＝120円）になっていた場合、為替差損が生じることになります。

上の例ですと、10万ドル×120円＝12,000,000円を受領したことになります。この金額について、措置法40条の５によると、入金した配当のうち課税対象金額までは配当所得の所得の金額上控除するとのことですので、12,000,000円については、新たな課税を生じることはないと考えられます。ただし、雑所得に算入した13,633,000円は変わらないことになると思われます。

第8章　その他

はじめに

本章では、外国関係会社に係る財務諸表等の添付と二重課税の調整について説明します。最初に、令和5年度税制改正で書類添付義務が改正されたことを踏まえて、新旧両制度について説明し、その次に二重課税の調整について説明します。

1　外国関係会社に係る財務諸表等の添付

内国法人は、次に掲げる外国関係会社に係る財務諸表等を確定申告書に添付しなければならないこととされます（措法66の6⑪）。

⑴　租税負担割合が20％未満の外国関係会社

⑵　租税負担割合が30％未満の外国関係会社（特定外国関係会社に限ります。）

確定申告書に添付すべき書類は外国関係会社に係る次の書類とされています（措規22の11㊽）。

イ	貸借対照表及び損益計算書
ロ	株主資本等変動計算書、損益金の処分に関する計算書その他これらに類するもの
ハ	貸借対照表及び損益計算書に係る勘定科目内訳明細書
ニ	本店所在地国の法令により課される税に関する申告書の写し
ホ	企業集団等所得課税規定の適用がないものとした場合に計算される法人所得税の額に関する明細書及び当該法人所得税の額に関する計算の基礎となる書類
ヘ	各事業年度終了の日における株主等の氏名・住所又は名称・本店／主たる事務所の所在地並びにその有する株式等の数又は金額を記載した書類
ト	添付対象外国関係会社に係る特定保険協議者の外国法人の株主等並びに同項第二号に規定する他の外国法人及び出資関連外国法人の株主等に係る株主等の氏名・住所等、上のヘに掲げる書類

【重要】

内国法人が外国関係会社を有する場合、特定外国関係会社、対象外国関係会社、部分対象外国関係会社に該当するかを検討した後、その外国関係会社の租税負担割合が20％未満の場合であっても、合算課税がされない場合があり得ます。

このような場合であっても、法令上、上に掲げる財務諸表等を確定申告書に添付しなければなりませんのでご注意ください。

2　令和５年度税制改正に基づく書類添付義務の見直し等

令和５年度税制改正において、グローバル・ミニマム課税制度（各対象会計年度に係る国際最低課税額に対する法人税）が導入されたことを契機として、申告事務に係る負担軽減の観点から、次の２つについて見直しが行われました。

⑴　添付対象外国関係会社の範囲の見直し

部分対象外国関係会社につき、次のいずれかに該当する事実がある場合には、受動的所得の合算課税の適用については、必ずしも確定申告書に外国関係会社に関する書類の添付を常に求める必要があるとまではいえないとも考えられます。そのため、部分対象外国関係会社については、添付対象外国関係会社の範囲から除く見直しが行われました（措法66の６⑪）。

イ　各事業年度における部分適用対象金額が2,000万円以下であること。

ロ　各事業年度の決算に基づく所得の金額に相当する金額のうちに当該各事業年度における部分適用対象金額の占める割合が５％以下であること。

⑵　書類保存義務の創設

部分対象外国関係会社のうち上記⑴イ又はロのいずれかに該当する事実があるもの（添付不要部分対象外国関係会社）については、その添付不要部分対象外国関係会社の各事業年度の貸借対照表及び損益計算書その他の一定の書類（保存書類）を整理し、起算日から７年間（欠損金額が生じた事業年度に係る保存書類にあっては、10年間）、その保存書類を納税地に保存しなければならないこととされました。

なお、保存書類の範囲については、書類添付義務が求められる書類の範囲は従来と変更ありません。

また、ここでいう起算日とは、添付不要部分対象外国関係会社の各事業年度終了の日の翌日から２月を経過する日を含む各事業年度の確定申告書の提出期限の翌日をいいます。

⑶　法人税申告書別表に係る改正

内国法人と外国関係会社との間の資本関係に関する事項を記載する法人税申告書別表17⑶付表一（添付対象外国関係会社に係る株式等の保有割合等に関する明細書）の記載方法について、見直しが行われました。

具体的には、内国法人の令和６年４月１日以後に開始する事業年度において、内国法人と外国関係会社との関係を系統的に図示した書類（「出資関係図」）を確定申告書に添付した場合には、同表の各欄に記載すべき事項及び同表の記載要領第2号から第5号までの規定により同表に添付すべき書類に記載すべき事項のうち、その出資関係図にその記載があるものについては記載を要しないこととされました。

3　二重課税の調整

⑴　税額控除の対象となる外国法人税の額

内国法人が本税制の適用を受ける場合に、内国法人に係るその外国関係会社の所得に対して課される外国法人税の額があるときは、その外国法人税の額のうち、その外国関係会社の課税対象金額、部分課税対象金額又は金融子会社等部分課税対象金額に対応する部分の金額をその内国法人が納付する控除対象外国法人税の額とみなして、法人税法第69条及び地方法人税法第12条の規定を適用することとされています（措法66の7①）。

この制度は、外国関係会社の本店所在地国で一定の課税がなされている一方、その外国関係会社の所得金額を内国法人の所得に合算することによる二重課税の調整を行うという意味で、当然のことといえます。租税負担割合でいえば特定外国関係会社の場合は30％未満、対象外国関係会社と部分対象外国関係会社の場合は20％未満、にそれぞれ本税制の対象になります。国（地域）によってはゼロの場合もあるかもしれませんが、外国関係会社の本店所在地国で納付した外国法人税の額については、外国税額控除の適用があります。

なお、部分合算課税の適用がある場合に 内国法人が納付するものとみなされる控除対象外国法人税の額は、次の算式により計算した金額とされています（措令39の18③④）。

【算式】

$$\text{外国関係会社の所得に対して課される外国法人税の額} \times \frac{\text{部分課税対象金額又は金融子会社等部分課税対象金額}}{\text{調整適用対象金額}}$$

調整適用対象金額が部分課税対象金額又は金融子会社等部分課税対象金額を下回る場合には、分母の金額は、部分適用対象金額又は金融子会社等部分適用対象金額とします

（注）　調整適用対象金額とは、外国関係会社が特定外国関係会社又は対象外国関係会社に該当するとした場合に計算される適用対象金額に、その適用対象金額の計算上控除されるその外国関係会社が持株割合25％以上等の要件を満たす子会社から受ける配当等の額（その外国関係会社の部分課税対象年度の所得に対して課される外国法人税の課税標準に含まれるものに限ります。）等の金額を加算する調整を加えた金額をいいます（措令39の18④）。

なお、外国税額控除については、外国関係会社の種類に応じて別表17（３の５）で計算し、これを別表６（２の２）に移記することで、内国法人のその他の外国税額控除とともに計算されることになります。

【ポイント】

ここで説明している外国税額の控除の根拠条文は租税特別措置法第66条の７です。これについては、外国関係会社が本店所在地国（つまり外国）で納付した外国法人税額について、通常の法人税確定申告書で適用される外国税額控除（法法69）が適用されると考えればいいことになります。

別表を見ていただけるとわかりますが、ここで控除される外国法人税額は別表６（２の２）に記載することで、他の外国税額控除と合わせて内国法人の外国税額控除の対象に含まれることになり、別表６⑵を経て、別表１⑴次葉の30欄「税額控除の対象となる外国法人税の額」に記載し、最終的には別表１⑴の18欄で各事業年度の法人税額から控除されることになります。

⑵　控除対象所得税額等相当額の控除

平成29・30年度税制改正では、外国関係会社の所得に対して課されたわが国の所得税や法人税の額について、外国税額控除の仕組みではなく、新たな税額控除の仕組みにより、親会社である内国法人の法人税の額から控除することとされました。

具体的には、内国法人が、本税制の適用を受ける場合には、内国法人に係る外国関係会社に対して課される所得税等の額（所得税の額、復興特別所得税の額、法人税の額、地方法人税、法人住民税をいい、附帯税の額を除きます。）のうち、外国関係会社の課税対象金額、部分課税対象金額又は金融子会社等部分課税対象金額に対応する部分の金額に相当する金額（「控除対象所得税額等相当額」）を、内国法人において本税制の適用を受ける事業年度におけるその内国法人の法人税の額から控除することとされました（措法66の7④、措令39の18㉓）。

①　所得税等の額のうち課税対象金額に対応する部分の金額

所得税等の額のうち課税対象金額に対応する部分の金額は、次の算式により計算した金額とされています（措令39の18㉓）。

【算式】

$$\text{外国関係会社に課される所得税等の額} \times \frac{\text{課税対象金額}}{\text{調整適用対象金額}}$$

（注）　ここでいう「調整適用対象金額」とは、外国関係会社の適用対象金額に、その適用対象金額の計算上控除されるその外国関係会社が持株割合25％以上等の要件を満たす子会社から受ける配当等の額等の金額を加算する調整を加えた金額をいいます（措令39の18③）。

②　所得税等の額のうち部分課税対象金額又は金融子会社等部分課税対象金額に対応する部分の金額

所得税等の額のうち部分課税対象金額又は金融子会社等部分課税対象金額に対応する部分の金額は、次の算式により計算した金額とされています（措令39の18㉔㉕）。

【算式】

$$
\text{外国関係会社に課される所得税等の額} \times \frac{\text{部分課税対象金額又は金融子会社等部分課税対象金額}}{\text{調整適用対象金額}}
$$

調整適用対象金額が部分課税対象金額又は金融子会社等部分課税対象金額を下回る場合には、分母の金額は、部分適用対象金額又は金融子会社等部分適用対象金額とする。

（注）　ここでいう「調整適用対象金額」とは、外国関係会社が特定外国関係会社又は対象外国関係会社に該当するとした場合に計算される適用対象金額に、その適用対象金額の計算上控除されるその外国関係会社が持株割合25％以上等の要件を満たす子会社から受ける配当等の額等の金額を加算する調整を加えた金額をいいます（措令39の18③）。

【ポイント】

ここで説明している「控除対象所得税額等相当額の控除」は、一見すると非常に難解ですが、通常の法人税確定申告書で適用される所得税額控除（法法68）を外国関係会社にも適用すると考えるとわかりやすくなります。

外国関係会社が、日本において所得税・復興特別所得税・法人税を納付した場合に⑴の外国税額控除とは別の方法で税額を控除するものです。具体的には、別表17（３の６）及び別表（３の６）付表を使用します。ここで算出された控除税額を別表１⑴10欄で控除します。

一方、別表４の31欄「外国関係会社等に係る控除対象所得税額等相当額」に記載します。

⑶　適用要件

⑵の税額控除は、確定申告書等、修正申告書又は更正請求書に控除の対象となる所得税等の額、控除を受ける金額及びその金額の計算に関する明細を記載した書類の添付がある場合に限り、適用することとされています（措法66の７⑤）。

この場合において、控除される金額の計算の基礎となる所得税等の額は、その書類にその所得税等の額として記載された金額が限度とされています（措法66の７⑤）。

⑷　控除対象所得税額等相当額の益金算入

⑵の税額控除の適用を受ける場合には、外国関係会社に係る控除対象所得税額等相当額は、内国法人においてその外国関係会社に係る課税対象金額、部分課税対象金額又は金融子会社等部分課税対象金額につき本税制の適用を受ける事業年度の所得の金額の計算上、益金の額に算入することとされています（措法66の7⑥、措令39の17⑱）。

具体的には、別表4で加算することになります。

⑸　法人税額における税額控除の順序

平成30年度の税制改正により、⑵の税額控除は、分配時調整外国税相当額の控除（法法69の2）による控除をした後に、かつ、仮装経理に基づく過大申告の場合の更正に伴う法人税額の控除（法法70）による控除をする前に行うこととされました（措法66の7⑦）。

また、特別税額控除規定による控除（次の表に掲げる租税特別措置法の規定による税額控除をいいます。）は、⑵の控除より先に行うこととされました（措法66の7⑨）。

イ	試験研究を行った場合の法人税額の特別控除（措法42の4㉒）
ロ	中小企業者等が機械等を取得した場合の法人税額の特別控除（措法42の6⑨）
ハ	沖縄の特定地域において工業用機械等を取得した場合の法人税額の特別控除（措法42の9⑥）
ニ	国家戦略特別区域において機械等を取得した場合の法人税額の特別控除（措法42の10⑥）
ホ	国際戦略総合特別区域において機械等を取得した場合の法人税額の特別控除（措法42の11⑦）
ヘ	地域経済牽引事業の促進区域内において特定事業用機械等を取得した場合の法人税額の特別控除（措法42の11の2⑥）
ト	地方活力向上地域等において特定建物等を取得した場合の法人税額の特別控除（措法42の11の3⑥）
チ	地方活力向上地域等において雇用者の数が増加した場合の法人税額の特別控除（措法42の12⑪）
リ	認定地方公共団体の寄附活用事業に関連する寄附をした場合の法人税額の特別控除（措法42の12の2③）
ヌ	中小企業者等が特定経営力向上設備等を取得した場合の法人税額の特別控除（措法42の12の4⑨）
ル	給与等の支給額が増加した場合の法人税額の特別控除（措法42の12の5⑦）

ヲ	事業適応設備を取得した場合の法人税額の特別控除（措法42の12の６⑥又は42の12の７⑪）

（注１）　ここでいう「分配時調整外国税相当額の控除制度」とは、平成30年度税制改正において、集団投資信託等及び特定目的会社等の収益の分配等に係る内外二重課税の調整に関し、支払の取扱者が交付する収益の分配等について、収益の分配等の交付時における源泉所得税の額からその集団投資信託の信託財産等について納付された外国所得税等を控除する方法により二重課税調整を行うこととされたことに伴い、二重課税調整を申告時に適切に精算するための仕組みとして、導入されたもので外国所得税等を控除した後の実際納付額を源泉徴収税額とした上で対応するために創設されたものです。

集団投資信託等及び特定目的会社等に関する記述は、本書では省略しています。

（注２）　平成30年度税制改正により、本税額控除の対象に地方法人税額が含まれることになったことから、地方法人税との規定の調整が必要になりました。

⑹　その他

内国法人が各事業年度において⑵の法人税及び地方法人税の所得税額控除の適用を受ける場合において、その事業年度の控除対象所得税額等相当額がその適用を受ける事業年度の所得に対する法人税の額及び地方法人税の額の合計額を超えるときは、その超える金額をその事業年度の申告納付すべき法人住民税法人税割額から控除することとされました。この場合において、その控除対象所得税額等相当額が法人住民税法人税割額を超えるときは、その超える金額は還付しないこととされています。

第2部

新タックス・ヘイブン
税制Q＆A

Q1　新タックス・ヘイブン税制における注意事項

新タックス・ヘイブン税制が導入されたことで一番注意しなければならないことは何ですか。

A

1　平成29年度以降の税制改正でタックス・ヘイブン税制が抜本的に改正されたので、御社（内国法人）がその外国子会社の所得を合算するかしないかについて、一から再検討しなければならなくなりました。

2　まず、御社の外国子会社が外国関係会社に該当するか否かについて、確認する必要があります。外国関係会社とは、内国法人、居住者、特殊関係非居住者などによって50％を超える出資等を受けている外国法人のことを指すのは従来と同じです。しかし、間接保有の場合、従来は「掛け算方式」を採用していたのに対して、今回は「連鎖方式」を採用しています。連鎖方式になる場合、子会社への持分が孫会社にも連鎖していくので、50％超となる場合が増加していきます。これを再確認しなければなりません。

3　次に、御社などの内国法人やその代表者などの居住者、その親族等が外国関係会社に出資等している場合、その持分が直接又は間接に10％以上の場合には合算課税の対象になることは従来と同様ですが、今般、いわゆる実質支配関係のある者についても合算課税の対象となりました。実質支配関係は、持株割合などの形式に関係なく実質的に支配しているか否かを判定するものです。この点についても再確認すべきです。

4　なお、実質支配関係とは、居住者又は内国法人（以下、本問において「居住者等」といいます。）と外国法人との間に次に掲げる事実その他これに類する事実が存在する場合におけるその居住者等とその外国法人との間の関係とされています（措法66の６②五、措令39の16①）。

イ	居住者等が外国法人の残余財産のおおむね全部について分配を請求する権利を有していること。
ロ	居住者等が外国法人の財産の処分の方針のおおむね全部を決定することができる旨の契約その他の取決めが存在すること（その外国法人につき上記イに掲げる事実が存在する場合を除きます。）。

上のイについては、解散や清算があった場合の残余財産の帰属について規定されたものである一方、ロについては通常の事業活動における商品の販売等もこれに含まれるものとされています。こうした様々な場面における財産の処分に関する方針のおおむね全部について決定することができる旨の契約その他の取決めを通じた支配関係に着目したものとされています。

そして、実質支配関係がある外国法人の所得を100％合算する効果を踏まえ、また、企業にとっての不確実性や事務負担を考慮して、実質支配関係の類型は上記イ及びロのような形で会社財産に対する支配関係があると認められる場合に限定したものとなっています。

5　以上、新タックス・ヘイブン税制では、制度の基本となる納税義務者の範囲と合算課税の対象となる外国関係会社の範囲が拡大されました。そこで、内国法人（居住者）と外国子会社との間の関係を再確認することで、これまでは本税制の適用範囲外だったものが適用対象となる可能性があります。

なお、外国関係会社のイメージ図は、17ページをご参照ください。

Q2　タックス・ヘイブン税制の国際的ガイドラインの有無

平成29年度税制改正は、いわゆるBEPSプロジェクトの最終報告書を受けたものであるとされています。タックス・ヘイブン税制（外国子会社合算税制）には、移転価格税制のような国際的なガイドラインはないのでしょうか。

A

1　平成29年度の税制改正は、平成27年（2015年）10月に公表されたBEPSプロジェクトの行動計画3（CFC税制の強化）の最終報告書を受けたものです。税制調査会などの場で最終報告書に書かれたことを日本にどのように導入すべきかが議論され、その後改正されたという経緯があります。

2　タックス・ヘイブン税制（外国子会社合算税制）は、移転価格税制のような国際的なガイドラインはありません。これについては、次のような理由が考えられます。

⑴　BEPSプロジェクトに参加したのは、OECD加盟国とG20諸国の合計44か国です。その中には、タックス・ヘイブン税制を持っていない国が10か国あったと言われています。議論に参加した44か国は世界経済をリードする先進国と新興国ですが、その中に本税制を持っていない国があるということで、国際的なガイドラインを作る状況にはないということがいえます。

⑵　タックス・ヘイブン税制は移転価格税制とは異なり、当局が課税処分をしたからといって、直ちに国際的二重課税が生じるものではありません。日本の制度もそうですが、二重課税が生じないように外国関係会社が納付した外国法人税額について、外国税額控除を適用することになっています。この点、国際的二重課税が絶対に生じないというわけではありませんが、移転価格税制に比してその影響は軽微といえます。

3　BEPSプロジェクトの最終報告書においても、各国に対して「租税回避を防止するための制度構築を」と勧告していることから、国際的なガイドラインができる状況にはないことを示していると考えられます。

4　なお、令和5年度にグローバル・ミニマム課税の導入に伴い、対象企業に追加的な事務負担が生じることを踏まえ、一定の改正が行われました。

Q３　外国関係会社の判定の時期

外国関係会社の判定の時期はどの時点で判定するのでしょうか。

A

1　外国子会社が、特定外国関係会社、対象外国関係会社、部分対象外国関係会社、外国金融子会社等、に該当するか否か、そして、内国法人等が新タックス・ヘイブン税制の適用対象法人等に該当するかどうかについては、いずれもその外国関係会社の各事業年度終了時の現況（下線は著者）によって判定されることとされます（措令39の20①）。

法令上はこのように規定されています。

2　これについて、例えば、事業年度の途中でその外国子会社の事業を廃止することが考えられますが、これについてどのように考えればいいのでしょうか。

外国子会社が事業年度の途中で事業を廃止して事業年度末を迎えたとします。その場合、その子会社は休業中であるか、解散に向けた準備をしているか、わかりませんが、未だに会社が存続しています。このような場合の取扱いについては、法令や通達では示されていません。

3　そこで、推測にはなりますが、次の２つが考えられます。

⑴　本税制の適用があるとする考え方・・・事業年度終了の日において、会社が存続しておりいずれ再開の可能性があるとも考えられることから、計算上課税対象金額があれば、内国法人等の所得金額に合算するという考え方です。

⑵　措令39条の20第１項には、「外国関係会社の各事業年度終了時の現況によって判定する」としています。そこで、期中に事業を廃止するなどして事業年度末日において事業を営んでいない場合、本税制の適用対象法人とはならないとする考え方です。

4　これについては、実務上、事業を廃止した場合であっても引き続き従業員を雇用している、工場がいつでも稼働できる状況になっている、など様々なことが考えられます。なかなか微妙な問題ですので、十分に検討されることをお勧めしたいと思います。

Ｑ４　外国子会社が外国関係会社に該当した場合の準備

当社が出資する外国子会社は、外国関係会社に該当するようです。そうなると、当社はどのように本税制について準備しなければならないのでしょうか。

A

1　新タックス・ヘイブン税制は、外国子会社の所得が親会社である内国法人の所得金額に合算するという意味では従来と同じです。しかし、合算対象となる所得金額の範囲がかなり拡大しました。

そこで、次に記載するように、外国子会社がどのような状況であるか、親会社である内国法人が把握する必要があります。

2　外国子会社の租税負担割合が30％（27％）未満の場合、ペーパー・カンパニーに該当する、又はキャッシュ・ボックスに該当する場合には、外国子会社の所得金額が合算課税の対象になるので、外国子会社の租税負担割合を算出する必要があります。現状、諸外国のほとんどすべての法人税の実効税率が30％（27％）未満ですので、ペーパー・カンパニー又はキャッシュ・ボックスに該当するか否かの検討が求められます。

3　外国関係会社の租税負担割合が20％未満の場合、４つの経済活動基準をすべて満たす必要があります。仮に、経済活動基準の一つでも満たしていない場合には、会社単位の合算課税が行われます。

4　外国子会社の租税負担割合が20％未満の場合、４つの経済活動基準すべてを満たしていた場合であっても、外国子会社の所得の中に受動的所得があればその部分は合算対象になる可能性があります。ただし、2,000万円以下（又は所得金額の５％以下）の場合には合算課税にはなりません。

5　このうち、内国法人がもっとも注意しなければならないことは、外国子会社が２のペーパー・カンパニー又はキャッシュ・ボックスに該当するか否かです。詳しくは、第１部第３章で説明していますが、簡単にいえば、外国関係会社が実体基準と管理支配基準のいずれかを満たさない場合にはペーパー・カンパニーに該当する可能性があります。

実体基準とは、外国子会社が何らかの固定施設を有することです。これは、事務所や事業所、工場などを自社で所有するか、賃貸するか、など事業を行うのに必要な固定施設を有している必要があるということです。

また、管理支配基準とは、外国子会社自らが管理、支配及び運営を本店所在地国において行っていることです。外国子会社の場合、親会社の指示命令に基づいて活動することが多いのですが、管理支配基準では外国子会社が自ら自社を管理、支配及び運営しなければならないとされます。具体的には、子会社の社長をはじめとする役員が現地にいて従業員を指揮監督し、事業計画を企画立案することや取引先との連絡等を自ら行う必要があるということです。非常に簡単に言えば、日本の親会社ではなく現地の子会社が主体的に事業を行うことで、管理支配基準を満たすといえます。

なお、タックス・ヘイブン税制は、昭和53年に導入されて以降40年以上の歴史を有するものですが、これまで裁判例や裁決例などで管理支配基準をめぐっていくつも争いがありました。これについては後述します。

6　キャッシュ・ボックスとは耳慣れない用語です。直訳すると「現金の箱」ですが、一言でいえば、外国子会社が現金の箱になっているかどうか、ということです。

税法上、外国子会社が取得する受動的所得の金額が、総資産の30%を超えるか否かにより判定されることになります。

受動的所得については、制度の概要をご覧いただければいいのですが、配当や利子、無形資産の使用料や譲渡損益などをいいます。通常の外国子会社がキャッシュ・ボックスに該当する可能性は低いのですが、特許権などの工業所有権や著作権を所有しているような場合には、キャッシュ・ボックスに該当する可能性があります。

7　次に4つの経済活動基準をすべて満たすか否かについては、租税負担割合が20%未満の場合であり従来と同じです。

そして、留意する必要があるのは、部分合算課税の対象となる受動的所得の範囲が拡大したことです。例えば、従来の制度では剰余金の配当については、持株割合が10%以上の場合には課税対象には含まれていませんでした。しかし、平成29年度税制改正では持株割合が25%以上の場合にのみ課税対象から外すことになりました。したがって、これまで課税対象に含まれていなかった持株割合10%以上（15%や20%など）の場合に、今後は合算課税の対象になるので注意しなければなりません。

Ｑ５　外国子会社の株式等の持株割合の計算方法変更の具体例

外国子会社の株式等の持株割合が掛け算方式から連鎖方式に変更されたとのことです。そうなると、持株割合の計算はどのようになるのでしょうか。具体例をお示しください。

A

1　平成29年度税制改正で、内国法人等が有する外国子会社等の株式等の持株割合の計算方法が、いわゆる掛け算方式から連鎖方式に変更されました。しかし、内国法人等が外国関係会社の株式等の50％超を直接保有している場合、従来と取扱いは同じです。

2　持株割合の計算が掛け算方式から連鎖方式に変更されたことで影響があるのは、間接保有の場合です。以下に平成29年度税制改正前と後の間接保有の場合の判定例を図で示しました。

《改正前の間接保有の場合》

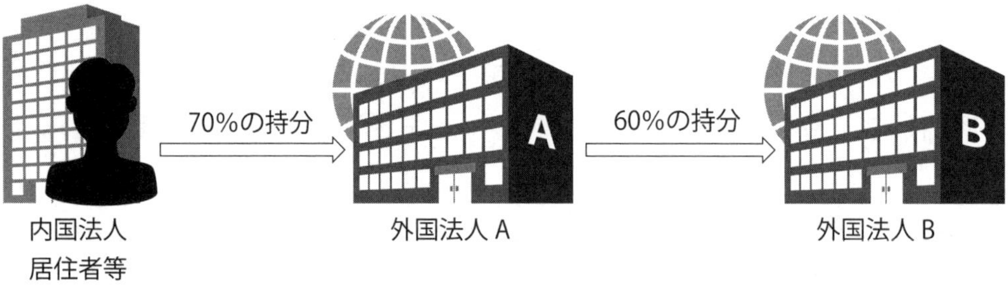

※　この場合、外国法人Ｂの持株割合の判定は、70×60＝42％（50％超に該当しない）となるので外国関係会社にはなりませんでした。

《改正後の間接保有の場合》

※　この場合、外国法人Ｂの持株割合の判定ですが、内国法人等の70％と外国法人Ａが保有する60％が連鎖するため、50％超に該当し外国関係会社に該当します。

外国関係会社のイメージ図は、17ページをご参照ください。

Ｑ６　実質支配関係の考え方とその影響

実質支配関係とはどのようなものですか。また、実質支配関係が導入されたことで、持株割合などにどのような影響があるのでしょうか。

Ａ

平成29年度税制改正により、外国関係会社となる判断材料について、持株割合等に加えて実質支配関係という考え方が導入されました。

実質支配関係とは、本税制上、内国法人又は居住者等（「内国法人等」）と外国法人との間に、次に掲げる事実その他これに類する事実が存在する場合におけるその内国法人等とその外国法人との間の関係とされています（措法66の６②五、措令39の16①）。

イ　居住者等が外国法人の残余財産のおおむね全部について分配を請求する権利を有していること。

ロ　居住者等が外国法人の財産の処分の方針のおおむね全部を決定することができる旨の契約その他の取決めが存在すること（その外国法人につき上記イに掲げる事実が存在する場合を除きます。）。

上記イは、解散や清算など一定の状況の下での会社の財産に対する権利を通じた支配関係に着目したものです。

また、ロは、財産は残余財産に限定されていないため、財産の処分は解散や清算といった場面に限定されておらず、通常の事業活動における商品の販売等もこれに含まれます。そこで、こうした様々な場面における財産の処分に関する方針のおおむね全部について決定することができる旨の契約その他の取決めを通じた支配関係に着目したものです。

Q7　外国関係会社の種類

外国関係会社には、特定外国関係会社や対象外国関係会社などがあるようですが、これ以外にもあるのでしょうか。外国関係会社の種類を説明してください。

A

外国関係会社の種類と位置付けを図示すると、以下のようになります。

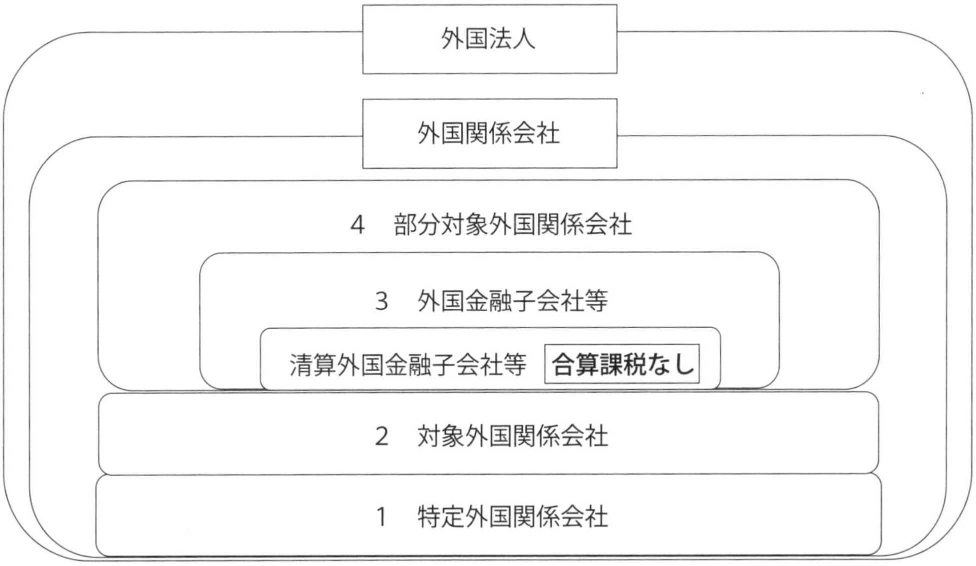

少しわかりにくいかもしれませんが、上の図に基づいて本税制の対象となる外国関係会社を適用順位が高い順に説明します。

1　特定外国関係会社・・・ペーパー・カンパニー、キャッシュ・ボックス、ブラック・リスト国（地域）所在法人の３つです。共通点としては、租税負担割合が30％（27％）未満の外国関係会社が該当するということです。

このうち、ペーパー・カンパニーは、主に実体基準と管理支配基準のいずれか一つを満たさない外国関係会社を指します。

次に、キャッシュ・ボックスは、一定の受動的所得が総資産額の30％を超えており、かつ、一定の固定資産の帳簿残高が総資産額の50％を超えるものを指します。

最後のブラック・リスト国（地域）所在法人ですが、このブラック・リスト国（地域）は財務大臣が告示することになっています。執筆日現在、未だブラック・リスト国（地域）が告示されていないので、未定ということになります。

2　対象外国関係会社・・・外国関係会社のうち、特定外国関係会社以外で経済活動基準のいずれかを満たさないもので、租税負担割合が20％未満のものを指します。

3　外国金融子会社等・・・本店所在地国の法令に準拠して銀行業を営む等の一定の要件を満たす部分対象外国関係会社を指します。そして、この中には本税制の対象とはならない清算外国金融子会社等という概念があります。これは、解散により外国金融子会社等に該当しないこととなった部分対象外国関係会社を指します。

4　部分対象外国関係会社・・・特定外国関係会社又は対象外国関係会社には該当しない外国関係会社で租税負担割合が20％未満のもので、一定の受動的所得（特定所得）を有する者を指します。部分対象外国関係会社には、概念上、３の外国金融子会社等が含まれます(※)。

（※）　第３部の別表をご覧いただくとわかりますが、正確には「外国金融子会社等以外の部分対象外国関係会社」といいます。

Q8　外国関係会社間の損益通算

当社には複数の外国関係会社がありますが、黒字法人だけでなく赤字法人もあります。この場合、外国関係会社相互間で所得の金額の損益通算をすることはできるでしょうか。

A

1　外国関係会社が特定外国関係会社又は対象外国関係会社に該当するか否かは、外国関係会社ごとに行われます。しかし、複数の外国関係会社を有する場合、これらの外国関係会社が黒字の場合と赤字の場合、損益通算ができるのではないかと考えることもあるかもしれません。

2　国税庁はこの点について、次のように通達を公表しています。

（特定外国関係会社等が２以上ある場合の損益の不通算）

66の６－３　措置法第66条の６第１項に規定する課税対象金額は特定外国関係会社（同条第２項第２号に規定する特定外国関係会社をいう。以下66の６－12までにおいて同じ。）又は対象外国関係会社（同条第２項第３号に規定する対象外国関係会社をいう。以下66の６－12までにおいて同じ。）ごとに計算するから、内国法人に係る特定外国関係会社又は対象外国関係会社が２以上ある場合において、その特定外国関係会社又は対象外国関係会社のうちに欠損金額が生じたものがあるときであっても、他の特定外国関係会社又は対象外国関係会社の所得の金額との通算はしないことに留意する。

　内国法人に係る部分対象外国関係会社（同条第２項第６号に規定する部分対象外国関係会社をいい、同項第７号に規定する外国金融子会社等（以下66の６－４までにおいて「外国金融子会社等」という。）に該当するものを除く。以下66の６－４において同じ。）又は外国金融子会社等が２以上ある場合についても同様とする。

この通達について、次のように解説されています。

適用対象金額や課税対象金額は、特定外国関係会社又は対象外国関係会社ごとに計算することとなるから、特定外国関係会社又は対象外国関係会社が２以上ある場合において、その特定外国関係会社又は対象外国関係会社のうちに欠損金額が生じたものがあるときであっても、その欠損金額と他の特定外国関係会社又は対象外国関係会社の所得の金額との通算はできないこととなる。

また、部分対象外国関係会社の部分適用対象損失額や外国金融子会社等の金融子会社等部分適用対象損失額についても同様に、他の外国関係会社の所得の金額との通算ができないことを留意的に明らかにしている。

3　以上により、外国関係会社の黒字額と別の外国関係会社の赤字額について、いわゆる損益通算を行うことはできません。

Q 9　内国法人や居住者などの範囲

本税制の適用対象となる内国法人や居住者などの範囲はどのようになるのでしょうか。

A

1　本税制上、納税義務者となる内国法人は、具体的には、次に掲げる内国法人となります（措法66の６①一～四）。

①　内国法人の外国関係会社に係る次に掲げる割合のいずれかが10％以上である場合におけるその内国法人

イ　持株割合、ロ　議決権割合、ハ　株式等の請求権割合、

②　外国関係会社との間に実質支配関係がある内国法人

③　内国法人との間に実質支配関係がある外国関係会社の他の外国関係会社に係る直接及び間接の持株割合等が10％以上である場合のその内国法人

（注）　持株割合等と実質支配関係（つまり①と②）の両方の関係を有する場合です。

④　直接及び間接の持株割合等が10％以上である一の同族株主グループに属する内国法人

（注）　同族株主グループとは、外国関係会社の株式等を直接又は間接に有する者及び当該株式等を直接又は間接に有する者との間に実質支配関係がある者（当該株式等を直接又は間接に有する者を除きます。）のうち、一の居住者又は内国法人、当該一の居住者又は内国法人との間に実質支配関係がある者及び当該一の居住者又は内国法人と政令で定める特殊の関係のある者（外国法人を除きます。）をいいます。）に属する内国法人（外国関係会社に係る上の①から③までに掲げる割合又は他の外国関係会社（内国法人との間に実質支配関係があるものに限ります。）の当該外国関係会社に係る上の①から③までに掲げる割合のいずれかが零を超えるものに限るものとし、①及び③に掲げる内国法人を除きます。）をいいます（措法66の６①四）。

2　本税制上、納税義務者となる居住者は、上の内国法人と同じです（措法40の４①一～四）。

Q10　外国子会社の租税負担割合の確認方法

外国子会社の租税負担割合が不明なのですが、これを確認するにはどのようにすればいいのでしょうか。

A

租税負担割合を求める算式がありますので、これに数字を入れてもらうなどして、親会社の方で外国子会社が本税制の対象になるか否かを判定することが望ましいと思います。

というのは、外国関係会社の租税負担割合が30％（27％）未満であれば特定外国関係会社に該当する可能性がありますし、20％未満の場合対象外国関係会社、又は部分対象外国関係会社に該当する可能性があるからです。

現行法における租税負担割合の計算式は、次のとおりです（措令39の17の２）。

【租税負担割合の算式】

$$\frac{\text{本店所在地国において課される外国法人税} + \text{第三国において課される外国法人税}}{\text{本店所在地国の法令に基づく所得} + \text{本店所在地国の法令で非課税とされる所得（受取配当を除く）} + \text{損金算入支払配当} + \text{損金算入外国法人税} + \text{損金算入されない保険準備金等} + \text{益金算入すべき保険準備金} - \text{益金算入還付外国法人税}}$$

まずは、外国子会社の租税負担割合がどの程度かについて、親会社としてしっかりと把握しておく必要があり、この作業は事業年度ごとに行う必要があります。

なお、実際には法人税申告書別表17（３）付表２の下半分に記入して提出する必要があるので、これを利用することが現実的と思われます。

Q11　実効税率が32％であるＡ国に所在する外国子会社の本税制の適用の有無

当社の外国子会社はＡ国に所在しますが、同国の法人税の実効税率は32％とされています。そこで、当社は本税制には全く関係ないと考えてよろしいでしょうか。

A

近年、諸外国の法人税の実効税率は下落傾向にあり、主要国の実効税率は30パーセントを下回っています。一方、世界は広いので、実効税率が30パーセント以上の国や地域があるかもしれません。そこで、お尋ねのような疑問が出てくることが予想されます。

しかし、本税制の適用の有無は、その国（地域）の表面上の実効税率ではなく、個別の外国関係会社の租税負担割合（30％（27％）未満、又は20％未満）で決まります。

新タックス・ヘイブン税制上、いわゆる実効税率で本税制の適用の有無を判断するのは誤りです。実際には、外国関係会社の租税負担割合の計算式に実際の数値を当てはめることで、同社が本税制の適用を受けるか否かを判定することになります。

Q12　ペーパー・カンパニーにおける実体基準と管理支配基準

外国関係会社が実体基準又は管理支配基準を満たしていない場合、特定外国関係会社であるペーパー・カンパニーに該当するとのことです。これについて、説明してください。

A

平成29年度税制改正において、会社単位の合算課税の対象となる外国法人のうち、ペーパー・カンパニー、キャッシュ・ボックス、そして財務大臣が告示する国（地域）に所在する外国関係会社であって、租税負担割合が30％未満の外国関係会社のことを特定外国関係会社と呼ぶことになりました。

ここでいうペーパー・カンパニーとは、措置法66条の６②二イに規定される特定外国関係会社の一類型を指すものであり、一般用語として用いられるペーパー・カンパニーではないので注意が必要です。

本税制においては、４つの経済活動基準のうち、実体基準と管理支配基準のいずれかを満たさない外国関係会社であって、その租税負担割合が30％（27％）未満の場合にペーパー・カンパニーと判定されることになりました。

実体基準と管理支配基準に関する国税庁のQ&Aは第１部で説明していますが、非常に簡単に言えば、実体基準はその外国関係会社が固定施設（事務所、工場など）を有していないことをいい、管理支配基準とはその外国関係会社が自ら管理、支配及び運営を行っていないことを指します。

なお、ペーパー・カンパニーに該当する外国関係会社については、実体基準と管理支配基準以外にもあります。この点については、第１部第３章を参照してください。

Q13 外国子会社が実体基準を満たしているか否かの確認

外国子会社が実体基準を満たしているか否かについて、内国法人の側でもよく理解していない場合があります。そこで、外国子会社が実体基準を満たしているか否かについて、外国子会社に対してどのように連絡・指示すればいいのでしょうか。

A

実体基準については、外国子会社が主たる事業を行うための事務所、店舗、工場その他の固定施設を有していることが求められています。

そして、外国子会社が有しているものが本税制に規定されている固定施設に該当するか否かは、その外国関係会社の主たる事業の業種や業態、主たる事業に係る活動の内容等を踏まえて判定することとされます。そして、固定施設は単なる物的設備ではなく、そこで人が活動することを前提とした概念とされているので、人がその場所で活動することが前提となります。

ただし、その外国関係会社の有する固定施設が、主たる事業に係る活動を行うために使用されるものでない場合には、主たる事業を行うに必要と認められる事務所等には該当しないことになっています。

次に、外国関係会社が主たる事業を行うに必要と認められる事務所等を賃借により使用している場合であっても、事務所等を有していることに含まれることとされます。

それから、当然のことですが、その固定施設が実際に利用されていることが明らかである必要があります。

そこで、まずは固定施設があること示す資料として、その固定施設の取得又は賃借等をしたことがわかるようなものになります。例えば、所有している場合であれば固定施設の売買契約書、賃借している場合なら賃貸借契約書です。そして、その不動産の登記簿謄本を取り寄せることもあるでしょう。また、借りている場合なら賃借料、管理費を負担している場合には維持管理費用を負担していることが分かる書類も考えられます。このほか、外観や内観の写真、外国子会社のパンフレットなどが考えられます。

また、実際に使用されていることを示す資料としては、例えば社内組織図、事務所等における配席図等のレイアウト表、従業員のシフト表、事業活動の内容が分かる定期報告書（日報や月報等）、維持管理費用の支出等の明細その他の役員及び使用人が固定施設において主たる事業に係る業務等に従事している実態を確認できる資料が考えられます。もちろん、これら全部を用意する必要は全くありません。親会社として子会社を適切に管理していれば、改めて準備する必要もないかもしれません。

日本の税制上必要な資料について外国子会社に勤務する外国人にはなかなか理解してもらうのが難しいかもしれませんが、外国子会社から新たに取り寄せる場合には、本税制の適用上必要なものであることを十分に説明する必要があると思います。

Q14　ペーパー・カンパニーと経済活動基準における実体基準と管理支配基準の異同

実体基準と管理支配基準は、特定外国関係会社の一形態であるペーパー・カンパニーの判定材料になりますが、経済活動基準のものと全く同じと理解してもいいのでしょうか。

A

1　平成29年度税制改正により、特定外国関係会社の一形態であるペーパー・カンパニーについて、内国法人等に係る外国関係会社のうち、実体基準と管理支配基準のいずれかを満たさないものと定義されました。

一方、従来は適用除外基準と呼ばれていたものが経済活動基準と言い換えられたものの、実体基準と管理支配基準は引き続き改正前と同じ規定が残されました。そして、特定外国関係会社以外の外国関係会社のうち、経済活動基準のいずれかを満たさないものは対象外国関係会社と呼ばれることになりました。

そこで、同じ用語である実体基準と管理支配基準は、ペーパー・カンパニーの判定基準としても、経済活動基準の判定基準としても全く同じ意味を持つのか、という疑問が生じます。

2　まず、ペーパー・カンパニーは、次のように定義されています（措法66条の６②二イ）。

次のいずれにも該当しない外国関係会社

⑴　実体基準・・・主たる事業を行うに必要と認められる事務所等の固定施設を有している外国関係会社（同様の状況にある一定の外国関係会社を含む。）

⑵　管理支配基準・・・その本店所在地国においてその事業の管理支配等を自ら行っている外国関係会社（同様の状況にある一定の外国関係会社を含む。）

（注）税務当局が求めた場合に、上記⑴又は⑵に該当することを明らかにする書類等の提出がない場合には、上記⑴又は⑵に該当しないものと推定されます。

⑶　以下はここでは省略しています。

3　次に、経済活動基準における実体基準と管理支配基準について、次のように規定されています（措法66条の６②三ロ）。

その本店所在地国においてその主たる事業（事業持株会社にあっては、統括業務。）を行うに必要と認められる事務所、店舗、工場その他の固定施設を有していること（カッコ内省略）並びにその本店所在地国においてその事業の管理、支配及び運営を自ら行っていること（同上）のいずれにも該当すること

4　上の2と3を比較してみると、実体基準についてペーパー・カンパニーの判定基準には「本店所在地国において」という文言がないことがわかります。そこで、特定外国関係会社の一形態であるペーパー・カンパニーの判定基準においては、本店所在地国以外の国（地域）に事務所等の固定施設を有している場合にはペーパー・カンパニーとは判定されない可能性があります。これに対して、対象外国関係会社の判定基準である実体基準の場合には、本店所在地国に事務所等がなければ経済活動基準を満たさないことになります。

なお、管理支配基準については、特に差異はないものと認められます。

Q15　実体基準の適用に参考になる事例

平成29年度改正後においても実体基準はそれ以前と同様とのことですが、過去の事例で参考にすべきものはありますか。

A

1　実体基準の適用に関して、シンガポールにレンタル・オフィス（といっても机一つ＋使用可能な会議室）を利用していた納税者に対して課税された事件について、東京高裁が平成25年５月29日に出した判決（レンタル・オフィス事件）が参考になります。

2　法令上、実体基準を満たすためには、本店所在地国に主たる事業を行うために必要と認められる固定施設（事務所、工場、倉庫など）を有している必要があります。これによると、これらの固定施設を自ら所有する必要はなく、賃借していても問題はないことになります。また、固定施設の規模についても特に規定はありません。

3　このような中、東京高裁はシンガポールに机一つプラスアルファを賃借して卸売業を営んでいた日本の居住者のシンガポール法人について、実体基準を満たすと判示しました。この判決は、平成29年改正前の法令に基づく事件ですが、改正後も適用可能です。裁判所や税務大学校のホームページでも閲覧することが可能ですので、ご興味のある方は是非ともご覧ください。

Q16　外国子会社が管理支配基準を満たしているか否かの確認

外国子会社が管理支配基準を満たしているか否かについて、内国法人の側でもよく理解していない場合があります。外国子会社が管理支配基準を満たしているか否かについて、外国子会社に対してどのように連絡・指示すればいいのでしょうか。

A

国税庁が公表しているQ&A（情報）によると、次のようになります。

管理支配基準は、外国関係会社が本店所在地国において「事業の管理、支配及び運営を自ら行っている」かどうかを判定するものです。そして、その意味するところは、外国関係会社が事業を行うに当たり、①事業方針や業績目標などを定め、②それを達成するために事業計画等を策定するなど、事業をどのように運営していくかを決定し、③それらに基づき、裁量をもって事業を執行しているかどうかを明らかにする必要があります。

①を満たす書類としては、例えば本店所在地国で開催した株主総会又は取締役会に係る株主総会議事録又は取締役会議事録、その他外国関係会社が事業方針や業績目標を定めたことがわかる資料等が該当します。

また、②を満たす書類としては、本店所在地国で策定した事業計画書や社内稟議書等が該当します。

さらに、③を満たす書類としては、例えば本店所在地国において外国関係会社の役員の名で締結した契約書や作業指図書などが該当します。

さて、役員が内国法人（親会社）などの他の法人と兼任している場合があると思います。そのような場合、その役員が責任を負い、裁量をもって事業を執行しているのであれば、外国関係会社はその活動に対する報酬を負担するのが通常であると考えられます。このため、この場合の③を満たす書類としては、外国関係会社がその役員の職務執行に応じた報酬を支払っていることが確認できる書類が必要になります。この中には、労務管理の事務負担の観点等から、兼務先の会社がまとめて報酬を支払っている場合においては、別途外国関係会社が給与負担金等として役員の報酬を負担していると認められるような事実を確認できる契約書等の書類が含まれると考えられます。

そして、Q&A（情報）では、これらについて、通常、事業活動を行う上で作成される書類によることとなるため、必ずしも上記で例示されている書類が全て必要となるわけではないとされます。つまり、個別の企業においてその状況にあった対応が求められることになります。

Q17　ペーパー・カンパニーの判定における推定規定

特定外国関係会社のうち、ペーパー・カンパニーの判定について推定規定が創設されたとのことですが、これについて説明してください。

A

1　特定外国関係会社の類型は、ペーパー・カンパニー、キャッシュ・ボックス、そしてブラック・リスト国（地域）所在法人の３つです。そのうちのペーパー・カンパニーに該当するかについて、外国関係会社が実体基準と管理支配基準などを満たしているかどうかによります。

そこで、納税者が確定申告時にその旨を記載した別表を提出するのですが、それに対して当局から調査が行われる場合があります。

2　税務当局の当該職員は、内国法人に係る外国関係会社が実体基準と管理支配基準を満たしているかどうかを判定するために必要があるときは、その内国法人に対し、期間を定めて、その外国関係会社が実体基準と管理支配基準などを満たしていることを明らかにする書類その他の資料の提示又は提出を求めることができることとされています（措法66の６③）。この場合に、その書類その他の資料の提示又は提出がないときは、その外国関係会社は実体基準と管理支配基準などを満たしていないと推定することとされています（措法66の６③）。

3　仮に、推定規定が働くことになれば、外国関係会社の所得金額が内国法人の所得に全額合算されることになり、課税されることになるので注意が必要です。

具体的には、前述したＱ13（165ページ）とＱ16（170ページ）に基づいて適切に対処されることをお勧めします。

Q18　平成29年度以降改正後の「適用免除」

今回の税制改正により、適用免除という用語が使用されるようになりました。これについて説明してください。

A

1　平成29年度税制改正前は、本税制の適用要件として「トリガー税率」がありました。これに対して、改正後は特定外国関係会社や対象外国関係会社など複雑な制度になり、一つの租税負担割合だけでは判断できなくなりました。

2　外国関係会社が本税制の適用になるのが特定外国関係会社であり、次に対象外国関係会社、そして部分対象外国関係会社、外国金融子会社等などになります。そこで、一つひとつについて、適用免除とされる基準（適用免除基準）が定められています。

3　特定外国関係会社については、租税負担割合30％未満である必要があるので、逆に言えば租税負担割合が30％以上であれば適用免除になります。同様に、対象外国関係会社については租税負担割合が20％以上であれば適用免除になります。

4　次に、部分対象外国関係会社の場合には、租税負担割合20％以上であれば適用されません。また、租税負担割合が20％未満である場合、次の２つの適用免除があります。

⑴　少額免除基準・・・部分対象金額の合計が2,000万円以下の場合

⑵　所得割合基準・・・部分適用対象金額が税引前所得金額の５％以下の場合

《本税制の検討チャート》

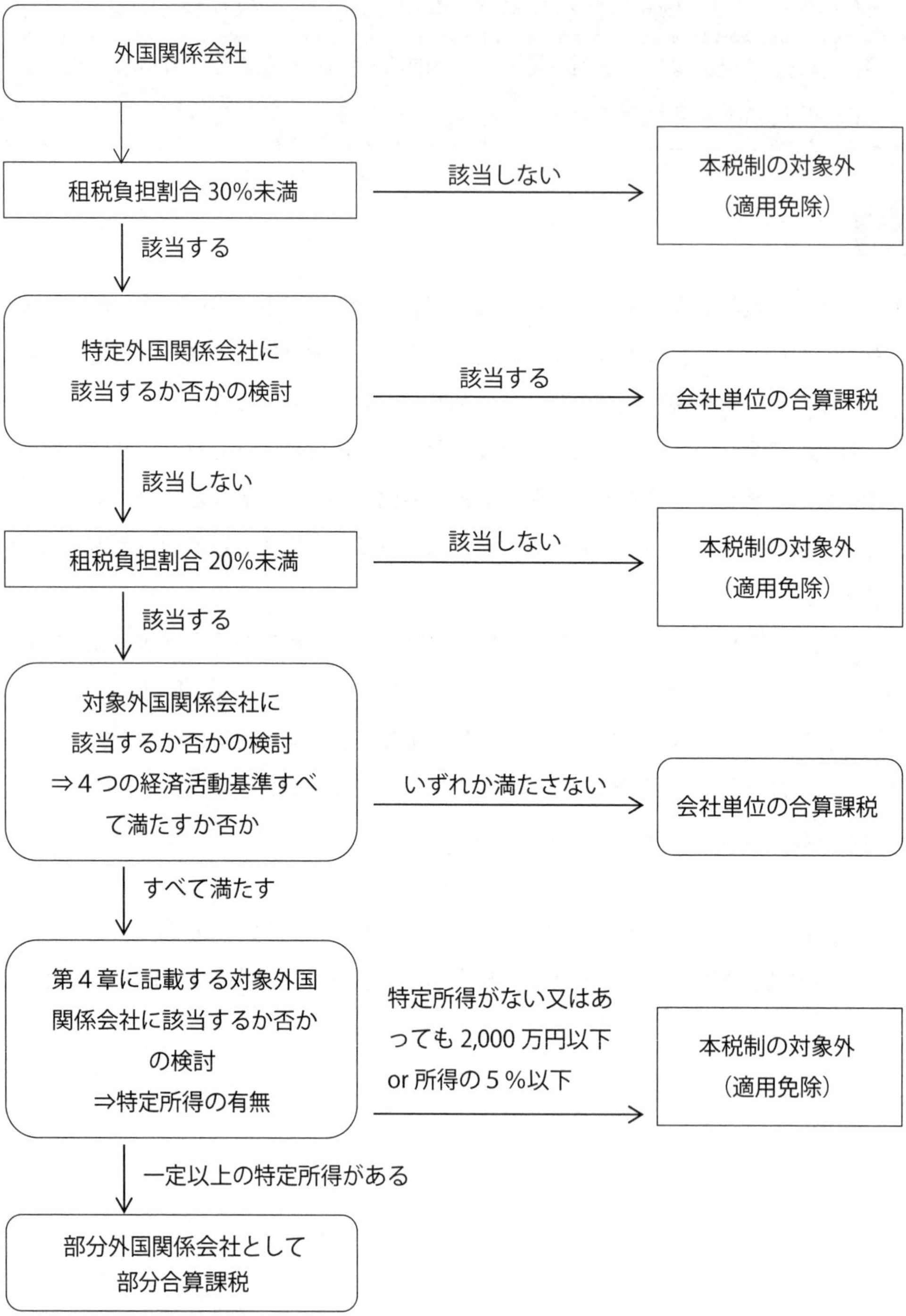

（注）　外国金融子会社等については、ここでは省略しています。

Q19　経済活動基準の具体的内容

従来の適用除外基準が経済活動基準に変更されました。名称変更はわかるのですが、内容はどのように変更されたのでしょうか。

A

1　外国関係会社が実体のある事業を行っているか否かを判定する経済活動基準は、従来は適用除外基準という名称でした。

これが平成29年度税制改正で経済活動基準と名称変更になりました。これは、BEPSプロジェクトの基本的な考え方に基づき、外国関係会社の経済活動の内容に着目して、外国関係会社が会社全体として、いわゆる「能動的所得」を得るために必要な経済活動の実体を備えているかを判定する基準として、いわゆる「経済活動基準」とされたものです。

経済活動基準は、改正前の適用除外基準と同様の４つの基準（事業基準、実体基準、管理支配基準、非関連者基準・所在地国基準）とされ、外国関係会社がこれらのうちいずれかを満たさない場合には、能動的所得を得る上で必要な経済活動の実体を備えていないと判断されることになります。このような外国関係会社を対象外国関係会社と定義しました。

2　事業基準については、一定の要件を満たす航空機の貸付けを主たる事業とする外国関係会社は事業基準を満たすこととすることとされたほかは、従来と同じです。

3　実体基準については、主たる事業を行うために必要な固定施設を有することですが、従来から特定保険外国子会社等は、その特定保険協議者が実体基準を満たす場合には自らも実体基準を満たすこととされるは自らも実体基準を満たすこととされていました。これについて、平成29年度以降の税制改正でその範囲が拡大されました。

4　管理支配基準については、本店所在地国において事業の管理、支配及び運営を自ら行っていることが求められます。こちらも、特定保険外国子会社等は、その特定保険協議者が管理支配基準を満たす場合には自らも管理支配基準を満たすこととされていましたが、平成29年度以降の税制改正で保険特例の範囲が拡大されました。

5　非関連者基準については、主たる事業が卸売業、銀行業、信託業、金融商品取引業、保険業、水運業又は航空運送業である場合に適用されることは変更ありません。

そして、主として関連者（50％超出資会社等）以外の者と取引を行っていることを求めることも同様です。

平成29年度税制改正では、①航空機の貸付けについては非関連者基準を適用すること、②一定の要件を満たす保険受託者が、一定の要件を満たす保険委託者との間で行う取引を非関連者取引とすること、③租税回避を防止するため第三者介在取引に関する規定を整備すること、が行われました。

6　所在地国基準については、非関連者基準が適用される業種以外に適用することは従来と同じであり、主として本店所在地国で主たる事業を行っていることが求められます。

新タックス・ヘイブン税制では、製造業に係る所在地国基準の適用方法を整備しましたが、これは従来から問題になっていた来料加工取引は、原則としてこの基準を満たすことになるとされました。

7　以上のように、いくつかの改正事項はありましたが、外国関係会社が本店所在地国において能動的な経済活動を行っていれば本税制による会社単位の合算課税とはしないという意味で、名称変更されたものと考えられます。

Q20　外国子会社が事業基準を満たすか否かの判定方法

外国子会社が、事業基準を満たすか否かについてわかる方法はどのようなものになりますか。

A

事業基準については、平成29年度以降の改正では、航空機の貸付け（航空機リース）を営む場合、そしてリスク管理を行う持株会社を営む場合には事業基準を満たすことになったこと以外は、従来と変更がありません。

ただし、これまでタックス・ヘイブン対策税制には関係ないと思っていた企業もあるので、再度ご説明しておきます。

事業基準とは、株式等若しくは債券の保有、工業所有権その他の技術に関する権利、特別の技術による生産方式若しくはこれらに準ずるもの（これらの権利に関する使用権を含みます。）若しくは著作権（出版権及び著作隣接権その他これに準ずるものを含みます。）の提供又は船舶若しくは航空機の貸付けを主たる事業とするものでないことをいいます（措法66の６②三イ）。

これらの事業を主たる事業とする外国関係会社であっても、次の３つの場合には除かれます。このうち、①の統括業務については従来と同様であり、②の航空機の貸付けについては平成29年度税制改正で導入されたものであり、③リスク管理を行う持株会社は平成30年度税制改正で導入されたものです。

当局の説明では、事業基準の対象となる事業は、その地に本店を置いて事業を行う積極的な経済合理性を見出すことが困難なものを限定列挙しているとのことです。要するに、限定列挙されている事業は、わざわざ外国法人で営む必要はなく内国法人が行えばいい、ということです。

Q21　事業基準を満たす統括業務

事業基準を満たす統括業務とはどのようなものですか。

A

1　統括業務とは、株式等の保有を主たる事業とする外国関係会社のうちその外国関係会社が他の法人の事業活動の総合的な管理及び調整を通じてその収益性の向上に資する業務（「統括業務」）を行い、他の法人の株式等の保有を行うものをいいます（措法66の6②三イ⑴、措令39の14の3⑰～㉒）。ここでのポイントは、統括会社の管理される被統括会社は2社以上でなければならないことです。

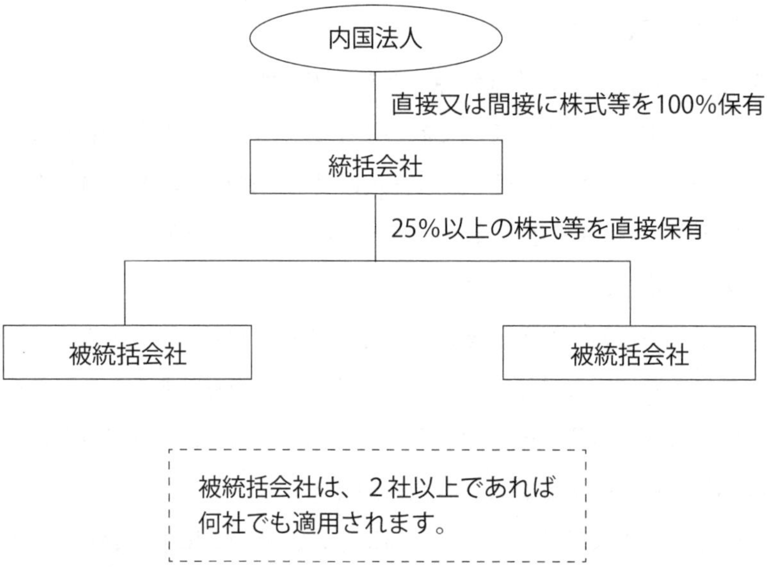

2　統括業務について、措置法66条の6第2項第3号イ⑴は、「外国関係会社が他の法人の事業活動の総合的な管理及び調整を通じてその収益性の向上に資する業務として政令で定めるもの」とし、措置法施行令39条の14の3第17項は、「統括業務は、外国関係会社が被統括会社との間における契約に基づき行う業務のうち当該被統括会社の事業の方針の決定又は調整に係るもの（当該事業の遂行上欠くことのできないものに限る。）であって、当該外国関係会社が二以上の被統括会社に係る当該業務を一括して行うことによりこれらの被統括会社の収益性の向上に資することとなると認められるもの」と規定しています。

これについて、デンソー事件最高裁判決（平成29年10月24日）では、「統括業務は、地域企画、調達、財務、材料技術、人事、情報システム及び物流改善という多岐にわたる業務から成り、豪亜地域における地域統括会社として、集中生産・相互補完体制を強化し、各拠点の事業運営の効率化やコスト低減を図ることを目的とするもの」と具体的な事実認定を行いました。

このように、統括会社により統括業務がどのように行われているかについて、会社側で検討を行った上で文書にするなどして残すようにし、条文にあるような総合的な管理及び調整を通じて被統括会社の収益性の向上を行うようにすべきと思われます。

Q22　外国子会社における主たる事業の判定

当社のシンガポール外国子会社は設立３期目です。これまでは、資金運用が主でしたが、今後、卸売業を行うことにしています。本税制では、会社単位の合算課税があるために、最初に主たる事業を決める必要があるようですが、この主たる事業はどのように決められるのでしょうか。

A

1　Ｑ８（159ページ）で述べたように、経済活動基準を満たすか否かについては、外国関係会社が行う主たる事業によって判断されることになります。そこで、複数の事業を行っている場合には、主たる事業が何かをまず判定する必要があります。

2　国税庁は、主たる事業の判定について、従来から次のような通達を公表しています。

（主たる事業の判定）

66の６－５　措置法第66条の６第２項第２号イ、同項第３号、同条第６項第１号ロ若しくは同項第２号又は措置法令第39条の15第１項第４号イ若しくは第39条の17の２第２項第５号イの規定を適用する場合において、外国関係会社が２以上の事業を営んでいるときは、そのいずれが主たる事業であるかは、それぞれの事業に属する収入金額又は所得金額の状況、使用人の数、固定施設の状況等を総合的に勘案して判定する。

これについて、外国関係会社が営む事業の態様は各社それぞれ異なることから、一律に特定の指標や基準のみを用いて判定することは相当でない、そこで複数の要素を総合的に勘案して判定するとしています。

3　これまでの裁判例や裁決例では、株式等の保有に基づく配当所得や貸付金に基づく利子収入などが収入金額の多くの割合を占めていた場合には、事業基準を満たしていないとされるものがありました。

4　しかし、平成29年10月24日のデンソー事件最高裁判決によって、収入金額の大部分を配当などが占めている場合であっても、外国関係会社の子会社（内国法人の孫会社）の統括業務を行うための人員が、固定施設を使用して行っている場合に事業基準を満たしているとされました。以下、判決文の一部を引用します（Ａはシンガポール所在の子会社を指すほか、特定外国子会社等とあるのは現行法では外国関係会社と読み替えてください）。

> 主たる事業は、特定外国子会社等の当該事業年度における事業活動の具体的かつ客観的な内容から判定することが相当であり、特定外国子会社等が複数の事業を営んでいるときは、当該特定外国子会社等におけるそれぞれの事業活動によって得られた収入金額又は所得金額、事業活動に要する使用人の数、事務所、店舗、工場その他の固定施設の状況等を総合的に勘案して判定するのが相当である。
>
> これを本件についてみると、Ａは、豪亜地域における地域統括会社として、域内グループ会社の業務の合理化、効率化を図ることを目的として、個々の業務につき対価を得つつ、地域企画、調達、財務、材料技術、人事、情報システム、物流改善という多岐にわたる地域統括業務を有機的に関連するものとして域内グループ会社に提供していたものである。そして、Ａ各事業年度において、地域統括業務の中の物流改善業務に関する売上高は収入金額の約85％に上っており、所得金額では保有株式の受取配当の占める割合が８、９割であったものの、その配当収入の中には地域統括業務によって域内グループ会社全体に原価率が低減した結果生じた利益が相当程度反映されていたものであり、本件現地事務所で勤務する従業員の多くが地域統括業務に従事し、Ａの保有する有形固定資産の大半が地域統括業務に供されていたものである。
>
> 以上を総合的に勘案すれば、Ａの行っていた地域統括業務は、相当の規模と実体を有するものであり、受取配当の所得金額に占める割合が高いことを踏まえても、事業活動として大きな比重を占めていたということができ、Ａ各事業年度においては、地域統括業務が措置法66条の６第３項及び４項にいうＡの主たる事業であったと認めるのが相当である。

5　以上のように、措通66の６－５と平成29年10月24日のデンソー事件最高裁判決を参考にすることで、外国子会社の主たる事業が何かについて判断することが可能になります。

本税制においては、主たる事業の判定は経済活動基準を満たすか否かの検討のベースになることから、外国子会社が複数の事業を営んでいる場合には十分な検討が望まれます。

Q23　外国関係会社の事業の判定方法

本税制においては、外国関係会社の事業の判定により適用される要件等が異なってきますが、そもそも事業の判定をどのように行うべきでしょうか。

A

1　本税制においては、主たる事業により経済活動基準の適用などが異なってくるため、外国関係会社の事業の判定を行う必要があります。

2　国税庁はこの点について、次の通達を公表しています。

> （事業の判定）
> 66の6－17　外国関係会社の営む事業が措置法第66条の6第2項第3号ハ(1)又は措置法令第39条の14の3第32項第1号から第3号までに掲げる事業のいずれに該当するかどうかは、原則として日本標準産業分類（総務省）の分類を基準として判定する。

国税庁は、「主たる事業」について、具体的にどのような基準によりどの事業に該当するかを判定すればよいか疑義が生ずることについて、本通達により、原則として日本標準産業分類（総務省）の分類を基準として判定することを明らかにしています。

なお、外国関係会社が2以上の事業を営んでいるときは、そのいずれの事業が主たる事業であるかは、措置法通達66の6－5《主たる事業の判定》により判定することとなるとしています。

3　所在地国基準のところで説明しますが、従来、来料加工取引については日本標準産業分類に掲げられておらず、製造業と判定されてきました。このように、外国における事業の中には日本標準産業分類に掲げられていないものもあるかもしれませんが、本通達では事業の判定に際しては、原則として日本標準産業分類の分類を基準とすることにしています。

Q24　事業基準を満たす航空機の貸付け

事業基準を満たす航空機の貸付けとはどのようなものですか。

A

航空機の貸付けを主たる事業とする外国関係会社のうち、次の要件を満たすもの（措法66の６②三イ⑶、措令39の14の３㉓）とされています。

イ　外国関係会社の役員又は使用人がその本店所在地国において航空機の貸付けを的確に遂行するために通常必要と認められる業務の全てに従事していること。

ロ　外国関係会社のその事業年度における航空機の貸付けに係る業務の委託に係る対価の支払額の合計額のその外国関係会社のその事業年度における航空機の貸付けに係る業務に従事する役員及び使用人に係る人件費の額の合計額に対する割合が30％を超えていないこと。

ハ　外国関係会社のその事業年度における航空機の貸付けに係る業務に従事する役員及び使用人に係る人件費の額の合計額のその外国関係会社のその事業年度における航空機の貸付けによる収入金額からその事業年度における貸付けの用に供する航空機に係る償却費の額の合計額を控除した残額（その残額がない場合には、人件費の額の合計額に相当する金額）に対する割合が５％を超えていること。

これは、平成29年度に改正されたものですが、その背景は次のとおりです。

近年、単に租税負担の軽減のためではなく、外国におけるノウハウが高度な人材を活用して自ら航空機の調達及び貸付けを行う外国関係会社が見られるようになりました。

そこで、上の要件を満たすこれらの外国関係会社については、事業基準を満たすこととしました。

Q25　事業基準を満たすリスク管理を行う持株会社

事業基準を満たすリスク管理を行う持株会社とはどのようなものですか。

A

株式等の保有を主たる事業とする外国子会社については、原則として事業基準を満たさないこととされます。これは、上述したように、株式等の保有は外国子会社で行う必要はなく、日本親会社（内国法人）で行うことができるからであり、外国子会社が保有する経済合理性が認められないと考えられることによります。

一方、平成22年度税制改正以降、統括業務が事業基準を満たすこととされています。これは、他の法人（被統括会社）の事業活動の総合的な管理及び調整を通じてその収益性の向上に資する業務を行う場合には事業基準を満たすということです。

これに対して、外国の金融規制においては、他国の金融機関がその国に進出する際には、リスク管理を行う持株会社を設けることを求める場合があり、こうした持株会社を設けるときには、その持株会社は主に子会社のリスク管理を行っています。

そこで、平成30年度税制改正において、株式等の保有を主たる事業とする外国関係会社のうち、傘下の外国金融機関の経営管理を行うなど、実体のある事業活動を行っていると認められる一定の外国金融持株会社について、事業基準を満たすことになりました。

最終的には、株主等の保有を主たる事業とする外国関係会社のうち、部分対象外国関係会社であるとした場合に外国金融子会社等に該当することになるもの（外国金融機関・統括業務を行う外国関係会社を除きます）について、事業基準を満たすことになりました（措法66の６②三イ⑵）。

Q26　所在地国基準を満たすか否かの判定

外国関係会社が、所在地国基準を満たすか否かについてどのように判定すればいいのでしょうか。

A

1　所在地国基準は、非関連者基準が適用される卸売業など８つの業種以外の業種に適用されるものです。そして、主として外国関係会社の本店所在地国においてその事業を行っていることを要件とするものであり、平成29年度税制改正後の経済活動基準においてもこの内容を維持しています。

2　所在地国基準が適用される業種として、製造業や小売業が想定されます。所在地国基準は上述したように、その事業を主として外国関係会社の本店所在地国で行うことが要件になります。

したがって、製造業であれば工場を、小売業であれば販売店を本店所在地国に有することで所在地国基準を満たすことになります。

Q27　平成29年度改正で所在地国基準を満たすこととなった来料加工事業

平成29年度税制改正により、いわゆる来料加工事業が所在地国基準を満たすようになったとされています。これについて、説明してください。

A

1　所在地国基準は、非関連者基準が適用される業種以外の業種に適用され、主として外国関係会社の本店所在地国においてその事業を行っていることを要件とするものであり、平成29年度税制改正後の経済活動基準においてもこの内容を維持しています。改正前においては、いわゆる来料加工取引については所在地国基準を満たしていないこととされてきました。

2　今回の改正では、製造業を主たる事業とする外国関係会社が「主として本店所在地国において製品の製造を行っている場合」に所在地国基準を満たす旨が明確化されました（措令39の14の３㉜三）。

また、新たに「本店所在地国において製造における重要な業務を通じて製造に主体的に関与している場合」にも、所在地国基準を満たすこととされました（措令39の14の３㉜三）。具体的には、外国関係会社が本店所在地国において行う業務の状況を勘案して、外国関係会社がその本店所在地国においてこれらの業務を通じて製品の製造に主体的に関与していると認められる場合にも所在地国基準を満たすこととされました（措規22の11㉔）。

上でいう業務の状況には、

・工場その他の製品の製造に係る施設又は製品の製造に係る設備の確保、整備及び管理

・製品の製造に必要な原料又は材料の調達及び管理

・製品の製造管理及び品質管理の実施又はこれらの業務に対する監督

・製品の製造に必要な人員の確保、組織化、配置及び労務管理又はこれらの業務に対する監督

・製品の製造に係る財務管理（損益管理、原価管理、資産管理、資金管理その他の管理を含みます。）

・事業計画、製品の生産計画、製品の生産設備の投資計画その他製品の製造を行

うために必要な計画の策定

・その他製品の製造における重要な業務、が該当します。

4　改正のポイントは、来料加工事業すべてが所在地国基準を満たすこととされたわけではないことです。所在地国基準を満たすためには、外国関係会社が本店所在地国において、製造における重要な業務を通じて製造に主体的に関与していることが必要です。

Q28　平成29年度以降の改正で改正された非関連者基準

平成29年度以降の税制改正において、非関連者基準も改正されたとのことです。非関連者基準とはどのようなものですか。

A

1　非関連者基準とは、外国関係会社が卸売業、銀行業、信託業、金融商品取引業、保険業、水運業、航空運送業又は物品賃貸業（航空機の貸付けを主たる事業とするものに限ります）を営む場合に適用されるものですが、その事業を主として外国関係会社に係る関連者以外の者との間で行っている場合をいいます（措法66の６②三ハ(1)）。改正後も従来と同様の取扱いをしています。

2　ただし、いわゆる租税回避を防止するため、平成29年度税制改正により次のように改正されました。

(1)　関連者の範囲

実質支配基準が導入されたことに伴って、非関連者基準における関連者の範囲に次の者が追加されました。

・居住者又は内国法人との間に実質支配関係がある外国法人（「被支配外国法人」）（措令39の14の３㉗四）

・被支配外国法人が外国関係会社に係る間接保有の株式等を有する場合におけるその株式等の保有に係る他の外国法人及び出資関連外国法人（措令39の14の３㉗五）

・被支配外国法人の同族関係者（措令39の14の３㉗六ハ）

(2)　非関連者基準の適用対象となる事業

非関連者基準の適用対象となる事業に航空機の貸付けの事業が追加されるとともに（措法66の６②三ハ(1)）、各事業年度の航空機の貸付けによる収入金額の合計額のうちに関連者以外の者から収入するものの合計額の占める割合が50％を超える場合には非関連者基準を満たすこととされました（措令39の14の３㉘七）。

⑶ 関連者取引とされる第三者介在取引の見直し

取引対象となる資産等が外国関係会社から非関連者を介して関連者に移転等をされ、又は関連者から非関連者を介して外国関係会社に移転等をされることがあらかじめ定まっている場合には、外国関係会社と非関連者との取引は関連者取引とみなすこととし、関連者取引とみなされる第三者介在取引に関する整備が行われました。

Q29　経済活動基準の書類提示と推定規定

平成29年度税制改正で、経済活動基準を満たすことを明らかにする書類等の提出等を求められた場合にいわゆる推定規定が導入されたとのことです。これについて、もう少し詳しく説明してください。

A

1　平成29年度税制改正により、税務当局が経済活動基準を満たさないと推定することができる場合の規定が整備されました。

税務当局が求めた場合に、外国関係会社が経済活動基準を満たすことを明らかにする書類等の提示又は提出がないときには、経済活動基準を満たさないものと推定することとされました。

具体的には、税務当局の当該職員は、内国法人に係る外国関係会社が経済活動基準に掲げる要件に該当するかどうかを判定するために必要があるときは、その内国法人に対し、期間を定めて、その外国関係会社が経済活動基準を満たすことを明らかにする書類その他の資料の提示又は提出を求めることができることとされ、この場合に、その書類その他の資料の提示又は提出がないときは、その外国関係会社は経済活動基準を満たさないものと推定することとされます（措法66の６④）。

2　外国関係会社が特定外国関係会社、対象外国関係会社、部分対象外国関係会社、金融外国子会社等に該当するか否かについては、内国法人が自ら判断して確定申告を行うことになります。そこで、外国関係会社を有する内国法人は、確定申告書において別表17（３）に記載するのですが、その場合に本税制上課税対象になるか否かについて、判定する資料を用意しておくことで、税務当局の職員からの推定を受けずに済むのではないかと考えられます。

3　さて、経済活動基準を満たさないものと推定されるとどうなるのでしょうか。問題となった外国関係会社の所得が会社単位で内国法人等の所得に合算されることになります。その結果、内国法人等の所得は合算された分の所得が増加するので、法人税等も増加することになります。

Q30　受取利子等の額を得るために直接要した費用の額

受取利子等の額を得るために直接要した費用の額とは、具体的にはどのようなものを指すのですか。

A

受取利子等の額を得るために直接要した費用の額とは、例えば、その受取利子等について課された源泉税や借入金を原資に金銭の貸付けを行う場合におけるその借入金に係る支払利子等のような、その受取利子等の額を得るために直接紐付きの関係が確認できる費用が想定されています。

Q31　受動的所得の中の受取利子等から除外されるグループファイナンス

受動的所得の中の受取利子等から除外されるグループファイナンスにとはどのような意味ですか。当社にはシンガポールとタイに子会社がありますが、シンガポールで資金調達してタイの子会社に貸付けを行い、利子を受領する場合、グループファイナンスに該当する可能性はありますか。

A

1　その本店所在地国においてその行う金銭の貸付けに係る事務所、店舗その他の固定施設を有し、かつ、その本店所在地国においてその役員又は使用人がその行う金銭の貸付けの事業を的確に遂行するために通常必要と認められる業務の全てに従事している部分対象外国関係会社が、グループファイナンスを行うため、その関連者等に対して行う金銭の貸付けに係る利子の額を有する場合には、受取利子等から除外することができます（措令39の17の３⑩三）。

2　多数の外国子会社を構えて国際的に事業展開する企業グループにおいては、各事業会社の資金需給を調整し、グループ全体での資金効率の最適化を図るためにグループファイナンス機能を有する外国子会社を設立する場合があります。

そこで、本店所在地国において実体のあるグループファイナンス事業を行っていると認められる部分対象外国関係会社が関連者等に対して行う金銭の貸付けによって得る利子については、部分合算課税の対象から除外することとされました。

3　以上のことから、受取利子等から除外されるグループファイナンスから生じる利子とは、多数の外国子会社を展開する企業グループにおいてのみ適用されるものと理解できます。したがって、ご質問のように、資金調達を１社だけのために行う場合には、グループファイナンスには該当しないものと考えられます。

Q32　部分対象外国関係会社の業務の通常過程で生ずる外国為替差損益

部分合算課税の対象となる外国為替差損益のうち、部分対象外国関係会社が行う業務の通常の過程で生ずる外国為替差損益とはどのようなものですか。

A

部分対象外国関係会社に限らず、輸出入を行う企業の場合、取引金額の売上計上日と実際に対価を受領する日の為替レートが全く同じ、ということはほとんどありません。変動相場制の下、輸出入取引を行うと、必ず為替差損益が生じることになります。

しかし、それら通常の取引の過程で生じる為替差損益を部分合算課税の対象とすることには、合理性がないとも考えられます。外国為替相場は関係する国の経済情勢によって決まるものであり、個別の企業によって動かせるものではありません。本税制の目的がいわゆるタックス・ヘイブンを用いた租税回避の防止にあることを考えれば、租税回避の可能性がない取引について合算課税を行う必要性はありません。

そこで、部分対象外国関係会社行う業務の通常の過程で生ずる外国為替差損益については、部分合算課税の対象から除外することとされました。

一方、部分対象外国関係会社が外国為替差損益を得ることを目的とする投機的な事業を行う場合、これに係る業務の通常の過程において生ずる外国為替差損益については、除外すべきものには該当しません。外国為替差損益を得るための活動は、部分対象外国関係会社で行う必要はなく、国内においても行うことができ、その場合は通常の法人税率が適用されます。このようなことから、外国為替差損益を得ることを目的とする投機的な事業を行う場合の為替差損益については、部分合算課税の対象とされます。

Q33　現地国で課された源泉税の「直接要した費用の額」の該当性

部分合算課税の対象となる「特定所得の金額」については、その所得を獲得するために直接要した費用の額を控除できるようになっています。これについて、当社の外国子会社が配当を受領した際、現地国で源泉税が課され納付されています。このような源泉税については、「直接要した費用の額」に該当するのでしょうか。

A

国税庁は、特定所得の金額に係る源泉税に関して、次のような通達を公表しています。

（特定所得の金額に係る源泉税等）
66の６－28　措置法第66条の６第６項第１号から第４号まで及び同項第８号から第10号まで並びに措置法令第39条の17の３第16項第１号に規定する「直接要した費用の額」には、措置法第66条の６第６項に規定する特定所得の金額に係る源泉税等（令第141条第２項第３号に掲げる税及びこれに附帯して課される法第２条第41号に規定する附帯税に相当する税その他当該附帯税に相当する税に類する税をいう。）の額が含まれることに留意する。

本通達については、まず、特定所得の金額について措置法に規定する配当、利子、有価証券の貸付け・譲渡、固定資産の貸付け、無形資産等の使用料、そして無形資産等の譲渡に係る対価を受領するために「直接要した費用の額」に限定しています。

その上で、この特定所得の金額の計算上、剰余金の配当等や債券利子などの収入金額を課税標準として、その支払者において徴収される源泉税等がある場合、その源泉税等の金額は収入金額から控除可能な「直接要した費用の額」に含まれることを、留意的に明らかにしています。

また、この源泉税等には法人税法第２条第41号に規定する附帯税に相当する税を含むことも明らかにしています。これは、仮に部分対象外国関係会社の所在地国又は地域の法令により、その部分対象外国関係会社に対して直接附帯税に相当する税が課される場合には、源泉税本税だけでなくその附帯税に相当する税も「直接要した費用の額」に含めて控除対象となる旨を明らかにしたものです。

なお、この「直接要した費用の額」に含まれることとされる源泉税等の範囲については、特定所得の金額を計算する場合の控除項目です。したがって、その特定所得の金額である剰余金の配当等や受取利子などを受け取る部分対象外国関係会社が賦課され又は負担すべきこととなる源泉税等の額に限定されることに留意する必要があります。

Q34　部分対象外国関係会社が無形資産等の研究開発を自ら行った場合

部分合算対象に含まれる無形資産等の使用料及び譲渡損益の額から除外されるものとして「部分対象外国関係会社が無形資産等の研究開発を自ら行った場合」がありますが、これについて説明してください。

A

1　無形資産等については、本来研究開発の主体者が保有すべきものです。しかし、租税負担割合が低い国（地域）に所在する外国関係会社が租税回避目的のため、無形資産等を保有している場合があるため、本税制では部分合算課税の対象としています。

ただし、外国関係会社が得る無形資産等の使用料及び譲渡損益について、外国関係会社が自ら行った研究開発の成果として保有している部分は、当然ですが部分合算課税の対象とすべきではありません。そこで、これらについては、これに該当することを明らかにする書類を保存している場合には、部分合算課税の対象から除くこととされています（措令39の17の３㉒一、㉖）。

2　ここでいう「自ら行った研究開発」について、国税庁は次の通達を公表しています。

> （自ら行った研究開発の意義）
>
> 66の６－29　措置法令第39条の17の３第22項第１号に規定する「部分対象外国関係会社が自ら行った研究開発」には、同号の部分対象外国関係会社が他の者に研究開発の全部又は一部を委託などして行う研究開発であっても、当該部分対象外国関係会社が自ら当該研究開発に係る企画、立案、委託先への開発方針の指示、費用負担及びリスク負担を行うものはこれに該当することに留意する。

3　これについて、国税庁は次のように説明しています。

自ら行った研究開発について、部分対象外国関係会社が他の者に研究開発を委託する場合であっても、自らが当該研究開発に係る企画、立案を行い当該研究開発を実施することの意思決定を行っていること、研究開発の実施が決定した後、委託先に対してその開発方針の指示を行っていること、その研究開発に係る費用負担やリスク負担を行っていることなどの事実があれば、このような研究開発は部分対象外国関係会社が自ら行ったものと同視して同様に取り扱っても課税上の弊害はないと考えられるとのことです。

したがって、部分対象外国関係会社が研究開発に係る費用負担のみを負うに過ぎず、研究開発の企画、立案そのものを他の者に一任しているような場合は、ここでいう「自ら行う研究開発」には当たらないことはいうまでもありません。

また、企画、立案を行っていることについて、例えば、外部のコンサルティング会社から研究開発のアイディアや案を提供（企画）してもらい、その案を採用して、結果的に研究開発を実施しているケースは自ら行った研究開発に該当しないと考える向きもあるとは思いますが、研究開発の企画の案が他の者によるものであっても、その案を採用して研究開発を行うという意思決定を自らが行っているものについては、企画が他の者の発案によるものであるという形式的事実のみをもって、自ら行った研究開発に該当しないこととはならないとのことです。

Q35　研究開発を自ら行ったことを明らかにする書類を保存している場合

Q34でいう「研究開発を自ら行ったことを明らかにする書類を保存している場合」の意味を説明してください。

A

1　本税制は、内国法人に係る外国関係会社の一定の所得を合算課税する制度です。本問のように、外国関係会社が自ら無形資産等の研究開発を行っている場合には、その外国関係会社が得る無形資産等に係る使用料及び譲渡損益については合算対象外になります。そのためには、合算すべき内国法人に一定の資料が保存されていることが求められています（措令39の17の３㉒）。

2　無形資産等の研究開発を外国関係会社が自ら行っている場合、研究開発に関する企画書やアイディアなどに関する資料が社内にあると考えられます。これに対して、研究委託を外部に行う場合にも一定の場合には、合算対象外とすることとされています。

3　国税庁は、この研究委託場合における内国法人が保存すべき書類について、措通66の６－29の解説の中で次のように説明しています。

　部分対象外国関係会社が自ら研究開発に係る企画、立案、委託先への開発方針の指示、費用負担及びリスク負担を行うものであることを明らかにする書類をいうことから、例えば、当該研究開発についての企画書、社内稟議書、経費に係る証ひょう類などの書類がこれに該当することになります。

Q36　部分適用対象金額の課税強化

平成29年度税制改正で、部分対象金額の計算方法について改正があったそうですが、それについて説明してください。

A

1　平成29年度改正前において、一定の資産性所得について部分合算課税の対象となる金額が定められていました。その中で特徴的なことは、課税対象となる特定外国子会社等がその事業年度において欠損金額を有する場合（簡単に言えば、赤字の場合）には部分合算課税の対象外とされていました。つまり、部分合算課税の金額は特定外国子会社等の所得金額が上限とされていました（旧措法66の６④）。

2　これに対して、改正後の本税制ではこの上限が廃止されました（措法66の６⑥）。これにより、部分合算課税の対象となる受動的所得がある場合には、部分対象外国関係会社が赤字であったとしても、受動的所得が生じていればその金額については合算課税の対象となります。

したがって、部分対象外国関係会社に受動的所得がある場合には、黒字・赤字に関係なく合算課税の対象となる場合があるので留意していただきたいと思います。

3　一方でQ18（173ページ）で説明したように、一定の適用免除があるので参照してください。

Q37　外国法人税額の計算における円換算の方法

外国関係会社の課税対象所得等に係る外国法人税額の計算については、円換算をすることになると思いますが、具体的にはどのようにすればいいのでしょうか。

A

1　外国関係会社の課税対象金額、部分課税対象金額又は金融子会社等部分課税対象金額について合算課税がある場合は、二重課税を排除するため外国税額控除の適用を受けることができることとされています（措法66の７）。

2　これについて、国税庁は次のように通達を公表しています。

（課税対象金額等に係る外国法人税額の計算）

66の６－30　措置法第66条の７第１項の規定を適用する場合における措置法令第39条の18第３項の規定による課税対象金額、同条第４項の規定による部分課税対象金額又は同条第５項の規定による金融子会社等部分課税対象金額に係る控除対象外国法人税の額の計算並びに同条第10項の規定による減額されたとみなされる控除対象外国法人税の額の計算は、その外国関係会社がその会計帳簿の作成に当たり使用する外国通貨表示の金額により行うものとし、その計算されたこれらの控除対象外国法人税の額の円換算については、66の６－４に準ずる。

3　国税庁の解説によれば、本通達では、この外国税額控除の計算及び控除対象外国法人税額が減額されたときの調整計算における円換算の基準について明らかにしているとのことです。

この場合における外国税額控除の計算及び税額控除の対象とした外国法人税が減額されたときの調整計算は、全て現地通貨ベースによる計数に基づいて行い、その現地通貨ベースによる算出額を一括して円換算した上で親会社である内国法人の課税計算に取り込むという方法を採ることとし、併せて、その場合の円換算は当該外国関係会社の当該事業年度終了の日の翌日から２か月を経過する日における電信売買相場の仲値（TTM）によって行うべきことを明らかにしています。

Q38　現地で作成された損益計算書等を日本の法令に適用させるための指針

外国関係会社の適用対象金額の計算は、日本の法令に基づくものが原則とされますが、外国関係会社の損益計算書等はもともと現地で作成されています。これを日本の法令に引き直すための指針などはありますか。

A

1　外国子会社合算税制の適用上、合算課税の対象とされる特定外国関係会社又は対象外国関係会社の適用対象金額の計算の基礎となる各事業年度の所得の金額（基準所得金額）は、日本の法人税法等の規定の例に準じて計算する方法とその外国関係会社の本店所在地国の法人税に関する法令により計算する方法のいずれかを法人が選択し、その選択した方法により計算することとされていますが、一旦選択した以上はその計算方法を継続して適用するものとされています（措法66の６①、措令39の15①②）。

2　国税庁はこの点について、次の通達を公表しています。

（法人税法等の規定の例に準じて計算する場合の取扱い）

66の６－20　措置法令第39条の15第１項第１号の規定により同項の外国関係会社の適用対象金額につき法及び措置法の規定の例に準じて計算する場合には、次に定めるものは、次によるものとする。（平29年課法２－22「二」により追加、平30年課法２－８「十」、令４年課法２－14「六十一」により改正）

⑴　青色申告書を提出する法人であることを要件として適用することとされている規定については、当該外国関係会社は当該要件を満たすものとして当該規定の例に準じて計算する。

⑵　減価償却費、評価損、圧縮記帳、引当金の繰入額、準備金の積立額等の損金算入又はリース譲渡に係る延払基準による収益及び費用の計上等確定した決算における経理を要件として適用することとされている規定については、当該外国関係会社がその決算において行った経理のほか、内国法人が措置法第66条の６の規定の適用に当たり当該外国関係会社の決算を修正して作成した当該外国関係会社に係る損益計算書等において行った経理をもって当該要件を満たすも

のとして取り扱う。この場合には、決算の修正の過程を明らかにする書類を当該損益計算書等に添付するものとする。

（注）　当該外国関係会社の決算の修正は、当該外国関係会社に係る内国法人が統一的に行うものとし、個々の内国法人ごとに行うことはできない。

⑶　内国法人が措置法第66条の６の規定の適用に当たり採用した棚卸資産の評価方法、減価償却資産の償却方法、有価証券の一単位当たりの帳簿価額の算出方法等は、同条を適用して最初に提出する確定申告書に添付する当該外国関係会社に係る損益計算書等に付記するものとし、一旦採用したこれらの方法は、特別の事情がない限り、継続して適用するものとする。

ここで注意すべきことは、外国関係会社の決算を修正して新たに損益計算書を作成することになるということです。そこで、外国関係会社の決算と修正された決算との関係を明らかにするため、決算の修正の過程を明らかにする書類をその損益計算書等に添付する必要があります。

Q39　赤字の外国関係会社の繰越欠損金の取扱い

これまで有していた発行済み株式の49%を保有していた外国法人の株式について、合弁相手からの希望もあり買い増したことから、100%保有となり外国関係会社になりました。同社は赤字続きでしたが、本税制の適用上、同社の繰越欠損金をどのように取り扱えばいいのでしょうか。

A

1　特定外国関係会社又は対象外国関係会社の各事業年度開始の日前７年以内に開始した事業年度において生じた欠損金額について、適用対象金額の計算上控除することとされています（措法66の６②四、措令39の15⑤一）。

ただし、特定外国関係会社又は対象外国関係会社に該当しなかった事業年度及び合算課税の適用免除となる事業年度、つまり、特定外国関係会社については租税負担割合が30％以上、対象外国関係会社については租税負担割合が20％以上の事業年度において生じた欠損金額については、控除の対象から除くこととされています（措令39の15⑤一）。

2　平成29年度税制改正前においては、特定外国子会社等に該当するのは租税負担割合が20％未満であり、平成27年度税制改正前（平成27年４月１日前開始事業年度）では租税負担割合が20％以下となっていました。改正後の特定外国関係会社又は対象外国関係会社に該当するものが、以前に特定外国子会社等に該当していた事業年度において生じた欠損金額については、引き続き適用対象金額の計算上控除されることになります。

3　以上のことから、これまでの持分が49％とのことですので、持分が50％超になって以降の事業年度分の欠損金額についてのみ、適用対象金額の計算上控除の対象となります。

Q40　実質支配と株式の保有の両方がある場合の課税対象所得の計算

外国関係会社の課税対象所得の計算を行う場合、実質支配関係と株式の保有の両方がある場合にどのように計算すればいいのでしょうか。

A

平成29年度税制改正において、新たに実質支配関係が導入されたことから、持株割合との関係をどのように考えるかについて、疑問が生じることになります。

そこで、以下に事例を掲げてみます。

（事例１）

ある外国関係会社（Ｘ１）について、内国法人Ａは100％の発行済み株式を直接保有している一方、居住者Ｂが実質支配関係を有すると仮定します。図に示すと次のとおりです。

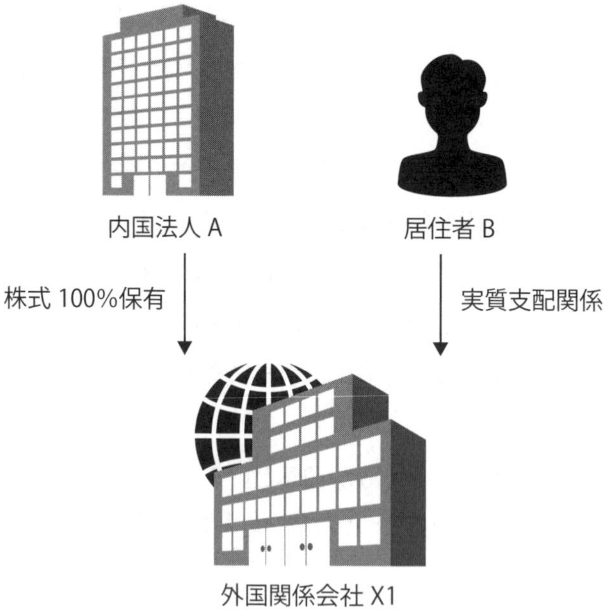

このような場合、実質支配関係が優先され内国法人Ａは株式を保有していないこととされます。したがって、外国関係会社Ｘ１の課税対象金額については、居住者Ｂの所得に合算されることになり、内国法人Ａの所得には合算課税されません。

（事例２）

ある外国関係会社（Ｘ２）について、内国法人Ｃは100％の発行済み株式を外国法人Ｄを通じて間接保有している一方、内国法人Ｂが実質支配関係を有すると仮定します。図に示すと次のとおりです。

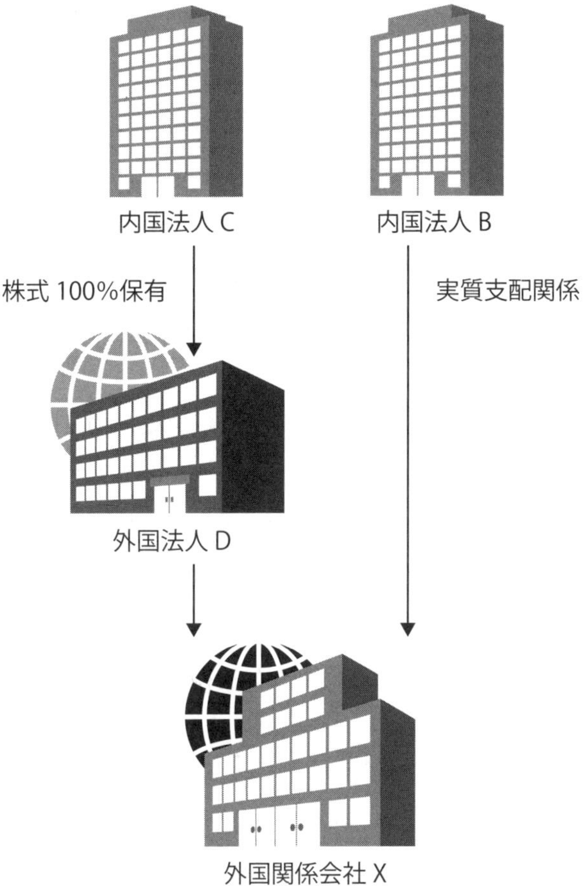

この場合も、実質支配関係が優先され内国法人Ｃは株式を保有していないこととされます。

Q41　ペーパー・カンパニーが保有する無形資産等を譲渡した譲渡益に対する課税

外国企業を買収したところ、その外国企業の子会社の中にペーパー・カンパニーがありました。平成30年度税制改正でペーパー・カンパニーを一定期間内に一定の要件を満たすことで、そのペーパー・カンパニーの株式譲渡益が合算対象から外れることになりました。ところで、そのペーパー・カンパニーが無形資産を保有していたとき、その無形資産も譲渡されることになりますが、その無形資産等の譲渡により譲渡益が出たときには課税されるのでしょうか。

A

1　平成30年度税制改正で、外国企業を買収した場合にその外国企業がいわゆるペーパー・カンパニーがその子会社等としてある場合があります。タックス・ヘイブン税制（外国子会社合算税制）は国により制度が異なっており、例えば米国の制度は日本の制度と大幅に異なり、ペーパー・カンパニーの所得を米国企業の所得に直ちに合算するという仕組みではありません。そこで、米国税制上合算課税されない子会社の所得が、日本のタックス・ヘイブン対策税制により合算課税の対象となることになります。

2　お尋ねのような場合、ペーパー・カンパニーの所得そのものについて平成30年度税制改正で一定の要件のもと合算課税の対象から除かれることになりました。しかし、ペーパー・カンパニーが無形資産等を保有していた場合、ペーパー・カンパニーを清算する際その無形資産等が譲渡されることになります。その際、譲渡益が出ることが考えられます。

この無形資産等の譲渡益については、現行制度では合算課税の対象になっています。

3　タックス・ヘイブン税制は、国によりその制度内容に大きな差異があります。外国の税制で合算課税の対象になっていなくても、日本のタックス・ヘイブン税制では合算課税の対象となる場合があります。外国企業の買収時には特に注意が必要になります。

Q42　二重課税の排除の方法

外国関係会社が納付する税額については、本店所在地国（地域）で納付する法人税額のほか、日本に所在する内国法人（居住者を含む）から受領する所得に関する源泉所得税額が考えられます。これらについて、どのように二重課税が排除されるのでしょうか。

A

1　外国関係会社が納付する税額については、内国法人等に合算される所得に応じて次の２つの方法により、二重課税が排除されることになっています。

2　外国関係会社が本店所在地国において納付する法人税額については、内国法人等に合算される所得に応じて、いわゆる外国税額控除により二重課税が排除されます（措法66条の７①）。

具体的には、第３部の申告書記載事例にあるように、法人税確定申告書別表17（３の５）「外国関係会社の課税対象金額等に係る控除対象外国法人税額等の計算に関する明細書」を用いて、外国関係会社の種類ごとに計算した控除対象外国法人税額を別表６（２の２）「当期の控除対象外国法人税額又は個別控除対象外国法人税額に関する明細書」の６欄に移記して、内国法人のその他の外国税額控除と合わせることによって、当期の法人税額から控除されることになります。

3　これに対して、外国関係会社が日本国内で納付する税額については、法人税法上の所得税額控除（法法68）と同じような形で税額控除することで二重課税を排除します（措法66条の７④）。

具体的には、法人税確定申告書別表17（３の６）付表「外国関係会社の課税対象金額等に係る控除対象所得税額等相当額等の計算に関する明細書」を用いて、外国関係会社の種類ごとに控除対象所得税額等相当額を計算します。これを別表17（３の６）「外国関係会社に係る控除対象所得税額等相当額及び個別控除対象所得税額等相当額の控除及び各連結法人の地方法人税の額から控除する個別控除対象所得税額等相当額の個別帰属額の計算に関する明細書」１欄に移記し、当期の法人税額から控除する金額を確定させます。そして、控除する金額を別表１⑴次葉11欄（地方法人税額から控除する金額は39欄）に記載することで、当期の法人税額から控除されることになります。

Q43　タックス・ヘイブン税制の適用を検討しなかった場合の外国税額控除

法人税の確定申告書を提出する際、当社はタックス・ヘイブン税制とは無関係だと思い全く検討していなかったのですが、先般の税務調査で合算課税がなされました。この場合、外国子会社が現地で納付した外国法人税の額があったのですが、外国税額控除が認められませんでした。なぜでしょうか。

A

この質問については、東京地裁令和３年２月16日判決（東京高裁令和３年11月24日判決）が参考になります。本問は、タックス・ヘイブン税制というよりは、外国税額控除の問題になりますが、東京地裁は次のように判示しました。

法人税法69条15項（筆者注：現在は25項）は，同法69条１項の規定は，確定申告書，修正申告書又は更正請求書に明細書の添付があり，かつ，控除対象外国法人税の額を課されたことを証する書類その他の財務省令で定める書類を保存している場合に限り，適用する旨定めるとともに，この場合において，同法69条１項の規定による控除をされるべき金額の計算の基礎となる控除対象外国法人税の額その他の財務省令で定める金額は，税務署長において特別の事情があると認める場合を除くほか，明細書に当該金額として記載された金額を限度とする旨定めるところ，かかる規定は，外国税額控除制度については，制度の適用を受けることを選択するか否か，又はその適用を受ける範囲をどうするかについて，内国法人又は連結法人の選択に係らしめることとし，その選択の内容及び控除金額の計算過程の透明性と適法性を確定申告書，修正申告書又は更正請求書の記載を通じて当該内国法人又は連結法人に担保せしめる趣旨のものと解される。

このような規定の文言等に鑑みれば，同法69条25項は，外国税額控除を受けるための適用要件を定めたものと解するのが相当である。

しかるところ，本件において，原告は，本件各事業年度の確定申告書，修正申告書，更正請求書において，外国税額控除を受けようとする外国法人税の範囲を明らかにしているものの，本件各香港子会社が納付した外国法人税に係る明細書を添付しておらず，本件各香港子会社に課された外国法人税の額をこれに含めていないのであるから，本件各香港子会社が納付した外国法人税について，外国税額控除を受けるための適用要件を満たさない。

このように、そもそも外国子会社がタックス・ヘイブン税制の適用対象であるか否かの検討を怠った場合、その外国子会社（外国関係会社）が納付した外国法人税の額について外交税額控除を受けられなくなり、結果として二重課税となります。外国子会社を有する内国法人には、本税制の検討が欠かせないことになります。

（注） 本事件は、高裁判決後、上告受理申立てをしたとされていますが、執筆時現在、最高裁の判断には接していませんのでご留意ください。

Q44　令和元年度改正で導入された企業集団等所得課税規定

令和元年度で「企業集団等所得課税規定」が導入されましたが、これについて説明してください。

A

1　令和元年度税制改正において、本税制について外国関係会社が連結納税やパススルー課税を行っている場合における租税負担割合、適用対象金額及び外国税額控除などの改正が行われました。本税制上、これらの計算においては、外国関係会社が所在する国（本店所在地国（地域））の法人税（外国法人税）に関する法令の規定から連結納税規定及びパススルー課税規定を除いた規定を適用して計算することになりました。

2　企業集団等所得課税規定とは、法令上、措令39条の15第6項に次のように（1号から3号まで）規定されています。

一　外国法人の属する企業集団の所得に対して法人所得税を課することとし、かつ、当該企業集団に属する一の外国法人のみが当該法人所得税に係る納税申告書に相当する申告書を提出することとする当該外国法人の本店所在地国の法令の規定（本店所在地国における連結納税規定）

二　外国法人の属する企業集団の所得に対して法人所得税を課することとし、かつ、当該企業集団に属する一の外国法人のみが当該法人所得税に係る納税申告書に相当する申告書を提出することとする当該外国法人の本店所在地国以外の国又は地域の法令の規定（第三国における連結納税規定）

三　外国法人の所得を当該外国法人の株主等である者の所得として取り扱うこととする当該外国法人の本店所在地国の法令の規定（パススルー課税規定）

3　令和元年度税制改正では、米国の連邦税率が大幅に引き上げられたこと、米国では連結納税規定及びパススルー課税規定があり、内国法人の子会社等も利用していること、を重視してこの改正が行われました。米国以外にもフランスにも連結納税規定があるほか、諸外国にも類似の連結納税規定があることから、外国関係会社が現地で連結納税規定を適用している場合、本規定の検討が求められます。

4　この点について、国税庁は令和元年７月に『連結納税規定等が適用される外国関係会社の適用対象金額等の計算方法等の改正に関するＱ＆Ａ』を公表しています。

その中で、英国にはグループリリーフ制度について、本規定は適用されないという記述があります。ところで、英国の法人税法におけるグループリリーフ制度は、適用対象となるグループ内の法人間において法人税法上の損失を移転する仕組みであり、グループ内の法人は対象となる損失をグループ内の他の法人に移転することで、結果として損益通算することができます。ただし、申告書はそれぞれ提出することになっているので、本規定の適用外であるとのことです。

Q45　外国税額控除の居住者への適用

タックス・ヘイブン税制は、内国法人だけでなく、居住者にも適用されるとのことですが、外国関係会社が本店所在地国で納付した外国法人税の額について、居住者においても外国税額控除は同じように適用されるのでしょうか。

A

タックス・ヘイブン税制は、外国関係会社に10パーセント以上の持分を有する居住者にも適用されます。課税対象金額は、「雑所得に係る収入金額とみなしてその者の雑所得に係る収入金額とみなして当該各事業年度終了の日の翌日から二月を経過する日の属する年分のその者の雑所得の金額の計算上、総収入金額に算入する。」（措法40条の４①）とされます。

雑所得は超過累進課税が適用されるので、場合によっては最高税率が適用されることも考えられます。そうなると、居住者としては、外国関係会社が本店所在地国で納付した外国法人税の額について、外国税額控除を認めてもらいたいと思うはずです。

この点について、措置法令第25条の24第２項で、「課税対象金額、部分課税対象金額又は金融子会社等部分課税対象金額に係る雑所得の金額は所得税法第95条第１項に規定する国外源泉所得に含まれないもの」と規定されており、居住者の場合、外国税額控除は適用されないこととされます。

これについては、居住者には所得税法上、雑所得として合算される一方、外国関係会社に課されるのは法人税であり、両者の税目が異なることから、内国法人の場合と異なりその外国法人税の額について外国税額控除の適用ができないとされています。

第３部

法人税確定申告書の様式と作成事例

第 1 章　タックス・ヘイブン税制に関係する別表の種類と概要

はじめに

タックス・ヘイブン対策税制となる外国関係会社を有する内国法人は、確定申告書において所用の別表を記載して提出しなければなりません。本税制は、平成29年度以降の税制改正でかなり複雑になっており、別表の記載も難解なものとなっています。

以下、関係する別表を示した上で、その別表の意義と第２章に記載する仮想ケースに基づく記載事例について説明します。

はじめに、令和５年９月１日現在、公表されているタックス・ヘイブン対策税制に関する法人税確定申告書別表は、次ページ以下のとおりです。

1　本税制に直接関係する別表

<table>
<tr><th>別表番号</th><th>別表名</th><th>概要</th></tr>
<tr><td>別表17（３）</td><td>添付対象外国関係会社の名称等に関する明細書</td><td>確定申告書に添付しなければならない外国関係会社の名称、本店所在地国、資本金等の基本情報のほか、適用対象金額・課税対象金額を記載する書類</td></tr>
<tr><td>別表17（３）付表１</td><td>添付対象外国関係会社に係る株式等の保有割合等に関する明細書</td><td>内国法人が添付外国関係会社に対する持分・実質支配関係を示す書類</td></tr>
<tr><td>別表17（３）付表２</td><td>添付対象外国関係会社に係る外国関係会社の区分及び所得に対する租税の負担割合の計算に関する明細書</td><td>添付外国関係会社の区分（特定外国関係会社、対象外国関係会社、外国金融子会社等以外の部分対象外国関係会社、外国金融子会社等）、租税負担割合を計算する明細書</td></tr>
<tr><td>別表17（３の２）</td><td>特定外国関係会社又は対象外国関係会社の適用対象金額等の計算に関する明細書</td><td>会社単位の合算課税となる特定外国関係会社・対象外国関係会社の適用対象金額・課税対象金額の明細書のほか、欠損金額の繰越等の明細書</td></tr>
<tr><td>別表17（３の３）</td><td>外国金融子会社等以外の部分対象外国関係会社に係る部分適用対象金額及び特定所得の金額等の計算に関する明細書</td><td rowspan="2">通常の部分対象外国関係会社の特定所得の金額の計算と部分適用所得金額・部分課税対象金額の計算の明細書</td></tr>
<tr><td>別表17（３の３）付表</td><td>外国金融子会社等以外の部分対象外国関係会社に係る特定所得の金額の計算等に関する明細書</td></tr>
<tr><td>別表17（３の４）</td><td>外国金融子会社等に係る金融子会社等部分適用対象金額及び特定所得の金額等の計算に関する明細書</td><td rowspan="2">外国金融子会社等の特定所得の金額の計算と部分合算課税となる部分適用所得金額等の計算の明細書</td></tr>
<tr><td>別表17（３の４）付表</td><td>外国金融子会社等に係る特定所得の金額の計算等に関する明細書</td></tr>
<tr><td>別表17（３の５）</td><td>外国関係会社の課税対象金額等に係る控除対象外国法人税額の計算に関する明細書</td><td>控除対象となる外国関係会社の外国法人税額の計算の明細書</td></tr>
</table>

別表17（３の６）	外国関係会社に係る控除対象所得税額等相当額の控除に関する明細書	控除対象となる外国関係会社が日本に納付した所得税・復興特別所得税・法人税・地方法人税等の額の計算の明細書
別表17（３の７）	特定課税対象金額等がある場合の外国法人から受ける配当等の益金不算入額等の計算に関する明細書	内国法人が外国法人（外国法人配当益金不算入の対象となる外国子会社除きます）から受ける剰余金の配当等の額の益金不算入の明細書
別表17（３の７）付表１	適格組織再編成に係る合併法人等の調整後の課税済金額の計算に関する明細書	内国法人が適格組織再編成により被合併法人等からその有する外国法人が保有する株式等の移転を受けた場合の特定課税対象金額とみなされる場合の明細書
別表17（３の７）付表２	適格分割等に係る分割法人等の調整後の課税済金額の計算に関する明細書	適格分割等に係る分割承継法人等が、被適格組織再編成により被合併法人等からその有する外国法人が保有する株式等の移転を受けた場合の特定課税対象金額とみなされる場合の明細書
別表17（３の８）	間接特定課税対象金額の計算に関する明細書	内国法人等が受けた配当が内国法人等の孫会社から受けたものである場合の間接特定課税対象金額の計算に関する明細書
別表17（３の９）	特殊関係内国法人及び添付対象外国関係法人の状況等に関する明細書	コーポレート・インバージョン税制の適用に関する明細書

このほか、タックス・ヘイブン対策税制の適用があることでこれを反映することになる別表を示すと次のとおりです。

これについて簡単に説明すると、本税制で内国法人の所得に合算される所得について、別表４で加算するとともに、控除される外国法人税額は別表６（２の２）に転記されるとともに、控除される所得税額等相当額については別表１に転記されることで、納付する法人税額・地方法人税額から控除されます。

別表１	各事業年度の所得に係る申告書－内国法人の分	控除対象外国法人税額を17欄に、控除対象所得税額等相当額を10欄に、それぞれ記載。地方法人税額については、前者は37欄に、後者を35欄に、それぞれ記載。
別表４	所得の金額の計算に関する明細書	１　本税制により外国関係会社の所得の金額を合算する場合、加算欄に「外国子会社合算所得金額」として記載する。 ２　控除対象となる外国法人税額を別表６（２の２）の７欄から本表30欄に転記する。 ３　控除対象所得税額等相当額を別表17（３の６）１欄から本表31欄に転記する。
別表６⑵	内国法人の外国税額の控除に関する明細書	別表６（２の２）21欄から本表１欄に転記して外国税額控除を行う。
別表６（２の２）	当期の控除対象外国法人税額に関する明細書	１　外国関係会社の課税対象金額等に係る控除対象外国法人税額（別表17（13の５）の37欄の数値を６欄に転記する。 ２　当期に減額された控除対象外国法人税額がある場合、外国関係会社に係る減額分（別表17（３の５）の36欄の数値を12欄に転記する。

2　法人税確定申告書別表の記載順序と解説

ここでは、タックス・ヘイブン税制に係る法人税確定申告書別表の一般的な記載順序と、後述する設例を理解するためのヒントとして、関係する別表の記載順序とその解説をします。

ステップ1　租税負担割合の計算

別表17（3）付表2（下半分）	添付対象外国関係会社に係る外国関係会社の区分及び所得に対する租税の負担割合の計算に関する明細書

まず、外国法人が本税制に規定する外国関係会社に該当するか否かの検討を行うため、別表17（3）付表2の下半分にある「所得に対する租税の租税負担割合の計算」を行います。この外国法人の租税負担割合が30％未満であれば外国関係会社になる可能性があるので、ステップ2に進みます。

所得に対する租税の負担割合の計算

区分		項目	番号	金額	区分	項目	番号	金額
所得の金額の計算	当期の所得金額	当期の決算上の利益又は欠損の額	22		租税の額の計算 / 本店所在地国の外国法人税の額	本店所在地国において課される外国法人税の額	34	
		本店所在地国における課税所得金額	23					
	加算	非課税所得の金額	24			所得の額に応じて税率が高くなる場合に納付したものとみなされる税額	35	（　　%）
		損金の額に算入した支払配当等の額	25					
		損金の額に算入した外国法人税の額	26			納付したものとみなして本店所在地国の外国法人税の額から控除される額	36	
		保険準備金繰入限度超過額	27			本店所在地国外において課される外国法人税の額	37	
		保険準備金取崩不足額	28			租税の額 ((34)から(37)までの合計額)	38	
		小計	29					
	減算	(24)のうち配当等の額	30		所得に対する租税の負担割合	$\frac{(38)}{(33)}$	39	%
		益金の額に算入した還付外国法人税の額	31					
		小計	32		(33)が零又は欠損金額となる場合の租税の負担割合		40	
所得の金額 ((22)又は(23))＋(29)－(32)			33					

別表十七(三)付表二

何といっても租税負担割合の計算が重要

ステップ2　内国法人等が保有する株式割合と実質支配関係の有無の記載

別表17（3）付表1	添付対象外国関係会社に係る株式等の保有割合等に関する明細書

内国法人等がその外国法人にどの程度出資しているか、又は実質支配関係にあるか否かについて判定します。

まず、内国法人等がその外国法人に50％超の出資又は実質支配関係にあれば、その外国法人は外国関係会社になります。

次に、確定申告を行う内国法人等がその外国関係会社に10％以上の出資又は実質支配関係があれば、本税制の対象になる可能性があるので、ステップ3に進みます。

その際、実質支配関係があれば、持株割合よりも優先されます。

添付対象外国関係会社に係る株式等の保有割合等に関する明細書

事業年度	・・ ・・	法人名	

別表十七(三)付表一 令五・四・一以後終了事業年度分

外国関係会社の名称	1		事業年度	2	・・ ・・

居住者等株主等の株式等保有割合等

		氏名又は名称	住所又は本店所在地	株式等保有割合 直接	株式等保有割合 間接	議決権保有割合 直接	議決権保有割合 間接	請求権保有割合 直接	請求権保有割合 間接	実質支配関係
		3	4	5	6	7	8	9	10	11
居住者・内国法人等		本人		%	%	%	%	%	%	有・無
		同族株主グループ（本人を除く。）								
		その他								
合計				%		%		%		

P社の持株割合を記載します。

こちらに該当するとこちらが優先します。

同族株主グループの株式等保有割合等

氏名又は名称	住所又は本店所在地	株式等保有割合	議決権保有割合	請求権保有割合	実質支配関係
12	13	14	15	16	17
本人		%	%	%	有・無
その他					
合計					

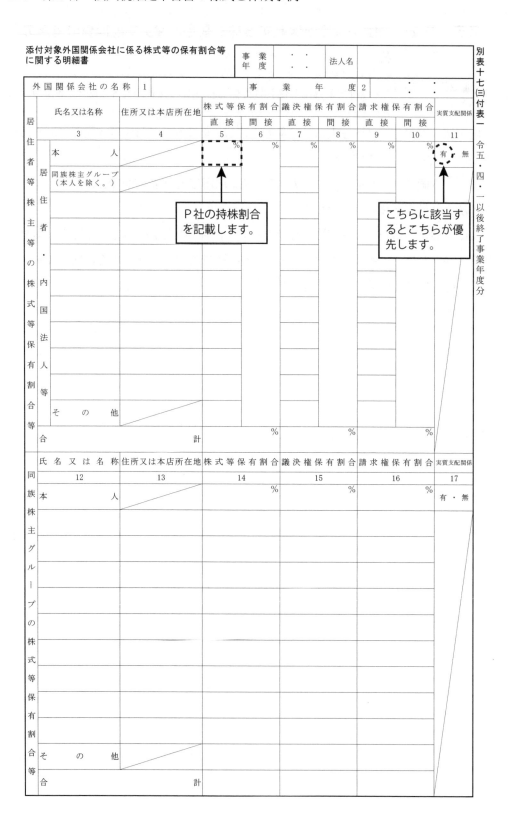

ステップ3　添付対象外国関係会社に係る外国関係会社の区分に関する明細書の記載

別表17（3）付表2（上半分）	添付対象外国関係会社に係る外国関係会社の区分及び所得に対する租税の負担割合の計算に関する明細書

外国関係会社が、特定外国関係会社、対象外国関係会社、外国金融子会社等又は外国金融子会社等以外の部分対象外国関係会社のいずれかに該当するか否かについて、判定を行います。ここで、上のいずれかに該当した場合は次のステップに進みます。

一方、いずれにも該当しない場合であっても外国関係会社の租税負担割合が20%未満であれば、次のステップ4に掲げる別表の基本情報を記載した上で添付書類を提出することになります。

添付対象外国関係会社に係る外国関係会社の区分及び所得に対する租税の負担割合の計算に関する明細書	事業年度	・・ ・・	法人名	

別表十七(三)付表二　令五・四・一以後終了事業年度分

外国関係会社の名称			1	
事業年度			2	・・ ・・
添付対象外国関係会社に係る外国関係会社の区分に関する明細				
特定外国関係会社の判定				
ペーパー・カンパニー		主たる事業を行うに必要と認められる固定施設を有する外国関係会社でないこと	3	該当・非該当・未判定
		本店所在地国において事業の管理、支配及び運営を自ら行う外国関係会社でないこと	4	該当・非該当・未判定
		外国子会社の株式等の保有を主たる事業とする一定の外国関係会社でないこと	5	該当・非該当・未判定
		特定子会社の株式等の保有を主たる事業とする等の一定の外国関係会社でないこと	6	該当・非該当・未判定
		不動産の保有、石油その他の天然資源の探鉱等又は社会資本の整備に関する事業の遂行上欠くことのできない機能を果たしている等の一定の外国関係会社でないこと	7	該当・非該当・未判定
キャッシュ・ボックス		総資産額に対する一定の受動的所得の金額の割合が30%を超える外国関係会社(総資産額に対する一定の資産の額の割合が50%を超えるものに限る。)であること	8	該当・非該当・未判定
		非関連者等収入保険料の合計額の収入保険料の合計額に対する割合が10%未満であり、かつ、非関連者等支払再保険料合計額の関連者等収入保険料の合計額に対する割合が50%未満である外国関係会社であること	9	該当・非該当・未判定
対象外国関係会社の判定				
経済活動基準	事業基準	株式等若しくは債券の保有、無形資産等の提供又は船舶若しくは航空機の貸付けを主たる事業とする外国関係会社でないこと	10	該当・非該当・未判定
	事業基準の特例	統括会社特例の適用	11	有・無
		外国金融持株会社特例の適用	12	有・無
		航空機リース子会社特例の適用	13	有・無
	実体基準	本店所在地国において主たる事業を行うに必要と認められる固定施設を有する外国関係会社であること	14	該当・非該当・未判定
	管理支配基準	本店所在地国において事業の管理、支配及び運営を自ら行う外国関係会社であること	15	該当・非該当・未判定
	非関連者基準	非関連者取引割合が50%を超える外国関係会社であること	16	該当・非該当・未判定
	所在地国基準	主として本店所在地国において事業を行う外国関係会社であること	17	該当・非該当・未判定
部分対象外国関係会社の判定				
特定外国関係会社及び対象外国関係会社以外の外国関係会社であること			18	該当・非該当・未判定
清算外国金融子会社等であること			19	該当・非該当・未判定
(2)の事業年度が特定清算事業年度であること			20	該当・非該当・未判定
外国金融子会社等であること			21	該当・非該当・未判定
所得に対する租税の負担割合の計算				

ステップ４　添付対象外国関係会社の基本情報の記載

別表17（3）の上半分	添付対象外国関係会社の名称等に関する明細書

内国法人等が出資する又は実質支配関係にある添付対象外国関係会社の名称、本店所在地、事業年度、主たる事業、外国関係会社の区分、資本金額、株式等の保有割合、売上高、営業利益、税引前利益、利益剰余金、租税負担割合といった基本情報を記載します。

外国関係会社の区分のいずれかに該当する場合、ステップ５に進みます。

添付対象外国関係会社の名称等に関する明細書

事業年度	・　・ ・　・	法人名	

外国関係会社の名称等	名称	1			
	本店又は主たる事務所の所在 国名又は地域名	2			
	本店又は主たる事務所の所在 所在地	3			
	事業年度	4	・　・ ・　・	・　・ ・　・	・　・ ・　・
	主たる事業	5			
	外国関係会社の区分	6	特定外国関係会社 ・ 対象外国関係会社 ・ 外国金融子会社等以外の部分対象外国関係会社 ・ 外国金融子会社等	特定外国関係会社 ・ 対象外国関係会社 ・ 外国金融子会社等以外の部分対象外国関係会社 ・ 外国金融子会社等	特定外国関係会社 ・ 対象外国関係会社 ・ 外国金融子会社等以外の部分対象外国関係会社 ・ 外国金融子会社等
	資本金の額又は出資金の額	7	（　　円）	（　　円）	（　　円）
	株式等の保有割合	8	%	%	%
	営業収益又は売上高	9	（　　円）	（　　円）	（　　円）
	営業利益	10	（　　円）	（　　円）	（　　円）
	税引前当期利益	11	（　　円）	（　　円）	（　　円）
	利益剰余金	12	（　　円）	（　　円）	（　　円）
	所得に対する租税の負担割合 （別表十七（三）付表二「39」又は「40」）	13	%	%	%
	企業集団等所得課税規定の適用を受ける外国関係会社の該当・非該当	14	該当・非該当	該当・非該当	該当・非該当
	添付書類	15	貸借対照表、損益計算書、株主資本等変動計算書、損益金処分表、勘定科目内訳明細書、本店所在地国の法人所得税に関する法令により課される税に関する申告書の写し、企業集団等所得課税規定の適用がないものとした場合に計算される法人所得税の額に関する計算の明細書及び	貸借対照表、損益計算書、株主資本等変動計算書、損益金処分表、勘定科目内訳明細書、本店所在地国の法人所得税に関する法令により課される税に関する申告書の写し、企業集団等所得課税規定の適用がないものとした場合に計算される法人所得税の額に関する計算の明細書及び	貸借対照表、損益計算書、株主資本等変動計算書、損益金処分表、勘定科目内訳明細書、本店所在地国の法人所得税に関する法令により課される税に関する申告書の写し、企業集団等所得課税規定の適用がないものとした場合に計算される法人所得税の額に関する計算の明細書及び

別表十七㈢　令五・四・一以後終了事業年度分

いずれに該当するかにより、使用する別表が決まってきます。

外国関係会社が連結納税やパススルー課税を受けているか否かにより判定します。

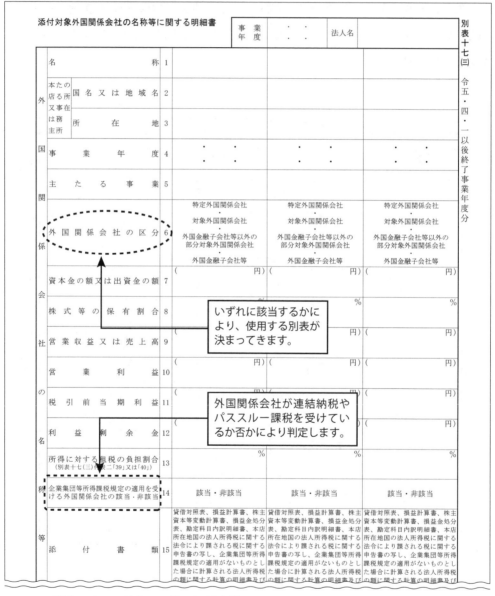

※　この別表では、３社までの外国関係会社について記載できます。

ステップ５　特定外国関係会社又は対象外国関係会社の適用対象金額等の計算に関する明細の記載

別表17（３の２）	特定外国関係会社又は対象外国関係会社の適用対象金額等の計算に関する明細書

外国関係会社の区分のうち、特定外国関係会社又は対象外国関係会社（＝会社単位の合算）と判定された場合、この別表で基準所得金額、適用対象金額及び課税対象金額を現地通貨で計算します。

具体的には、外国関係会社の本店所在地国に提出する（予定を含みます。）確定申告書に基づいて現地通貨で記載します。適用法令は日本の法令でも現地の法令のいずれでも構いませんので、どちらかに○印を付し、所得金額からスタートして加減算して基準所得金額を算出します。その後、外国関係会社に繰越欠損金がある場合には、本別表の下半分で計算し、当期控除額があるなどした場合に記載します。

ただし、これらの外国関係会社が本店所在地国などで外国法人税の額を納付している場合には後述する別表17（３の５）を、また日本国内で源泉所得税などを納付している場合には別表17（３の６）を、それぞれ記載して二重課税を排除することになります。

なお、28欄のカッコ書きに円貨で表示する金額は、外国関係会社の当該事業年度終了の日の翌日から２か月経過した日のTTMを用いて算出した額となります。

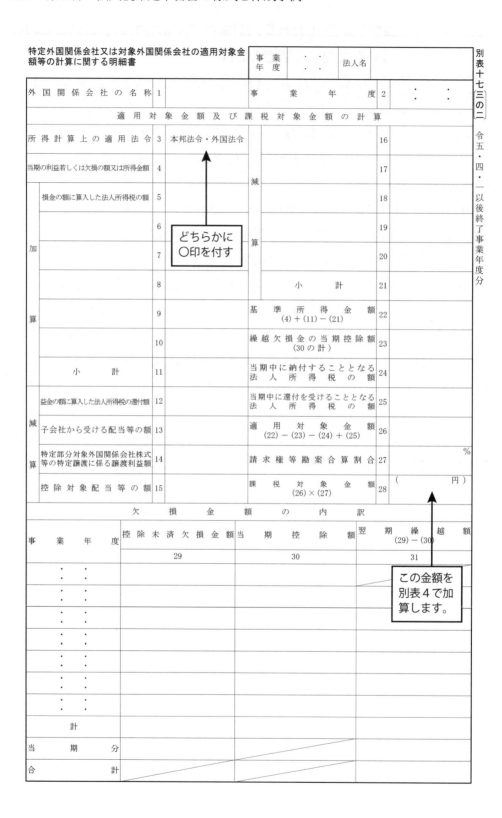

特定外国関係会社又は対象外国関係会社の適用対象金額等の計算に関する明細書

事業年度	・・ ・・	法人名	

別表十七(三の二)　令五・四・一以後終了事業年度分

外国関係会社の名称	1		事業年度	2	・・ ・・

適用対象金額及び課税対象金額の計算

所得計算上の適用法令		3	本邦法令・外国法令	減算		16	
当期の利益若しくは欠損の額又は所得金額		4				17	
加算	損金の額に算入した法人所得税の額	5				18	
		6				19	
		7				20	
		8			小計	21	
		9		基準所得金額 (4)＋(11)－(21)		22	
		10		繰越欠損金の当期控除額 (30の計)		23	
	小計	11		当期中に納付することとなる法人所得税の額		24	
減算	益金の額に算入した法人所得税の還付額	12		当期中に還付を受けることとなる法人所得税の額		25	
	子会社から受ける配当等の額	13		適用対象金額 (22)－(23)－(24)＋(25)		26	
	特定部分対象外国関係会社株式等の特定譲渡に係る譲渡利益額	14		請求権等勘案合算割合		27	%
	控除対象配当等の額	15		課税対象金額 (26)×(27)		28	(　　　円)

どちらかに
〇印を付す

欠損金額の内訳

事業年度	控除未済欠損金額	当期控除額	翌期繰越額 (29)－(30)
	29	30	31
・・ ・・			
・・ ・・			
・・ ・・			
・・ ・・			
・・ ・・			
・・ ・・			
・・ ・・			
計			
当期分			
合計			

この金額を
別表4で加
算します。

ステップ６　適用対象金額、課税対象金額等の状況等の記載

別表17（３）の下半分	添付対象外国関係会社の名称等に関する明細書

ステップ５で算出された適用対象金額、ステップ７又はステップ８で算出される部分適用対象金額又は金融子会社等部分適用対象金額を16欄に移記するとともに、別表17（３の２）27欄等に記載した請求権等勘案合算割合を17欄に、さらにステップ５で算出された課税対象金額、ステップ７又はステップ８で算出される部分課税対象金額又は金融子会社等部分課税対象金額等を18欄に移記します。

そして、18欄の金額（円表示の数値）を別表４に加算項目として「外国子会社合算所得金額」と記載（処分は社外流出）することになります。

課税対象金額等の状況	適用対象金額、部分適用対象金額又は金融子会社等部分適用対象金額（別表十七（三の二）「26」、別表十七（三の三）「7」又は別表十七（三の四）「9」）	16			
	請求権等勘案合算割合（別表十七（三の二）「27」、別表十七（三の三）「8」又は別表十七（三の四）「10」）	17	%	%	%
	課税対象金額、部分課税対象金額又は金融子会社等部分課税対象金額（別表十七（三の二）「28」、別表十七（三の三）「9」又は別表十七（三の四）「11」）	18	（　　円）	（　　円）	（　　円）

別表十七(三)

ステップ７　部分対象外国関係会社の部分適用対象金額等の計算に関する明細の記載

別表17（３の３）	外国金融子会社等以外の部分対象外国関係会社に係る部分適用対象金額及び特定所得の金額等の計算に関する明細書
別表17（３の３）付表	外国金融子会社等以外の部分対象外国関係会社に係る特定所得の金額の計算等に関する明細書

外国関係会社が外国金融子会社等以外の部分対象外国関係会社（＝部分合算対象）と判定された場合、この別表と付表の２つで特定所得の金額を計算した上で、部分適用対象金額と部分課税対象金額の計算を行います。

特定所得のうち、固定資産の貸付けに係る収益、無形資産等の使用許諾に係る収益・譲渡損益、そして異常所得については、付表で計算します。一方、剰余金の配当等、受取利子等、有価証券の貸付けに係る収益・譲渡損益、デリバティブ取引に係る損益、外国為替差損益及びその他の金融所得については、別表17（３の３）で計算します。

特定所得の金額が算出できれば、付表で計算した部分適用対象損失額の当期控除額を控除して部分適用対象金額（７欄）、そして部分課税対象金額（９欄）が算出されます。これをステップ６で説明したように、別表17（３）の18欄に記載することになります。別表４で加算するのも同様です。

ただし、部分対象外国関係会社が本店所在地国などで外国法人税の額を納付している場合には、後述する別表17（３の５）を、また日本国内で源泉所得税などを納付している場合には別表17（３の６）を、それぞれ記載して二重課税を排除することになります。

別表十七(三の三)　令五・四・一以後終了事業年度分

外国金融子会社等以外の部分対象外国関係会社に係る部分適用対象金額及び特定所得の金額等の計算に関する明細書

事業年度	・　・ ・　・	法人名	

外国金融子会社等以外の部分対象外国関係会社の名称	1		事業年度	2	・　・ ・　・	

部分適用対象金額及び部分課税対象金額の計算

(21)＋(30)＋(33)＋(別表十七(三の三)付表「11」＋「21」＋「39」)	3		(4)－(5)	6	
(40)＋(48)＋(51)＋(54)＋(62)＋(別表十七(三の三)付表「31」)(マイナスの場合は0)	4		部分適用対象金額 (3)＋(6)	7	
			請求権等勘案合算割合	8	%
部分適用対象損失額の当期控除額 (別表十七(三の三)付表「41の計」)	5		部分課税対象金額 (7)×(8)	9	(　　　円)

特定所得の金額の計算

特定所得の計算

剰余金の配当等		剰余金の配当等の額の合計額	10	
		(10)のうち持株割合25%以上等の子法人から受ける剰余金の配当等の額((12)に該当するものを除く。)	11	
		(10)のうち持株割合10%以上等の資源関連外国子法人から受ける剰余金の配当等の額	12	
		(11)及び(12)のうち支払法人において損金算入される剰余金の配当等の額	13	
		(10)－((11)＋(12)－(13))	14	
		(14)に係る直接費用の額の合計額	15	
	負債利子配賦額	当期に支払う負債利子の額の合計額	16	
		(16)のうち(15)に含まれる金額	17	
		総資産の帳簿価額	18	
		(14)に係る株式等の帳簿価額	19	
		$(16)\times\frac{(19)}{(18)}-(17)$ (マイナスの場合は0)	20	
		(14)－(15)－(20) (マイナスの場合は0)	21	
受取利子等		受取利子等の額の合計額	22	
		(22)のうち業務の通常の過程において生ずる預貯金利子の額	23	
		(22)のうち一定の貸金業者が行う金銭の貸付けに係る利子の額	24	
		(22)のうち一定の割賦販売等に係る利子の額	25	
		(22)のうち一定の棚卸資産の販売から生ずる利子の額((25)に該当するものを除く。)	26	
		(22)のうち一定のグループファイナンスに係る利子の額((24)に該当するものを除く。)	27	
		(22)－((23)＋(24)＋(25)＋(26)＋(27))	28	
		(28)に係る直接費用の額の合計額	29	
		(28)－(29) (マイナスの場合は0)	30	
有価証券の貸付けに係る収益		有価証券の貸付けによる対価の額の合計額	31	
		(31)に係る直接費用の額の合計額	32	
		(31)－(32) (マイナスの場合は0)	33	
有価証券の譲渡損益		有価証券の譲渡に係る対価の額の合計額	34	
		(34)のうち持株割合25%以上の法人の株式等の譲渡に係る対価の額の合計額	35	
		(34)－(35)	36	

有価証券の譲渡損益	(34)に係る原価の額の合計額	37	
	(37)のうち持株割合25%以上の法人の株式等の譲渡に係る対価の額の合計額に係る原価の額の合計額	38	
	(36)に係る直接費用の額の合計額	39	
	(36)－(((37)－(38))＋(39))	40	
	一単位当たりの帳簿価額の算出の方法	41	移動平均法・総平均法
デリバティブ取引に係る損益	デリバティブ取引に係る損益の額	42	
	(42)のうちヘッジ取引として行った一定のデリバティブ取引に係る損益の額	43	
	(42)のうち短期売買商品等損失額を減少させるために行った一定のデリバティブ取引に係る損益の額((43)に該当するものを除く。)	44	
	(42)のうち先物外国為替契約等に相当する契約に基づくデリバティブ取引に係る損益の額((44)に該当するものを除く。)	45	
	(42)のうち一定の金利スワップ等に係る損益の額((44)に該当するものを除く。)	46	
	(42)のうち一定の商品先物取引業者等が行う一定の商品先物取引に係る損益の額((43)から(46)までに該当するものを除く。)	47	
	(42)－((43)＋(44)＋(45)＋(46)＋(47))	48	
外国為替差損益	外国為替差損益の額	49	
	(49)のうちその行う事業(投機的な取引を行う事業を除く。)に係る業務の通常の過程において生ずる外国為替差損益の額	50	
	(49)－(50)	51	
その他の金融所得	その他の金融所得に係る損益の額((21)、(30)、(33)、(40)、(48)又は(51)に該当するものを除く。)	52	
	(52)のうちヘッジ取引として行った一定の取引に係る損益の額	53	
	(52)－(53)	54	
保険所得	当期に収入した、又は収入すべきことの確定した収入保険料(当該収入保険料のうち払い戻した、又は払い戻すべきものを除く。)	55	
	当期に収入した、又は収入すべきことの確定した再保険返戻金	56	
	当期に支払った、又は支払うべきことの確定した再保険料及び解約返戻金の合計額	57	
	(55)＋(56)－(57) (マイナスの場合は0)	58	
	当期に支払った、又は支払うべきことの確定した支払保険金の額の合計額	59	
	当期に収入した、又は収入すべきことの確定した再保険金の額の合計額	60	
	(59)－(60) (マイナスの場合は0)	61	
	(58)－(61)	62	

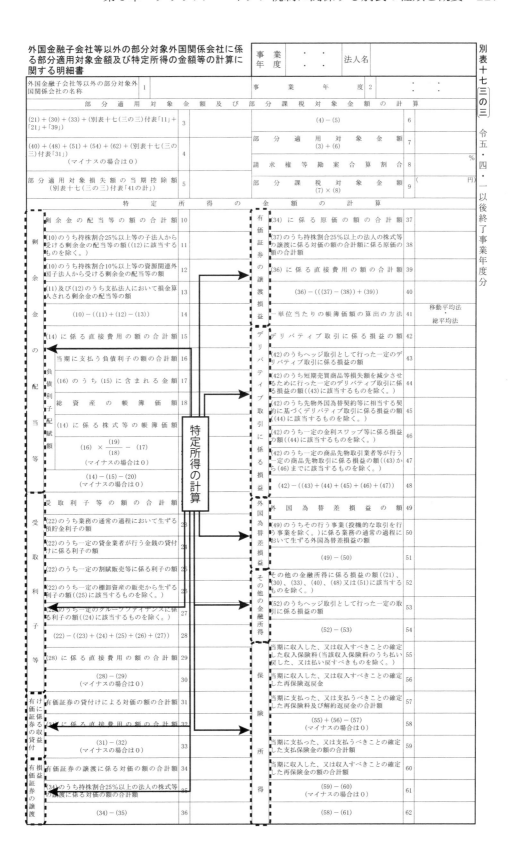

外国金融子会社等以外の部分対象外国関係会社に係る特定所得の金額の計算等に関する明細書

事業年度	・　・ ・　・	法人名	

別表十七(三の三)付表　令五・四・一以後終了事業年度分

外国金融子会社等以外の部分対象外国関係会社の名称	1		事業年度	2	・　・ ・　・	

特定所得の金額の計算

特定所得の計算

固定資産の貸付けに係る収益	固定資産(無形資産等を除く。)の貸付けによる対価の額の合計額	3	
	(3)のうち主としてその本店所在地国において使用に供される固定資産(不動産及び不動産の上に存する権利を除く。)の貸付けによる対価の額((6)に該当するものを除く。)	4	
	(3)のうちその本店所在地国にある不動産及び不動産の上に存する権利の貸付けによる対価の額((6)に該当するものを除く。)	5	
	(3)のうち一定の要件を満たす部分対象外国関係会社が行う固定資産の貸付けによる対価の額	6	
	(3)－((4)＋(5)＋(6))	7	
	(7)に係る直接費用の額の合計額((9)に該当するものを除く。)	8	
	(7)に係る償却費の額	9	
	(8)＋(9)		
	(7)－(10) (マイナスの場合は0)		
	償却費計算上の適用法令		本邦法令・外国法令
無形資産等の使用許諾に係る収益	無形資産等の使用料の合計額		
	(13)のうち部分対象外国関係会社が自ら行った研究開発の成果に係る無形資産等の使用料		
	(13)のうち部分対象外国関係会社が取得をしその事業の用に供する無形資産等の使用料	15	
	(13)のうち部分対象外国関係会社が使用を許諾されその事業の用に供する無形資産等の使用料	16	
	(13)－((14)＋(15)＋(16))	17	
	(17)に係る直接費用の額の合計額((19)に該当するものを除く。)	18	
	(17)に係る償却費の額	19	
	(18)＋(19)	20	
	(17)－(20) (マイナスの場合は0)	21	
	償却費計算上の適用法令	22	本邦法令・外国法令

無形資産等の譲渡損益	無形資産等の譲渡に係る対価の額の合計額	23	
	(23)のうち部分対象外国関係会社が自ら行った研究開発の成果に係る無形資産等の譲渡に係る対価の額	24	
	(23)のうち部分対象外国関係会社が取得をしその事業の用に供する無形資産等の譲渡に係る対価の額	25	
	(23)－((24)＋(25))	26	
	(23)に係る原価の額の合計額	27	
	(27)のうち部分対象外国関係会社が自ら行った研究開発の成果に係る無形資産等の譲渡に係る対価の額に係る原価の額の合計額	28	
	(27)のうち部分対象外国関係会社が取得をしその事業の用に供する無形資産等の譲渡に係る対価の額に係る原価の額の合計額	29	
	(26)に係る直接費用の額の合計額	30	
	(26)－(((27)－(28)－(29))＋(30))	31	
異常所得	税引後当期利益の額	32	
	(別表十七(三の三)「10」＋「22」＋「31」＋(「34」－「37」)＋「42」＋「49」＋「52」＋「62」)＋(3)＋(13)＋((23)－(27))	33	
	(32)－(33) (マイナスの場合は0)	34	
	所得控除の金額　総資産の帳簿価額	35	
	所得控除の金額　人件費の額	36	
	所得控除の金額　減価償却費の累計額	37	
	所得控除の金額　((35)＋(36)＋(37))×50%	38	
	(34)－(38) (マイナスの場合は0)	39	

部分適用対象損失額の内訳

事業年度	控除未済部分適用対象損失額 40	当期控除額 41	翌期繰越額 (40)－(41) 42
・　・ ・　・			
・　・ ・　・			
・　・ ・　・			
・　・ ・　・			
・　・ ・　・			
・　・ ・　・			
・　・ ・　・			
計			
当期分			
合計			

ステップ８　外国金融子会社等の部分適用対象金額等の計算に関する明細の記載

別表17（３の４）	外国金融子会社等に係る金融子会社等部分適用対象金額及び特定所得の金額等の計算に関する明細書
別表17（３の４）付表	外国金融子会社等に係る特定所得の金額の計算等に関する明細書

外国関係会社が外国金融子会社等に該当する場合、それぞれの特定所得の金額を算出したあとに部分課税対象金額を算出し、この金額を別表４で加算することになります。

具体的な流れは、その外国関係会社が外国金融機関か外国金融持株会社等のいずれに該当するかに○印を付すほかはステップ７と同様ですが、外国金融子会社等に該当する事例が少ないと思料されたことから、本書では記載例を省略しています。

なお、二重課税を排除することについても、ステップ７と同様に行います。

外国金融子会社等に係る金融子会社等部分適用対象金額及び特定所得の金額等の計算に関する明細書

事業年度	・　・ ・　・	法人名	

別表十七(三の四)　令五・四・一以後終了事業年度分

外国金融子会社等の名称	1		事業年度	2	・　・ ・　・
外国金融子会社等の区分	3		外国金融機関　・　外国金融持株会社等		

どちらかに○印を付す

金融子会社等部分適用対象金額及び金融子会社等部分課税対象金額の計算

(40)＋(別表十七(三の四)付表「11」＋「42」)	4		(4)＋(7)	8	
別表十七(三の四)付表「21」 (マイナスの場合は0)	5		金融子会社等部分適用対象金額 ((8)と(31)のいずれか多い金額)	9	
金融子会社等部分適用対象損失額の当期控除額 (別表十七(三の四)付表「44の計」)	6		請求権等勘案合算割合	10	%
(5)－(6)	7		金融子会社等部分課税対象金額 (9)×(10)	11	(　　円)

特定所得の金額の計算

特定所得の計算

外国金融子会社等に係る異常な水準の資本に係る所得

親会社等資本持分相当額	事業年度終了時における貸借対照表に計上されている総資産の帳簿価額	12	
	事業年度終了時における貸借対照表に計上されている総負債の帳簿価額	13	
	(12)－(13) (マイナスの場合は0)	14	
	事業年度終了時における貸借対照表に計上されている利益剰余金の額 (零を下回る場合はその零を下回る額)	15	
	当該事業年度以前の各事業年度において利益剰余金の額を減少して資本金の額等を増加した場合のその増加した金額	16	
	事業年度終了時における貸借対照表に計上されている特定外国金融機関の株式等及び他の外国金融持株会社等の株式等の帳簿価額	17	
	外国金融機関である場合 (14)－((15)＋(16)) (マイナスの場合は0)	18	
	外国金融持株会社等である場合 (14)－((15)＋(16)＋(17)) (マイナスの場合は0)	19	
事業年度終了時における貸借対照表に計上されている総資産の帳簿価額 (12)		20	
再保険契約に伴い積み立てないこととした責任準備金に相当するものの額及び支払備金に相当するものの額の合計額		21	
(20)又は((20)＋(21))		22	
(18)又は(19) ――― (22)		23	%
本店所在地国の法令に基づき下回ることのできない資本の額の2倍に相当する金額		24	
((18)又は(19))－(24) (マイナスの場合は0)		25	

外国金融子会社等に係る異常な水準の資本に係る所得

親会社等の自己資本利益率	親会社等事業年度の税引後当期利益の額	26	
	親会社等事業年度終了の時における貸借対照表に計上されている総資産の帳簿価額	27	
	親会社等事業年度終了の時における貸借対照表に計上されている総負債の帳簿価額	28	
	(27)－(28) (マイナスの場合は0)	29	
	$\frac{(26)}{(29)}$と10%のうち高い割合	30	%
(25)×(30)		31	

固定資産の貸付けに係る収益

固定資産(無形資産等を除く。)の貸付けによる対価の額の合計額	32	
(32)のうち主としてその本店所在地国において使用に供される固定資産(不動産及び不動産の上に存する権利を除く。)の貸付けによる対価の額((35)に該当するものを除く。)	33	
(32)のうちその本店所在地国にある不動産及び不動産の上に存する権利の貸付けによる対価の額((35)に該当するものを除く。)	34	
(32)のうち一定の要件を満たす部分対象外国関係会社が行う固定資産の貸付けによる対価の額	35	
(32)－((33)＋(34)＋(35))	36	
(36)に係る直接費用の額の合計額((38)に該当するものを除く。)	37	
(36)に係る償却費の額	38	
(37)＋(38)	39	
(36)－(39) (マイナスの場合は0)	40	
償却費計算上の適用法令	41	本邦法令・外国法令

外国金融子会社等に係る特定所得の金額の計算等に関する明細書

事業年度	・・ ・・	法人名	

別表十七（三の四）付表　令五・四・一以後終了事業年度分

外国金融子会社等の名称	1		事業年度	2	・・ ・・

特定所得の金額の計算

無形資産等の使用許諾に係る収益	無形資産等の使用料の合計額	3			税引後当期利益の額	22	
	(3)のうち部分対象外国関係会社が自ら行った研究開発の成果に係る無形資産等の使用料	4			支払を受ける剰余金の配当等の額の合計額	23	
	(3)のうち部分対象外国関係会社が取得をしその事業の用に供する無形資産等の使用料	5			受取利子等の額の合計額	24	
	(3)のうち部分対象外国関係会社が使用を許諾されその事業の用に供する無形資産等の使用料	6		異常所得	有価証券の貸付けによる対価の額の合計額	25	
	(3)－((4)＋(5)＋(6))	7			有価証券の譲渡に係る対価の額の合計額	26	
	(7)に係る直接費用の額の合計額((9)に該当するものを除く。)	8			(26)に係る原価の額の合計額	27	
	(7)に係る償却費の額	9			デリバティブ取引に係る損益の額	28	
	(8)＋(9)	10			外国為替差損益の額	29	
	(7)－(10) (マイナスの場合は０)	11			その他の金融所得に係る損益の額	30	
	償却費計算上の適用法令	12	令・外国法令		保険所得の金額	31	
無形資産等の譲渡損益	無形資産等の譲渡に係る対価の額の合計額	13			固定資産(無形資産等を除く。)の貸付けによる対価の額の合計額	32	
	(13)のうち部分対象外国関係会社が自ら行った研究開発の成果に係る無形資産等の譲渡に係る対価の額	14			支払を受ける無形資産等の使用料の合計額	33	
	(13)のうち部分対象外国関係会社が取得をしその事業の用に供する無形資産等の譲渡に係る対価の額	15			無形資産等の譲渡に係る対価の額の合計額	34	
	(13)－((14)＋(15))	16			(34)に係る原価の額の合計額	35	
	(13)に係る原価の額の合計額	17			(23)＋(24)＋(25)＋((26)－(27))＋(28)＋(29)＋(30)＋(31)＋(32)＋(33)＋((34)－(35))	36	
	(17)のうち部分対象外国関係会社が自ら行った研究開発の成果に係る無形資産等の譲渡に係る対価の額に係る原価の額の合計額	18			(22)－(36) (マイナスの場合は０)	37	
	(17)のうち部分対象外国関係会社が取得をしその事業の用に供する無形資産等の譲渡に係る対価の額に係る原価の額の合計額	19		所得控除の金額	総資産の帳簿価額	38	
					人件費の額	39	
					減価償却費の累計額	40	
	(16)に係る直接費用の額の合計額	20			((38)＋(39)＋(40))×50％	41	
	(16)－(((17)－(18)－(19))＋(20))	21			(37)－(41) (マイナスの場合は０)	42	

特定所得の計算

金融子会社等部分適用対象損失額の内訳

事業年度	控除未済金融子会社等部分適用対象損失額	当期控除額	翌期繰越額 (43)－(44)
	43	44	45
・・			
・・			
・・			
・・			
・・			
・・			
・・			
・・			
計			
当期分			
合計			

ステップ９　外国法人税の額がある場合の二重課税の排除に関する明細の記載

別表17（３の５）	外国関係会社の課税対象金額等に係る控除対象外国法人税額の計算に関する明細書

ステップ９では、外国税額控除を用いた二重課税の排除をすることになります。

４つの区分に分けた外国関係会社が、本店所在地国等で納付した外国法人税額のうち、その所得を内国法人等に合算した場合に生じる二重課税を排除する必要があります。そこで、この別表を用いて、内国法人等の納付税額から控除すべき外国法人税額を算出することになります。

諸外国の法人税率は着実に下がっていますが、ゼロという国（地域）はあまりありません。そのため、外国関係会社は低率の外国法人税額を納付している可能性が高くなります。この別表では、外国関係会社を３つに区分して、それぞれの適用対象金額に基づいて控除対象となる外国法人税額を算出します。具体的には特定外国関係会社と対象外国関係会社は８欄以下、通常の部分対象外国関係会社は15欄以下、そして外国金融子会社等は24欄以下で、控除対象外国法人税額等を計算します。

なお、外国金融子会社等を含む部分対象外国関係会社の場合には、この別表の下半分で、これらが仮に特定外国関係会社又は対象外国関係会社に該当するとした場合の適用対象金額を算出し、これに基づいて控除対象となる外国法人税額を算出します。

この別表の37欄に記載した控除対象外国法人税額は、円で別表６（２の２）の６欄に移記することで、他の外国税額控除（控除対象外国法人税額）と合算されることになります。そして、それらを含めた法人税及び地方法人税の外国税額控除の計算を行った上で、別表１の18欄と37欄で控除されることになります。

外国関係会社の課税対象金額等に係る控除対象外国法人税額の計算に関する明細書

事業年度	・・ ・・	法人名	

別表十七(三の五)　令五・四・一以後終了事業年度分

外国関係会社の名称			1	
本店又は主たる事務所の所在地		国名又は地域名	2	
		所在地	3	
事業年度			4	・・ ・・
外国法人税		税目	5	
		外国法人税額	6	
		増額又は減額前の事業年度の(6)の金額	7	

特定外国関係会社又は対象外国関係会社に係る控除対象外国法人税額の計算		適用対象金額 (別表十七(三の二)「26」)	8	
		子会社から受ける配当等の額 (別表十七(三の二)「13」のうち(6)の外国法人税の課税標準に含まれるもの)	9	
		控除対象配当等の額 (別表十七(三の二)「15」のうち(6)の外国法人税の課税標準に含まれるもの)	10	
		調整適用対象金額 (8)+(9)+(10)	11	
		課税対象金額 (別表十七(三の二)「28」)	12	
		(12)/(11)	13	%
		(6)×(13)	14	

外国金融子会社等以外の部分対象外国関係会社に係る控除対象外国法人税額の計算	特定外国関係会社又は対象外国関係会社に該当するとした場合の	適用対象金額 (55)	15	
		子会社から受ける配当等の額 ((46)のうち(6)の外国法人税の課税標準に含まれるもの)	16	
		控除対象配当等の額 ((47)のうち(6)の外国法人税の課税標準に含まれるもの)	17	
		調整適用対象金額 (15)+(16)+(17)	18	
		部分適用対象金額 (別表十七(三の三)「7」)	19	
		部分課税対象金額 (別表十七(三の三)「9」)	20	
		(20)≦(18)の場合 (20)/(18)	21	%
		(20)>(18)の場合 (20)/(19)	22	%
		(6)×((21)又は(22))	23	

外国金融子会社等に係る控除対象外国法人税額の計算	特定外国関係会社又は対象外国関係会社に該当するとした場合の	適用対象金額 (55)	24	
		子会社から受ける配当等の額 ((46)のうち(6)の外国法人税の課税標準に含まれるもの)	25	
		控除対象配当等の額 ((47)のうち(6)の外国法人税の課税標準に含まれるもの)	26	
		調整適用対象金額 (24)+(25)+(26)	27	
		金融子会社等部分適用対象金額 (別表十七(三の四)「9」)	28	
		金融子会社等部分課税対象金額 (別表十七(三の四)「11」)	29	
		(29)≦(27)の場合 (29)/(27)	30	%
		(29)>(27)の場合 (29)/(28)	31	%
		(6)×((30)又は(31))	32	

(12)と(14)のうち少ない金額、(20)と(23)のうち少ない金額又は(29)と(32)のうち少ない金額		33	
外国法人税額が異動した場合	増額又は減額前の事業年度の(33)の金額	34	
	(33)≧(34)の場合 (33)−(34)	35	
	(33)<(34)の場合 (34)−(33)	36	(　円)
課税対象金額等に係る控除対象外国法人税額 (33)又は(35)		37	(　円)

特定外国関係会社又は対象外国関係会社に該当するものとした場合の適用対象金額の計算

区分	項目	番号	金額	区分	項目	番号	金額
所得計算上の適用法令		38	本邦法令・外国法令	減算	控除対象配当等の額	47	
当期の利益若しくは欠損の額又は所得金額		39				48	
加算	損金の額に算入した法人所得税の額	40				49	
		41			小計	50	
		42		基準所得金額 (39)+(44)−(50)		51	
		43		繰越欠損金の当期控除額		52	
	小計	44		当期中に納付することとなる法人所得税の額		53	
減算	益金の額に算入した法人所得税の還付額	45		当期中に還付を受けることとなる法人所得税の額		54	
	子会社から受ける配当等の額	46		適用対象金額 (51)−(52)−(53)+(54)		55	

該当する外国関係会社に応じて記入します。

この金額(カッコ書きの円表示)を別表6(2の2)の6欄に移記します。

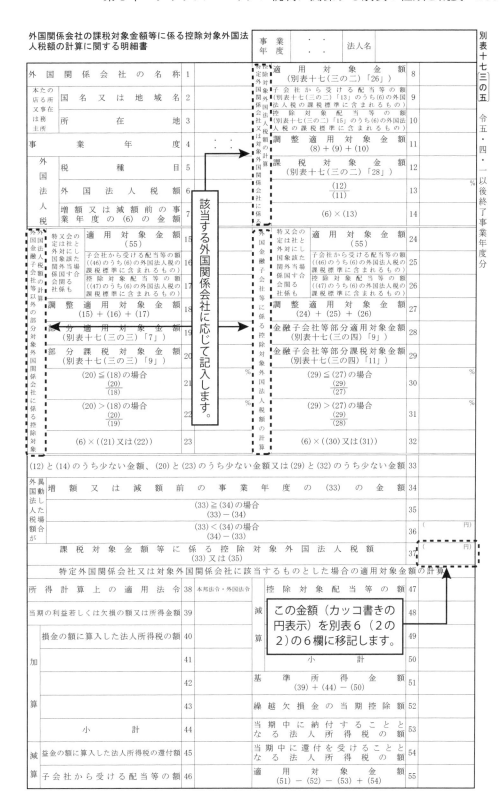

ステップ10　外国関係会社が国内で源泉所得税などを納付した場合の二重課税の排除に関する明細の記載

別表17（３の６）	外国関係会社に係る控除対象所得税額等相当額の控除に関する明細書
別表17（３の６）付表	外国関係会社の課税対象金額等に係る控除対象所得税額等相当額の計算に関する明細書

外国関係会社が日本国内で源泉所得税などを納付した場合には、本税制で合算課税を行うことにより二重課税が発生することになる場合があるので、これを排除するために記載する別表です。法人税法68条の所得税額控除と類似していると考えると簡単です。

これらの別表は、４つの区分に分けた外国関係会社が日本国内で納付した所得税額等のうち、その所得を内国法人等に合算した場合に生じる二重課税を排除するために記載するものです。

具体的には、別表17（３の６）付表で外国関係会社の区分に応じて控除すべき所得税額等を算出し、内国法人等の納付税額から控除すべき所得税額等相当額を算出することになります。そして、これを別表17（３の６）の１欄に移記して、当期の法人税額から控除する金額を算出します。

なお、外国金融子会社等を含む部分対象外国関係会社の場合には、この別表の下半分で、これらが仮に特定外国関係会社又は対象外国関係会社に該当するとした場合の適用対象金額を算出し、これに基づいて控除対象となる外国法人税額を算出します。

外国関係会社に係る控除対象所得税額等相当額の控除に関する明細書

事業年度	・・ ・・	法人名	

		円
控除対象所得税額等相当額 (別表十七(三の六)付表「31」)	1	
法人税の額 (別表一「9」)－(別表六(五の二)「7」)	2	
法人税の額から控除する金額 ((1)と(2)のうち少ない金額)	3	
(1)のうち法人税の額を超える金額 (1) － (2) (マイナスの場合は0)	4	

別表十七(三の六)　令五・四・一以後終了事業年度分

外国関係会社の課税対象金額等に係る控除対象所得税額等相当額の計算に関する明細書

事業年度	・　・ ・　・	法人名	

別表十七(三の六)付表　令五・四・一以後終了事業年度分

外国関係会社の名称	1		
本店又は主たる事務所の所在	国名又は地域名	2	
	所在地	3	
事業年度	4	・　・ ・　・	
所得税等の額	5		円

特定外国関係会社又は対象外国関係会社に係る控除対象所得税額等相当額の計算

適用対象金額 (別表十七(三の二)「26」)	6	
子会社から受ける配当等の額	7	
控除対象配当等の額	8	
調整適用対象金額 (6)＋(7)＋(8)	9	
課税対象金額 (別表十七(三の二)「28」)	10	
$\frac{(10)}{(9)}$	11	%
(5)×(11)	12	円

外国関係会社の種類によりいずれかを使用

外国金融子会社等以外の部分対象外国関係会社に係る控除対象所得税額等相当額の計算

特定外国関係会社又は対象外国関係会社に該当するものとした場合	適用対象金額 (49)	13	
	子会社から受ける配当等の額	14	
	控除対象配当等の額	15	
調整適用対象金額 (13)＋(14)＋(15)		16	
部分適用対象金額 (別表十七(三の三)「7」)		17	
部分課税対象金額 (別表十七(三の三)「9」)		18	
(18)≦(16)の場合 $\frac{(18)}{(16)}$		19	%
(18)＞(16)の場合 $\frac{(18)}{(17)}$		20	%
(5)×((19)又は(20))		21	円

外国金融子会社等に係る控除対象所得税額等相当額の計算

特定外国関係会社又は対象外国関係会社に該当するものとした場合	適用対象金額 (49)	22	
	子会社から受ける配当等の額	23	
	控除対象配当等の額	24	
調整適用対象金額 (22)＋(23)＋(24)		25	
金融子会社等部分適用対象金額 (別表十七(三の四)「9」)		26	
金融子会社等部分課税対象金額 (別表十七(三の四)「11」)		27	
(27)≦(25)の場合 $\frac{(27)}{(25)}$		28	%
(27)＞(25)の場合 $\frac{(27)}{(26)}$		29	%
(5)×((28)又は(29))		30	円

控除対象所得税額等相当額 (12)、(21)又は(30)	31	円

特定外国関係会社又は対象外国関係会社に該当するものとした場合の適用対象金額の計算

所得計算上の適用法令		32	本邦法令・外国法令	
当期の利益若しくは欠損の額又は所得金額		33		
加算	損金の額に算入した法人所得税の額	34		
		35		
		36		
		37		
	小計	38		
減算	益金の額に算入した法人所得税の還付額	39		
	子会社から受ける配当等の額	40		
減算	控除対象配当等の額	41		
		42		
		43		
	小計	44		
基準所得金額 (33)＋(38)－(44)		45		
繰越欠損金の当期控除額		46		
当期中に納付することとなる法人所得税の額		47		
当期中に還付を受けることとなる法人所得税の額		48		
適用対象金額 (45)－(46)－(47)＋(48)		49		

ステップ11　特定課税対象金額等がある場合の外国法人から受ける配当等の益金不算入の計算に関する明細の記載

別表17（３の７）	特定課税対象金額等がある場合の外国法人から受ける配当等の益金不算入額等の計算に関する明細書

この別表は、合算対象となる外国関係会社から配当等を受領する場合のその金額の益金不算入の計算を行うものです。本書では、具体的な説明は省略します。

特定課税対象金額等がある場合の外国法人から受ける配当等の益金不算入額等の計算に関する明細書

事業年度	・・ ・・	法人名	

外国法人の名称	1		本店又は主たる事務所の所在地	国名又は地域名	3
外国法人の事業年度	2	・・ ・・		所在地	4

支払義務確定日	5	・・	・・	・・	・・	計
支払義務確定日までの保有期間	6					
発行済株式等の保有割合	7	%	%	%	%	
発行済株式等の通算保有割合	8	%	%	%	%	
剰余金の配当等の額	9					
(9)に係る外国源泉税等の額	10					
(9)が損金算入される場合に該当する配当等の額：(9)のうち外国子会社配当益金不算入の対象とならない損金算入配当等の額 (別表八(二)「16」)	11					
(9)が損金算入される場合に該当する配当等の額：外国子会社配当益金不算入の対象となる剰余金の配当等の額 (9)－(11)	12					
特定課税対象金額	13	(31)の合計	(17)の①	(17)の②	(17)の③	
((9)又は(12))と(13)のうち少ない金額	14					
差引 (13)－(14)	15					
(11)と(15)のうち少ない金額	16					
差引 (15)－(16)	17	①	②	③		
間接特定課税対象金額	18	(別表十七(三の八)「23」)	(22)の①	(22)の②	(22)の③	
((9)又は(12))と(18)のうち少ない金額	19					
差引 (18)－(19)	20					
(11)と(20)のうち少ない金額	21					
差引 (20)－(21)	22	①	②	③		
益金不算入額の計算：損金算入配当以外の外国子会社配当に係る益金不算入額 (14)×5%＋(19)×5%	23	(　　円)	(　　円)	(　　円)	(　　円)	
益金不算入額の計算：損金算入配当：(14)×5%＋(19)×5%	24	(　　円)	(　　円)	(　　円)	(　　円)	
益金不算入額の計算：損金算入配当：(16)＋(21)	25	(　　円)	(　　円)	(　　円)	(　　円)	
益金不算入額の計算：損金算入配当：益金不算入額 (24)＋(25)	26	(　　円)	(　　円)	(　　円)	(　　円)	
益金不算入額の計算：上記以外の配当に係る益金不算入額 (14)＋(19)	27	(　　円)	(　　円)	(　　円)	(　　円)	円
(23)及び(24)に係る外国源泉税等の額 (10)×((14)＋(19))/(9)	28	(　　円)	(　　円)	(　　円)	(　　円)	

特定課税対象金額の明細

請求権等勘案直接保有株式等の保有割合	29	%	当期発生額 (別表十七(三の二)「26」、別表十七(三の三)「7」又は別表十七(三の四)「9」)×(29)	30	

事業年度	前期繰越額又は当期発生額 31	当期控除額 32	翌期繰越額 (31)－(32) 33
・・ ・・			
・・ ・・			
・・ ・・			
・・ ・・			
・・ ・・			
・・ ・・			
・・ ・・			
・・ ・・			
計			
当期分	(30)		
合計			

別表十七(三の七)　令五・四・一以後終了事業年度分

ステップ12　適格組織再編成に係る合併法人等の調整後の課税済金額の計算に関する明細の記載

別表17（３の７）付表１	適格組織再編成に係る合併法人等の調整後の課税済金額の計算に関する明細書

この別表は、適格組織再編成に係る合併法人等の調整後の課税済金額の計算を行うものです。本書では、具体的な説明は省略します。

適格組織再編成に係る合併法人等の調整後の課税済金額の計算に関する明細書

事業年度	・　・ ・　・	法人名	

別表十七（三の七）付表一　令五・四・一以後終了事業年度分

被合併法人等の課税済金額のうち当該内国法人のものとみなされる金額の計算

外国法人の名称			適格組織再編成の別：適格合併・適格分割・適格現物出資・適格現物分配
本店又は主たる事務所の所在地	国名又は地域名		適格組織再編成の日：　・　・
	所在地		被合併法人等の名称：

被合併法人等の事業年度	被合併法人等の課税済金額	適格分割等が行われた場合の外国法人に係る請求権勘案直接保有株式等の移転割合	(1)のうち当該内国法人の課税済金額とみなされる金額 (1) 又は ((1) × (2))
	1	2	3
・　・ ・　・		%	
・　・ ・　・			
・　・ ・　・			
・　・ ・　・			
・　・ ・　・			
・　・ ・　・			
・　・ ・　・			
・　・ ・　・			
・　・ ・　・			
・　・ ・　・			
合計			

当該内国法人の調整後の課税済金額の計算

当該内国法人の事業年度	当該内国法人の課税済金額 （前期の別表十七(三の七)「33」）	当該内国法人の課税済金額とみなされる金額 (3)	調整後の当該内国法人の課税済金額 (4) ＋ (5)
	4	5	6
・　・ ・　・			
・　・ ・　・			
・　・ ・　・			
・　・ ・　・			
・　・ ・　・			
・　・ ・　・			
・　・ ・　・			
・　・ ・　・			
・　・ ・　・			
・　・ ・　・			
合計			

ステップ13　内国法人等が受けた配当が内国法人等の孫会社から受けたものである場合の間接特定課税対象金額の計算に関する明細の記載

別表17（３の８）	間接特定課税対象金額の計算に関する明細書

この別表は、内国法人等が受けた配当が内国法人等の孫会社から受けたものである場合の間接特定課税対象金額の計算を行うものです。

間接特定課税対象金額の計算に関する明細書

事業年度	・・ ・・	法人名	

別表十七(三の八)　令五・四・一以後終了事業年度分

外国法人の名称		1		他の外国法人の名称	4	
本店又は主たる事務所の所在	国名又は地域名	2		本店又は主たる事務所の所在／国名又は地域名	5	
	所在地	3		所在地	6	

間接特定課税対象金額の明細			
配当事業年度 7	・・ ・・	前二年以内の各事業年度のうち最も古いもの 8	・・ ・・

外国法人が他の外国法人から剰余金の配当等を受けた日	外国法人が他の外国法人から受けた剰余金の配当等の額	請求権勘案直接保有株式等の保有割合	(9) × (10)	(11)のうち適用済金額 (前二年以内の各事業年度の(14)の金額)	間接配当等 (11) − (12)	(別表十七(三の七)「19の計」＋「21の計」)のうち(13)に対応する部分の金額	残額 (13) − (14)
	9	10	11	12	13	14	15
・・		%					
・・							
・・							
・・							
・・							
・・							
合計							
事業年度	他の外国法人に係る課税対象金額等	間接保有割合	(16) × (17)	(18)のうち適用済金額 (前二年以内の各事業年度の(21)の金額)	(18) − (19)	(別表十七(三の七)「19の計」＋「21の計」)のうち(20)に対応する部分の金額	残額 (20) − (21)
	16	17	18	19	20	21	22
・・ ・・		%					
・・ ・・							
計							
当期分							
合計							
間接特定課税対象金額 ((13)の合計と(20)の合計のうち少ない金額)				23			

ステップ14　コーポレート・インバージョン税制の適用に関する明細の記載

別表17（3の9）	特殊関係内国法人及び添付対象外国関係法人の状況等に関する明細書

この別表は、いわゆるコーポレート・インバージョン税制を適用する場合に提出する明細書です。本書では、具体的な説明は省略します。

特殊関係内国法人及び添付対象外国関係法人の状況等に関する明細書

事業年度	・　・ ・　・	法人名	

別表十七(三の九)　令五・四・一以後終了事業年度分

特殊関係内国法人の状況					
名称	1		事業年度	3	・　・ ・　・
本店又は主たる事務所の所在地	2		特定関係が生じた日	4	・　・

特殊関係株主等の状況			
氏名又は名称	居住者・非居住者・内国法人・外国法人の区分	氏名又は名称	居住者・非居住者・内国法人・外国法人の区分
5	6	7	8
本人	居住者・非居住者・(内国法人)・外国法人		居住者・非居住者・内国法人・外国法人
	居住者・非居住者・内国法人・外国法人		居住者・非居住者・内国法人・外国法人
	居住者・非居住者・内国法人・外国法人		居住者・非居住者・内国法人・外国法人
	居住者・非居住者・内国法人・外国法人		居住者・非居住者・内国法人・外国法人
	居住者・非居住者・内国法人・外国法人		居住者・非居住者・内国法人・外国法人
	居住者・非居住者・内国法人・外国法人		居住者・非居住者・内国法人・外国法人
	居住者・非居住者・内国法人・外国法人		居住者・非居住者・内国法人・外国法人
	居住者・非居住者・内国法人・外国法人		居住者・非居住者・内国法人・外国法人
	居住者・非居住者・内国法人・外国法人		居住者・非居住者・内国法人・外国法人
	居住者・非居住者・内国法人・外国法人		居住者・非居住者・内国法人・外国法人

添付対象外国関係法人の状況			
名称	本店又は主たる事務所の所在 国名又は地域名	所在地	事業年度
9	10	11	12
			・　・ ・　・
			・　・ ・　・
			・　・ ・　・
			・　・ ・　・
			・　・ ・　・

3　本税制を反映する別表

このほか、タックス・ヘイブン対策税制の適用があることでこれを反映することになる別表を示すと次のとおりです。

⑴　別表４で加算する項目

①　申告調整で加算するために必要な別表４

本税制を適用した結果、内国法人の所得に合算される所得について、別表４で加算することになります。別表４の10欄以下で、外国子会社合算所得などとして加算するとともに処分は社外流出とします。

②　外国税額控除分を加算するための別表４

同じく別表４の30欄に「税額控除の対象となる外国法人税の額」を、以下に記載する別表６（２の２）の７欄から移記して加算します。処分は社外流出になります。

③　控除対象所得税額等相当額を加算するための別表４

同じく別表４の31欄に「外国関係会社等に係る控除対象所得税額等相当額」を、２のステップ10で説明した別表17（３の６）の１欄から移記して加算します。処分は社外流出になります。

⑵　税額控除される項目

①　外国税額控除と控除対象所得税額等相当額について、各事業年度の法人税の額から控除するため、別表１の17欄と10欄に記載します。また、地方法人税の額についても、同様に別表１の37欄と35欄にそれぞれ記載します。

②　本税制を適用した結果、合算される所得金額に対応して既に外国関係会社の本店所在地国等で納付された外国法人税の額は外国税額控除の対象となります。そこで、別表６（２の２）に記載し、確定申告する内国法人のその他の外国税額控除の金額と合算することにより、別表６⑵で外国税額控除の金額が計算されることになります。転記することで、納付する法人税額・地方法人税額から控除されます。

別表１	各事業年度の所得に係る申告書－内国法人の分	控除対象外国法人税額を17欄に、控除対象所得税額等相当額を10欄に、それぞれ記載。地方法人税額については、前者は37欄に、後者を35欄に、それぞれ記載。
別表４	所得の金額の計算に関する明細書	１　本税制により外国関係会社の所得の金額を合算する場合、加算欄に「外国子会社合算所得金額」として記載する。 ２　控除対象となる外国法人税額を別表６（２の２）の７欄から本表30欄に転記する。 ３　控除対象所得税額等相当額を別表17（３の６）１欄から本表31欄に転記する。
別表６⑵	内国法人の外国税額の控除に関する明細書	別表６（２の２）21欄から本表１欄に転記して外国税額控除を行う。
別表６（２の２）	当期の控除対象外国法人税額に関する明細書	１　外国関係会社の課税対象金額等に係る控除対象外国法人税額（別表17（３の５）の37欄の数値を６欄に転記する。 ２　当期に減額された控除対象外国法人税額がある場合、外国関係会社に係る減額分（別表17（３の５）の36欄の数値を12欄に転記する。

別表一　各事業年度の所得に係る申告書－内国法人の分……令五・四・一以後終了事業年度等分

税務署受付印	令和　年　月　日　税務署長殿
納税地	電話(　　)　－
(フリガナ)	
法人名	
法人番号	
(フリガナ)	
代表者	
代表者住所	

所管 / 業種目 / 概況書 / 要否 / 別表等	
通算グループ整理番号	
通算親法人整理番号	
法人区分	普通法人(特定の医療法人を除く。)、一般社団法人等、協同組合等又は人格のない社団等 / 左記以外の公益法人等、協同組合等又は特定の医療法人
事業種目	
期末現在の資本金の額又は出資金の額	円　非中小法人
同上が1億円以下の普通法人のうち中小法人に該当しないもの	
同非区分	特定同族会社 / 同族会社 / 非同族会社
旧納税地及び旧法人名等	
添付書類	貸借対照表、損益計算書、株主(社員)資本等変動計算書又は損益金処分表、勘定科目内訳明細書、事業概況書、組織再編成に係る契約書等の写し、組織再編成に係る移転資産等の明細書

※税務署処理欄	
青色申告	一連番号
整理番号	
事業年度(至)	年　月　日
売上金額	兆　十億　百万
申告年月日	年　月　日
通信日付印 / 確認 / 庁指定 / 局指定 / 指導等 / 区分	年月日
申告区分	法人税：中間 / 期限後 / 修正　地方法人税：中間 / 期限後 / 修正

令和　年　月　日から令和　年　月　日　事業年度分の法人税　申告書／課税事業年度分の地方法人税　申告書
(中間申告の場合の計算期間　令和　年　月　日から令和　年　月　日)

適用額明細書提出の有無　有・無
税理士法第30条の書面提出有　有
税理士法第33条の2の書面提出有　有

この申告書による法人税額の計算

項目	番号	金額(十億・百万・千・円)
所得金額又は欠損金額(別表四「52の①」)	1	
法人税額 (48)+(49)+(50)	2	
法人税額の特別控除額(別表六(六)「5」)	3	
税額控除超過額相当額等の加算額	4	
土地譲渡利益金額：課税土地譲渡利益金額(別表三(二)「24」)+(別表三(二の二)「25」)+(別表三(三)「20」)	5	000
同上に対する税額 (62)+(63)+(64)	6	
留保金：課税留保金額(別表三(一)「4」)	7	000
同上に対する税額(別表三(一)「8」)	8	
		00
法人税額計 (2)－(3)+(4)+(6)+(8)	9	
分配時調整外国税相当額及び外国関係会社等に係る控除対象所得税額等相当額の控除額(別表六(五の二)「7」)+(別表十七(三の六)「3」)	10	
仮装経理に基づく過大申告の更正に伴う控除法人税額	11	
控除税額 ((9)－(10)－(11))と(18)のうち少ない金額	12	
差引所得に対する法人税額 (9)－(10)－(11)－(12)	13	00
中間申告分の法人税額	14	00
差引確定法人税額 (13)－(14)(中間申告の場合はその税額とし、マイナスの場合は(22)へ記入)	15	00

控除税額の計算

項目	番号	金額
所得税の額(別表六(一)「6の③」)	16	
外国税額(別表六(二)「23」)	17	
計 (16)+(17)	18	
控除した金額 (12)	19	
控除しきれなかった金額 (18)－(19)	20	

この申告による還付金額

項目	番号	金額
所得税額等の還付金額 (20)	21	
中間納付額 (14)－(13)	22	
欠損金の繰戻しによる還付請求税額	23	外
計 (21)+(22)+(23)	24	外

項目	番号	金額
この申告が修正申告である場合のこの申告により納付すべき法人税額又は減少する還付請求税額 (57)	25	外　00
欠損金等の当期控除額(別表七(一)「4の計」)+(別表七(三)「9」若しくは「21」又は別表七(四)「10」)	26	
翌期へ繰り越す欠損金額(別表七(一)「5の合計」)	27	

この申告書による地方法人税額の計算

項目	番号	金額
課税標準法人税額の計算：所得の金額に対する法人税額 (2)－(3)+(4)+(6)+(9の外書)－別表六(二)付表六「7の計」)	28	
課税留保金額に対する法人税額 (8)	29	
課税標準法人税額 (28)+(29)	30	000
地方法人税額 (53)	31	
税額控除超過額相当額の加算額(別表六(二)付表六「14の計」)	32	
課税留保金額に係る地方法人税額 (54)	33	
所得地方法人税額 (31)+(32)+(33)	34	
分配時調整外国税相当額及び外国関係会社等に係る控除対象所得税額等相当額の控除額(別表六(五の二)「8」+別表十七(三の六)「4」)と(34)のうち少ない金額	35	
仮装経理に基づく過大申告の更正に伴う控除地方法人税額	36	
外国税額の控除額 (((34)－(35)－(36))と(65)のうち少ない金額)	37	
差引地方法人税額 (34)－(35)－(36)－(37)	38	00
中間申告分の地方法人税額	39	00
差引確定地方法人税額 (38)－(39)(中間申告の場合はその税額とし、マイナスの場合は(42)へ記入)	40	00

この申告による還付金額

項目	番号	金額
外国税額の還付金額 (67)	41	
中間納付額 (39)－(38)	42	
計 (41)+(42)	43	外

項目	番号	金額
この申告が修正申告である場合のこの申告により納付すべき地方法人税額 (61)	44	00
剰余金・利益の配当(剰余金の分配)の金額		
残余財産の最後の分配又は引渡しの日	令和　年　月　日	決算確定の日　令和　年　月　日

還付を受けようとする金融機関等：銀行・金庫・組合・農協・漁協　本店・支店・出張所・本所・支所　預金　郵便局名等
口座番号　ゆうちょ銀行の貯金記号番号　－
※税務署処理欄

税理士署名

所得の金額の計算に関する明細書

事業年度	・　・ ・　・	法人名	

別表四　令五・四・一以後終了事業年度分

区分		総額 ①	処分 留保 ②	処分 社外流出 ③	
当期利益又は当期欠損の額	1	円	円	配当	円
				その他	
加算 損金経理をした法人税及び地方法人税(附帯税を除く。)	2				
損金経理をした道府県民税及び市町村民税	3				
損金経理をした納税充当金	4				
損金経理をした附帯税(利子税を除く。)、加算金、延滞金(延納分を除く。)及び過怠税	5			その他	
減価償却の償却超過額	6				
役員給与の損金不算入額	7			その他	
交際費等の損金不算入額	8			その他	
通算法人に係る加算額 (別表四付表「5」)	9			外※	
外国子会社合算所得金額	10				
小計	11			外※	
減算 減価償却超過額の当期認容額	12				
納税充当金から支出した事業税等の金額	13				
受取配当等の益金不算入額 (別表八(一)「5」)	14			※	
外国子会社から受ける剰余金の配当等の益金不算入額 (別表八(二)「26」)	15			※	
受贈益の益金不算入額	16			※	
適格現物分配に係る益金不算入額	17			※	
法人税等の中間納付額及び過誤納に係る還付金額	18				
所得税額等及び欠損金の繰戻しによる還付金額等	19			※	
通算法人に係る減算額 (別表四付表「10」)	20			※	
	21				
小計	22			外※	
仮計 (1)＋(11)－(22)	23			外※	
対象純支払利子等の損金不算入額 (別表十七(二の二)「29」又は「34」)	24			その他	
超過利子額の損金算入額 (別表十七(二の三)「10」)	25	△		※	△
仮計 ((23)から(25)までの計)	26			外※	
寄附金の損金不算入額 (別表十四(二)「24」又は「40」)	27			その他	
沖縄の認定法人又は国家戦略特別区域における指定法人の所得の特別控除額又は要加算調整額の益金算入額 (別表十(一)「15」若しくは別表十(二)「10」又は別表十(一)「16」若しくは別表十(二)「11」)	28			※	
法人税額から控除される所得税額 (別表六(一)「6の③」)	29			その他	
税額控除の対象となる外国法人税の額 (別表六(二の二)「7」)	30			その他	
分配時調整外国税相当額及び外国関係会社等に係る控除対象所得税額等相当額 (別表六(五の二)「5の②」)＋(別表十七(三の六)「1」)	31			その他	
組合等損失額の損金不算入額又は組合等損失超過合計額の損金算入額 (別表九(二)「10」)	32				
対外船舶運航事業者の日本船舶による収入金額に係る所得の金額の損金算入額又は益金算入額 (別表十(四)「20」、「21」又は「23」)	33			※	
合計 (26)＋(27)±(28)＋(29)＋(30)＋(31)＋(32)±(33)	34			外※	
契約者配当の益金算入額 (別表九(一)「13」)	35				
特定目的会社等の支払配当又は特定目的信託に係る受託法人の利益の分配等の損金算入額 (別表十(八)「13」、別表十(九)「11」又は別表十(十)「16」若しくは「33」)	36	△	△		
中間申告における繰戻しによる還付に係る災害損失欠損金額の益金算入額	37			※	
非適格合併又は残余財産の全部分配等による移転資産等の譲渡利益額又は譲渡損失額	38			※	
差引計 ((34)から(38)までの計)	39			外※	
更生欠損金又は民事再生等評価換えが行われる場合の再生等欠損金の損金算入額 (別表七(三)「9」又は「21」)	40	△		※	△
通算対象欠損金額の損金算入額又は通算対象所得金額の益金算入額 (別表七の二「5」又は「11」)	41			※	
当初配賦欠損金控除額の益金算入額 (別表七(二)付表一「23の計」)	42			※	
差引計 (39)＋(40)±(41)＋(42)	43			外※	
欠損金等の当期控除額 (別表七(一)「4の計」)＋(別表七(四)「10」)	44	△		※	△
総計 (43)＋(44)	45			外※	
新鉱床探鉱費又は海外新鉱床探鉱費の特別控除額 (別表十(三)「43」)	46	△		※	△
農業経営基盤強化準備金積立額の損金算入額 (別表十二(十四)「10」)	47	△	△		
農用地等を取得した場合の圧縮額の損金算入額 (別表十二(十四)「43の計」)	48	△	△		
関西国際空港用地整備準備金積立額、中部国際空港整備準備金積立額又は再投資等準備金積立額の損金算入額 (別表十二(十一)「15」、別表十二(十二)「10」又は別表十二(十五)「12」)	49	△	△		
特定事業活動として特別新事業開拓事業者の株式の取得をした場合の特別勘定繰入額の損金算入額又は特別勘定取崩額の益金算入額 (別表十(六)「21」－「11」)	50			※	
残余財産の確定の日の属する事業年度に係る事業税及び特別法人事業税の損金算入額	51	△	△		
所得金額又は欠損金額	52			外※	

御注意

「52」の「①」欄の金額は、「②」欄の金額に「③」欄の本書の金額を加算し、これから「※」の金額を加減算した額と符合することになります。

内国法人の外国税額の控除に関する明細書

事業年度等	・　・ ・　・	法人名	

別表六(二)　令五・四・一以後終了事業年度等分

Ⅰ　法人税に係る外国税額の控除に関する明細書

当期の控除対象外国法人税額 (別表六(二の二)「21」)			1	円
当期の法人税の控除限度額の計算	当期の法人税額 ((別表一「2」-「3」)－別表六(五の二)「5の③」－別表十七(三の六)「1」) (マイナスの場合は０)		2	
	当期の所得金額	所得金額又は欠損金額 (別表四「52の①」)	3	
		繰越欠損金の当期控除額 (別表七(一)「4の計」)	4	
		対外船舶運航事業者の日本船舶による収入金額に係る所得の金額の損金算入額 (別表十(四)「20」)	5	
		対外船舶運航事業者の日本船舶による収入金額に係る所得の金額の益金算入額 (別表十(四)「21」又は「23」)	6	
		組合等損失額の損金不算入額 (別表九(二)「6」)	7	
		組合等損失超過合計額の損金算入額 (別表九(二)「9」)	8	
		計 (3)＋(4)＋(5)－(6)－(7)＋(8) (マイナスの場合は０)	9	
	当期の調整国外所得金額	国外事業所等帰属所得に係る所得の金額 (別表六(二)付表一「25」)	10	
		その他の国外源泉所得に係る所得の金額 (46の①)	11	
		(10)＋(11) (マイナスの場合は０)	12	
		非課税国外所得の金額 (46の②)＋(別表六(二)付表一「26」) (マイナスの場合は０)	13	
		(12)－(13) (マイナスの場合は０)	14	
		(9)×90％	15	
		調整国外所得金額 ((14)と(15)のうち少ない金額)	16	
	法人税の控除限度額 $(2) \times \frac{(16)}{(9)}$ (通算法人の場合は別表六(二)付表五「35」)		17	
当期に控除できる金額の計算	法第69条第１項により控除できる金額 ((1)と(17)のうち少ない金額)		18	
	法第69条第２項により控除できる金額 (別表六(三)「30の②」)		19	
	法第69条第３項により控除できる金額 (別表六(三)「34の②」)		20	
	((18)＋(19)＋(20))又は当初申告税額控除額		21	
	法第69条第18項により控除できる金額 (別表六(二)付表六「6の計」)		22	
	当期に控除できる金額 (21)＋(22)		23	

区分			番号	国外所得対応分 ①	①のうち非課税所得分 ②
当期のその他の国外源泉所得に係る所得の金額の計算	その他の国外源泉所得に係る当期利益又は当期欠損の額		24	円	円
	加算	納付した控除対象外国法人税額	25		
		交際費等の損金不算入額	26		
		貸倒引当金の戻入額	27		
			28		
			29		
			30		
			31		
			32		
			33		
			34		
		小計	35		
	減算	貸倒引当金の繰入額	36		
			37		
			38		
			39		
			40		
			41		
			42		
			43		
			44		
		小計	45		
	計 (24)＋(35)－(45)		46		

Ⅱ　地方法人税に係る外国税額の控除に関する明細書

当期の控除対象外国法人税額 (1)		47	円
法人税の控除限度額 (17)		48	
差引控除対象外国法人税額 (47)－(48)		49	
地方法人税額の計算	課税標準法人税額 (別表一「2」－「3」)	50	000
	地方法人税額 (50)×10.3％－(((別表六(五の二)「5の③」)＋(別表十七(三の六)「1」)－(50))と０のうち多い金額) (マイナスの場合は０)	51	

地方法人税控除限度額 $(51) \times \frac{(16)}{(9)}$ (通算法人の場合は別表六(二)付表五「43」)	52	円
地方法第12条第１項により控除できる金額 ((49)と(52)のうち少ない金額)	53	
(53)又は当初申告税額控除額	54	
地方法第12条第８項により控除できる金額 (別表六(二)付表六「13の計」)	55	
外国税額の控除額 (54)＋(55)	56	

当期の控除対象外国法人税額に関する明細書

事業年度	・・ ・・	法人名	

別表六(二の二)　令五・四・一以後終了事業年度分

区分		項目	番号	金額	区分	項目	番号	金額
当期に納付する控除対象外国法人税額の計算	納付分	控除対象外国法人税額 (別表六(四)「29」)＋(別表六(四の二)「25」)	1	円	当期に減額された控除対象外国法人税額	納付分に係る減額分 (別表六(四)「31」)	10	円
	納付分	利子等に係る控除対象外国法人税額 (別表六(五)「14」)	2			みなし納付分に係る減額分 (別表六(四)「32」)	11	
	みなし納付分	控除対象外国法人税額 (別表六(四)「30」)＋(別表六(四の二)「26」)	3			外国関係会社に係る減額分 (別表十七(三の五)「36」)	12	
	みなし納付分	利子等に係る控除対象外国法人税額 (別表六(五)「15」)	4			計 (10)＋(11)＋(12)	13	
	計 (1)＋(2)＋(3)＋(4)		5		前期までに減額された外国法人税額のうち未充当分の控除対象	・・ ・・　期分	14	
	外国関係会社に係る控除対象外国法人税額 (別表十七(三の五)「37」)		6			・・ ・・　期分	15	
	納付した控除対象外国法人税額計 (1)＋(2)＋(6)		7			・・ ・・　期分	16	
	納付したとみなされる控除対象外国法人税額計 (3)＋(4)		8			・・ ・・　期分	17	
						計 (14)＋(15)＋(16)＋(17)	18	
	計 (7)＋(8)		9		合計 (13)＋(18)		19	
(19)　－　(9)							20	
当期の控除対象外国法人税額 (9)　－　(19)							21	

第2章 申告書作成事例

はじめに

本章では、令和5年9月1日現在国税庁が公表している法人税確定申告書別表を用いて、実際の申告書の記載方法を解説します。

申告書作成の便宜上、以下の設定を統一しています。

- 事業年度はすべて西暦にしました。
- 内国法人P社は3月決算とし、外国法人はすべて12月決算にしました。
- 外貨は、すべてドル表記としました。
- 為替レートは、1ドル＝100円としました。
- 外国法人の資本金は、すべて50万ドルとしました。
- 営業利益と税引き前利益は同額としました。
- 利益剰余金はゼロとしました。
- 適用対象金額等の計算においては、外国法令を適用することとしました。
- 出資割合はすべて100%としました。

押さえておきたいポイント！

諸外国の法人税率は、ほとんどの国で30%未満になっています。そこで、外国法人に対する内国法人（居住者、特殊関係非居住者を含みます。）の出資割合が10%以上の場合には、本税制の適用の可能性が否定できません。

そこで、外国法人への出資割合が10%以上の場合には、ケース1に記載した外国法人の「租税負担割合の計算」については必ず実施する必要があると考えます。

ケース1では、外国関係会社の該当性の検討を省略するなど、簡略化した形態になっていますが、是非とも押さえておきたい事項です。

ケース2以降では、初歩的なケースに基づいて、出資割合10%以上の外国法人すべてに対する「租税負担割合の計算」について、法人税確定申告書別表を用いて説明しています。

ケース 1

租税負担割合の計算

設　例

内国法人P社（３月決算）は、X国に100％子会社であるB社（12月決算）を有している。B社は製造業を営んでおり、X国内に事務所と工場を賃貸借している。B社の役員は３名で内２名はP社取締役が兼任しているので日本にいるが、残りの１名はX国に常駐している。このほか、会計書類等をX国内で作成している。

B社の2023年12月決算によると、損益計算書とX国の税務当局に提出すべき法人税確定申告書は次のようになった。

B社損益計算書

売上	100,000,000ドル
原価	70,000,000ドル
販管費	20,000,000ドル
税引前当期利益	10,000,000ドル
法人税	1,600,000ドル
税引後当期利益	8,400,000ドル

B社法人税確定申告書

所得金額	8,000,000ドル
法人税率	20％
法人税額	1,600,000ドル

※　売上のうち、500,000ドルは本店所在地国の法人税法上非課税所得となっている。

解　説

１　外国関係会社への該当性（租税負担割合の計算）

租税負担割合を計算すると、次のようになります。

【租税負担割合の計算】

$$\frac{1{,}600{,}000\text{ドル（法人税額）}}{\underset{\text{（所得金額）}}{8{,}000{,}000\text{ドル}} + \underset{\text{（非課税所得）}}{500{,}000\text{ドル}}} = 18.82\%$$

B社の租税負担割合は20％未満になるので、外国子会社合算税制の適用（会社単位の合算課税→部分所得金額の合算課税）の可能性があります。

そこで、

イ　特定外国関係会社となるのか、

ロ　イでなければ対象外国関係会社になる（＝経済活動基準を満たしていない）のか、

ハ　ロでなければ、部分対象外国関係会社になるか、

を検討する必要があります（ただし、ここでは省略しケース２以降で説明します。）。

２　納税義務者の確定

わが国の外国子会社合算税制は平成29年度税制改正で抜本的に改正されましたが、本事例の場合、内国法人P社が100％子会社としてB社を設立したので、P社が納税義務者になります。

３　合算課税の対象となるか否かの判定

ここでは省略し、ケース２以下で解説します。

押さえておきたいポイント！

１　外国子会社を設立した場合（外国法人に10％以上の出資をした場合を含みます。）、本税制の適用があるかどうかを判定するため、全ての外国子会社を対象として上記１と２の作業をしなければなりません。

２　ケース１の場合、B社の租税負担割合が20％未満になりました。そこで、合算課税の対象となる場合にはもちろんですが、仮に、合算課税の対象とならない場合であっても、以下に掲げる同社の損益計算書や貸借対照表などを添付しなければいけません（措法66の６⑪一、措規22の11㊸）。

３　内国法人等が、外国法人に10％以上の出資をしている場合であっても、B社

（外国法人）の租税負担割合が20％以上で、なおかつ、特定外国関係会社に該当しないことになれば、確定申告の際、別表記載義務など何もする必要はありません。また、２に掲げた添付義務もありません。

外国関係会社に係る損益計算書や貸借対照表などの添付義務

①　租税負担割合が20％未満の外国関係会社 ②　租税負担割合が30％未満の特定外国関係会社 ※　ともに、合算課税の対象となるかに関係なく添付しなければなりません。添付書類については以下のとおりですが、別表17（３）15欄も参照してください。	
イ	貸借対照表及び損益計算書
ロ	株主資本等変動計算書、損益金の処分に関する計算書その他これらに類するもの
ハ	貸借対照表及び損益計算書に係る勘定科目内訳明細書
ニ	本店所在地国の法令により課される税に関する申告書の写し
ホ	企業集団等所得課税規定の適用がないものとした場合に計算される法人所得税の額に関する明細書及び当該法人所得税の額に関する計算の基礎となる書類
ヘ	各事業年度終了の日における株主等の氏名・住所又は名称・本店／主たる事務所の所在地並びにその有する株式等の数又は金額を記載した書類
ト	添付対象外国関係会社に係る特定保険協議者の外国法人の株主等並びに同項第二号に規定する他の外国法人及び出資関連外国法人の株主等に係る株主等の氏名・住所等、上のヘに掲げる書類

さらに具体的な事例について、ケース２以下で見ていきたいと思います。

添付対象外国関係会社の名称等に関する明細書

事業年度	2023・4・1 2024・3・31	法人名	P社

別表十七(三)　令五・四・一以後終了事業年度分

外国関係会社の名称等	名称	1	B社		
	本店又は主たる事務所の所在地　国名又は地域名	2	X国		
	本店又は主たる事務所の所在地　所在地	3			
	事業年度	4	2023・1・1 2023・12・31	・　・ ・　・	・　・ ・　・
	主たる事業	5	製造業		
	外国関係会社の区分 いずれかに○印を付します。⇒	6	特定外国関係会社・対象外国関係会社・外国金融子会社等以外の部分対象外国関係会社・外国金融子会社等	特定外国関係会社・対象外国関係会社・外国金融子会社等以外の部分対象外国関係会社・外国金融子会社等	特定外国関係会社・対象外国関係会社・外国金融子会社等以外の部分対象外国関係会社・外国金融子会社等
	資本金の額又は出資金の額	7	（50,000,000円） 500,000ドル	（　円）	（　円）
	株式等の保有割合	8	100%	%	%
	営業収益又は売上高	9	（100億円） 100,000,000ドル	（　円）	（　円）
	営業利益	10	（10億円） 10,000,000ドル	（　円）	（　円）
	税引前当期利益	11	（10億円） 10,000,000ドル	（　円）	（　円）
	利益剰余金	12	（　円） ―	（　円）	（　円）
	所得に対する租税の負担割合 （別表十七(三)付表二「39」又は「40」）	13	18.82%	%	%
	企業集団等所得課税規定の適用を受ける外国関係会社の該当・非該当	14	該当・(非該当)	該当・非該当	該当・非該当
	添付書類 これらを添付します。⇒	15	貸借対照表、損益計算書、株主資本等変動計算書、損益金処分表、勘定科目内訳明細書、本店所在地国の法人所得税に関する法令により課される税に関する申告書の写し、企業集団等所得課税規定の適用がないものとした場合に計算される法人所得税の額に関する計算の明細書及びその計算の基礎となる書類	貸借対照表、損益計算書、株主資本等変動計算書、損益金処分表、勘定科目内訳明細書、本店所在地国の法人所得税に関する法令により課される税に関する申告書の写し、企業集団等所得課税規定の適用がないものとした場合に計算される法人所得税の額に関する計算の明細書及びその計算の基礎となる書類	貸借対照表、損益計算書、株主資本等変動計算書、損益金処分表、勘定科目内訳明細書、本店所在地国の法人所得税に関する法令により課される税に関する申告書の写し、企業集団等所得課税規定の適用がないものとした場合に計算される法人所得税の額に関する計算の明細書及びその計算の基礎となる書類
課税対象金額等の状況	適用対象金額、部分適用対象金額又は金融子会社等部分適用対象金額 （別表十七(三の二)「26」、別表十七(三の三)「7」又は別表十七(三の四)「9」）	16			
	請求権等勘案合算割合 （別表十七(三の二)「27」、別表十七(三の三)「8」又は別表十七(三の四)「10」）	17	%	%	%
	課税対象金額、部分課税対象金額又は金融子会社等部分課税対象金額 （別表十七(三の二)「28」、別表十七(三の三)「9」又は別表十七(三の四)「11」）	18	（　円）	（　円）	（　円）

添付対象外国関係会社に係る株式等の保有割合等に関する明細書	事業年度	2023・4・1 2024・3・31	法人名	P社

別表十七(三)付表一　令五・四・一以後終了事業年度分

外国関係会社の名称	1	B社	事業年度	2	2023・1・1 2023・12・31

居住者等株主等の株式等保有割合等

区分	氏名又は名称	住所又は本店所在地	株式等保有割合 直接	株式等保有割合 間接	議決権保有割合 直接	議決権保有割合 間接	請求権保有割合 直接	請求権保有割合 間接	実質支配関係
	3	4	5	6	7	8	9	10	11
居住者・内国法人等	本人		100 %	%	%	%	%	%	有・無
居住者・内国法人等	同族株主グループ（本人を除く。）								
	その他								
合計			100	%		%		%	

内国法人P社が外国関係会社B社の株式を100%保有している場合はこのように記載します。

同族株主グループの株式等保有割合等

氏名又は名称	住所又は本店所在地	株式等保有割合	議決権保有割合	請求権保有割合	実質支配関係
12	13	14	15	16	17
本人		%	%	%	有・無
その他					
合計					

別表十七(三)付表二　令五・四・一以後終了事業年度分

添付対象外国関係会社に係る外国関係会社の区分及び所得に対する租税の負担割合の計算に関する明細書	事業年度	2023・4・1 2024・3・31	法人名	P社

外国関係会社の名称	1	B社	事業年度	2	2023・1・1 2023・12・31

本ケースでは記載しないことにします。

添付対象外国関係会社に係る外国関係会社の区分に関する明細

特定外国関係会社の判定

ペーパー・カンパニー	主たる事業を行うに必要と認められる固定施設を有する外国関係会社でないこと	3	該当・非該当・未判定
	本店所在地国において事業の管理、支配及び運営を自ら行う外国関係会社でないこと	4	該当・非該当・未判定
	外国子会社の株式等の保有を主たる事業とする一定の外国関係会社でないこと	5	該当・非該当・未判定
	特定子会社の株式等の保有を主たる事業とする等の一定の外国関係会社でないこと	6	該当・非該当・未判定
	不動産の保有、石油その他の天然資源の探鉱等又は社会資本の整備に関する事業の遂行上欠くことのできない機能を果たしている等の一定の外国関係会社でないこと	7	該当・非該当・未判定
キャッシュ・ボックス	総資産額に対する一定の受動的所得の金額の割合が30%を超える外国関係会社(総資産額に対する一定の資産の額の割合が50%を超えるものに限る。)であること	8	該当・非該当・未判定
	非関連者等収入保険料の合計額の収入保険料の合計額に対する割合が10%未満であり、かつ、非関連者等支払再保険料合計額の関連者等収入保険料の合計額に対する割合が50%未満である外国関係会社であること	9	該当・非該当・未判定

対象外国関係会社の判定

経済活動基準	事業基準	株式等若しくは債券の保有、無形資産等の提供又は船舶若しくは航空機の貸付けを主たる事業とする外国関係会社でないこと	10	該当・非該当・未判定
	事業基準の特例	統括会社特例の適用	11	有・無
		外国金融持株会社特例の適用	12	有・無
		航空機リース子会社特例の適用	13	有・無
	実体基準	本店所在地国において主たる事業を行うに必要と認められる固定施設を有する外国関係会社であること	14	該当・非該当・未判定
	管理支配基準	本店所在地国において事業の管理、支配及び運営を自ら行う外国関係会社であること	15	該当・非該当・未判定
	非関連者基準	非関連者取引割合が50%を超える外国関係会社であること	16	該当・非該当・未判定
	所在地国基準	主として本店所在地国において事業を行う外国関係会社であること	17	該当・非該当・未判定

部分対象外国関係会社の判定

内容	番号	判定
特定外国関係会社及び対象外国関係会社以外の外国関係会社であること	18	該当・非該当・未判定
清算外国金融子会社等であること	19	該当・非該当・未判定
(2)の事業年度が特定清算事業年度であること	20	該当・非該当・未判定
外国金融子会社等であること	21	該当・非該当・未判定

所得に対する租税の負担割合の計算

所得の金額の計算			番号	金額
当期の所得金額	当期の決算上の利益又は欠損の額		22	
	本店所在地国における課税所得金額		23	8,000,000ドル
加算	非課税所得の金額		24	500,000ドル
	損金の額に算入した支払配当等の額		25	
	損金の額に算入した外国法人税の額		26	
	保険準備金繰入限度超過額		27	
	保険準備金取崩不足額		28	
	小計		29	500,000ドル
減算	(24)のうち配当等の額		30	
	益金の額に算入した還付外国法人税の額		31	
	小計		32	0
所得の金額 ((22)又は(23))＋(29)－(32)			33	8,500,000ドル

租税の額の計算		番号	金額
本店所在地国の外国法人税の額	本店所在地国において課される外国法人税の額	34	1,600,000ドル
	所得の額に応じて税率が高くなる場合に納付したものとみなされる税額	35	(　　%)
	納付したものとみなして本店所在地国の外国法人税の額から控除される額	36	
本店所在地国外において課される外国法人税の額		37	
租税の額 ((34)から(37)までの合計額)		38	1,600,000ドル
所得に対する租税の負担割合 $\frac{(38)}{(33)}$		39	18.82%
(33)が零又は欠損金額となる場合の租税の負担割合		40	

ケース２

経済活動基準をすべて満たす場合（途中まではケース１と同じです）

設　例

内国法人P社（３月決算）は、X国に100％子会社であるB社（12月決算）を設立した。B社は製造業を営んでおり、X国内に事務所と工場を賃貸借している。B社の役員は３名で内２名はP社取締役が兼任しているので日本にいるが、残りの１名はX国に常駐している。このほか、会計書類等をX国内で作成している。

B社の2023年12月決算によると、損益計算書とX国の税務当局に提出すべき法人税確定申告書は次のようになった。

B社損益計算書

売上	100,000,000ドル
原価	70,000,000ドル
販管費	20,000,000ドル
税引前当期利益	10,000,000ドル
法人税	1,600,000ドル
税引後当期利益	8,400,000ドル

B社法人税確定申告書

所得金額	8,000,000ドル
法人税率	20％
法人税額	1,600,000ドル

※　売上のうち、500,000ドルは本店所在地国の法人税法上非課税所得となっている。

解　説

１　外国関係会社への該当性（租税負担割合の計算）

租税負担割合を計算すると、次のようになります。

【租税負担割合の計算】

$$\frac{1{,}600{,}000\text{ドル（法人税額）}}{\underset{\text{（所得金額）}}{8{,}000{,}000\text{ドル}} + \underset{\text{（非課税所得）}}{500{,}000\text{ドル}}} = 18.82\%$$

B社の租税負担割合は20％未満になるので外国関係会社に該当し、外国子会社合算税制の適用（会社単位の合算課税→部分所得金額の合算課税）の可能性があります。

そこで、

イ　特定外国関係会社となるのか、

ロ　イでなければ対象外国関係会社になる（＝経済活動基準を満たしていない）のか、

ハ　ロでなければ、部分対象外国関係会社になるか、

を検討する必要があります。

2　納税義務者の確定

わが国の外国子会社合算税制は平成29年度税制改正で抜本的に改正されましたが、本事例の場合、内国法人P社が100％子会社としてB社を設立したので、P社が納税義務者になります。

3　特定外国関係会社に該当するか否か

(1)　ペーパー・カンパニーに該当するか（＝主に実体基準と管理支配基準のいずれかを満たしているか否か）の検討

①　実体基準（B社が主たる事業を行うのに必要な固定施設を有しているか）…事務所と工場を賃貸借しているので、ここでは満たしていると判定します。

②　管理支配基準（B社がX国においてその事業の管理、支配及び運営を自ら行っているか）…役員が１名常駐していることや、会計書類等をX国で作成していることから、ここでは満たしていると判定します。

※　B社はペーパー・カンパニーではないと判定します。

(2)　キャッシュ・ボックスに該当するか

B社の収入のほとんどは本業である製造業のものであり、受動的所得が総資産の30％を超えていないので、キャッシュ・ボックスには該当しません。

⑶　ブラック・リスト国所在法人か

この基準については、財務大臣の告示があることが前提ですが、本書執筆時現在未だ告示がありません。

※　以上のことから、ケース２ではB社は特定外国関係会社に該当しないことになります。

４　対象外国関係会社に該当するか否か（＝経済活動基準を満たしているか）

３において、経済活動基準のうち、実体基準と管理支配基準について検討したので、以下では⑴事業基準、⑵所在地国基準又は非関連者基準、の２つについて検討します。

⑴　事業基準を満たしているか

B社の主たる事業は製造業であり、株式の保有等ではありません。そこで、事業基準を満たしているものとします。

⑵　所在地国基準又は非関連者基準

B社の主たる事業は製造業ですので、所在地国基準を適用します。

設例にあるように、B社はX国内に工場を賃貸借し、本店所在地国で製造活動をしていることから、所在地国基準を満たしていると判定することができます。

※　以上のことから、B社は経済活動基準をすべて満たしていることになり、対象外国関係会社に該当せず、会社単位の合算課税はされないことになります。

５　部分対象外国関係会社に該当するか

次に、部分合算課税の対象となる特定所得の有無を検討します。

B社は特定所得に該当するものとしては、事業用の預金口座から発生する受取利息のみ計上があります。この受取利息は、業務の通常の過程で生ずる預貯金利子であり、部分合算対象所得には該当しないことから、B社は部分対象外国関係会社に該当しません。

※　以上の検討の結果、本事例では、内国法人P社にはB社の所得を合算することはありませんでした。

なお、ケース１で示したように、B社の租税負担割合が20％未満ですので、以下の書類を確定申告書に添付する必要があります。

イ	貸借対照表及び損益計算書
ロ	株主資本等変動計算書、損益金の処分に関する計算書その他これらに類するもの
ハ	貸借対照表及び損益計算書に係る勘定科目内訳明細書
ニ	本店所在地国の法令により課される税に関する申告書の写し
ホ	企業集団等所得課税規定の適用がないものとした場合に計算される法人所得税の額に関する明細書及び当該法人所得税の額に関する計算の基礎となる書類
ヘ	各事業年度終了の日における株主等の氏名・住所又は名称・本店／主たる事務所の所在地並びにその有する株式等の数又は金額を記載した書類
ト	添付対象外国関係会社に係る特定保険協議者の外国法人の株主等並びに同項第二号に規定する他の外国法人及び出資関連外国法人の株主等に係る株主等の氏名・住所等、上のヘに掲げる書類

押さえておきたいポイント！

本ケースでは、結果として本税制の適用はなく、外国関係会社の所得を合算課税しないこととなりました。

一方、確定申告後の税務調査等により、ペーパー・カンパニーに該当しないこととなるための実体基準及び管理支配基準の両方を満たしていること、また、対象外国関係会社に該当しないこととなるための事業基準及び所在地国基準を満たしていることに関する資料の提示又は提出が求められることがあります。

したがって、これらについて事前に検討した資料を社内で保存しておく必要があります。

添付対象外国関係会社の名称等に関する明細書

事業年度	2023・4・1 2024・3・31	法人名	P社

別表十七(三)　令五・四・一以後終了事業年度分

外国関係会社の名称等	名称		1	B社		
	本店又は主たる事務所の所在	国名又は地域名	2	X国		
		所在地	3			
	事業年度		4	2023・1・1 2023・12・31	・　・ ・　・	・　・ ・　・
	主たる事業		5	製造業		
	外国関係会社の区分		6	特定外国関係会社・対象外国関係会社・(外国金融子会社等以外の部分対象外国関係会社)・外国金融子会社等	特定外国関係会社・対象外国関係会社・外国金融子会社等以外の部分対象外国関係会社・外国金融子会社等	特定外国関係会社・対象外国関係会社・外国金融子会社等以外の部分対象外国関係会社・外国金融子会社等
	資本金の額又は出資金の額		7	(50,000,000 円) 500,000ドル	(　円)	(　円)
	株式等の保有割合		8	100 %	%	%
	営業収益又は売上高		9	(100億 円) 100,000,000ドル	(　円)	(　円)
	営業利益		10	(10億 円) 10,000,000ドル	(　円)	(　円)
	税引前当期利益		11	(10億 円) 10,000,000ドル	(　円)	(　円)
	利益剰余金		12	(　円) —	(　円)	(　円)
	所得に対する租税の負担割合 (別表十七(三)付表二「39」又は「40」)		13	18.82 %	%	%
	企業集団等所得課税規定の適用を受ける外国関係会社の該当・非該当		14	該当・(非該当)	該当・非該当	該当・非該当
	添付書類 **これらを添付します⇒**		15	貸借対照表、損益計算書、株主資本等変動計算書、損益金処分表、勘定科目内訳明細書、本店所在地国の法人所得税に関する法令により課される税に関する申告書の写し、企業集団等所得課税規定の適用がないものとした場合に計算される法人所得税の額に関する計算の明細書及びその計算の基礎となる書類	貸借対照表、損益計算書、株主資本等変動計算書、損益金処分表、勘定科目内訳明細書、本店所在地国の法人所得税に関する法令により課される税に関する申告書の写し、企業集団等所得課税規定の適用がないものとした場合に計算される法人所得税の額に関する計算の明細書及びその計算の基礎となる書類	貸借対照表、損益計算書、株主資本等変動計算書、損益金処分表、勘定科目内訳明細書、本店所在地国の法人所得税に関する法令により課される税に関する申告書の写し、企業集団等所得課税規定の適用がないものとした場合に計算される法人所得税の額に関する計算の明細書及びその計算の基礎となる書類
課税対象金額等の状況	適用対象金額、部分適用対象金額又は金融子会社等部分適用対象金額 (別表十七(三の二)「26」、別表十七(三の三)「7」又は別表十七(三の四)「9」)		16	0		
	請求権等勘案合算割合 (別表十七(三の二)「27」、別表十七(三の三)「8」又は別表十七(三の四)「10」)		17	%	%	%
	課税対象金額、部分課税対象金額又は金融子会社等部分課税対象金額 (別表十七(三の二)「28」、別表十七(三の三)「9」又は別表十七(三の四)「11」)		18	(　円) 0	(　円)	(　円)

※　この別表には3社まで外国関係会社について記載できます。

添付対象外国関係会社に係る株式等の保有割合等に関する明細書

事業年度	2023・4・1 2024・3・31	法人名	P社

別表十七(三)付表一　令五・四・一以後終了事業年度分

外国関係会社の名称	1	B社	事業年度	2	2023・1・1 2023・12・31

居住者等株主等の株式等保有割合等

居住者・内国法人等	氏名又は名称	住所又は本店所在地	株式等保有割合 直接	株式等保有割合 間接	議決権保有割合 直接	議決権保有割合 間接	請求権保有割合 直接	請求権保有割合 間接	実質支配関係
	3	4	5	6	7	8	9	10	11
	本人		100 %	%	%	%	%	%	有・無
	同族株主グループ（本人を除く。）								
	その他								
合計			100 %		%		%		

同族株主グループの株式等保有割合等

氏名又は名称	住所又は本店所在地	株式等保有割合	議決権保有割合	請求権保有割合	実質支配関係
12	13	14	15	16	17
本人		%	%	%	有・無
その他					
合計					

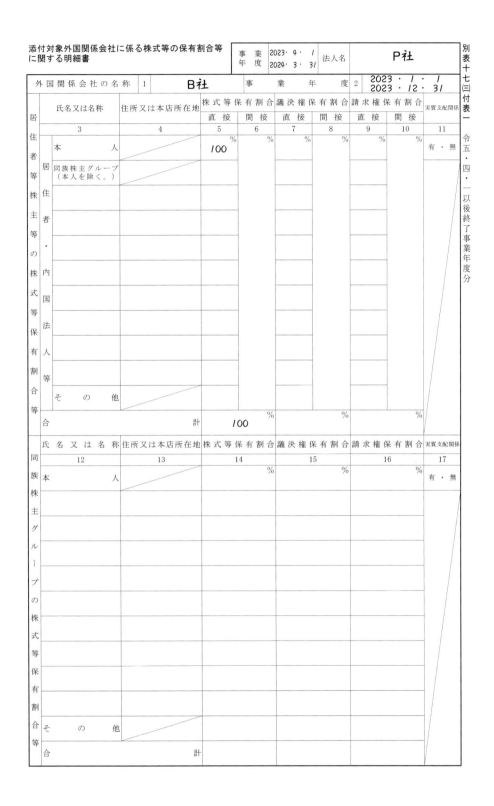

※　この付表は外国関係会社ごとに記載します。

添付対象外国関係会社に係る外国関係会社の区分及び所得に対する租税の負担割合の計算に関する明細書	事業年度	2023・4・1 2024・3・31	法人名	P社

別表十七(三)付表二　令五・四・一以後終了事業年度分

外国関係会社の名称	1	B社	事業年度	2	2023・1・1 2023・12・31

添付対象外国関係会社に係る外国関係会社の区分に関する明細			
特定外国関係会社の判定			
ペーパー・カンパニー	主たる事業を行うに必要と認められる固定施設を有する外国関係会社でないこと	3	該当・(非該当)・未判定
	本店所在地国において事業の管理、支配及び運営を自ら行う外国関係会社でないこと	4	該当・(非該当)・未判定
	外国子会社の株式等の保有を主たる事業とする一定の外国関係会社でないこと	5	該当・(非該当)・未判定
	特定子会社の株式等の保有を主たる事業とする等の一定の外国関係会社でないこと	6	該当・(非該当)・未判定
	不動産の保有、石油その他の天然資源の探鉱等又は社会資本の整備に関する事業の遂行上欠くことのできない機能を果たしている等の一定の外国関係会社でないこと	7	該当・(非該当)・未判定
キャッシュ・ボックス	総資産額に対する一定の受動的所得の金額の割合が30%を超える外国関係会社（総資産額に対する一定の資産の額の割合が50%を超えるものに限る。）であること	8	該当・(非該当)・未判定
	非関連者等収入保険料の合計額の収入保険料の合計額に対する割合が10%未満であり、かつ、非関連者等支払再保険料合計額の関連者等収入保険料の合計額に対する割合が50%未満である外国関係会社であること	9	該当・(非該当)・未判定
対象外国関係会社の判定			
経済活動基準　事業基準	株式等若しくは債券の保有、無形資産等の提供又は船舶若しくは航空機の貸付けを主たる事業とする外国関係会社でないこと	10	(該当)・非該当・未判定
事業基準の特例	統括会社特例の適用	11	有・(無)
	外国金融持株会社特例の適用	12	有・(無)
	航空機リース子会社特例の適用	13	有・(無)
実体基準	本店所在地国において主たる事業を行うに必要と認められる固定施設を有する外国関係会社であること	14	(該当)・非該当・未判定
管理支配基準	本店所在地国において事業の管理、支配及び運営を自ら行う外国関係会社であること	15	(該当)・非該当・未判定
非関連者基準	非関連者取引割合が50%を超える外国関係会社であること	16	該当・非該当・未判定
所在地国基準	主として本店所在地国において事業を行う外国関係会社であること	17	(該当)・非該当・未判定
部分対象外国関係会社の判定			
特定外国関係会社及び対象外国関係会社以外の外国関係会社であること		18	(該当)・非該当・未判定
清算外国金融子会社等であること		19	該当・(非該当)・未判定
(2)の事業年度が特定清算事業年度であること		20	該当・(非該当)・未判定
外国金融子会社等であること		21	該当・(非該当)・未判定

B社は製造業を主たる事業としているので、非関連者基準を用いず、所在地国基準を使用します。

所得に対する租税の負担割合の計算

所得の金額の計算			
当期の所得金額	当期の決算上の利益又は欠損の額	22	
	本店所在地国における課税所得金額	23	8,000,000ドル
加算	非課税所得の金額	24	500,000ドル
	損金の額に算入した支払配当等の額	25	
	損金の額に算入した外国法人税の額	26	
	保険準備金繰入限度超過額	27	
	保険準備金取崩不足額	28	
	小計	29	500,000ドル
減算	(24)のうち配当等の額	30	
	益金の額に算入した還付外国法人税の額	31	
	小計	32	0
所得の金額 ((22)又は(23))＋(29)－(32)		33	8,500,000ドル

租税の額の計算			
本店所在地国の外国法人税の額	本店所在地国において課される外国法人税の額	34	1,600,000ドル
	所得の額に応じて税率が高くなる場合に納付した	35	（　　%）
		36	
	本店所在地国外において課される外国法人税の額	37	
租税の額 ((34)から(37)までの合計額)		38	1,600,000ドル
所得に対する租税の負担割合 (38)/(33)		39	18.82 %
(33)が零又は欠損金額となる場合の租税の負担割合		40	

※　この付表は外国関係会社ごとに記載します。

外国金融子会社等以外の部分対象外国関係会社に係る部分適用対象金額及び特定所得の金額等の計算に関する明細書

事業年度	2023・4・1 2024・3・31	法人名	P社

別表十七(三の三)　令五・四・一以後終了事業年度分

外国金融子会社等以外の部分対象外国関係会社の名称	1	B社	事業年度	2	2023・1・1 2023・12・31

部分適用対象金額及び部分課税対象金額の計算

(21)＋(30)＋(33)＋(別表十七(三の三)付表「11」＋「21」＋「39」)	3	0
(40)＋(48)＋(51)＋(54)＋(62)＋(別表十七(三の三)付表「31」) (マイナスの場合は０)	4	0
部分適用対象損失額の当期控除額 (別表十七(三の三)付表「41の計」)	5	
(4)－(5)	6	0
部分適用対象金額 (3)＋(6)	7	0
請求権等勘案合算割合	8	%
部分課税対象金額 (7)×(8)	9	(円) 0

特定所得の金額の計算

剰余金の配当等	剰余金の配当等の額の合計額	10	
	(10)のうち持株割合25％以上等の子法人から受ける剰余金の配当等の額((12)に該当するものを除く。)	11	
	(10)のうち持株割合10％以上等の資源関連外国子法人から受ける剰余金の配当等の額	12	
	(11)及び(12)のうち支払法人において損金算入される剰余金の配当等の額	13	
	(10)－((11)＋(12)－(13))	14	
	(14)に係る直接費用の額の合計額	15	
	負債利子配賦額：当期に支払う負債利子の額の合計額	16	
	負債利子配賦額：(16)のうち(15)に含まれる金額	17	
	負債利子配賦額：総資産の帳簿価額	18	
	負債利子配賦額：(14)に係る株式等の帳簿価額	19	
	負債利子配賦額：$(16) \times \frac{(19)}{(18)} - (17)$ (マイナスの場合は０)	20	
	(14)－(15)－(20) (マイナスの場合は０)	21	
受取利子等	受取利子等の額の合計額	22	
	(22)のうち業務の通常の過程において生ずる預貯金利子の額	23	
	(22)のうち一定の貸金業者が行う金銭の貸付けに係る利子の額	24	
	(22)のうち一定の割賦販売等に係る利子の額	25	
	(22)のうち一定の棚卸資産の販売から生ずる利子の額((25)に該当するものを除く。)	26	
	(22)のうち一定のグループファイナンスに係る利子の額((24)に該当するものを除く。)	27	
	(22)－((23)＋(24)＋(25)＋(26)＋(27))	28	
	(28)に係る直接費用の額の合計額	29	
	(28)－(29) (マイナスの場合は０)	30	
有価証券の貸付けに係る収益	有価証券の貸付けによる対価の額の合計額	31	
	(31)に係る直接費用の額の合計額	32	
	(31)－(32) (マイナスの場合は０)	33	
有価証券の譲渡損益	有価証券の譲渡に係る対価の額の合計額	34	
	(34)のうち持株割合25％以上の法人の株式等の譲渡に係る対価の額の合計額	35	
	(34)－(35)	36	
有価証券の譲渡損益	(34)に係る原価の額の合計額	37	
	(37)のうち持株割合25％以上の法人の株式等の譲渡に係る対価の額の合計額に係る原価の額の合計額	38	
	(36)に係る直接費用の額の合計額	39	
	(36)－(((37)－(38))＋(39))	40	
	一単位当たりの帳簿価額の算出の方法	41	移動平均法 ・ 総平均法
デリバティブ取引に係る損益	デリバティブ取引に係る損益の額	42	
	(42)のうちヘッジ取引として行った一定のデリバティブ取引に係る損益の額	43	
	(42)のうち短期売買商品等損失額を減少させるために行った一定のデリバティブ取引に係る損益の額((43)に該当するものを除く。)	44	
	(42)のうち先物外国為替契約等に相当する契約に基づくデリバティブ取引に係る損益の額((44)に該当するものを除く。)	45	
	(42)のうち一定の金利スワップ等に係る損益の額((44)に該当するものを除く。)	46	
	(42)のうち一定の商品先物取引業者等が行う一定の商品先物取引に係る損益の額((43)から(46)までに該当するものを除く。)	47	
	(42)－((43)＋(44)＋(45)＋(46)＋(47))	48	
外国為替差損益	外国為替差損益の額	49	
	(49)のうちその行う事業(投機的な取引を行う事業を除く。)に係る業務の通常の過程において生ずる外国為替差損益の額	50	
	(49)－(50)	51	
その他の金融所得	その他の金融所得に係る損益の額((21)、(30)、(33)、(40)、(48)又は(51)に該当するものを除く。)	52	
	(52)のうちヘッジ取引として行った一定の取引に係る損益の額	53	
	(52)－(53)	54	
保険所得	当期に収入した、又は収入すべきことの確定した収入保険料(当該収入保険料のうち払い戻した、又は払い戻すべきものを除く。)	55	
	当期に収入した、又は収入すべきことの確定した再保険返戻金	56	
	当期に支払った、又は支払うべきことの確定した再保険料及び解約返戻金の合計額	57	
	(55)＋(56)－(57) (マイナスの場合は０)	58	
	当期に支払った、又は支払うべきことの確定した支払保険金の額の合計額	59	
	当期に収入した、又は収入すべきことの確定した再保険金の額の合計額	60	
	(59)－(60) (マイナスの場合は０)	61	
	(58)－(61)	62	

ケース 3

特定外国関係会社（ペーパー・カンパニー）に該当する場合

設　例

内国法人P社（３月決算）は、X国に100％子会社B社（12月決算）を設立した。その後、B社はその100％子会社であるC社（12月決算）をX国に設立した。

B社の主たる事業はライセンスの供与であり、C社に貸し付けておりその使用料を受領している。一方、C社は同じX国でB社からライセンスを使用することで製造業を営んでいる。

本事例では、B社はC社と共同で事務所を賃貸しているほか、役員がその事務所に常駐し会計帳簿も現地で記帳している。しかし、B社はライセンスを保有しているだけであり、費用は賃借料のみであり実体はない。事務所ではＣ社に関する事務を行うほか、Ｂ社役員もＣ社の業務のみを行う。X国の以前の実効税率は30％を大幅に超えていたが、最近、税制改正を行い法人税率を大幅に引き下げた。

一方、C社は主たる事業である製造業を本店所在地国で営むなど、経済活動基準をすべて満たしていると仮定する。

B社の2023年12月決算によると、損益計算書とX国の税務当局に提出すべき法人税確定申告書は次のようになった。C社の損益計算書等は省略する。

B社損益計算書

売上	1,000,000ドル
販管費	50,000ドル
税引前当期利益	950,000ドル
法人税	228,000ドル
税引後当期利益	722,000ドル

B社法人税確定申告書

所得金額	950,000ドル
法人税率	24％
法人税額	228,000ドル

解　説

1　外国関係会社への該当性（租税負担割合の計算）

本事例のB社の租税負担割合は次のようになります。

【租税負担割合の計算】

$$\frac{228{,}000\text{ ドル（法人税額）}}{950{,}000\text{ ドル（所得金額）}}=24\%$$

B社の租税負担割合が30％未満であることから、特定外国関係会社に該当するか否かを検討する必要があります。一方、B社の租税負担割合が20％を上回っていることから、対象外国関係会社や部分対象外国関係会社になることはありません。

2　納税義務者の確定

本事例の場合、内国法人P社が100％子会社としてB社を設立したので、P社が納税義務者になります。

3　特定外国関係会社に該当するか否か

⑴　ペーパー・カンパニーに該当するか（＝主に実体基準と管理支配基準のいずれかを満たしているか否か）の検討

①　実体基準（B社が主たる事業を行うのに必要な固定施設を有しているか）＝事務所についてC社と共同して賃貸借していますがそれはあくまで名義上のことのみであり、主たる事業を行うのに必要な固定施設があるので、判定することはできません。

②　管理支配基準（B社がX国においてその事業の管理、支配及び運営を自ら行っているか）＝B社が保有するライセンスはもともとP社で保有していたものですが、C社の製造に使用するためB社が保有していたほうがいいとの判断で移転したものでした。現状、Ｂ社はライセンスを保有するだけの会社であり、管理支配基準を満たしていないことになります。

※　B社はペーパー・カンパニーであると判定します。

⑵　キャッシュ・ボックスに該当するか

既に、ペーパー・カンパニーに該当しているので、検討は不要です。

⑶　ブラック・リスト国所在法人か

⑵と同様、検討は不要です。

※　以上のことから、本事例ではB社は特定外国関係会社の一類型であるペーパー・カンパニーに該当することになります。

したがって、対象外国関係会社及び部分対象外国関係会社に該当するか否かの検討をする必要はありません。

押さえておきたいポイント！

1　本事例では、B社は特定外国関係会社と判定されました。そこで、対象外国関係会社及び部分対象外国関係会社の検討は不要になります。

2　確定申告書への添付資料ですが、本事例のB社が特定外国関係会社に該当したことから、ケース１及び２と同じように必要書類を添付しなければなりません。

3　B社の所得は会社単位でP社に合算されますが、B社は24％の法人税を納付していることから、その部分についてはP社で外国税額控除の対象となります。

4　外国子会社合算所得金額については別表４の加算欄に記載するとともに、外国税額控除については、以下に示すように必要な別表に記載することになります。

所得の金額の計算に関する明細書

事業年度	2023・4・1 2024・3・31	法人名	P社

別表四　令五・四・一以後終了事業年度分

区分		総額 ①	処分 留保 ②	処分 社外流出 ③	
当期利益又は当期欠損の額	1	円	円	配当	円
				その他	
加算 損金経理をした法人税及び地方法人税（附帯税を除く。）	2				
加算 損金経理をした道府県民税及び市町村民税	3				
加算 損金経理をした納税充当金	4				
加算 損金経理をした附帯税（利子税を除く。）、加算金、延滞金（延納分を除く。）及び過怠税	5			その他	
加算 減価償却の償却超過額	6				
加算 役員給与の損金不算入額	7			その他	
加算 交際費等の損金不算入額	8			その他	
加算 通算法人に係る加算額（別表四付表「5」）	9			外※	
加算 外国子会社合算所得金額	10	95,000,000			95,000,000
加算 小計	11			外※	
減算 減価償却超過額の当期認容額	12				
減算 納税充当金から支出した事業税等の金額	13				
減算 受取配当等の益金不算入額（別表八（一）「5」）	14			※	
減算 外国子会社から受ける剰余金の配当等の益金不算入額（別表八（二）「26」）	15			※	
減算 受贈益の益金不算入額	16			※	
減算 適格現物分配に係る益金不算入額	17			※	
減算 法人税等の中間納付額及び過誤納に係る還付金額	18				
減算 所得税額等及び欠損金の繰戻しによる還付金額等	19			※	
減算 通算法人に係る減算額（別表四付表「10」）	20			※	
減算	21				
減算 小計	22			外※	
仮計 (1)＋(11)－(22)	23			外※	
対象純支払利子等の損金不算入額（別表十七（二の二）「29」又は「34」）	24			その他	
超過利子額の損金算入額（別表十七（二の三）「10」）	25	△		※	△
仮計 ((23)から(25)までの計)	26			外※	
寄附金の損金不算入額（別表十四（二）「24」又は「40」）	27			その他	
沖縄の認定法人又は国家戦略特別区域における指定法人の所得の特別控除額又は要加算調整額の益金算入額（別表十（一）「15」若しくは別表十（二）「10」又は別表十（一）「16」若しくは別表十（二）「11」）	28			※	
法人税額から控除される所得税額（別表六（一）「6の③」）	29			その他	
税額控除の対象となる外国法人税の額（別表六（二の二）「7」）	30	22,800,000		その他	22,800,000
分配時調整外国税相当額及び外国関係会社等に係る控除対象所得税額等相当額（別表六（五の二）「5の②」）＋（別表十七（三の六）「1」）	31			その他	
組合等損失額の損金不算入額又は組合等損失超過合計額の損金算入額（別表九（二）「10」）	32				
対外船舶運航事業者の日本船舶による収入金額に係る所得の金額の損金算入額又は益金算入額（別表十（四）「20」、「21」又は「23」）	33			※	
合計 (26)＋(27)±(28)＋(29)＋(30)＋(31)＋(32)±(33)	34			外※	
契約者配当の益金算入額（別表九（一）「13」）	35				
特定目的会社等の支払配当又は特定目的信託に係る受託法人の利益の分配等の損金算入額（別表十（八）「13」、別表十（九）「11」又は別表十（十）「16」若しくは「33」）	36	△	△		
中間申告における繰戻しによる還付に係る災害損失欠損金額の益金算入額	37			※	
非適格合併又は残余財産の全部分配等による移転資産等の譲渡利益額又は譲渡損失額	38			※	
差引計 ((34)から(38)までの計)	39			外※	
更生欠損金又は民事再生等評価換えが行われる場合の再生等欠損金の損金算入額（別表七（三）「9」又は「21」）	40	△		※	△
通算対象欠損金額の損金算入額又は通算対象所得金額の益金算入額（別表七の二「5」又は「11」）	41			※	
当初配賦欠損金控除額の益金算入額（別表七（二）付表一「23の計」）	42			※	
差引計 (39)＋(40)±(41)＋(42)	43			外※	
欠損金等の当期控除額（別表七（一）「4の計」）＋（別表七（四）「10」）	44	△		※	△
総計 (43)＋(44)	45			外※	
新鉱床探鉱費又は海外新鉱床探鉱費の特別控除額（別表十（三）「43」）	46	△		※	△
農業経営基盤強化準備金積立額の損金算入額（別表十二（十四）「10」）	47	△	△		
農用地等を取得した場合の圧縮額の損金算入額（別表十二（十四）「43の計」）	48	△	△		
関西国際空港用地整備準備金積立額、中部国際空港整備準備金積立額又は再投資等準備金積立額の損金算入額（別表十二（十一）「15」、別表十二（十二）「10」又は別表十二（十五）「12」）	49	△	△		
特定事業活動として特別新事業開拓事業者の株式の取得をした場合の特別勘定繰入額の損金算入額又は特別勘定取崩額の益金算入額（別表十（六）「21」－「11」）	50			※	
残余財産の確定の日の属する事業年度に係る事業税及び特別法人事業税の損金算入額	51	△	△		
所得金額又は欠損金額	52			外※	

別表17（3）の18欄から移記します。

別表6（2の2）の7欄から移記します。

御注意
「52」の「①」欄の金額は、「②」欄の金額に「③」欄の本書の金額を加算し、これから「※」の金額を加減算した額と符合することになります。

内国法人の外国税額の控除に関する明細書

事業年度等	2023・4・1 2024・3・31	法人名	P社

別表六(二)　令五・四・一以後終了事業年度等分

Ⅰ　法人税に係る外国税額の控除に関する明細書

区分			番号	金額（円）
当期の控除対象外国法人税額 (別表六(二の二)「21」)			1	22,800,000
当期の法人税の控除限度額の計算	当期の法人税額 ((別表一「2」-「3」)－別表六(五の二)「5の③」－別表十七(三の六)「1」) (マイナスの場合は0)		2	⇓
	当期の所得金額	所得金額又は欠損金額 (別表四「52の①」)	3	
		繰越欠損金の当期控除額 (別表七(一)「4の計」)	4	
		対外船舶運航事業者の日本船舶による収入金額に係る所得の金額の損金算入額 (別表十(四)「20」)	5	
		対外船舶運航事業者の日本船舶による収入金額に係る所得の金額の益金算入額 (別表十(四)「21」又は「23」)	6	
		組合等損失額の損金不算入額 (別表九(二)「6」)	7	以下省略
		組合等損失超過合計額の損金算入額 (別表九(二)「9」)	8	
		計 (3)＋(4)＋(5)－(6)－(7)＋(8) (マイナスの場合は0)	9	
	当期の調整国外所得金額	国外事業所等帰属所得に係る所得の金額 (別表六(二)付表一「25」)	10	
		その他の国外源泉所得に係る所得の金額 (46の①)	11	
		(10)＋(11) (マイナスの場合は0)	12	
		非課税国外所得の金額 (46の②)＋(別表六(二)付表一「26」) (マイナスの場合は0)	13	
		(12)－(13) (マイナスの場合は0)	14	
		(9)×90%	15	
		調整国外所得金額 ((14)と(15)のうち少ない金額)	16	
	法人税の控除限度額 $(2) \times \frac{(16)}{(9)}$ (通算法人の場合は別表六(二)付表五「35」)		17	
当期に控除できる金額の計算	法第69条第1項により控除できる金額 ((1)と(17)のうち少ない金額)		18	
	法第69条第2項により控除できる金額 (別表六(三)「30の②」)		19	
	法第69条第3項により控除できる金額 (別表六(三)「34の②」)		20	
	((18)＋(19)＋(20))又は当初申告税額控除額		21	
	法第69条第18項により控除できる金額 (別表六(二)付表六「6の計」)		22	
	当期に控除できる金額 (21)＋(22)		23	

区分			番号	国外所得対応分 ①（円）	①のうち非課税所得分 ②（円）
当期のその他の国外源泉所得に係る所得の金額の計算	その他の国外源泉所得に係る当期利益又は当期欠損の額		24		
	加算	納付した控除対象外国法人税額	25		
		交際費等の損金不算入額	26		
		貸倒引当金の戻入額	27		
			28		
			29		
			30		
			31		
			32		
			33		
			34		
		小計	35		
	減算	貸倒引当金の繰入額	36		
			37		
			38		
			39		
			40		
			41		
			42		
			43		
			44		
		小計	45		
	計 (24)＋(35)－(45)		46		

Ⅱ　地方法人税に係る外国税額の控除に関する明細書

区分		番号	金額（円）	区分	番号	金額（円）
当期の控除対象外国法人税額 (1)		47		地方法人税控除限度額 $(51) \times \frac{(16)}{(9)}$ (通算法人の場合は別表六(二)付表五「43」)	52	
法人税の控除限度額 (17)		48	22,800,000	地方法人税法第12条第1項により控除できる金額 ((49)と(52)のうち少ない金額)	53	
差引控除対象外国法人税額 (47)－(48)		49	以下省略	(53)又は当初申告税額控除額	54	
地方法人税額の計算	課税標準法人税額 (別表一「2」－「3」)	50	000	地方法人税法第12条第8項により控除できる金額 (別表六(二)付表六「13の計」)	55	
	地方法人税額 (50)×10.3%－(((別表六(五の二)「5の③」)＋(別表十七(三の六)「1」)－(50))と0のうち多い金額) (マイナスの場合は0)	51		外国税額の控除額 (54)＋(55)	56	

当期の控除対象外国法人税額に関する明細書

事業年度	2023・4・1 2024・3・31	法人名	P社

別表六(二の二)　令五・四・一以後終了事業年度分

区分		項目	番号	金額（円）
当期に納付する控除対象外国法人税額の計算	納付分	控除対象外国法人税額 (別表六(四)「29」)＋(別表六(四の二)「25」)	1	
	納付分	利子等に係る控除対象外国法人税額 (別表六(五)「14」)	2	
	みなし納付分	控除対象外国法人税額 (別表六(四)「30」)＋(別表六(四の二)「26」)	3	
	みなし納付分	利子等に係る控除対象外国法人税額 (別表六(五)「15」)	4	
		計 (1)＋(2)＋(3)＋(4)	5	
		外国関係会社に係る控除対象外国法人税額 (別表十七(三の五)「37」)	6	22,800,000
		納付した控除対象外国法人税額計 (1)＋(2)＋(6)	7	22,800,000
		納付したとみなされる控除対象外国法人税額計 (3)＋(4)	8	
		計 (7)＋(8)	9	22,800,000

区分	項目	番号	金額（円）
当期に減額された控除対象外国法人税額	納付分に係る減額分 (別表六(四)「31」)	10	
	みなし納付分に係る減額分 (別表六(四)「32」)	11	
	外国関係会社に係る減額分 (別表十七(三の五)「36」)	12	
	計 (10)＋(11)＋(12)	13	
前期までに減額された控除対象外国法人税額のうち未充当分	・　・ ・　・　期分	14	
		15	
	・　・ ・　・　期分	16	
	・　・ ・　・　期分	17	
	(14)＋(15)＋(16)＋(17)	18	
合計	(13)＋(18)	19	0

項目	番号	金額
(19)　－　(9)	20	0
当期の控除対象外国法人税額 (9)　－　(19)	21	22,800,000

別表17（３の５）の37欄から移記します。

別表４の30欄で加算します。

添付対象外国関係会社の名称等に関する明細書

事業年度	2023・4・1 2024・3・31	法人名	P社

別表十七(三)　令五・四・一以後終了事業年度分

外国関係会社の名称等	名称	1	B社	C社	
	本店又は主たる事務所の所在 国名又は地域名	2	X国	X国	
	本店又は主たる事務所の所在 所在地	3			
	事業年度	4	2023・1・1 2023・12・31	2023・1・1 2023・12・31	・　・ ・　・
	主たる事業	5	ライセンス業	製造業	
	外国関係会社の区分	6	(特定外国関係会社)・対象外国関係会社・外国金融子会社等以外の部分対象外国関係会社・外国金融子会社等	特定外国関係会社・対象外国関係会社・(外国金融子会社等以外の部分対象外国関係会社)・外国金融子会社等	特定外国関係会社・対象外国関係会社・外国金融子会社等以外の部分対象外国関係会社・外国金融子会社等
	資本金の額又は出資金の額	7	(10,000,000 円) 100,000 ドル	(50,000,000 円) 500,000 ドル	(　円)
	株式等の保有割合	8	100 %	0 %	%
	営業収益又は売上高	9	(1億 円) 1,000,000 ドル	(　円) ⇩	(　円)
	営業利益	10	(95,000,000 円) 950,000 ドル	(　円)	(　円)
	税引前当期利益	11	(95,000,000 円) 950,000 ドル	(　円) 以下省略	(　円)
	利益剰余金	12	(　円) –	(　円)	(　円)
	所得に対する租税の負担割合 (別表十七(三)付表二「39」又は「40」)	13	24 %	%	%
	企業集団等所得課税規定の適用を受ける外国関係会社の該当・非該当	14	該当・(非該当)	該当・非該当	該当・非該当
	添付書類 **これらを添付します** ⇒	15	貸借対照表、損益計算書、株主資本等変動計算書、損益金処分表、勘定科目内訳明細書、本店所在地国の法人所得税に関する法令により課される税に関する申告書の写し、企業集団等所得課税規定の適用がないものとした場合に計算される法人所得税の額に関する計算の明細書及びその計算の基礎となる書類	貸借対照表、損益計算書、株主資本等変動計算書、損益金処分表、勘定科目内訳明細書、本店所在地国の法人所得税に関する法令により課される税に関する申告書の写し、企業集団等所得課税規定の適用がないものとした場合に計算される法人所得税の額に関する計算の明細書及びその計算の基礎となる書類	貸借対照表、損益計算書、株主資本等変動計算書、損益金処分表、勘定科目内訳明細書、本店所在地国の法人所得税に関する法令により課される税に関する申告書の写し、企業集団等所得課税規定の適用がないものとした場合に計算される法人所得税の額に関する計算の明細書及びその計算の基礎となる書類
課税対象金額等の状況	適用対象金額、部分適用対象金額又は金融子会社等部分適用対象金額 (別表十七(三の二)「26」、別表十七(三の三)「7」又は別表十七(三の四)「9」)	16	950,000 ドル		
	請求権等勘案合算割合 (別表十七(三の二)「27」、別表十七(三の三)「8」又は別表十七(三の四)「10」)	17	100 %	%	%
	課税対象金額、部分課税対象金額又は金融子会社等部分課税対象金額 (別表十七(三の二)「28」、別表十七(三の三)「9」又は別表十七(三の四)「11」)	18	(95,000,000 円) 950,000 ドル	(　円)	(　円)

別表4の10欄で加算します。

添付対象外国関係会社に係る株式等の保有割合等に関する明細書

事業年度	2023・4・1 2024・3・31	法人名	P社

別表十七(三)付表一　令五・四・一以後終了事業年度分

外国関係会社の名称	1	B社	事業年度	2	2023・1・1 2023・12・31

居住者等株主等の株式等保有割合等

		氏名又は名称	住所又は本店所在地	株式等保有割合 直接	株式等保有割合 間接	議決権保有割合 直接	議決権保有割合 間接	請求権保有割合 直接	請求権保有割合 間接	実質支配関係
		3	4	5	6	7	8	9	10	11
居住者・内国法人等		本人		100 %	%	%	%	%	%	有・無
		同族株主グループ（本人を除く。）								
		その他								
合計				100 %		%		%		

同族株主グループの株式等保有割合等

氏名又は名称	住所又は本店所在地	株式等保有割合	議決権保有割合	請求権保有割合	実質支配関係
12	13	14	15	16	17
本人		%	%	%	有・無
その他					
合計					

別表十七(三)付表二　令五・四・一以後終了事業年度分

添付対象外国関係会社に係る外国関係会社の区分及び所得に対する租税の負担割合の計算に関する明細書

事業年度	2023・4・1 2024・3・31	法人名	P社

外国関係会社の名称	1	B社	事業年度 2	2023・1・1 2023・12・31

添付対象外国関係会社に係る外国関係会社の区分に関する明細

特定外国関係会社の判定			
ペーパー・カンパニー	主たる事業を行うに必要と認められる固定施設を有する外国関係会社でないこと	3	該当・**非該当**・未判定
ペーパー・カンパニー	本店所在地国において事業の管理、支配及び運営を自ら行う外国関係会社でないこと	4	**該当**・非該当・未判定
ペーパー・カンパニー	外国子会社の株式等の保有を主たる事業とする一定の外国関係会社でないこと	5	該当・**非該当**・未判定
ペーパー・カンパニー	特定子会社の株式等の保有を主たる事業とする等の一定の外国関係会社でないこと	6	該当・**非該当**・未判定
ペーパー・カンパニー	不動産の保有、石油その他の天然資源の探鉱等又は社会資本の整備に関する事業の遂行上欠くことのできない機能を果たしている等の一定の外国関係会社でないこと	7	該当・**非該当**・未判定
キャッシュ・ボックス	総資産額に対する一定の受動的所得の金額の割合が30%を超える外国関係会社(総資産額に対する一定の資産の額の割合が50%を超えるものに限る。)であること	8	該当・**非該当**・未判定
キャッシュ・ボックス	非関連者等収入保険料の合計額の収入保険料の合計額に対する割合が10%未満であり、かつ、非関連者等支払再保険料合計額の関連者等収入保険料の合計額に対する割合が50%未満である外国関係会社であること	9	該当・**非該当**・未判定
対象外国関係会社の判定			
経済活動基準 事業基準	株式等若しくは債券の保有、無形資産等の提供又は船舶若しくは航空機の貸付けを主たる事業とする外国関係会社でないこと	10	該当・非該当・未判定
経済活動基準 事業基準 事業基準の特例	統括会社特例の適用	11	有・無
経済活動基準 事業基準 事業基準の特例	外国金融持株会社特例の適用	12	有・無
経済活動基準 事業基準 事業基準の特例	航空機リース子会社特例の適用	13	有・無
経済活動基準 実体基準	本店所在地国において主たる事業を行うに必要と認められる固定施設を有する外国関係会社であること	14	該当・非該当・未判定
経済活動基準 管理支配基準	本店所在地国において事業の管理、支配及び運営を自ら行う外国関係会社であること	15	該当・非該当・未判定
経済活動基準 非関連者基準	非関連者取引割合が50%を超える外国関係会社であること	16	該当・非該当・未判定
経済活動基準 所在地国基準	主として本店所在地国において事業を行う外国関係会社であること	17	該当・非該当・未判定
部分対象外国関係会社の判定			
	特定外国関係会社及び対象外国関係会社以外の外国関係会社であること	18	該当・非該当・未判定
	清算外国金融子会社等であること	19	該当・非該当・未判定
	(2)の事業年度が特定清算事業年度であること	20	該当・非該当・未判定
	外国金融子会社等であること	21	該当・非該当・未判定

特定外国関係会社に該当するので記載不要です。

所得に対する租税の負担割合の計算

所得の金額の計算 当期の所得金額	当期の決算上の利益又は欠損の額	22	
所得の金額の計算 当期の所得金額	本店所在地国における課税所得金額	23	950,000ドル
所得の金額の計算 加算	非課税所得の金額	24	
所得の金額の計算 加算	損金の額に算入した支払配当等の額	25	
所得の金額の計算 加算	損金の額に算入した外国法人税の額	26	
所得の金額の計算 加算	保険準備金繰入限度超過額	27	
所得の金額の計算 加算	保険準備金取崩不足額	28	
所得の金額の計算 加算	小計	29	0
所得の金額の計算 減算	(24)のうち配当等の額	30	
所得の金額の計算 減算	益金の額に算入した還付外国法人税の額	31	
所得の金額の計算 減算	小計	32	0
所得の金額の計算	所得の金額 ((22)又は(23))+(29)−(32)	33	950,000ドル
租税の額の計算 本店所在地国の外国法人税の額	本店所在地国において課される外国法人税の額	34	228,000ドル
租税の額の計算 本店所在地国の外国法人税の額	所得の額に応じて税率が高くなる場合に納付したものとみなされる税額	35	(　　%)
租税の額の計算 本店所在地国の外国法人税の額	納付したものとみなして本店所在地国の外国法人税の額から控除される額	36	
租税の額の計算	本店所在地国外において課される外国法人税の額	37	
租税の額の計算	租税の額 ((34)から(37)までの合計額)	38	228,000ドル
	所得に対する租税の負担割合 $\frac{(38)}{(33)}$	39	24 %
	(33)が零又は欠損金額となる場合の租税の負担割合	40	

特定外国関係会社又は対象外国関係会社の適用対象金額等の計算に関する明細書	事業年度	2023・4・1 2024・3・31	法人名	P社

別表十七(三)の二　令五・四・一以後終了事業年度分

外国関係会社の名称	1	B社	事業年度	2	2023・1・1 2023・12・31

適用対象金額及び課税対象金額の計算

所得計算上の適用法令		3	本邦法令・外国法令（外国法令に○）	減算		16	
当期の利益若しくは欠損の額又は所得金額		4	950,000ドル			17	
加算	損金の額に算入した法人所得税の額	5				18	
		6				19	
		7				20	
		8			小計	21	0
		9		基準所得金額 (4) + (11) − (21)		22	950,000ドル
		10		繰越欠損金の当期控除額 (30の計)		23	
	小計	11	0	当期中に納付することとなる法人所得税の額		24	
減算	益金の額に算入した法人所得税の還付額	12		当期中に還付を受けることとなる法人所得税の額		25	
	子会社から受ける配当等の額	13		適用対象金額 (22) − (23) − (24) + (25)		26	950,000ドル
	特定部分対象外国関係会社株式等の特定譲渡に係る譲渡利益額	14		請求権等勘案合算割合		27	100 %
	控除対象配当等の額	15		課税対象金額 (26) × (27)		28	(95,000,000円) 950,000ドル

欠損金額の内訳

事業年度	控除未済欠損金額	当期控除額	翌期繰越額 (29) − (30)
	29	30	31
・　・ ・　・			
・　・ ・　・			
・　・ ・　・			
・　・ ・　・			
・　・ ・　・			
・　・ ・　・			
・　・ ・　・			
計			
当期分			
合計			

別表17（3）の18欄に移記します。

外国関係会社の課税対象金額等に係る控除対象外国法人税額の計算に関する明細書

事業年度	2023・4・1 2024・3・31	法人名	P社

別表十七(三の五)　令五・四・一以後終了事業年度分

外国関係会社の名称		1	B社	特定外国関係会社又は対象外国関係会社に係る控除対象外国法人税額の計算	適用対象金額 (別表十七(三の二)「26」)	8	950,000 ドル
本店又は主たる事務所の所在	国名又は地域名	2	X国		子会社から受ける配当等の額 (別表十七(三の二)「13」のうち(6)の外国法人税の課税標準に含まれるもの)	9	0
	所在地	3			控除対象配当等の額 (別表十七(三の二)「15」のうち(6)の外国法人税の課税標準に含まれるもの)	10	0
事業年度		4	2023・1・1 2023・12・31		調整適用対象金額 (8)+(9)+(10)	11	950,000 ドル
外国法人税	税種目	5	法人税		課税対象金額 (別表十七(三の二)「28」)	12	950,000 ドル
	外国法人税額	6	228,000 ドル		(12)/(11)	13	100 %
	増額又は減額前の事業年度の(6)の金額	7			(6)×(13)	14	228,000 ドル

外国金融子会社等以外の部分対象外国関係会社に係る控除対象外国法人税額の計算	特定外国関係会社又は対象外国関係会社に該当するものとした場合 適用対象金額 (55)	15		外国金融子会社等に係る控除対象外国法人税額の計算	特定外国関係会社又は対象外国関係会社に該当するものとした場合 適用対象金額 (55)	24	
	子会社から受ける配当等の額 ((46)のうち(6)の外国法人税の課税標準に含まれるもの)	16			子会社から受ける配当等の額 ((46)のうち(6)の外国法人税の課税標準に含まれるもの)	25	
	控除対象配当等の額 ((47)のうち(6)の外国法人税の課税標準に含まれるもの)	17			控除対象配当等の額 ((47)のうち(6)の外国法人税の課税標準に含まれるもの)	26	
	調整適用対象金額 (15)+(16)+(17)	18			調整適用対象金額 (24)+(25)+(26)	27	
	部分適用対象金額 (別表十七(三の三)「7」)	19			金融子会社等部分適用対象金額 (別表十七(三の四)「9」)	28	
	部分課税対象金額 (別表十七(三の三)「9」)	20			金融子会社等部分課税対象金額 (別表十七(三の四)「11」)	29	
	(20)≦(18)の場合 (20)/(18)	21	%		(29)≦(27)の場合 (29)/(27)	30	%
	(20)>(18)の場合 (20)/(19)	22	%		(29)>(27)の場合 (29)/(28)	31	%
	(6)×((21)又は(22))	23			(6)×((30)又は(31))	32	

(12)と(14)のうち少ない金額、(20)と(23)のうち少ない金額又は(29)と(32)のうち少ない金額		33	228,000 ドル
外国法人税額が異動した場合	増額又は減額前の事業年度の(33)の金額	34	
	(33)≧(34)の場合 (33)−(34)	35	
	(33)<(34)の場合 (34)−(33)	36	(　　円)
課税対象金額等に係る控除対象外国法人税額 (33)又は(35)		37	(22,800,000円) 228,000 ドル

特定外国関係会社又は対象外国関係会社に該当するものとした場合の適用対象金額の計算

所得計算上の適用法令		38	本邦法令・(外国法令)	減算	控除対象配当等の額	47	
当期の利益若しくは欠損の額又は所得金額		39	950,000 ドル			48	
加算	損金の額に算入した法人所得税の額	40				49	
		41			小計	50	0
		42		基準所得金額 (39)+(44)−(50)		51	950,000 ドル
		43		繰越欠損金の当期控除額		52	
	小計	44	0	当期中に納付することとなる法人所得税の額		53	
減算	益金の額に算入した法人所得税の還付額	45		当期中に還付を受けることとなる法人所得税の額		54	
	子会社から受ける配当等の額	46		適用対象金額 (51)−(52)−(53)+(54)		55	950,000 ドル

別表6（2の2）の
6欄に円で移記します。

ケース４

事業基準を満たしていない場合

設　例

内国法人P社（３月決算）は、X国に100％子会社B社（12月決算）を設立した。その後、B社はその100％子会社であるC社（12月決算）をY国に設立した。

B社の主たる事業はC社の無形資産の提供であり、C社はY国で製造業を営んでいる。本事例では、B社は事務所を賃貸しているほか、担当役員が常駐し会計帳簿も現地で記帳していることから、ペーパー・カンパニーなど特定外国関係会社には該当しないものとする。

一方、C社は主たる事業である製造業を本店所在地国で営むなど特定外国関係会社に該当しないほか経済活動基準をすべて満たしているので特定外国関係会社にも該当しないと仮定し、本ケースの検討対策から外すこととする。

2023年12月決算によると、B社の損益計算書とX国の税務当局に提出すべき法人税確定申告書は次のようになった。C社の損益計算書等は省略する。

B社損益計算書

売上	1,000,000ドル
販管費	200,000ドル
税引前当期利益	800,000ドル
法人税	120,000ドル
税引後当期利益	680,000ドル

B社法人税確定申告書

所得金額	800,000ドル
法人税率	15％
法人税額	120,000ドル

解　説

1　外国関係会社への該当性（租税負担割合の計算）

本事例の租税負担割合の計算式は、次のようになります。

【租税負担割合の計算】

$$\frac{120{,}000\text{ドル（法人税額）}}{\underset{\text{（所得金額）}}{800{,}000\text{ドル}} + \underset{\text{（損金の額に算入した外国法人税の額）}}{100{,}000\text{ドル}}} = 13.33\%$$

B社の租税負担割合は20％未満になるので、外国子会社合算税制の適用（会社単位の合算課税→部分所得金額の合算課税）の可能性があります。

そこで、

イ　特定外国関係会社となるのか、

ロ　イでなければ対象外国関係会社になる（＝経済活動基準を満たしていない）のか、

ハ　ロでなければ、部分対象外国関係会社になるか、

を検討する必要があります。

2　納税義務者の確定

本事例の場合、内国法人P社が100％子会社としてB社を設立したので、P社が納税義務者になります。

3　特定外国関係会社に該当するか否か

本事例においては、B社は特定外国関係会社に該当しないと仮定し、次に進みます。

4　対象外国関係会社に該当するか否か（＝経済活動基準を満たしているか）

３において、経済活動基準のうち、実体基準と管理支配基準について検討したとして、以下では⑴事業基準、⑵所在地国基準又は非関連者基準、の２つについて検討します。

⑴　事業基準を満たしているか

B社の主たる事業は無形資産の提供であるため、事業基準を満たしていないものとします。

⑵　所在地国基準又は非関連者基準

B社は既に事業基準を満たしていないことから、これら２つの基準を判定するまでもなく、経済活動基準をすべて満たしていることにはなりません。

※　以上のことから、B社は対象外国関係会社に該当し、同社の所得は会社単位でP社の所得に合算課税はされることになります。

押さえておきたいポイント！

B社は対象外国関係会社と判定されたことから、部分対象外国関係会社であるか否かの検討は不要になります。

所得の金額の計算に関する明細書

事業年度	2023・4・1 ～ 2024・3・31	法人名	P社

別表四　令五・四・一以後終了事業年度分

区分		総額 ①	処分 留保 ②	処分 社外流出 ③	
		円	円		円
当期利益又は当期欠損の額	1			配当	
				その他	
加算 損金経理をした法人税及び地方法人税（附帯税を除く。）	2				
加算 損金経理をした道府県民税及び市町村民税	3				
加算 損金経理をした納税充当金	4				
加算 損金経理をした附帯税（利子税を除く。）、加算金、延滞金（延納分を除く。）及び過怠税	5			その他	
加算 減価償却の償却超過額	6				
加算 役員給与の損金不算入額	7			その他	
加算 交際費等の損金不算入額	8			その他	
加算 通算法人に係る加算額（別表四付表「5」）	9			外※	
加算 外国子会社合算所得金額	10	78,000,000			78,000,000
加算 小計	11			外※	
減算 減価償却超過額の当期認容額	12				
減算 納税充当金から支出した事業税等の金額	13				
減算 受取配当等の益金不算入額（別表八（一）「5」）	14			※	
減算 外国子会社から受ける剰余金の配当等の益金不算入額（別表八（二）「26」）	15			※	
減算 受贈益の益金不算入額	16			※	
減算 適格現物分配に係る益金不算入額	17			※	
減算 法人税等の中間納付額及び過誤納に係る還付金額	18				
減算 所得税額等及び欠損金の繰戻しによる還付金額等	19			※	
減算 通算法人に係る減算額（別表四付表「10」）	20			※	
減算	21				
減算 小計	22			外※	
仮計（1）＋（11）－（22）	23			外※	
対象純支払利子等の損金不算入額（別表十七（二の二）「29」又は「34」）	24			その他	
超過利子額の損金算入額（別表十七（二の三）「10」）	25	△		※	△
仮計（（23）から（25）までの計）	26			外※	
寄附金の損金不算入額（別表十四（二）「24」又は「40」）	27			その他	
沖縄の認定法人又は国家戦略特別区域における指定法人の所得の特別控除額又は要加算調整額の益金算入額（別表十（一）「15」若しくは別表十（二）「10」又は別表十（一）「16」若しくは別表十（二）「11」）	28			※	
法人税額から控除される所得税額（別表六（一）「6の③」）	29			その他	
税額控除の対象となる外国法人税の額（別表六（二の二）「7」）	30	12,000,000		その他	12,000,000
分配時調整外国税相当額及び外国関係会社等に係る控除対象所得税額等相当額（別表六（五の二）「5の②」）＋（別表十七（三の六）「1」）	31			その他	
組合等損失額の損金不算入額又は組合等損失超過合計額の損金算入額（別表九（二）「10」）	32				
対外船舶運航事業者の日本船舶による収入金額に係る所得の金額の損金算入額又は益金算入額（別表十（四）「20」、「21」又は「23」）	33			※	
合計（26）＋（27）±（28）＋（29）＋（30）＋（31）＋（32）±（33）	34			外※	
契約者配当の益金算入額（別表九（一）「13」）	35				
特定目的会社等の支払配当又は特定目的信託に係る受託法人の利益の分配等の損金算入額（別表十（八）「13」、別表十（九）「11」又は別表十（十）「16」若しくは「33」）	36	△	△		
中間申告における繰戻しによる還付に係る災害損失欠損金額の益金算入額	37			※	
非適格合併又は残余財産の全部分配等による移転資産等の譲渡利益額又は譲渡損失額	38			※	
差引計（（34）から（38）までの計）	39			外※	
更生欠損金又は民事再生等評価換えが行われる場合の再生等欠損金の損金算入額（別表七（三）「9」又は「21」）	40	△		※	△
通算対象欠損金額の損金算入額又は通算対象所得金額の益金算入額（別表七の二「5」又は「11」）	41			※	
当初配賦欠損金控除額の益金算入額（別表七（二）付表一「23の計」）	42			※	
差引計（39）＋（40）±（41）＋（42）	43			外※	
欠損金等の当期控除額（別表七（一）「4の計」）＋（別表七（四）「10」）	44	△		※	△
総計（43）＋（44）	45			外※	
新鉱床探鉱費又は海外新鉱床探鉱費の特別控除額（別表十（三）「43」）	46	△		※	△
農業経営基盤強化準備金積立額の損金算入額（別表十二（十四）「10」）	47	△	△		
農用地等を取得した場合の圧縮額の損金算入額（別表十二（十四）「43の計」）	48	△	△		
関西国際空港用地整備準備金積立額、中部国際空港整備準備金積立額又は再投資等準備金積立額の損金算入額（別表十二（十一）「15」、別表十二（十二）「10」又は別表十二（十五）「12」）	49	△	△		
特定事業活動として特別新事業開拓事業者の株式の取得をした場合の特別勘定繰入額の損金算入額又は特別勘定取崩額の益金算入額（別表十（六）「21」－「11」）	50			※	
残余財産の確定の日の属する事業年度に係る事業税及び特別法人事業税の損金算入額	51	△	△		
所得金額又は欠損金額	52			外※	

別表17（3）の18欄から移記します。

別表６（２の２）の７欄から移記します。

御注意

「52」の「①」欄の金額は、「②」欄の金額に「③」欄の本書の金額を加算し、これから「※」の金額を加減算した額と符合することになります。

内国法人の外国税額の控除に関する明細書

事業年度等	2023・4・1 2024・3・31	法人名	P社

別表六(二)　令五・四・一以後終了事業年度等分

I　法人税に係る外国税額の控除に関する明細書

			円
	当期の控除対象外国法人税額 (別表六(二の二)「21」)	1	12,000,000
当期の法人税の控除限度額の計算	当期の法人税額 ((別表一「2」-「3」)-別表六(五の二)「5の③」-別表十七(三の六)「1」) (マイナスの場合は0)	2	⇓
当期の所得金額	所得金額又は欠損金額 (別表四「52の①」)	3	
	繰越欠損金の当期控除額 (別表七(一)「4の計」)	4	
	対外船舶運航事業者の日本船舶による収入金額に係る所得の金額の損金算入額 (別表十(四)「20」)	5	
	対外船舶運航事業者の日本船舶による収入金額に係る所得の金額の益金算入額 (別表十(四)「21」又は「23」)	6	
	組合等損失額の損金不算入額 (別表九(二)「6」)	7	以下省略
	組合等損失超過合計額の損金算入額 (別表九(二)「9」)	8	
	計 (3)+(4)+(5)-(6)-(7)+(8) (マイナスの場合は0)	9	
当期の調整国外所得金額	国外事業所等帰属所得に係る所得の金額 (別表六(二)付表一「25」)	10	
	その他の国外源泉所得に係る所得の金額 (46の①)	11	
	(10)+(11) (マイナスの場合は0)	12	
	非課税国外所得の金額 (46の②)+(別表六(二)付表一「26」) (マイナスの場合は0)	13	
	(12)-(13) (マイナスの場合は0)	14	
	(9)×90%	15	
	調整国外所得金額 ((14)と(15)のうち少ない金額)	16	
	法人税の控除限度額 (2)×(16)/(9) (通算法人の場合は別表六(二)付表五「35」)	17	
当期に控除できる金額の計算	法第69条第1項により控除できる金額 ((1)と(17)のうち少ない金額)	18	
	法第69条第2項により控除できる金額 (別表六(三)「30の②」)	19	
	法第69条第3項により控除できる金額 (別表六(三)「34の②」)	20	
	((18)+(19)+(20))又は当初申告税額控除額	21	
	法第69条第18項により控除できる金額 (別表六(二)付表六「6の計」)	22	
	当期に控除できる金額 (21)+(22)	23	

当期のその他の国外源泉所得に係る所得の金額の計算	区分		国外所得対応分 ①	①のうち非課税所得分 ②
	その他の国外源泉所得に係る当期利益又は当期欠損の額	24	円	円
加算	納付した控除対象外国法人税額	25		
	交際費等の損金不算入額	26		
	貸倒引当金の戻入額	27		
		28		
		29		
		30		
		31		
		32		
		33		
		34		
	小計	35		
減算	貸倒引当金の繰入額	36		
		37		
		38		
		39		
		40		
		41		
		42		
		43		
		44		
	小計	45		
	計 (24)+(35)-(45)	46		

II　地方法人税に係る外国税額の控除に関する明細書

			円			円
	当期の控除対象外国法人税額 (1)	47	12,000,000	地方法人税控除限度額 (51)×(16)/(9) (通算法人の場合は別表六(二)付表五「43」)	52	
	法人税の控除限度額 (17)	48		地方法人税法第12条第1項により控除できる金額 ((49)と(52)のうち少ない金額)	53	
	差引控除対象外国法人税額 (47)-(48)	49	以下省略	(53)又は当初申告税額控除額	54	
地方法人税額の計算	課税標準法人税額 (別表一「2」-「3」)	50	000	地方法第12条第8項により控除できる金額 (別表六(二)付表六「13の計」)	55	
	地方法人税額 (50)×10.3%-(((別表六(五の二)「5の③」)+(別表十七(三の六)「1」)-(50))と0のうち多い金額) (マイナスの場合は0)	51		外国税額の控除額 (54)+(55)	56	

当期の控除対象外国法人税額に関する明細書

事業年度	2023・4・1 2024・3・31	法人名	P社

別表六(二の二)　令五・四・一以後終了事業年度分

区分		項目	番号	金額（円）
当期に納付する控除対象外国法人税額の計算	納付分	控除対象外国法人税額 (別表六(四)「29」)＋(別表六(四の二)「25」)	1	
		利子等に係る控除対象外国法人税額 (別表六(五)「14」)	2	
	みなし納付分	控除対象外国法人税額 (別表六(四)「30」)＋(別表六(四の二)「26」)	3	
		利子等に係る控除対象外国法人税額 (別表六(五)「15」)	4	
	計	(1)＋(2)＋(3)＋(4)	5	
		外国関係会社に係る控除対象外国法人税額 (別表十七(三の五)「37」)	6	12,000,000
		納付した控除対象外国法人税額計 (1)＋(2)＋(6)	7	12,000,000
		納付したとみなされる控除対象外国法人税額計 (3)＋(4)	8	
	計	(7)＋(8)	9	12,000,000

区分	項目	番号	金額（円）
当期に減額された控除対象外国法人税額	納付分に係る減額分 (別表六(四)「31」)	10	
	みなし納付分に係る減額分 (別表六(四)「32」)	11	
	外国関係会社に係る減額分 (別表十七(三の五)「36」)	12	
	計 (10)＋(11)＋(12)	13	
前期まで外国法人税額に減額のうち未充当の控除対象	・　・ ・　・　期分	14	
		15	
	・　・ ・　・　期分	16	
	・　・ ・　・　期分	17	
	(14)＋(15)＋(16)＋(17)	18	
合計	(13)＋(18)	19	0

項目	番号	金額（円）
(19)　－　(9)	20	0
当期の控除対象外国法人税額 (9)　－　(19)	21	12,000,000

別表17（３の５）の37欄から移記します。

別表４の30欄で加算します。

添付対象外国関係会社の名称等に関する明細書

事業年度	2023・4・1 2024・3・31	法人名	P社

別表十七(三)　令五・四・一以後終了事業年度分

外国関係会社の名称等	名称		1	B社		
	本店又は主たる事務所の所在	国名又は地域名	2	X国		
		所在地	3			
	事業年度		4	2023・1・1 2023・12・31	・　・ ・　・	・　・ ・　・
	主たる事業		5	株式の保有		
	外国関係会社の区分		6	特定外国関係会社・（対象外国関係会社）・外国金融子会社等以外の部分対象外国関係会社・外国金融子会社等	特定外国関係会社・対象外国関係会社・外国金融子会社等以外の部分対象外国関係会社・外国金融子会社等	特定外国関係会社・対象外国関係会社・外国金融子会社等以外の部分対象外国関係会社・外国金融子会社等
	資本金の額又は出資金の額		7	(50,000,000円) 500,000ドル	(円)	(円)
	株式等の保有割合		8	100%	%	%
	営業収益又は売上高		9	(1億円) 1,000,000ドル	(円)	(円)
	営業利益		10	(80,000,000円) 800,000ドル	(円)	(円)
	税引前当期利益		11	(80,000,000円) 800,000ドル	(円)	(円)
	利益剰余金		12	(円)	(円)	(円)
	所得に対する租税の負担割合 (別表十七(三)付表二「39」又は「40」)		13	13.33%	%	%
	企業集団等所得課税規定の適用を受ける外国関係会社の該当・非該当		14	該当・（非該当）	該当・非該当	該当・非該当
	添付書類		15	貸借対照表、損益計算書、株主資本等変動計算書、損益金処分表、勘定科目内訳明細書、本店所在地国の法人所得税に関する法令により課される税に関する申告書の写し、企業集団等所得課税規定の適用がないものとした場合に計算される法人所得税の額に関する計算の明細書及びその計算の基礎となる書類	貸借対照表、損益計算書、株主資本等変動計算書、損益金処分表、勘定科目内訳明細書、本店所在地国の法人所得税に関する法令により課される税に関する申告書の写し、企業集団等所得課税規定の適用がないものとした場合に計算される法人所得税の額に関する計算の明細書及びその計算の基礎となる書類	貸借対照表、損益計算書、株主資本等変動計算書、損益金処分表、勘定科目内訳明細書、本店所在地国の法人所得税に関する法令により課される税に関する申告書の写し、企業集団等所得課税規定の適用がないものとした場合に計算される法人所得税の額に関する計算の明細書及びその計算の基礎となる書類
課税対象金額等の状況	適用対象金額、部分適用対象金額又は金融子会社等部分適用対象金額 (別表十七(三の二)「26」、別表十七(三の三)「7」又は別表十七(三の四)「9」)		16	780,000ドル		
	請求権等勘案合算割合 (別表十七(三の二)「27」、別表十七(三の三)「8」又は別表十七(三の四)「10」)		17	100%	%	%
	課税対象金額、部分課税対象金額又は金融子会社等部分課税対象金額 (別表十七(三の二)「28」、別表十七(三の三)「9」又は別表十七(三の四)「11」)		18	(78,000,000円) 780,000ドル	(円)	(円)

これらを添付します ⇒（15欄）

別表4の10欄で加算します。（18欄の78,000,000円）

別表十七(三)付表一　令五・四・一以後終了事業年度分

添付対象外国関係会社に係る株式等の保有割合等に関する明細書

事業年度	2023・4・1 2024・3・31	法人名	P社

外国関係会社の名称	1	B社	事業年度	2	2023・1・1 2023・12・31

居住者等株主等の株式等保有割合等

	氏名又は名称	住所又は本店所在地	株式等保有割合 直接	株式等保有割合 間接	議決権保有割合 直接	議決権保有割合 間接	請求権保有割合 直接	請求権保有割合 間接	実質支配関係
	3	4	5	6	7	8	9	10	11
居住者・内国法人等	本人		100 %	%	%	%	%	%	有・無
	同族株主グループ（本人を除く。）								
	その他								
合計			100 %		%		%		

同族株主グループの株式等保有割合等

氏名又は名称	住所又は本店所在地	株式等保有割合	議決権保有割合	請求権保有割合	実質支配関係
12	13	14	15	16	17
本人		%	%	%	有・無
その他					
合計					

添付対象外国関係会社に係る外国関係会社の区分及び所得に対する租税の負担割合の計算に関する明細書

事業年度	2023・4・1 2024・3・31	法人名	P社

別表十七(三)付表二　令五・四・一以後終了事業年度分

外国関係会社の名称	1	B社	
事業年度	2	2023・1・1 2023・12・31	

添付対象外国関係会社に係る外国関係会社の区分に関する明細

特定外国関係会社の判定

ペーパー・カンパニー	主たる事業を行うに必要と認められる固定施設を有する外国関係会社でないこと	3	該当・**(非該当)**・未判定
	本店所在地国において事業の管理、支配及び運営を自ら行う外国関係会社でないこと	4	該当・**(非該当)**・未判定
	外国子会社の株式等の保有を主たる事業とする一定の外国関係会社でないこと	5	該当・**(非該当)**・未判定
	特定子会社の株式等の保有を主たる事業とする等の一定の外国関係会社でないこと	6	該当・**(非該当)**・未判定
	不動産の保有、石油その他の天然資源の採鉱等又は社会資本の整備に関する事業の遂行上欠くことのできない機能を果たしている等の一定の外国関係会社でないこと	7	該当・**(非該当)**・未判定
キャッシュ・ボックス	総資産額に対する一定の受動的所得の金額の割合が30%を超える外国関係会社（総資産額に対する一定の資産の額の割合が50%を超えるものに限る。）であること	8	該当・**(非該当)**・未判定
	非関連者等収入保険料の合計額の収入保険料の合計額に対する割合が10%未満であり、かつ、非関連者等支払再保険料合計額の関連者等収入保険料の合計額に対する割合が50%未満である外国関係会社であること	9	該当・**(非該当)**・未判定

対象外国関係会社の判定

経済活動基準	事業基準	株式等若しくは債券の保有、無形資産等の提供又は船舶若しくは航空機の貸付けを主たる事業とする外国関係会社でないこと	10	該当・**(非該当)**・未判定
	事業基準の特例	統括会社特例の適用	11	有・**(無)**
		外国金融持株会社特例の適用	12	有・**(無)**
		航空機リース子会社特例の適用	13	有・**(無)**
	実体基準	本店所在地国において主たる事業を行うに必要と認められる固定施設を有する外国関係会社であること	14	**(該当)**・非該当・未判定
	管理支配基準	本店所在地国において事業の管理、支配及び運営を自ら行う外国関係会社であること	15	**(該当)**・非該当・未判定
	非関連者基準	非関連者取引割合が50%を超える外国関係会社であること	16	該当・非該当・未判定
	所在地国基準	主として本店所在地国において事業を行う外国関係会社であること	17	**(該当)**・非該当・未判定

B社は製造業を主たる事業としているので、非関連者基準を用いず、所在地国基準を使用します。

部分対象外国関係会社の判定

内容	番号	判定
特定外国関係会社及び対象外国関係会社以外の外国関係会社であること	18	該当・非該当・未判定
清算外国金融子会社等であること	19	該当・非該当・未判定
(2)の事業年度が特定清算事業年度であること	20	該当・非該当・未判定
外国金融子会社等であること	21	該当・非該当・未判定

対象外国関係会社に該当するので記載不要です。

所得に対する租税の負担割合の計算

所得の金額の計算	当期の所得金額	当期の決算上の利益又は欠損の額	22	
		本店所在地国における課税所得金額	23	800,000ドル
	加算	非課税所得の金額	24	
		損金の額に算入した支払配当等の額	25	
		損金の額に算入した外国法人税の額	26	100,000ドル
		保険準備金繰入限度超過額	27	
		保険準備金取崩不足額	28	
		小計	29	100,000ドル
	減算	(24)のうち配当等の額	30	
		益金の額に算入した還付外国法人税の額	31	
		小計	32	0
		所得の金額 ((22)又は(23))＋(29)－(32)	33	900,000ドル

租税の額の計算	本店所在地国の外国法人税の額：本店所在地国において課される外国法人税の額	34	120,000ドル
	所得の額に応じて税率が高くなる場合に納付した…	35	（　%）
		36	
	本店所在地国外において課される外国法人税の額	37	
	租税の額 ((34)から(37)までの合計額)	38	120,000ドル
所得に対する租税の負担割合 $\frac{(38)}{(33)}$		39	13.33 %
(33)が零又は欠損金額となる場合の租税の負担割合		40	

特定外国関係会社又は対象外国関係会社の適用対象金額等の計算に関する明細書

事業年度	2023・4・1 2024・3・31	法人名	P社

別表十七(三の二)　令五・四・一以後終了事業年度分

外国関係会社の名称	1	B社	事業年度	2	2023・1・1 2023・12・31

適用対象金額及び課税対象金額の計算

所得計算上の適用法令	3	本邦法令・(外国法令)	減算	16	
当期の利益若しくは欠損の額又は所得金額	4	800,000ドル		17	
加算　損金の額に算入した法人所得税の額	5	100,000ドル		18	
	6			19	
	7			20	
	8		小計	21	0
	9		基準所得金額 (4)＋(11)－(21)	22	900,000ドル
	10		繰越欠損金の当期控除額 (30の計)	23	0
小計	11	100,000ドル	当期中に納付することとなる法人所得税の額	24	120,000ドル
減算　益金の額に算入した法人所得税の還付額	12		当期中に還付を受けることとなる法人所得税の額	25	0
子会社から受ける配当等の額	13		適用対象金額 (22)－(23)－(24)＋(25)	26	780,000ドル
特定部分対象外国関係会社株式等の特定譲渡に係る譲渡利益額	14		請求権等勘案合算割合	27	100 %
控除対象配当等の額	15		課税対象金額 (26)×(27)	28	(78,000,000円) 780,000ドル

欠損金額の内訳

事業年度	控除未済欠損金額 29	当期控除額 30	翌期繰越額 (29)－(30) 31
・　・			
・　・			
・　・			
・　・			
・　・			
・　・			
・　・			
計			
当期分			
合計			

別表17（３の５）の12欄に移記します。

別表17（３の５）の８欄に移記します。

別表十七(三の五) 令五・四・一以後終了事業年度分

外国関係会社の課税対象金額等に係る控除対象外国法人税額の計算に関する明細書	事業年度	2023・4・1 2024・3・31	法人名	P社

外国関係会社の名称		1	B社	特定外国関係会社又は対象外国関係会社に係る控除対象外国法人税額の計算	適用対象金額 (別表十七(三の二)「26」)	8	780,000ドル
本店又は主たる事務所の所在	国名又は地域名	2	X国		子会社から受ける配当等の額 (別表十七(三の二)「13」のうち(6)の外国法人税の課税標準に含まれるもの)	9	0
	所在地	3			控除対象配当等の額 (別表十七(三の二)「15」のうち(6)の外国法人税の課税標準に含まれるもの)	10	0
事業年度		4	2023・1・1 2023・12・31		調整適用対象金額 (8)＋(9)＋(10)	11	780,000ドル
外国法人税	税種目	5	法人税		課税対象金額 (別表十七(三の二)「28」)	12	780,000ドル
	外国法人税額	6	120,000ドル		(12)/(11)	13	100 %
	増額又は減額前の事業年度の(6)の金額	7	0		(6)×(13)	14	120,000ドル

外国金融子会社等以外の部分対象外国関係会社に係る控除対象外国法人税額の計算	特定外国関係会社又は対象外国関係会社に該当するものとした場合	適用対象金額 (55)	15		外国金融子会社等に係る控除対象外国法人税額の計算	特定外国関係会社又は対象外国関係会社に該当するものとした場合　適用対象金額 (55)	24	
		子会社から受ける配当等の額 ((46)のうち(6)の外国法人税の課税標準に含まれるもの)	16			子会社から受ける配当等の額 ((46)のうち(6)の外国法人税の課税標準に含まれるもの)	25	
		控除対象配当等の額 ((47)のうち(6)の外国法人税の課税標準に含まれるもの)	17			控除対象配当等の額 ((47)のうち(6)の外国法人税の課税標準に含まれるもの)	26	
	調整適用対象金額 (15)＋(16)＋(17)		18			調整適用対象金額 (24)＋(25)＋(26)	27	
	部分適用対象金額 (別表十七(三の三)「7」)		19			金融子会社等部分適用対象金額 (別表十七(三の四)「9」)	28	
	部分課税対象金額 (別表十七(三の三)「9」)		20			金融子会社等部分課税対象金額 (別表十七(三の四)「11」)	29	
	(20)≦(18)の場合 (20)/(18)		21	%		(29)≦(27)の場合 (29)/(27)	30	%
	(20)＞(18)の場合 (20)/(19)		22	%		(29)＞(27)の場合 (29)/(28)	31	%
	(6)×((21)又は(22))		23			(6)×((30)又は(31))	32	

(12)と(14)のうち少ない金額、(20)と(23)のうち少ない金額又は(29)と(32)のうち少ない金額		33	120,000ドル
外国法人税額が異動した場合	増額又は減額前の事業年度の(33)の金額	34	
	(33)≧(34)の場合 (33)－(34)	35	
	(33)＜(34)の場合 (34)－(33)	36	(　円)
課税対象金額等に係る控除対象外国法人税額 (33)又は(35)		37	(12,000,000円) 120,000ドル

特定外国関係会社又は対象外国関係会社に該当するものとした場合の適用対象金額の計算

所得計算上の適用法令		38	本邦法令・外国法令（外国法令に○）	減算	控除対象配当等の額	47	
当期の利益若しくは欠損の額又は所得金額		39	800,000ドル			48	
加算	損金の額に算入した法人所得税の額	40	100,000ドル			49	
		41			小計	50	0
		42		基準所得金額 (39)＋(44)－(50)		51	
		43		繰越欠損金の当期控除額		52	0
	小計	44	100,000ドル	当期中に納付することとなる法人所得税の額		53	120,000ドル
減算	益金の額に算入した法人所得税の還付額	45		当期中に還付を受けることとなる法人所得税の額		54	0
	子会社から受ける配当等の額	46		適用対象金額 (51)－(52)－(53)＋(54)		55	780,000ドル

別表6（2の2）の6欄に円で移記します。

ケース 5

外国関係会社が統括会社に該当する場合

設　例

内国法人P社（３月決算）は、a国に100％子会社A社（12月決算）を、b国に100％子会社であるB社（12月決算）を設立していた。その後、A社及びB社を統括するD社（12月決算）をd国に設立し、D社にこれら２社の株式を保有させ、P社はD社の親会社になった。

D社の主たる事業は２つの子会社の地域統括であり、数十名の従業員がいるが、これら２つの子会社の株式を100％保有していることから一定額の配当収入がある。

本事例では、D社は事務所を賃貸し多くの従業員が勤務しているほか、P社から担当役員が常駐し会計帳簿も現地で記帳していることから、ここではペーパー・カンパニーには該当しないものとする。

一方、A社及びB社は主たる事業である製造業を本店所在地国で営むなど経済活動基準をすべて満たしていると仮定する。

D社の2023年12月決算によると、損益計算書とd国の税務当局に提出すべき法人税確定申告書は次のようになった。A社及びB社の損益計算書等は省略する。

なお、ｄ国は、Ａ社及びＢ社から受領した配当は非課税とされる。

D社損益計算書		D社法人税確定申告書	
売上	2,000,000ドル	所得金額	300,000ドル
（内A社及びB社からの配当収入は1,200,000ドル）		法人税率	16％
販管費	500,000ドル	法人税額	48,000ドル
税引前当期利益	1,500,000ドル		
法人税	48,000ドル		
税引後当期利益	1,452,000ドル		

解　説

1　外国関係会社への該当性（租税負担割合の計算）

本事例のD社の租税負担割合は次のようになります。

【租税負担割合の計算】

$$\frac{48{,}000\text{ドル（法人税額）}}{\underset{\text{（所得金額）}}{300{,}000\text{ドル}}+\underset{\text{（非課税所得）}}{1{,}200{,}000\text{ドル}}}=3.2\%$$

D社の租税負担割合は20％未満になるので、外国子会社合算税制の適用（会社単位の合算課税→部分所得金額の合算課税）の可能性があります。

そこで、

イ　特定外国関係会社となるのか、

ロ　イでなければ対象外国関係会社になる（＝経済活動基準を満たしていない）のか、

ハ　ロでなければ、部分対象外国関係会社になるか、

を検討する必要があります。

2　納税義務者の確定

本ケースの場合、内国法人P社が100％子会社としてD社を設立したので、P社が納税義務者になります。

3　特定外国関係会社に該当するか否か

⑴　ペーパー・カンパニーに該当するか（＝実体基準と管理支配基準を満たしているか否か）の検討

①　実体基準（D社が主たる事業を行うのに必要な固定施設を有しているか）…事務所を賃借し、多数の従業員を雇用しているので、ここでは満たしていると判定します。

②　管理支配基準（D社がd国においてその事業の管理、支配及び運営を自ら行っているか）…役員が１名常駐している他、多数の従業員がおり会計書類等をd国で作成していることから、ここでは満たしていると判定します。

※　D社はペーパー・カンパニーではないと判定します。

⑵　キャッシュ・ボックスに該当するか

D社の収入の多くはA社及びC社からの配当が多くを占めていますが、受動的所得が総資産の30％を超えるということはないので、キャッシュ・ボックスには該当しないこととします。

⑶　ブラック・リスト国所在法人か

この基準については、財務大臣の告示があることが前提ですが、本書執筆時現在未だ告示がありません。

※　以上のことから、本ケースではD社は特定外国関係会社に該当しないことになります。

4　対象外国関係会社に該当するか否か（＝経済活動基準を満たしているか）

３において、経済活動基準のうち、実体基準と管理支配基準について検討したので、以下では⑴事業基準、⑵所在地国基準又は非関連者基準、の２つについて検討します。

⑴　事業基準を満たしているか

Ｄ社の損益計算書を見るとＡ社及びＢ社からの配当収入が70パーセントを占めているので、Ｄ社の主たる事業が株式保有業となり事業基準を満たしていないのではないかとも考えられます。

しかし、改正後の措置法令39条の14の３第20項によると、統括会社（本ケースでいうＤ社）とは、イ．２社以上の被統括会社に対して統括業務を行っていること、ロ．本店所在地国に統括業務に係る事務所、店舗等の固定施設及び統括業務を行うのに必要な従業員を有しているもののうち、株式等の保有を主たる事業とするもの、としています。

そこで、Ｄ社の主たる事業は株式保有業ではあるもののイ及びロを行っていることから統括会社に該当し、事業基準を満たしていることになります。

ただし、Ｄ社の期末帳簿価額に占めるＡ社及びＢ社の株式等の期末帳簿価額が50パーセントを超えるなどの要件を満たすか否か（事業基準）、などについて、別表17⑶付表２の上の部分で判定することになります。

⑵　所在地国基準又は非関連者基準

D社の主たる事業は株式保有業ですので、非関連者基準ではなく所在地国基準を適用します。

上で説明したように、D社はA社及びB社の統括業務をd国内において行っていることから、所在地国基準を満たしていると判定することができます。

※　以上のことから、D社は経済活動基準を満たしていることになり、会社単位の合算課税はされないことになります。

5　部分対象外国関係会社に該当するか

次に、部分合算課税の対象となる特定所得の有無を検討します。

D社は特定所得の一つである受取配当が多額になります。しかし、持株割合25％以上の法人から受領する配当については、部分合算の対象から除外することとされます。

そこで、D社はＡ社及びＢ社から受領する受取配当の額を合算する必要はありません。この他、D社には特定所得を取得していません。

したがって、D社は部分対象外国関係会社にはなりません。

※　以上の検討の結果、D社については、そのいずれの所得についても内国法人P社の所得に合算されないことになりました。そうなると、D社の所得に対してはd国のみで課税され二重課税が発生しません。そこで、D社がd国において納付した法人税については、日本の外国税額控除の対象とはならず控除されないことになります。

（注）　以前あった「統括会社及び被統括会社の状況等に関する明細書」は、現在（令和５年９月）は存在しません。

添付対象外国関係会社の名称等に関する明細書

事業年度	2023・4・1 2024・3・31	法人名	P社

別表十七㈢　令五・四・一以後終了事業年度分

外国関係会社の名称等	名称		1	D社		
	本店又は主たる事務所の所在	国名又は地域名	2	d国		
		所在地	3			
	事業年度		4	2023・1・1 2023・12・31	・　・ ・　・	・　・ ・　・
	主たる事業		5	株式の保有		
	外国関係会社の区分		6	特定外国関係会社・対象外国関係会社・（外国金融子会社等以外の部分対象外国関係会社）・外国金融子会社等	特定外国関係会社・対象外国関係会社・外国金融子会社等以外の部分対象外国関係会社・外国金融子会社等	特定外国関係会社・対象外国関係会社・外国金融子会社等以外の部分対象外国関係会社・外国金融子会社等
	資本金の額又は出資金の額		7	（50,000,000円） 500,000ドル	（　円）	（　円）
	株式等の保有割合		8	100 %	%	%
	営業収益又は売上高		9	（2億円） 2,000,000ドル	（　円）	（　円）
	営業利益		10	（1億5千万円） 1,500,000ドル	（　円）	（　円）
	税引前当期利益		11	（1億5千万円） 1,500,000ドル	（　円）	（　円）
	利益剰余金		12	（　円）	（　円）	（　円）
	所得に対する租税の負担割合 (別表十七(三)付表二「39」又は「40」)		13	3.2 %	%	%
	企業集団等所得課税規定の適用を受ける外国関係会社の該当・非該当		14	該当・（非該当）	該当・非該当	該当・非該当
	添付書類 **これらを添付します**⇒		15	貸借対照表、損益計算書、株主資本等変動計算書、損益金処分表、勘定科目内訳明細書、本店所在地国の法人所得税に関する法令により課される税に関する申告書の写し、企業集団等所得課税規定の適用がないものとした場合に計算される法人所得税の額に関する計算の明細書及びその計算の基礎となる書類	貸借対照表、損益計算書、株主資本等変動計算書、損益金処分表、勘定科目内訳明細書、本店所在地国の法人所得税に関する法令により課される税に関する申告書の写し、企業集団等所得課税規定の適用がないものとした場合に計算される法人所得税の額に関する計算の明細書及びその計算の基礎となる書類	貸借対照表、損益計算書、株主資本等変動計算書、損益金処分表、勘定科目内訳明細書、本店所在地国の法人所得税に関する法令により課される税に関する申告書の写し、企業集団等所得課税規定の適用がないものとした場合に計算される法人所得税の額に関する計算の明細書及びその計算の基礎となる書類
課税対象金額等の状況	適用対象金額、部分適用対象金額又は金融子会社等部分適用対象金額 (別表十七(三の二)「26」、別表十七(三の三)「7」又は別表十七(三の四)「9」)		16	0		
	請求権等勘案合算割合 (別表十七(三の二)「27」、別表十七(三の三)「8」又は別表十七(三の四)「10」)		17	100 %	%	%
	課税対象金額、部分課税対象金額又は金融子会社等部分課税対象金額 (別表十七(三の二)「28」、別表十七(三の三)「9」又は別表十七(三の四)「11」)		18	（0円） 0	（　円）	（　円）

添付対象外国関係会社に係る株式等の保有割合等に関する明細書

事業年度	2023・4・1 2024・3・31	法人名	P社

別表十七(三)付表一　令五・四・一以後終了事業年度分

外国関係会社の名称	1	D社	事業年度	2	2023・1・1 2023・12・31

居住者等株主等の株式等保有割合等

		氏名又は名称	住所又は本店所在地	株式等保有割合		議決権保有割合		請求権保有割合		実質支配関係
				直接	間接	直接	間接	直接	間接	
		3	4	5	6	7	8	9	10	11
居住者・内国法人等	本人			% 100	%	%	%	%	%	有・無
	同族株主グループ（本人を除く。）									
	その他									
合計				% 100		%		%		

同族株主グループの株式等保有割合等

氏名又は名称		住所又は本店所在地	株式等保有割合	議決権保有割合	請求権保有割合	実質支配関係
12		13	14	15	16	17
本人			%	%	%	有・無
その他						
合計						

添付対象外国関係会社に係る外国関係会社の区分及び所得に対する租税の負担割合の計算に関する明細書

事業年度	2023・4・1 2024・3・31	法人名	P社

別表十七㈢付表二　令五・四・一以後終了事業年度分

外国関係会社の名称	1	D社	
事業年度	2	2023・1・1 2023・12・31	

添付対象外国関係会社に係る外国関係会社の区分に関する明細

特定外国関係会社の判定				
ペーパー・カンパニー		主たる事業を行うに必要と認められる固定施設を有する外国関係会社でないこと	3	該当・**非該当**・未判定
		本店所在地国において事業の管理、支配及び運営を自ら行う外国関係会社でないこと	4	該当・**非該当**・未判定
		外国子会社の株式等の保有を主たる事業とする一定の外国関係会社でないこと	5	該当・**非該当**・未判定
		特定子会社の株式等の保有を主たる事業とする等の一定の外国関係会社でないこと	6	該当・**非該当**・未判定
		不動産の保有、石油その他の天然資源の探鉱等又は社会資本の整備に関する事業の遂行上欠くことのできない機能を果たしている等の一定の外国関係会社でないこと	7	該当・**非該当**・未判定
キャッシュ・ボックス		総資産額に対する一定の受動的所得の金額の割合が30%を超える外国関係会社（総資産額に対する一定の資産の額の割合が50%を超えるものに限る。）であること	8	該当・**非該当**・未判定
		非関連者等収入保険料の合計額の収入保険料の合計額に対する割合が10%未満であり、かつ、非関連者等支払再保険料合計額の関連者等収入保険料の合計額に対する割合が50%未満である外国関係会社であること	9	該当・**非該当**・未判定
対象外国関係会社の判定				
経済活動基準	事業基準	株式等若しくは債券の保有、無形資産等の提供又は船舶若しくは航空機の貸付けを主たる事業とする外国関係会社でないこと	10	**該当**・非該当・未判定
	事業基準の特例	統括会社特例の適用	11	**有**・無
		外国金融持株会社特例の適用	12	有・**無**
		航空機リース子会社特例の適用	13	有・**無**
	実体基準	本店所在地国において主たる事業を行うに必要と認められる固定施設を有する外国関係会社であること	14	**該当**・非該当・未判定
	管理支配基準	本店所在地国において事業の管理、支配及び運営を自ら行う外国関係会社であること	15	**該当**・非該当・未判定
	非関連者基準	非関連者取引割合が50%を超える外国関係会社であること	16	該当・非該当・未判定
	所在地国基準	主として本店所在地国において事業を行う外国関係会社であること	17	**該当**・非該当・未判定
部分対象外国関係会社の判定				
特定外国関係会社及び対象外国関係会社以外の外国関係会社であること			18	**該当**・非該当・未判定
清算外国金融子会社等であること			19	該当・**非該当**・未判定
(2)の事業年度が特定清算事業年度であること			20	該当・**非該当**・未判定
外国金融子会社等であること			21	該当・**非該当**・未判定

所得に対する租税の負担割合の計算

所得の金額の計算			番号	金額
当期の所得金額		当期の決算上の利益又は欠損の額	22	
		本店所在地国における課税所得金額	23	300,000ドル
加算		非課税所得の金額	24	1,200,000ドル
		損金の額に算入した支払配当等の額	25	
		損金の額に算入した外国法人税の額	26	
		保険準備金繰入限度超過額	27	
		保険準備金取崩不足額	28	
		小計	29	1,200,000ドル
減算		(24)のうち配当等の額	30	
		益金の額に算入した還付外国法人税の額	31	
		小計	32	0
所得の金額 ((22)又は(23))＋(29)－(32)			33	1,500,000ドル

租税の額の計算		番号	金額
本店所在地国の外国法人税の額	本店所在地国において課される外国法人税の額	34	48,000ドル
	所得の額に応じて税率が高くなる場合に納付したものとみなされる税額	35	（　　%）
	納付したものとみなして本店所在地国の外国法人税の額から控除される額	36	
本店所在地国外において課される外国法人税の額		37	
租税の額 ((34)から(37)までの合計額)		38	48,000ドル
所得に対する租税の負担割合 $\frac{(38)}{(33)}$		39	3.2 %
(33)が零又は欠損金額となる場合の租税の負担割合		40	

別表十七(三の三)　令五・四・一以後終了事業年度分

外国金融子会社等以外の部分対象外国関係会社に係る部分適用対象金額及び特定所得の金額等の計算に関する明細書	事業年度	2023・4・1 2024・3・31	法人名	P社

外国金融子会社等以外の部分対象外国関係会社の名称	1	D社	事業年度	2	2023・1・1 2023・12・31

部分適用対象金額及び部分課税対象金額の計算

(21)＋(30)＋(33)＋(別表十七(三の三)付表「11」＋「21」＋「39」)	3	0	(4)－(5)	6	0
(40)＋(48)＋(51)＋(54)＋(62)＋(別表十七(三の三)付表「31」) (マイナスの場合は０)	4	0	部分適用対象金額 (3)＋(6)	7	0
			請求権等勘案合算割合	8	100 %
部分適用対象損失額の当期控除額 (別表十七(三の三)付表「41の計」)	5	0	部分課税対象金額 (7)×(8)	9	(　　円) 0

特定所得の金額の計算

剰余金の配当等		剰余金の配当等の額の合計額	10	1,200,000ドル
		(10)のうち持株割合25%以上等の子法人から受ける剰余金の配当等の額((12)に該当するものを除く。)	11	1,200,000ドル
		(10)のうち持株割合10%以上等の資源関連外国子法人から受ける剰余金の配当等の額	12	
		(11)及び(12)のうち支払法人において損金算入される剰余金の配当等の額	13	
		(10)－((11)＋(12)－(13))	14	0
		(14)に係る直接費用の額の合計額	15	
	負債利子配賦額	当期に支払う負債利子の額の合計額	16	
		(16)のうち(15)に含まれる金額	17	
		総資産の帳簿価額	18	
		(14)に係る株式等の帳簿価額	19	
		$(16) \times \frac{(19)}{(18)} - (17)$ (マイナスの場合は０)	20	
		(14)－(15)－(20) (マイナスの場合は０)	21	0
受取利子等		受取利子等の額の合計額	22	
		(22)のうち業務の通常の過程において生ずる預貯金利子の額	23	
		(22)のうち一定の貸金業者が行う金銭の貸付けに係る利子の額	24	
		(22)のうち一定の割賦販売等に係る利子の額	25	
		(22)のうち一定の棚卸資産の販売から生ずる利子の額((25)に該当するものを除く。)	26	
		(22)のうち一定のグループファイナンスに係る利子の額((24)に該当するものを除く。)	27	
		(22)－((23)＋(24)＋(25)＋(26)＋(27))	28	
		(28)に係る直接費用の額の合計額	29	
		(28)－(29) (マイナスの場合は０)	30	
有価証券の貸付けに係る収益		有価証券の貸付けによる対価の額の合計額	31	
		(31)に係る直接費用の額の合計額	32	
		(31)－(32) (マイナスの場合は０)	33	
有価証券の譲渡損益		有価証券の譲渡に係る対価の額の合計額	34	
		(34)のうち持株割合25%以上の法人の株式等の譲渡に係る対価の額の合計額	35	
		(34)－(35)	36	
有価証券の譲渡損益		(34)に係る原価の額の合計額	37	
		(37)のうち持株割合25%以上の法人の株式等の譲渡に係る対価の額の合計額に係る原価の額の合計額	38	
		(36)に係る直接費用の額の合計額	39	
		(36)－(((37)－(38))＋(39))	40	
		一単位当たりの帳簿価額の算出の方法	41	移動平均法・総平均法
デリバティブ取引に係る損益		デリバティブ取引に係る損益の額	42	
		(42)のうちヘッジ取引として行った一定のデリバティブ取引に係る損益の額	43	
		(42)のうち短期売買商品等損失額を減少させるために行った一定のデリバティブ取引に係る損益の額((43)に該当するものを除く。)	44	
		(42)のうち先物外国為替契約等に相当する契約に基づくデリバティブ取引に係る損益の額((44)に該当するものを除く。)	45	
		(42)のうち一定の金利スワップ等に係る損益の額((44)に該当するものを除く。)	46	
		(42)のうち一定の商品先物取引業者等が行う一定の商品先物取引に係る損益の額((43)から(46)までに該当するものを除く。)	47	
		(42)－((43)＋(44)＋(45)＋(46)＋(47))	48	
外国為替差損益		外国為替差損益の額	49	
		(49)のうちその行う事業(投機的な取引を行う事業を除く。)に係る業務の通常の過程において生ずる外国為替差損益の額	50	
		(49)－(50)	51	
その他の金融所得		その他の金融所得に係る損益の額((21)、(30)、(33)、(40)、(48)又は(51)に該当するものを除く。)	52	
		(52)のうちヘッジ取引として行った一定の取引に係る損益の額	53	
		(52)－(53)	54	
保険所得		当期に収入した、又は収入すべきことの確定した収入保険料(当該収入保険料のうち払い戻した、又は払い戻すべきものを除く。)	55	
		当期に収入した、又は収入すべきことの確定した再保険返戻金	56	
		当期に支払った、又は支払うべきことの確定した再保険料及び解約返戻金の合計額	57	
		(55)＋(56)－(57) (マイナスの場合は０)	58	
		当期に支払った、又は支払うべきことの確定した支払保険金の額の合計額	59	
		当期に収入した、又は収入すべきことの確定した再保険金の額の合計額	60	
		(59)－(60) (マイナスの場合は０)	61	
		(58)－(61)	62	

外国関係会社の課税対象金額等に係る控除対象外国法人税額の計算に関する明細書

事業年度	2023・4・1 2024・3・31	法人名	P社

別表十七(三の五)　令五・四・一以後終了事業年度分

外国関係会社の名称	1	D社	特定外国関係会社又は対象外国関係会社に係る控除対象外国法人税額の計算	適用対象金額 (別表十七(三の二)「26」)	8	
本店又は主たる事務所 国名又は地域名	2	d国		子会社から受ける配当等の額 (別表十七(三の二)「13」のうち(6)の外国法人税の課税標準に含まれるもの)	9	
本店又は主たる事務所 所在地	3			控除対象配当等の額 (別表十七(三の二)「15」のうち(6)の外国法人税の課税標準に含まれるもの)	10	
事業年度	4	2023・1・1 2023・12・31		調整適用対象金額 (8)＋(9)＋(10)	11	
外国法人税 税種目	5	株式保有		課税対象金額 (別表十七(三の二)「28」)	12	
外国法人税 外国法人税額	6	48,000ドル		(12)/(11)	13	%
外国法人税 増額又は減額前の事業年度の(6)の金額	7	0		(6)×(13)	14	

外国金融子会社等以外の部分対象外国関係会社に係る控除対象外国法人税額の計算 特定外国関係会社又は対象外国関係会社に該当するとした場合の 適用対象金額 (55)	15		外国金融子会社等に係る控除対象外国法人税額の計算 特定外国関係会社又は対象外国関係会社に該当するとした場合の 適用対象金額 (55)	24	
子会社から受ける配当等の額 ((46)のうち(6)の外国法人税の課税標準に含まれるもの)	16		子会社から受ける配当等の額 ((46)のうち(6)の外国法人税の課税標準に含まれるもの)	25	
控除対象配当等の額 ((47)のうち(6)の外国法人税の課税標準に含まれるもの)	17		控除対象配当等の額 ((47)のうち(6)の外国法人税の課税標準に含まれるもの)	26	
調整適用対象金額 (15)＋(16)＋(17)	18		調整適用対象金額 (24)＋(25)＋(26)	27	
部分適用対象金額 (別表十七(三の三)「7」)	19		金融子会社等部分適用対象金額 (別表十七(三の四)「9」)	28	
部分課税対象金額 (別表十七(三の三)「9」)	20		金融子会社等部分課税対象金額 (別表十七(三の四)「11」)	29	
(20)≦(18)の場合 (20)/(18)	21	%	(29)≦(27)の場合 (29)/(27)	30	%
(20)＞(18)の場合 (20)/(19)	22	%	(29)＞(27)の場合 (29)/(28)	31	%
(6)×((21)又は(22))	23		(6)×((30)又は(31))	32	

(12)と(14)のうち少ない金額、(20)と(23)のうち少ない金額又は(29)と(32)のうち少ない金額	33	0
外国法人税額が異動した場合 増額又は減額前の事業年度の(33)の金額	34	
(33)≧(34)の場合	35	
	36	(　円)
課税対象 … 税額 (33)又は(35)	37	(　円) 0

外国法人税の課税標準に含まれるものに該当しないので16欄には移記しません。

特定外国関係会社又は対象外国関係会社に該当するものとした場合の適用対象金額の計算

所得計算上の適用法令	38	本邦法令・(外国法令)	減算 控除対象配当等の額	47	
当期の利益若しくは欠損の額又は所得金額	39	300,000ドル		48	
加算 損金の額に算入した法人所得税の額	40			49	
非課税所得の金額	41	1,200,000ドル	小計	50	1,200,000ドル
	42		基準所得金額 (39)＋(44)－(50)	51	300,000ドル
	43		繰越欠損金の当期控除額	52	
小計	44	1,200,000ドル	当期中に納付することとなる法人所得税の額	53	
減算 益金の額に算入した法人所得税の還付額	45		当期中に還付を受けることとなる法人所得税の額	54	
子会社から受ける配当等の額	46	1,200,000ドル	適用対象金額 (51)－(52)－(53)＋(54)	55	300,000ドル

ケース 6

部分合算対象所得がある場合

設　例

内国法人P社（３月決算）は、X国に100％子会社B社（12月決算）を有している。B社の主たる事業は電子部品の製造とそれに関する研究開発である一方、P社から以前10万ドルで譲渡された無形資産をX国の第三者であるF社にライセンス供与していた。しかし、新たな研究開発の成果物が完成間近なこと、F社から高額での買取提案があったことにより、F社に対してそれまでライセンス供与していた無形資産を譲渡した。譲渡金額は35万ドルだったが、譲渡原価が10万ドルであり25万ドルの利益が出ている。

B社は主たる事業である製造業を行うため事務所と工場を賃借しているほか、役員がその事務所に常駐し会計帳簿も現地で記帳している。また、B社は主たる事業である製造業をX国内の工場で行っている。

B社の2023年12月決算によると、損益計算書とX国の税務当局に提出すべき法人税確定申告書は次のようになった。

B社損益計算書

売上	1,000,000ドル
原価	600,000ドル
販管費	100,000ドル
税引前当期利益	300,000ドル
法人税	63,000ドル
税引後当期利益	237,000ドル

B社法人税確定申告書

所得金額	350,000ドル
法人税率	18％
法人税額	63,000ドル

※　上の売上の中には、無形資産譲渡益（35万ドル－10万ドル＝25万ドル）がネット（純額）で含まれているものとする。

解　説

1　外国関係会社への該当性（租税負担割合の計算）

本ケースのB社の租税負担割合は次のようになります。

【租税負担割合の計算】

$$\frac{63{,}000\text{ドル（法人税額）}}{350{,}000\text{ドル（所得金額）}}=18\%$$

B社の租税負担割合は20％未満になるので、外国子会社合算税制の適用（会社単位の合算課税又は部分所得金額の合算課税）の可能性があります。

そこで、

イ　特定外国関係会社となるのか、

ロ　イでなければ対象外国関係会社になる（＝経済活動基準を満たしていない）のか、

ハ　ロでなければ、部分対象外国関係会社になるか、

を検討する必要があります。

2　納税義務者の確定

本ケースの場合、内国法人P社が100％子会社としてB社を設立したので、P社が納税義務者になります。

3　特定外国関係会社に該当するか否か

本ケースにおけるB社は、ペーパー・カンパニー、キャッシュ・ボックス、ブラック・リスト国所在法人のいずれにも該当しないものとします。

4　対象外国関係会社に該当するか否か（＝経済活動基準を満たしているか）

３において、経済活動基準のうち、実体基準と管理支配基準について検討したこととして、⑴事業基準、⑵所在地国基準又は非関連者基準、の２つについて検討する必要があります。

このうち、⑴事業基準についてはB社の主たる事業が製造業であることから事業基準を満たしています。⑵B社の主たる事業は製造業であることから所在地国基準を適用することになりますが、B社は本店所在地国で工場を賃借して製造活動を行ってい

ることから、所在地国基準を満たしていることとします。

※　以上のことから、B社は経済活動基準を満たしていることになり、会社単位の合算課税はされないことになります。

5　部分対象外国関係会社に該当するか

次に、部分合算課税の対象となる特定所得の有無を検討します。

B社は今期（2023年12月期）において、F社に対して無形資産を譲渡しました。譲渡対価は35万ドル、譲渡原価は10万ドルであったことから、この無形資産の譲渡に関して25万ドルの譲渡益を得ました。

これ以外に特定所得を獲得していません。本ケースでは部分適用対象金額が2,000万円を超えており、適用免除とはなりません。

※　以上のことから、無形資産の譲渡益25万ドルについて、部分合算対象所得を得たことになります。

押さえておきたいポイント！

内国法人P社の所得には、B社の部分合算対象所得が合算されることになるので、別表４で加算するとともに、B社が納付した外国法人税額について外国税額控除の対象となります。

所得の金額の計算に関する明細書

事業年度	2023・4・1 2024・3・31	法人名	P社

別表四　令五・四・一以後終了事業年度分

御注意　「52」の「①」欄の金額は、「②」欄の金額に「③」欄の本書の金額を加算し、これから「※」の金額を加減算した額と符合することになります。

区分		総額 ①	処分 留保 ②	処分 社外流出 ③	
当期利益又は当期欠損の額	1	円	円	配当 その他	円
加算 損金経理をした法人税及び地方法人税（附帯税を除く。）	2				
加算 損金経理をした道府県民税及び市町村民税	3				
加算 損金経理をした納税充当金	4				
加算 損金経理をした附帯税（利子税を除く。）、加算金、延滞金（延納分を除く。）及び過怠税	5			その他	
加算 減価償却の償却超過額	6				
加算 役員給与の損金不算入額	7			その他	
加算 交際費等の損金不算入額	8			その他	
加算 通算法人に係る加算額（別表四付表「5」）	9			外※	
加算 外国子会社合算所得金額	10	25,000,000			25,000,000
加算 小計	11			外※	
減算 減価償却超過額の当期認容額	12				
減算 納税充当金から支出した事業税等の金額	13				
減算 受取配当等の益金不算入額（別表八（一）「5」）	14			※	
減算 外国子会社から受ける剰余金の配当等の益金不算入額（別表八（二）「26」）	15			※	
減算 受贈益の益金不算入額	16			※	
減算 適格現物分配に係る益金不算入額	17			※	
減算 法人税等の中間納付額及び過誤納に係る還付金額	18				
減算 所得税額等及び欠損金の繰戻しによる還付金額等	19			※	
減算 通算法人に係る減算額（別表四付表「10」）	20			※	
減算	21				
減算 小計	22			外※	
仮計（1）＋（11）－（22）	23			外※	
対象純支払利子等の損金不算入額（別表十七（二の二）「29」又は「34」）	24			その他	
超過利子額の損金算入額（別表十七（二の三）「10」）	25	△		※	△
仮計（（23）から（25）までの計）	26			外※	
寄附金の損金不算入額（別表十四（二）「24」又は「40」）	27			その他	
沖縄の認定法人又は国家戦略特別区域における指定法人の所得の特別控除額又は要加算調整額の益金算入額（別表十（一）「15」若しくは別表十（二）「10」又は別表十（一）「16」若しくは別表十（二）「11」）	28			※	
法人税額から控除される所得税額（別表六（一）「6の③」）	29			その他	
税額控除の対象となる外国法人税の額（別表六（二の二）「7」）	30	5,487,300		その他	5,487,300
分配時調整外国税相当額及び外国関係会社等に係る控除対象所得税額等相当額（別表六（五の二）「5の②」）＋（別表十七（三の六）「1」）	31			その他	
組合等損失額の損金不算入額又は組合等損失超過合計額の損金算入額（別表九（二）「10」）	32				
対外船舶運航事業者の日本船舶による収入金額に係る所得の金額の損金算入額又は益金算入額（別表十（四）「20」、「21」又は「23」）	33			※	
合計（26）＋（27）±（28）＋（29）＋（30）＋（31）＋（32）±（33）	34			外※	
契約者配当の益金算入額（別表九（一）「13」）	35				
特定目的会社等の支払配当又は特定目的信託に係る受託法人の利益の分配等の損金算入額（別表十（八）「13」、別表十（九）「11」又は別表十（十）「16」若しくは「33」）	36	△	△		
中間申告における繰戻しによる還付に係る災害損失欠損金額の益金算入額	37			※	
非適格合併又は残余財産の全部分配等による移転資産等の譲渡利益額又は譲渡損失額	38			※	
差引計（（34）から（38）までの計）	39			外※	
更生欠損金又は民事再生等評価換えが行われる場合の再生等欠損金の損金算入額（別表七（三）「9」又は「21」）	40	△		※	△
通算対象欠損金額の損金算入額又は通算対象所得金額の益金算入額（別表七の二「5」又は「11」）	41			※	
当初配賦欠損金控除額の益金算入額（別表七（二）付表一「23の計」）	42			※	
差引計（39）＋（40）±（41）＋（42）	43			外※	
欠損金等の当期控除額（別表七（一）「4の計」）＋（別表七（四）「10」）	44	△		※	△
総計（43）＋（44）	45			外※	
新鉱床探鉱費又は海外新鉱床探鉱費の特別控除額（別表十（三）「43」）	46	△		※	△
農業経営基盤強化準備金積立額の損金算入額（別表十二（十四）「10」）	47	△	△		
農用地等を取得した場合の圧縮額の損金算入額（別表十二（十四）「43の計」）	48	△	△		
関西国際空港用地整備準備金積立額、中部国際空港整備準備金積立額又は再投資等準備金積立額の損金算入額（別表十二（十一）「15」、別表十二（十二）「10」又は別表十二（十五）「12」）	49	△	△		
特定事業活動として特別新事業開拓事業者の株式の取得をした場合の特別勘定繰入額の損金算入額又は特別勘定取崩額の益金算入額（別表十（六）「21」－「11」）	50			※	
残余財産の確定の日の属する事業年度に係る事業税及び特別法人事業税の損金算入額	51	△	△		
所得金額又は欠損金額	52			外※	

別表17（3）の18欄から移記します。

別表６（２の２）の７欄から移記します。

内国法人の外国税額の控除に関する明細書

事業年度等	2023・4・1 2024・3・31	法人名	P社

別表六(二)　令五・四・一以後終了事業年度等分

Ⅰ　法人税に係る外国税額の控除に関する明細書

		当期の控除対象外国法人税額 (別表六(二の二)「21」)	1	円 5,487,300
当期の法人税の控除限度額の計算		当期の法人税額 ((別表一「2」-「3」)－別表六(五の二)「5の③」－別表十七(三の六)「1」) (マイナスの場合は0)	2	
	当期の所得金額	所得金額又は欠損金額 (別表四「52の①」)	3	⇓ 以下省略
		繰越欠損金の当期控除額 (別表七(一)「4の計」)	4	
		対外船舶運航事業者の日本船舶による収入金額に係る所得の金額の損金算入額 (別表十(四)「20」)	5	
		対外船舶運航事業者の日本船舶による収入金額に係る所得の金額の益金算入額 (別表十(四)「21」又は「23」)	6	
		組合等損失額の損金不算入額 (別表九(二)「6」)	7	
		組合等損失超過合計額の損金算入額 (別表九(二)「9」)	8	
		計 (3)＋(4)＋(5)－(6)－(7)＋(8) (マイナスの場合は0)	9	
	当期の調整国外所得金額	国外事業所等帰属所得に係る所得の金額 (別表六(二)付表一「25」)	10	
		その他の国外源泉所得に係る所得の金額 (46の①)	11	
		(10)＋(11) (マイナスの場合は0)	12	
		非課税国外所得の金額 (46の②)＋(別表六(二)付表一「26」) (マイナスの場合は0)	13	
		(12)－(13) (マイナスの場合は0)	14	
		(9)×90%	15	
		調整国外所得金額 ((14)と(15)のうち少ない金額)	16	
		法人税の控除限度額 $(2)\times\frac{(16)}{(9)}$ (通算法人の場合は別表六(二)付表五「35」)	17	
当期に控除できる金額の計算		法第69条第1項により控除できる金額 ((1)と(17)のうち少ない金額)	18	
		法第69条第2項により控除できる金額 (別表六(三)「30の②」)	19	
		法第69条第3項により控除できる金額 (別表六(三)「34の②」)	20	
		((18)＋(19)＋(20))又は当初申告税額控除額	21	
		法第69条第18項により控除できる金額 (別表六(二)付表六「6の計」)	22	
		当期に控除できる金額 (21)＋(22)	23	

区分				国外所得対応分 ①	①のうち非課税所得分 ②
当期のその他の国外源泉所得に係る所得の金額の計算		その他の国外源泉所得に係る当期利益又は当期欠損の額	24	円	円
	加算	納付した控除対象外国法人税額	25		
		交際費等の損金不算入額	26		
		貸倒引当金の戻入額	27		
			28		
			29		
			30		
			31		
			32		
			33		
			34		
		小計	35		
	減算	貸倒引当金の繰入額	36		
			37		
			38		
			39		
			40		
			41		
			42		
			43		
			44		
		小計	45		
		計 (24)＋(35)－(45)	46		

Ⅱ　地方法人税に係る外国税額の控除に関する明細書

	当期の控除対象外国法人税額 (1)	47	円 5,487,300
	法人税の控除限度額 (17)	48	以下省略
	差引控除対象外国法人税額 (47)－(48)	49	
地方法人税額の計算	課税標準法人税額 (別表一「2」－「3」)	50	000
	地方法人税額 (50)×10.3%－(((別表六(五の二)「5の③」)＋(別表十七(三の六)「1」)－(50))と0のうち多い金額) (マイナスの場合は0)	51	

		金額
地方法人税控除限度額 $(51)\times\frac{(16)}{(9)}$ (通算法人の場合は別表六(二)付表五「43」)	52	円
地方法第12条第1項により控除できる金額 ((49)と(52)のうち少ない金額)	53	
(53)又は当初申告税額控除額	54	
地方法第12条第8項により控除できる金額 (別表六(二)付表六「13の計」)	55	
外国税額の控除額 (54)＋(55)	56	

当期の控除対象外国法人税額に関する明細書

事業年度	2023・4・1 2024・3・31	法人名	P社

別表六(二の二)　令五・四・一以後終了事業年度分

当期に納付する控除対象外国法人税額の計算

区分	項目	番号	金額（円）
納付分	控除対象外国法人税額 (別表六(四)「29」)＋(別表六(四の二)「25」)	1	
納付分	利子等に係る控除対象外国法人税額 (別表六(五)「14」)	2	
みなし納付分	控除対象外国法人税額 (別表六(四)「30」)＋(別表六(四の二)「26」)	3	
みなし納付分	利子等に係る控除対象外国法人税額 (別表六(五)「15」)	4	
	計 (1)＋(2)＋(3)＋(4)	5	
	外国関係会社に係る控除対象外国法人税額 (別表十七(三の五)「37」)	6	5,487,300
	納付した控除対象外国法人税額計 (1)＋(2)＋(6)	7	5,487,300
	納付したとみなされる控除対象外国法人税額計 (3)＋(4)	8	
	計 (7)＋(8)	9	5,487,300

当期に減額された控除対象外国法人税額

区分	項目	番号	金額（円）
当期に減額された控除対象外国法人税額	納付分に係る減額分 (別表六(四)「31」)	10	
当期に減額された控除対象外国法人税額	みなし納付分に係る減額分 (別表六(四)「32」)	11	
当期に減額された控除対象外国法人税額	外国関係会社に係る減額分 (別表十七（三の五）「36」)	12	
当期に減額された控除対象外国法人税額	計 (10)＋(11)＋(12)	13	
前期までに減額された控除対象外国法人税額のうち未充当分	・　・ ・　・　期分	14	
前期までに減額された控除対象外国法人税額のうち未充当分		15	
前期までに減額された控除対象外国法人税額のうち未充当分	・　・ ・　・　期分	16	
前期までに減額された控除対象外国法人税額のうち未充当分	・　・ ・　・　期分	17	
前期までに減額された控除対象外国法人税額のうち未充当分	(14)＋(15)＋(16)＋(17)	18	
	合計 (13)＋(18)	19	

項目	番号	金額（円）
(19)　－　(9)	20	
当期の控除対象外国法人税額 (9)　－　(19)	21	5,487,300

別表17（３の５）の37欄から移記します。

別表４の30欄で加算します。

添付対象外国関係会社の名称等に関する明細書

事業年度	2023・4・1 2024・3・31	法人名	P社

別表十七(三)　令五・四・一以後終了事業年度分

外国関係会社の名称等	名称	1	B社		
	本店又は主たる事務所の所在 国名又は地域名	2	X国		
	本店又は主たる事務所の所在 所在地	3			
	事業年度	4	2023・1・1 2023・12・31	・　・ ・　・	・　・ ・　・
	主たる事業	5	製造業		
	外国関係会社の区分	6	特定外国関係会社・対象外国関係会社・(外国金融子会社等以外の部分対象外国関係会社)・外国金融子会社等	特定外国関係会社・対象外国関係会社・外国金融子会社等以外の部分対象外国関係会社・外国金融子会社等	特定外国関係会社・対象外国関係会社・外国金融子会社等以外の部分対象外国関係会社・外国金融子会社等
	資本金の額又は出資金の額	7	(50,000,000円) 500,000ドル	(円)	(円)
	株式等の保有割合	8	100%	%	%
	営業収益又は売上高	9	(1億円) 1,000,000ドル	(円)	(円)
	営業利益	10	(30,000,000円) 300,000ドル	(円)	(円)
	税引前当期利益	11	(30,000,000円) 300,000ドル	(円)	(円)
	利益剰余金	12	(円)	(円)	(円)
	所得に対する租税の負担割合 (別表十七(三)付表二「39」又は「40」)	13	18%	%	%
	企業集団等所得課税規定の適用を受ける外国関係会社の該当・非該当	14	該当・(非該当)	該当・非該当	該当・非該当
	添付書類	15	貸借対照表、損益計算書、株主資本等変動計算書、損益金処分表、勘定科目内訳明細書、本店所在地国の法人所得税に関する法令により課される税に関する申告書の写し、企業集団等所得課税規定の適用がないものとした場合に計算される法人所得税の額に関する計算の明細書及びその計算の基礎となる書類	貸借対照表、損益計算書、株主資本等変動計算書、損益金処分表、勘定科目内訳明細書、本店所在地国の法人所得税に関する法令により課される税に関する申告書の写し、企業集団等所得課税規定の適用がないものとした場合に計算される法人所得税の額に関する計算の明細書及びその計算の基礎となる書類	貸借対照表、損益計算書、株主資本等変動計算書、損益金処分表、勘定科目内訳明細書、本店所在地国の法人所得税に関する法令により課される税に関する申告書の写し、企業集団等所得課税規定の適用がないものとした場合に計算される法人所得税の額に関する計算の明細書及びその計算の基礎となる書類
課税対象金額等の状況	適用対象金額、部分適用対象金額又は金融子会社等部分適用対象金額 (別表十七(三の二)「26」、別表十七(三の三)「7」又は別表十七(三の四)「9」)	16	250,000ドル		
	請求権等勘案合算割合 (別表十七(三の二)「27」、別表十七(三の三)「8」又は別表十七(三の四)「10」)	17	100%	%	%
	課税対象金額、部分課税対象金額又は金融子会社等部分課税対象金額 (別表十七(三の二)「28」、別表十七(三の三)「9」又は別表十七(三の四)「11」)	18	(25,000,000円) 250,000ドル	(円)	(円)

これらを添付します⇒

別表4の10欄で加算します。

添付対象外国関係会社に係る株式等の保有割合等に関する明細書

事業年度	2023・4・1 2024・3・31	法人名	P社

別表十七(三)付表一　令五・四・一以後終了事業年度分

外国関係会社の名称	1		事業年度	2	2023・1・1 2023・12・31

居住者等株主等の株式等保有割合等

区分	氏名又は名称	住所又は本店所在地	株式等保有割合 直接	株式等保有割合 間接	議決権保有割合 直接	議決権保有割合 間接	請求権保有割合 直接	請求権保有割合 間接	実質支配関係
	3	4	5	6	7	8	9	10	11
居住者・内国法人等	本人		100 %	%	%	%	%	%	有・無
居住者・内国法人等	同族株主グループ（本人を除く。）								
居住者・内国法人等									
居住者・内国法人等									
居住者・内国法人等									
居住者・内国法人等									
居住者・内国法人等									
居住者・内国法人等									
居住者・内国法人等									
居住者・内国法人等									
居住者・内国法人等	その他								
合計			100 %		%		%		

同族株主グループの株式等保有割合等

氏名又は名称	住所又は本店所在地	株式等保有割合	議決権保有割合	請求権保有割合	実質支配関係
12	13	14	15	16	17
本人		%	%	%	有・無
その他					
合計					

別表十七(三)付表二　令五・四・一以後終了事業年度分

添付対象外国関係会社に係る外国関係会社の区分及び所得に対する租税の負担割合の計算に関する明細書

事業年度	2023・4・1 ～ 2024・3・31	法人名	P社

外国関係会社の名称	1	B社	事業年度	2	2023・1・1 ～ 2023・12・31

添付対象外国関係会社に係る外国関係会社の区分に関する明細

特定外国関係会社の判定				
ペーパー・カンパニー		主たる事業を行うに必要と認められる固定施設を有する外国関係会社でないこと	3	該当・(非該当)・未判定
		本店所在地国において事業の管理、支配及び運営を自ら行う外国関係会社でないこと	4	該当・(非該当)・未判定
		外国子会社の株式等の保有を主たる事業とする一定の外国関係会社でないこと	5	該当・(非該当)・未判定
		特定子会社の株式等の保有を主たる事業とする等の一定の外国関係会社でないこと	6	該当・(非該当)・未判定
		不動産の保有、石油その他の天然資源の探鉱等又は社会資本の整備に関する事業の遂行上欠くことのできない機能を果たしている等の一定の外国関係会社でないこと	7	該当・(非該当)・未判定
キャッシュ・ボックス		総資産額に対する一定の受動的所得の金額の割合が30%を超える外国関係会社(総資産額に対する一定の資産の額の割合が50%を超えるものに限る。)であること	8	該当・(非該当)・未判定
		非関連者等収入保険料の合計額の収入保険料の合計額に対する割合が10%未満であり、かつ、非関連者等支払再保険料合計額の関連者等収入保険料の合計額に対する割合が50%未満である外国関係会社であること	9	該当・(非該当)・未判定
対象外国関係会社の判定				
経済活動基準	事業基準	株式等若しくは債券の保有、無形資産等の提供又は船舶若しくは航空機の貸付けを主たる事業とする外国関係会社でないこと	10	(該当)・非該当・未判定
	事業基準の特例	統括会社特例の適用	11	有・(無)
		外国金融持株会社特例の適用	12	有・(無)
		航空機リース子会社特例の適用	13	有・(無)
	実体基準	本店所在地国において主たる事業を行うに必要と認められる固定施設を有する外国関係会社であること	14	(該当)・非該当・未判定
	管理支配基準	本店所在地国において事業の管理、支配及び運営を自ら行う外国関係会社であること	15	(該当)・非該当・未判定
	非関連者基準	非関連者取引割合が50%を超える外国関係会社であること	16	該当・非該当・未判定
	所在地国基準	主として本店所在地国において事業を行う外国関係会社であること	17	(該当)・非該当・未判定
部分対象外国関係会社の判定				
特定外国関係会社及び対象外国関係会社以外の外国関係会社であること			18	(該当)・非該当・未判定
清算外国金融子会社等であること			19	該当・(非該当)・未判定
(2)の事業年度が特定清算事業年度であること			20	該当・(非該当)・未判定
外国金融子会社等であること			21	該当・(非該当)・未判定

所得に対する租税の負担割合の計算

所得の金額の計算	当期の所得金額	当期の決算上の利益又は欠損の額	22	
		本店所在地国における課税所得金額	23	300,000ドル
	加算	非課税所得の金額	24	
		損金の額に算入した支払配当等の額	25	
		損金の額に算入した外国法人税の額	26	50,000ドル
		保険準備金繰入限度超過額	27	
		保険準備金取崩不足額	28	
		小計	29	50,000ドル
	減算	(24)のうち配当等の額	30	
		益金の額に算入した還付外国法人税の額	31	
		小計	32	0
		所得の金額 ((22)又は(23))+(29)−(32)	33	350,000ドル

租税の額の計算	本店所在地国の外国法人税の額	本店所在地国において課される外国法人税の額	34	63,000ドル
		所得の額に応じて税率が高くなる場合に納付したものとみなされる税額	35	(　　%)
		納付したものとみなして本店所在地国の外国法人税の額から控除される額	36	
		本店所在地国外において課される外国法人税の額	37	
		租税の額 ((34)から(37)までの合計額)	38	63,000ドル
所得に対する租税の負担割合 (38)/(33)			39	18 %
(33)が零又は欠損金額となる場合の租税の負担割合			40	

外国金融子会社等以外の部分対象外国関係会社に係る部分適用対象金額及び特定所得の金額等の計算に関する明細書	事業年度	2023・4・1 2024・3・31	法人名	P社

外国金融子会社等以外の部分対象外国関係会社の名称	1	B社	事業年度	2	2023・1・1 2023・12・31

部分適用対象金額及び部分課税対象金額の計算

(21)＋(30)＋(33)＋(別表十七(三の三)付表「11」＋「21」＋「39」)	3	0	(4)－(5)	6	250,000ドル
(40)＋(48)＋(51)＋(54)＋(62)＋(別表十七(三の三)付表「31」) (マイナスの場合は０)	4	250,000ドル	部分適用対象金額 (3)＋(6)	7	250,000ドル
			請求権等勘案合算割合	8	100 %
部分適用対象損失額の当期控除額 (別表十七(三の三)付表「41の計」)	5	0	部分課税対象金額 (7)×(8)	9	(25,000,000 円) 250,000ドル

別表17（3）の18欄に移記します。

特定所得の金額の計算

剰余金の配当等	剰余金の配当等の額の合計額	10	
	(10)のうち持株割合25%以上等の子法人から受ける剰余金の配当等の額((12)に該当するものを除く。)	11	
	(10)のうち持株割合10%以上等の資源関連外国子法人から受ける剰余金の配当等の額	12	
	(11)及び(12)のうち支払法人において損金算入される剰余金の配当等の額	13	
	(10)－((11)＋(12)－(13))	14	
	(14)に係る直接費用の額の合計額	15	
負債利子配賦額	当期に支払う負債利子の額の合計額	16	
	(16)のうち(15)に含まれる金額	17	
	総資産の帳簿価額	18	
	(14)に係る株式等の帳簿価額	19	
	(16)×(19)/(18)－(17) (マイナスの場合は０)	20	
	(14)－(15)－(20) (マイナスの場合は０)	21	
受取利子等	受取利子等の額の合計額	22	
	(22)のうち業務の通常の過程において生ずる預貯金利子の額	23	
	(22)のうち一定の貸金業者が行う金銭の貸付けに係る利子の額	24	
	(22)のうち一定の割賦販売等に係る利子の額	25	
	(22)のうち一定の棚卸資産の販売から生ずる利子の額((25)に該当するものを除く。)	26	
	(22)のうち一定のグループファイナンスに係る利子の額((24)に該当するものを除く。)	27	
	(22)－((23)＋(24)＋(25)＋(26)＋(27))	28	
	(28)に係る直接費用の額の合計額	29	
	(28)－(29) (マイナスの場合は０)	30	
有価証券の貸付けに係る収益	有価証券の貸付けによる対価の額の合計額	31	
	(31)に係る直接費用の額の合計額	32	
	(31)－(32) (マイナスの場合は０)	33	
有価証券の譲渡損益	有価証券の譲渡に係る対価の額の合計額	34	
	(34)のうち持株割合25%以上の法人の株式等の譲渡に係る対価の額の合計額	35	
	(34)－(35)	36	
有価証券の譲渡損益	(34)に係る原価の額の合計額	37	
	(37)のうち持株割合25%以上の法人の株式等の譲渡に係る対価の額の合計額	38	
	(36)に係る直接費用の額の合計額	39	
	(36)－(((37)－(38))＋(39))	40	
	一単位当たりの帳簿価額の算出の方法	41	移動平均法・総平均法
デリバティブ取引に係る損益	デリバティブ取引に係る損益の額	42	
	(42)のうちヘッジ取引として行った一定のデリバティブ取引に係る損益の額	43	
	(42)のうち短期売買商品等損失額を減少させるために行った一定のデリバティブ取引に係る損益の額((43)に該当するものを除く。)	44	
	(42)のうち先物外国為替契約等に相当する契約に基づくデリバティブ取引に係る損益の額((44)に該当するものを除く。)	45	
	(42)のうち一定の金利スワップ等に係る損益の額((44)に該当するものを除く。)	46	
	(42)のうち一定の商品先物取引業者等が行う一定の商品先物取引に係る損益の額((43)から(46)までに該当するものを除く。)	47	
	(42)－((43)＋(44)＋(45)＋(46)＋(47))	48	
外国為替差損益	外国為替差損益の額	49	
	(49)のうちその行う事業(投機的な取引を行う事業を除く。)に係る業務の通常の過程において生ずる外国為替差損益の額	50	
	(49)－(50)	51	
その他の金融所得	その他の金融所得に係る損益の額((21)、(30)、(33)、(40)、(48)又は(51)に該当するものを除く。)	52	
	(52)のうちヘッジ取引として行った一定の取引に係る損益の額	53	
	(52)－(53)	54	
保険所得	当期に収入した、又は収入すべきことの確定した収入保険料(当該収入保険料のうち払い戻した、又は払い戻すべきものを除く。)	55	
	当期に収入した、又は収入すべきことの確定した再保険返戻金	56	
	当期に支払った、又は支払うべきことの確定した再保険料及び解約返戻金の合計額	57	
	(55)＋(56)－(57) (マイナスの場合は０)	58	
	当期に支払った、又は支払うべきことの確定した支払保険金の額の合計額	59	
	当期に収入した、又は収入すべきことの確定した再保険金の額の合計額	60	
	(59)－(60) (マイナスの場合は０)	61	
	(58)－(61)	62	

別表十七(三の三)　令五・四・一以後終了事業年度分

別表十七(三の三)付表　令五・四・一以後終了事業年度分

外国金融子会社等以外の部分対象外国関係会社に係る特定所得の金額の計算等に関する明細書

事業年度	2023・4・1 2024・3・31	法人名	P社

外国金融子会社等以外の部分対象外国関係会社の名称	1	B社	事業年度	2	2023・1・1 2023・12・31

特定所得の金額の計算

固定資産の貸付けに係る収益	固定資産(無形資産等を除く。)の貸付けによる対価の額の合計額	3	
	(3)のうち主としてその本店所在地国において使用に供される固定資産(不動産及び不動産の上に存する権利を除く。)の貸付けによる対価の額((6)に該当するものを除く。)	4	
	(3)のうちその本店所在地国にある不動産及び不動産の上に存する権利の貸付けによる対価の額((6)に該当するものを除く。)	5	
	(3)のうち一定の要件を満たす部分対象外国関係会社が行う固定資産の貸付けによる対価の額	6	
	(3)－((4)＋(5)＋(6))	7	
	(7)に係る直接費用の額の合計額((9)に該当するものを除く。)	8	
	(7)に係る償却費の額	9	
	(8)＋(9)	10	
	(7)－(10) (マイナスの場合は0)	11	
	償却費計算上の適用法令	12	本邦法令・外国法令
無形資産等の使用許諾に係る収益	無形資産等の使用料の合計額	13	
	(13)のうち部分対象外国関係会社が自ら行った研究開発の成果に係る無形資産等の使用料	14	
	(13)のうち部分対象外国関係会社が取得をしその事業の用に供する無形資産等の使用料	15	
	(13)のうち部分対象外国関係会社が使用を許諾されその事業の用に供する無形資産等の使用料	16	
	(13)－((14)＋(15)＋(16))	17	
	(17)に係る直接費用の額の合計額((19)に該当するものを除く。)	18	
	(17)に係る償却費の額	19	
	(18)＋(19)	20	
	(17)－(20) (マイナスの場合は0)	21	
	償却費計算上の適用法令	22	本邦法令・外国法令
無形資産等の譲渡損益	無形資産等の譲渡に係る対価の額の合計額	23	350,000ドル
	(23)のうち部分対象外国関係会社が自ら行った研究開発の成果に係る無形資産等の譲渡に係る対価の額	24	
	(23)のうち部分対象外国関係会社が取得をしその事業の用に供する無形資産等の譲渡に係る対価の額	25	
	(23)－((24)＋(25))	26	350,000ドル
	(23)に係る原価の額の合計額	27	100,000ドル
	(27)のうち部分対象外国関係会社が自ら行った研究開発の成果に係る無形資産等の譲渡に係る対価の額に係る原価の額の合計額	28	
	(27)のうち部分対象外国関係会社が取得をしその事業の用に供する無形資産等の譲渡に係る対価の額に係る原価の額の合計額	29	
	(26)に係る直接費用の額の合計額	30	
	(26)－(((27)－(28)－(29))＋(30))	31	250,000ドル
異常所得	税引後当期利益の額	32	
	(別表十七(三の三)「10」＋「22」＋「31」＋(「34」－「37」)＋「42」＋「49」＋「52」＋「62」)＋(3)＋(13)＋((23)－(27))	33	
	(32)－(33) (マイナスの場合は0)	34	
	所得控除の金額　総資産の帳簿価額	35	
	所得控除の金額　人件費の額	36	
	所得控除の金額　減価償却費の累計額	37	
	所得控除の金額　((35)＋(36)＋(37))×50%	38	
	(34)－(38) (マイナスの場合は0)	39	

部分適用対象損失額の内訳

事業年度	控除未済部分適用対象損失額 40	当期控除額 41	翌期繰越額 (40)－(41) 42
・　・			
・　・			
・　・			
・　・			
・　・			
・　・			
・　・			
計			
当期分			
合計			

別表十七(三の五)　令五・四・一以後終了事業年度分

外国関係会社の課税対象金額等に係る控除対象外国法人税額の計算に関する明細書

事業年度	2023・4・1 2024・3・31	法人名	P社

区分	項目	番号	金額	区分	項目	番号	金額
	外国関係会社の名称	1	B社	特定外国関係会社又は対象外国関係会社に係る控除対象外国法人税額の計算	適用対象金額 (別表十七(三の二)「26」)	8	
本店所在地又は主たる事務所の所在地	国名又は地域名	2	X国		子会社から受ける配当等の額 (別表十七(三の二)「13」のうち(6)の外国法人税の課税標準に含まれるもの)	9	
	所在地	3			控除対象配当等の額 (別表十七(三の二)「15」のうち(6)の外国法人税の課税標準に含まれるもの)	10	
	事業年度	4	2023・1・1 2023・12・31		調整適用対象金額 (8)＋(9)＋(10)	11	
外国法人税	税種目	5			課税対象金額 (別表十七(三の二)「28」)	12	
	外国法人税額	6	63,000ドル		(12)/(11)	13	%
	増額又は減額前の事業年度の(6)の金額	7			(6)×(13)	14	

区分	項目	番号	金額	区分	項目	番号	金額
外国金融子会社等以外の部分対象外国関係会社に係る控除対象外国法人税額の計算	特定外国関係会社又は対象外国関係会社に該当するものとした場合の：適用対象金額 (55)	15	287,000ドル	外国金融子会社等に係る控除対象外国法人税額の計算	特定外国関係会社又は対象外国関係会社に該当するものとした場合の：適用対象金額 (55)	24	
	子会社から受ける配当等の額 ((46)のうち(6)の外国法人税の課税標準に含まれるもの)	16			子会社から受ける配当等の額 ((46)のうち(6)の外国法人税の課税標準に含まれるもの)	25	
	控除対象配当等の額 ((47)のうち(6)の外国法人税の課税標準に含まれるもの)	17			控除対象配当等の額 ((47)のうち(6)の外国法人税の課税標準に含まれるもの)	26	
	調整適用対象金額 (15)＋(16)＋(17)	18	287,000ドル		調整適用対象金額 (24)＋(25)＋(26)	27	
	部分適用対象金額 (別表十七(三の三)「7」)	19	250,000ドル		金融子会社等部分適用対象金額 (別表十七(三の四)「9」)	28	
	部分課税対象金額 (別表十七(三の三)「9」)	20	250,000ドル		金融子会社等部分課税対象金額 (別表十七(三の四)「11」)	29	
	(20)≦(18)の場合 (20)/(18)	21	87.10 %		(29)≦(27)の場合 (29)/(27)	30	%
	(20)＞(18)の場合 (20)/(19)	22	%		(29)＞(27)の場合 (29)/(28)	31	%
	(6)×((21)又は(22))	23	54,873ドル		(6)×((30)又は(31))	32	

	(12)と(14)のうち少ない金額、(20)と(23)のうち少ない金額又は(29)と(32)のうち少ない金額	33	54,873ドル
外国法人税額が異動した場合	増額又は減額前の事業年度の(33)の金額	34	
	(33)≧(34)の場合 (33)－(34)	35	
	(33)＜(34)の場合 (34)－(33)	36	(　　円)
	課税対象金額等に係る控除対象外国法人税額 (33)又は(35)	37	(5,487,300円) 54,873ドル

別表６（２の２）の６欄に円で移記します。

特定外国関係会社又は対象外国関係会社に該当するものとした場合の適用対象金額の計算

区分	項目	番号	金額	区分	項目	番号	金額
	所得計算上の適用法令	38	本邦法令・(外国法令)	減算	控除対象配当等の額	47	
	当期の利益若しくは欠損の額又は所得金額	39	300,000ドル			48	
加算	損金の額に算入した法人所得税の額	40	50,000ドル			49	
		41			小計	50	0
		42			基準所得金額 (39)＋(44)－(50)	51	350,000ドル
		43			繰越欠損金の当期控除額	52	
	小計	44	50,000ドル		当期中に納付することとなる法人所得税の額	53	63,000ドル
減算	益金の額に算入した法人所得税の還付額	45			当期中に還付を受けることとなる法人所得税の額	54	
	子会社から受ける配当等の額	46			適用対象金額 (51)－(52)－(53)＋(54)	55	287,000ドル

ケース 7

部分合算対象所得がある場合（その２）

設　例

内国法人P社（３月決算）は、X国に100％子会社B社（12月決算）を有している。B社の主たる事業は医薬品の製造とそれに関する研究開発である一方、P社から譲渡された無形資産を日本国内の第三者であるG社にライセンス供与して使用料を受領している。B社はその使用料に関して、日本とX国との租税条約に基づいて10％（3,000,000円）の源泉所得税をG社を通して納付している。

B社は主たる事業である製造業を行うため事務所と工場を賃借しているほか、役員がその事務所に常駐し会計帳簿も現地で記帳している。また、B社は主たる事業である製造業をX国内の工場で行っている。

B社の2023年12月決算によると、損益計算書とX国の税務当局に提出すべき法人税確定申告書は次のようになった。

B社損益計算書

売上	1,000,000ドル
原価	600,000ドル
販管費	100,000ドル
税引前当期利益	300,000ドル
法人税	56,000ドル
税引後当期利益	244,000ドル

B社法人税確定申告書

所得金額	350,000ドル
法人税率	16％
法人税額	56,000ドル

※　上の売上の中には、G社からの使用料収入（30万ドル）がグロス（総額）で含まれているものとし、日本で源泉徴収された税額は費用計上していないものとする。

解　説

1　外国関係会社への該当性（租税負担割合の計算）

本ケースのB社の租税負担割合は次のようになります。

【租税負担割合の計算】

$$\frac{56{,}000\text{ドル（法人税額）}}{350{,}000\text{ドル（所得金額）}}=16\%$$

B社の租税負担割合は20％未満になるので、外国子会社合算税制の適用（会社単位の合算課税→部分所得金額の合算課税）の可能性があります。

そこで、

イ　特定外国関係会社となるのか、

ロ　イでなければ対象外国関係会社になる（＝経済活動基準を満たしていない）のか、

ハ　ロでなければ、部分対象外国関係会社になるか、

を検討する必要があります。

2　納税義務者の確定

本ケースの場合、内国法人P社が100％子会社としてB社を設立したので、P社が納税義務者になります。

3　特定外国関係会社に該当するか否か

本ケースにおけるB社は、ペーパー・カンパニー、キャッシュ・ボックス、ブラック・リスト国所在法人のいずれにも該当しないものとします。

4　対象外国関係会社に該当するか否か（＝経済活動基準を満たしているか）

３において、経済活動基準のうち、実体基準と管理支配基準について検討したとして、⑴事業基準、⑵所在地国基準又は非関連者基準、の２つについて検討する必要があります。

このうち、⑴事業基準についてはB社の主たる事業が製造業であることから事業基準を満たしています。⑵B社の主たる事業は製造業であることから所在地国基準を適用することになりますが、B社は本店所在地国で工場を賃借して製造活動を行っていることから所在地国基準を満たしているとします。

※　以上のことから、B社は経済活動基準を満たしていることになり、会社単位の合算課税はされないことになります。

5　部分対象外国関係会社に該当するか

次に、部分合算課税の対象となる特定所得の有無を検討します。

B社は今期（2023年12月期）において、G社から使用料を30万ドル受領しています。これは、部分合算課税の対象となる特定所得に該当します。

これ以外に特定所得を獲得していません。

※　以上のことから、G社から受領した30万ドルについて、部分合算対象所得を得たことになります。

押さえておきたいポイント！

本ケースのポイントは、次のとおりです。

1　B社は特定外国関係会社・対象外国関係会社には該当しませんが、部分対象外国関係会社に該当するので、P社は別表17（３の３）を用いて部分課税対象金額を算出し、この金額を別表４で加算します。

2　B社がX国で納付した外国法人税額について別表17（３の５）に基づいて算出した後、別表６⑵などを用いて外国税額控除の対象となります。

3　B社が日本で納付し（源泉徴収され）た所得税額については、別表17（３の６）に基づいて算出し、別表１を用いて税額控除されることになります。

別表一　各事業年度の所得に係る申告書－内国法人の分……令五・四・一以後終了事業年度等分

税務署受付印

令和　年　月　日
税務署長殿

納税地	電話(　　　)　　－
(フリガナ)	
法人名	P社
法人番号	
(フリガナ)	
代表者	
代表者住所	

所管 / 業種目 / 概況書 / 要否 / 別表等	
通算グループ整理番号	
通算親法人整理番号	
法人区分	普通法人(特定の医療法人を除く。)、一般社団法人等、みなし公益法人等又は人格のない社団等 / 左記以外の公益法人等、協同組合等又は特定の医療法人
事業種目	
期末現在の資本金の額又は出資金の額	円
同上が1億円以下の普通法人のうち中小法人に該当しないもの	非中小法人
同非区分	特定同族会社 / 同族会社 / 非同族会社
旧納税地及び旧法人名等	
添付書類	貸借対照表、損益計算書、株主(社員)資本等変動計算書又は損益金処分表、勘定科目内訳明細書、事業概況書、組織再編成に係る契約書等の写し、組織再編成に係る移転資産等の明細書

※税務署処理欄

青色申告	一連番号
整理番号	
事業年度(至)	年　月　日
売上金額	兆　十億　百万
申告年月日	年　月　日
通信日付印 年月日 / 確認 / 庁指定 / 局指定 / 指導等 / 区分	
申告区分	法人税：中間 / 期限後 / 修正　地方法人税：中間 / 期限後 / 修正

令和　年　月　日　事業年度分の法人税　申告書
令和　年　月　日　課税事業年度分の地方法人税　申告書
(中間申告の場合の計算期間　令和　年　月　日　令和　年　月　日)

適用額明細書提出の有無	有 / 無
税理士法第30条の書面提出有	有
税理士法第33条の2の書面提出有	有

この申告書による法人税額の計算（十億・百万・千・円）

項目	欄	金額
所得金額又は欠損金額(別表四「52の①」)	1	
法人税額 (48)+(49)+(50)	2	
法人税額の特別控除額(別表六(六)「5」)	3	
税額控除超過額相当額等の加算額	4	
土地譲渡利益金 課税土地譲渡利益金額(別表三(二)「24」)+(別表三(二の二)「25」)+(別表三(三)「20」)	5	000
土地譲渡利益金 同上に対する税額 (62)+(63)+(64)	6	
留保金 課税留保金額(別表三(一)「4」)	7	000
留保金 同上に対する税額(別表三(一)「8」)	8	
		00
法人税額計 (2)−(3)+(4)+(6)+(8)	9	
分配時調整外国税相当額及び外国関係会社等に係る控除対象所得税額等相当額の控除額(別表六(五の二)「7」)+(別表十七(三の六)「3」)	10	
仮装経理に基づく過大申告の更正に伴う控除法人税額	11	3000000
控除税額(((9)−(10)−(11))と(18)のうち少ない金額)	12	
差引所得に対する法人税額 (9)−(10)−(11)−(12)	13	00
中間申告分の法人税額	14	00
差引確定法人税額 (13)−(14)(中間申告の場合はその税額とし、マイナスの場合は(22)へ記入)	15	00

別表17（3の6）3欄から移記します。

この申告書による地方法人税額の計算

項目	欄	金額
課税標準法人税額の計算 基準法人税額 所得の金額に対する法人税額((2)−(3)+(4)+(6)+(9の外書)−別表六(二)付表六「7の計」)	28	
課税留保金額に対する法人税額(8)	29	
課税標準法人税額 (28)+(29)	30	000
地方法人税額(53)	31	
税額控除超過額相当額の加算額(別表六(二)付表六「14の計」)	32	
課税留保金額に係る地方法人税額(54)	33	
所得地方法人税額 (31)+(32)+(33)	34	
分配時調整外国税相当額及び外国関係会社等に係る控除対象所得税額等相当額の控除額((別表六(五の二)「8」+別表十七(三の六)「4」)と(34)のうち少ない金額)	35	○○○○○○○
仮装経理に基づく過大申告の更正に伴う控除地方法人税額	36	○○○○○○○
外国税額の控除額(((34)−(35)−(36))と(65)のうち少ない金額)	37	
差引地方法人税額 (34)−(35)−(36)−(37)	38	00
中間申告分の地方法人税額	39	00
差引確定地方法人税額 (38)−(39)(中間申告の場合はその税額とし、マイナスの場合は(42)へ記入)	40	00

地方法人税額により異なります。

控除税額の計算

項目	欄	金額
所得税の額(別表六(一)「6の③」)	16	
外国税額(別表六(二)「23」)	17	○○○○○○○
計 (16)+(17)	18	
控除した金額(12)	19	
控除しきれなかった金額 (18)−(19)	20	

外国税額控除の金額

この申告による還付金額

項目	欄	金額
所得税額等の還付金額(20)	21	
中間納付額 (14)−(13)	22	
欠損金の繰戻しによる還付請求税額	23	外
計 (21)+(22)+(23)	24	外

項目	欄	金額
この申告が修正申告である場合のこの申告により納付すべき法人税額又は減少する還付請求税額(57)	25	外　00
欠損金等の当期控除額(別表七(一)「4の計」)+(別表七(三)「9」若しくは「21」又は別表七(四)「10」)	26	
翌期へ繰り越す欠損金額(別表七(一)「5の合計」)	27	

この申告による還付金額

項目	欄	金額
外国税額の還付金額(67)	41	
中間納付額 (39)−(38)	42	
計 (41)+(42)	43	外

項目	欄	金額
この申告が修正申告である場合のこの申告により納付すべき地方法人税額(61)	44	00
剰余金・利益の配当(剰余金の分配)の金額		
残余財産の最後の分配又は引渡しの日		令和　年　月　日
決算確定の日		令和　年　月　日

還付を受けようとする金融機関等：銀行・金庫・組合・農協・漁協　本店・支店・出張所・本所・支所　預金　郵便局名等
口座番号　ゆうちょ銀行の貯金記号番号　－
※税務署処理欄

税理士署名

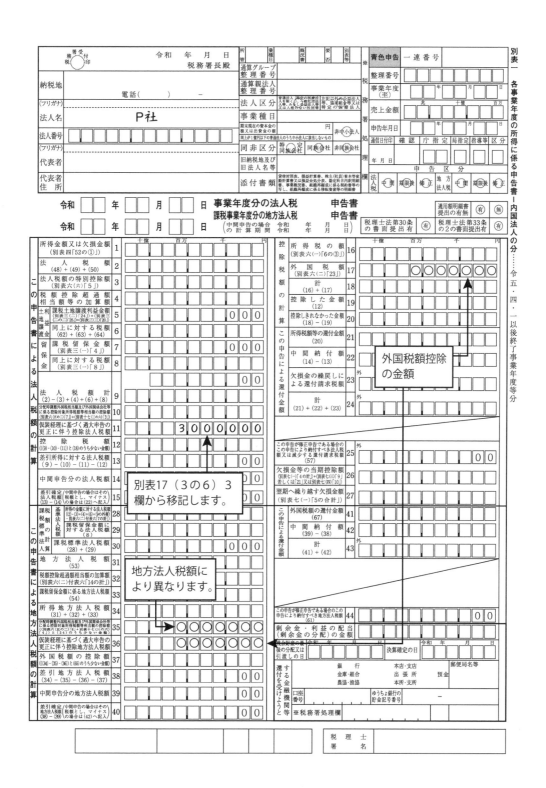

所得の金額の計算に関する明細書

別表四　令五・四・一以後終了事業年度分

事業年度	2023.4.1 2024.3.31	法人名	P社

区分			総額 ①	処分 留保 ②	処分 社外流出 ③	
当期利益又は当期欠損の額		1	円	円	配当 その他	円
加算	損金経理をした法人税及び地方法人税（附帯税を除く。）	2				
	損金経理をした道府県民税及び市町村民税	3				
	損金経理をした納税充当金	4				
	損金経理をした附帯税（利子税を除く。）、加算金、延滞金（延納分を除く。）及び過怠税	5			その他	
	減価償却の償却超過額	6				
	役員給与の損金不算入額	7			その他	
	交際費等の損金不算入額	8			その他	
	通算法人に係る加算額（別表四付表「5」）	9			外※	
	外国子会社合算所得金額	10	30,000,000			30,000,000
	小計	11			外※	
減算	減価償却超過額の当期認容額	12				
	納税充当金から支出した事業税等の金額	13				
	受取配当等の益金不算入額（別表八（一）「5」）	14			※	
	外国子会社から受ける剰余金の配当等の益金不算入額（別表八（二）「26」）	15			※	
	受贈益の益金不算入額	16			※	
	適格現物分配に係る益金不算入額	17			※	
	法人税等の中間納付額及び過誤納に係る還付金額	18				
	所得税額等及び欠損金の繰戻しによる還付金額等	19			※	
	通算法人に係る減算額（別表四付表「10」）	20			※	
		21				
	小計	22			外※	
仮計 (1)＋(11)－(22)		23			外※	
対象純支払利子等の損金不算入額（別表十七（二の二）「29」又は「34」）		24			その他	
超過利子額の損金算入額（別表十七（二の三）「10」）		25	△		※	△
仮計 ((23)から(25)までの計)		26			外※	
寄附金の損金不算入額（別表十四（二）「24」又は「40」）		27			その他	
沖縄の認定法人又は国家戦略特別区域における指定法人の所得の特別控除額又は要加算調整額の益金算入額（別表十(一)「15」若しくは別表十(二)「10」又は別表十(一)「16」若しくは別表十(二)「11」）		28			※	
法人税額から控除される所得税額（別表六（一）「6の③」）		29			その他	
税額控除の対象となる外国法人税の額（別表六（二の二）「7」）		30	5,600,000		その他	5,600,000
分配時調整外国税相当額及び外国関係会社等に係る控除対象所得税額等相当額（別表六（五の二）「5の②」）＋（別表十七（三の六）「1」）		31	3,000,000		その他	3,000,000
組合等損失額の損金不算入額又は組合等損失超過合計額の損金算入額（別表九（二）「10」）		32				
対外船舶運航事業者の日本船舶による収入金額に係る所得の金額の損金算入額又は益金算入額（別表十（四）「20」、「21」又は「23」）		33			※	
合計 (26)＋(27)±(28)＋(29)＋(30)＋(31)＋(32)±(33)		34			外※	
契約者配当の益金算入額（別表九（一）「13」）		35				
特定目的会社等の支払配当又は特定目的信託に係る受託法人の利益の分配等の損金算入額（別表十（八）「13」、別表十（九）「11」又は別表十（十）「16」若しくは「33」）		36	△			
中間申告における繰戻しによる還付に係る災害損失欠損金額の益金算入額		37			※	
非適格合併又は残余財産の全部分配等による移転資産等の譲渡利益額又は譲渡損失額		38			※	
差引計 ((34)から(38)までの計)		39			外※	
更生欠損金又は民事再生等評価換えが行われる場合の再生等欠損金の損金算入額（別表七（三）「9」又は「21」）		40	△		※	△
通算対象欠損金額の損金算入額又は通算対象所得金額の益金算入額（別表七の二「5」又は「11」）		41			※	
当初配賦欠損金控除額の益金算入額（別表七（二）付表一「23の計」）		42			※	
差引計 (39)＋(40)±(41)＋(42)		43			外※	
欠損金等の当期控除額（別表七（一）「4の計」）＋（別表七（四）「10」）		44	△		※	△
総計 (43)＋(44)		45			外※	
新鉱床探鉱費又は海外新鉱床探鉱費の特別控除額（別表十（三）「43」）		46	△		※	△
農業経営基盤強化準備金積立額の損金算入額（別表十二（十四）「10」）		47	△	△		
農用地等を取得した場合の圧縮額の損金算入額（別表十二（十四）「43の計」）		48	△	△		
関西国際空港用地整備準備金積立額、中部国際空港整備準備金積立額又は再投資等準備金積立額の損金算入額（別表十二（十一）「15」、別表十二（十二）「10」又は別表十二（十五）「12」）		49	△	△		
特定事業活動として特別新事業開拓事業者の株式の取得をした場合の特別勘定繰入額の損金算入額又は特別勘定取崩額の益金算入額（別表十（六）「21」－「11」）		50			※	
残余財産の確定の日の属する事業年度に係る事業税及び特別法人事業税の損金算入額		51	△	△		
所得金額又は欠損金額		52			外※	

別表17（3）の18欄から移記します。

別表6（2の2）の7欄から移記します。

別表17（3の6）の1欄から移記します。

御注意
「52」の「①」欄の金額は、「②」欄の金額に「③」欄の本書の金額を加算し、これから「※」の金額を加減算した額と符合することになります。

内国法人の外国税額の控除に関する明細書

事業年度等	2023. 4 . 1 2024. 3 . 31	法人名	P社

別表六(二)　令五・四・一以後終了事業年度等分

Ⅰ　法人税に係る外国税額の控除に関する明細書

区分		円
当期の控除対象外国法人税額 (別表六(二の二)「21」)	1	5,600,000
当期の控除限度額の計算：当期の法人税額 ((別表一「2」-「3」)－別表六(五の二)「5の③」－別表十七(三の六)「1」) (マイナスの場合は０)	2	以下省略
当期の所得金額：所得金額又は欠損金額 (別表四「52の①」)	3	
繰越欠損金の当期控除額 (別表七(一)「4の計」)	4	
対外船舶運航事業者の日本船舶による収入金額に係る所得の金額の損金算入額 (別表十(四)「20」)	5	
対外船舶運航事業者の日本船舶による収入金額に係る所得の金額の益金算入額 (別表十(四)「21」又は「23」)	6	
組合等損失額の損金不算入額 (別表九(二)「6」)	7	
組合等損失超過合計額の損金算入額 (別表九(二)「9」)	8	
計 (3)＋(4)＋(5)－(6)－(7)＋(8) (マイナスの場合は０)	9	
当期の調整国外所得金額：国外事業所等帰属所得に係る所得の金額 (別表六(二)付表一「25」)	10	
その他の国外源泉所得に係る所得の金額 (46の①)	11	
(10)＋(11) (マイナスの場合は０)	12	
非課税国外所得の金額 (46の②)＋(別表六(二)付表一「26」) (マイナスの場合は０)	13	
(12)－(13) (マイナスの場合は０)	14	
(9)×90%	15	
調整国外所得金額 ((14)と(15)のうち少ない金額)	16	
法人税の控除限度額 (2) × (16)/(9) (通算法人の場合は別表六(二)付表五「35」)	17	
当期に控除できる金額の計算：法第69条第１項により控除できる金額 ((1)と(17)のうち少ない金額)	18	
法第69条第２項により控除できる金額 (別表六(三)「30の②」)	19	
法第69条第３項により控除できる金額 (別表六(三)「34の②」)	20	
((18)＋(19)＋(20))又は当初申告税額控除額	21	
法第69条第18項により控除できる金額 (別表六(二)付表六「6の計」)	22	
当期に控除できる金額 (21)＋(22)	23	

区分		国外所得対応分 ①	①のうち非課税所得分 ②
		円	円
当期のその他の国外源泉所得に係る所得の金額の計算：その他の国外源泉所得に係る当期利益又は当期欠損の額	24		
加算：納付した控除対象外国法人税額	25		
交際費等の損金不算入額	26		
貸倒引当金の戻入額	27		
	28		
	29		
	30		
	31		
	32		
	33		
	34		
小計	35		
減算：貸倒引当金の繰入額	36		
	37		
	38		
	39		
	40		
	41		
	42		
	43		
	44		
小計	45		
計 (24)＋(35)－(45)	46		

Ⅱ　地方法人税に係る外国税額の控除に関する明細書

区分		円
当期の控除対象外国法人税額 (1)	47	5,600,000
法人税の控除限度額 (17)	48	以下省略
差引控除対象外国法人税額 (47)－(48)	49	
地方法人税額の計算：課税標準法人税額 (別表一「2」－「3」)	50	000
地方法人税額 (50)×10.3%－(((別表六(五の二)「5の③」)＋(別表十七(三の六)「1」)－(50))と０のうち多い金額) (マイナスの場合は０)	51	

区分		円
地方法人税控除限度額 (51) × (16)/(9) (通算法人の場合は別表六(二)付表五「43」)	52	
地方法第12条第１項により控除できる金額 ((49)と(52)のうち少ない金額)	53	
(53)又は当初申告税額控除額	54	
地方法第12条第８項により控除できる金額 (別表六(二)付表六「13の計」)	55	
外国税額の控除額 (54)＋(55)	56	

当期の控除対象外国法人税額に関する明細書

事業年度	2023・4・1 2024・3・31	法人名	P社

別表六(二の二)　令五・四・一以後終了事業年度分

当期に納付する控除対象外国法人税額の計算	納付分	控除対象外国法人税額 (別表六(四)「29」)＋(別表六(四の二)「25」)	1	円
	納付分	利子等に係る控除対象外国法人税額 (別表六(五)「14」)	2	
	みなし納付分	控除対象外国法人税額 (別表六(四)「30」)＋(別表六(四の二)「26」)	3	
	みなし納付分	利子等に係る控除対象外国法人税額 (別表六(五)「15」)	4	
	計	(1)＋(2)＋(3)＋(4)	5	
	外国関係会社に係る控除対象外国法人税額 (別表十七(三の五)「37」)		6	5,600,000 円
	納付した控除対象外国法人税額計 (1)＋(2)＋(6)		7	5,600,000 円
	納付したとみなされる控除対象外国法人税額計 (3)＋(4)		8	
	計	(7)＋(8)	9	

当期に減額された控除対象外国法人税額	納付分に係る減額分 (別表六(四)「31」)	10	円
	みなし納付分に係る減額分 (別表六(四)「32」)	11	
	外国関係会社に係る減額分 (別表十七（三の五）「36」)	12	
	計 (10)＋(11)＋(12)	13	
前期までに減額された控除対象外国法人税額のうち未充当分	・　・ ・　・　期分	14	
	・　・ ・　・　期分	15	
	・　・ ・　・　期分	16	
	・　・ ・　・　期分	17	
		18	
合計	(13)＋(18)	19	

(19)　－　(9)	20	
当期の控除対象外国法人税額 (9)　－　(19)	21	5,600,000 円

別表17（３の５）の37欄から移記します。

別表４の30欄で加算します。

添付対象外国関係会社の名称等に関する明細書

事業年度	2023・4・1 2024・3・31	法人名	P社

別表十七(三)　令五・四・一以後終了事業年度分

外国関係会社の名称等	名称	1	B社		
	本店所在地又は主たる事務所の所在地：国名又は地域名	2	X国		
	本店所在地又は主たる事務所の所在地：所在地	3			
	事業年度	4	2023・1・1 2023・12・31	・　・ ・　・	・　・ ・　・
	主たる事業	5	医薬品製造		
	外国関係会社の区分	6	特定外国関係会社・対象外国関係会社・(外国金融子会社等以外の部分対象外国関係会社)・外国金融子会社等	特定外国関係会社・対象外国関係会社・外国金融子会社等以外の部分対象外国関係会社・外国金融子会社等	特定外国関係会社・対象外国関係会社・外国金融子会社等以外の部分対象外国関係会社・外国金融子会社等
	資本金の額又は出資金の額	7	(50,000,000円) 500,000ドル	(円)	(円)
	株式等の保有割合	8	100%	%	%
	営業収益又は売上高	9	(1億円) 1,000,000ドル	(円)	(円)
	営業利益	10	(30,000,000円) 300,000ドル	(円)	(円)
	税引前当期利益	11	(30,000,000円) 300,000ドル	(円)	(円)
	利益剰余金	12	(円)	(円)	(円)
	所得に対する租税の負担割合(別表十七(三)付表二「39」又は「40」)	13	16%	%	%
	企業集団等所得課税規定の適用を受ける外国関係会社の該当・非該当	14	該当・(非該当)	該当・非該当	該当・非該当
	添付書類	15	貸借対照表、損益計算書、株主資本等変動計算書、損益金処分表、勘定科目内訳明細書、本店所在地国の法人所得税に関する法令により課される税に関する申告書の写し、企業集団等所得課税規定の適用がないものとした場合に計算される法人所得税の額に関する計算の明細書及びその計算の基礎となる書類	貸借対照表、損益計算書、株主資本等変動計算書、損益金処分表、勘定科目内訳明細書、本店所在地国の法人所得税に関する法令により課される税に関する申告書の写し、企業集団等所得課税規定の適用がないものとした場合に計算される法人所得税の額に関する計算の明細書及びその計算の基礎となる書類	貸借対照表、損益計算書、株主資本等変動計算書、損益金処分表、勘定科目内訳明細書、本店所在地国の法人所得税に関する法令により課される税に関する申告書の写し、企業集団等所得課税規定の適用がないものとした場合に計算される法人所得税の額に関する計算の明細書及びその計算の基礎となる書類
課税対象金額等の状況	適用対象金額、部分適用対象金額又は金融子会社等部分適用対象金額(別表十七(三の二)「26」、別表十七(三の三)「7」又は別表十七(三の四)「9」)	16	300,000ドル		
	請求権等勘案合算割合(別表十七(三の二)「27」、別表十七(三の三)「8」又は別表十七(三の四)「10」)	17	100%	%	%
	課税対象金額、部分課税対象金額又は金融子会社等部分課税対象金額(別表十七(三の二)「28」、別表十七(三の三)「9」又は別表十七(三の四)「11」)	18	(30,000,000円) 300,000ドル	(円)	(円)

これらを添付します⇒

別表４の10欄で加算します。

添付対象外国関係会社に係る株式等の保有割合等に関する明細書

事業年度	2023・4・1 2024・3・31	法人名	P社

別表十七㈢付表一　令五・四・一以後終了事業年度分

外国関係会社の名称	1	B社	事業年度	2	2023・1・1 2023・12・31

居住者等株主等の株式等保有割合等		氏名又は名称	住所又は本店所在地	株式等保有割合 直接	株式等保有割合 間接	議決権保有割合 直接	議決権保有割合 間接	請求権保有割合 直接	請求権保有割合 間接	実質支配関係
		3	4	5	6	7	8	9	10	11
	居住者・内国法人等	本人		100 %	%	%	%	%	%	有・無
		同族株主グループ（本人を除く。）								
		その他								
	合計			100 %		%		%		

同族株主グループの株式等保有割合等	氏名又は名称	住所又は本店所在地	株式等保有割合	議決権保有割合	請求権保有割合	実質支配関係
	12	13	14	15	16	17
	本人		%	%	%	有・無
	その他					
	合計					

別表十七(三)付表二　令五・四・一以後終了事業年度分

添付対象外国関係会社に係る外国関係会社の区分及び所得に対する租税の負担割合の計算に関する明細書

事業年度	2023・4・1 2024・3・31	法人名	P社

外国関係会社の名称	1	B社	事業年度	2	2023・1・1 2023・12・31

添付対象外国関係会社に係る外国関係会社の区分に関する明細

特定外国関係会社の判定

ペーパー・カンパニー	主たる事業を行うに必要と認められる固定施設を有する外国関係会社でないこと	3	該当・**(非該当)**・未判定
	本店所在地国において事業の管理、支配及び運営を自ら行う外国関係会社でないこと	4	該当・**(非該当)**・未判定
	外国子会社の株式等の保有を主たる事業とする一定の外国関係会社でないこと	5	該当・**(非該当)**・未判定
	特定子会社の株式等の保有を主たる事業とする等の一定の外国関係会社でないこと	6	該当・**(非該当)**・未判定
	不動産の保有、石油その他の天然資源の探鉱等又は社会資本の整備に関する事業の遂行上欠くことのできない機能を果たしている等の一定の外国関係会社でないこと	7	該当・**(非該当)**・未判定
キャッシュ・ボックス	総資産額に対する一定の受動的所得の金額の割合が30%を超える外国関係会社（総資産額に対する一定の資産の額の割合が50%を超えるものに限る。）であること	8	該当・**(非該当)**・未判定
	非関連者等収入保険料の合計額の収入保険料の合計額に対する割合が10%未満であり、かつ、非関連者等支払再保険料合計額の関連者等収入保険料の合計額に対する割合が50%未満である外国関係会社であること	9	該当・**(非該当)**・未判定

対象外国関係会社の判定

経済活動基準	事業基準	株式等若しくは債券の保有、無形資産等の提供又は船舶若しくは航空機の貸付けを主たる事業とする外国関係会社でないこと		10	**(該当)**・非該当・未判定
		事業基準の特例	統括会社特例の適用	11	有・**(無)**
			外国金融持株会社特例の適用	12	有・**(無)**
			航空機リース子会社特例の適用	13	有・**(無)**
	実体基準	本店所在地国において主たる事業を行うに必要と認められる固定施設を有する外国関係会社であること		14	**(該当)**・非該当・未判定
	管理支配基準	本店所在地国において事業の管理、支配及び運営を自ら行う外国関係会社であること		15	**(該当)**・非該当・未判定
	非関連者基準	非関連者取引割合が50%を超える外国関係会社であること		16	該当・非該当・未判定
	所在地国基準	主として本店所在地国において事業を行う外国関係会社であること		17	**(該当)**・非該当・未判定

部分対象外国関係会社の判定

特定外国関係会社及び対象外国関係会社以外の外国関係会社であること	18	**(該当)**・非該当・未判定
清算外国金融子会社等であること	19	該当・**(非該当)**・未判定
(2)の事業年度が特定清算事業年度であること	20	該当・**(非該当)**・未判定
外国金融子会社等であること	21	該当・**(非該当)**・未判定

所得に対する租税の負担割合の計算

所得の金額の計算	当期の所得金額	当期の決算上の利益又は欠損の額	22	
		本店所在地国における課税所得金額	23	300,000ドル
	加算	非課税所得の金額	24	
		損金の額に算入した支払配当等の額	25	
		損金の額に算入した外国法人税の額	26	50,000ドル
		保険準備金繰入限度超過額	27	
		保険準備金取崩不足額	28	
		小計	29	50,000ドル
	減算	(24)のうち配当等の額	30	
		益金の額に算入した還付外国法人税の額	31	
		小計	32	0
	所得の金額 ((22)又は(23))＋(29)－(32)		33	350,000ドル

租税の額の計算	本店所在地国の外国法人税の額	本店所在地国において課される外国法人税の額	34	56,000ドル
		所得の額に応じて税率が高くなる場合に納付したものとみなされる税額	35	（　　　%）
		納付したものとみなして本店所在地国の外国法人税の額から控除される額	36	
	本店所在地国外において課される外国法人税の額		37	
	租税の額 ((34)から(37)までの合計額)		38	56,000ドル
所得に対する租税の負担割合 $\frac{(38)}{(33)}$			39	16 %
(33)が零又は欠損金額となる場合の租税の負担割合			40	

別表十七(三の三)　令五・四・一以後終了事業年度分

外国金融子会社等以外の部分対象外国関係会社に係る部分適用対象金額及び特定所得の金額等の計算に関する明細書	事業年度	2023・4・1 2024・3・31	法人名	P社

外国金融子会社等以外の部分対象外国関係会社の名称	1	B社	事業年度	2	2023・1・1 2023・12・31

部分適用対象金額及び部分課税対象金額の計算

項目	番号	金額	項目	番号	金額
(21)＋(30)＋(33)＋(別表十七(三の三)付表「11」＋「21」＋「39」)	3	300,000ドル	(4)－(5)	6	
(40)＋(48)＋(51)＋(54)＋(62)＋(別表十七(三の三)付表「31」) (マイナスの場合は0)	4	0	部分適用対象金額 (3)＋(6)	7	300,000ドル
			請求権等勘案合算割合	8	100 %
部分適用対象損失額の当期控除額 (別表十七(三の三)付表「41の計」)	5	0	部分課税対象金額 (7)×(8)	9	(30,000,000円) 300,000ドル

別表17（3）の16、17、18欄に移記します。

特定所得の金額の計算

剰余金の配当等	剰余金の配当等の額の合計額	10	
	(10)のうち持株割合25%以上等の子法人から受ける剰余金の配当等の額((12)に該当するものを除く。)	11	
	(10)のうち持株割合10%以上等の資源関連外国子法人から受ける剰余金の配当等の額	12	
	(11)及び(12)のうち支払法人において損金算入される剰余金の配当等の額	13	
	(10)－((11)＋(12)－(13))	14	
	(14)に係る直接費用の額の合計額	15	
	負債利子配賦額：当期に支払う負債利子の額の合計額	16	
	負債利子配賦額：(16)のうち(15)に含まれる金額	17	
	負債利子配賦額：総資産の帳簿価額	18	
	負債利子配賦額：(14)に係る株式等の帳簿価額	19	
	負債利子配賦額：$(16) \times \frac{(19)}{(18)} - (17)$ (マイナスの場合は0)	20	
	(14)－(15)－(20) (マイナスの場合は0)	21	
受取利子等	受取利子等の額の合計額	22	
	(22)のうち業務の通常の過程において生ずる預貯金利子の額	23	
	(22)のうち一定の貸金業者が行う金銭の貸付けに係る利子の額	24	
	(22)のうち一定の割賦販売等に係る利子の額	25	
	(22)のうち一定の棚卸資産の販売から生ずる利子の額((25)に該当するものを除く。)	26	
	(22)のうち一定のグループファイナンスに係る利子の額((24)に該当するものを除く。)	27	
	(22)－((23)＋(24)＋(25)＋(26)＋(27))	28	
	(28)に係る直接費用の額の合計額	29	
	(28)－(29) (マイナスの場合は0)	30	
有価証券の貸付けに係る収益	有価証券の貸付けによる対価の額の合計額	31	
	(31)に係る直接費用の額の合計額	32	
	(31)－(32) (マイナスの場合は0)	33	
有価証券の譲渡損益	有価証券の譲渡に係る対価の額の合計額	34	
	(34)のうち持株割合25%以上の法人の株式等の譲渡に係る対価の額の合計額	35	
	(34)－(35)	36	
有価証券の譲渡損益	(34)に係る原価の額の合計額	37	
	(37)のうち持株割合25%以上の法人の株式等の譲渡に係る原価の額の合計額	38	
	(36)に係る直接費用の額の合計額	39	
	(36)－(((37)－(38))＋(39))	40	
	一単位当たりの帳簿価額の算出の方法	41	移動平均法・総平均法
デリバティブ取引に係る損益	デリバティブ取引に係る損益の額	42	
	(42)のうちヘッジ取引として行った一定のデリバティブ取引に係る損益の額	43	
	(42)のうち短期売買商品等損失額を減少させるために行った一定のデリバティブ取引に係る損益の額((43)に該当するものを除く。)	44	
	(42)のうち先物外国為替契約等に相当する契約に基づくデリバティブ取引に係る損益の額((44)に該当するものを除く。)	45	
	(42)のうち一定の金利スワップ等に係る損益の額((44)に該当するものを除く。)	46	
	(42)のうち一定の商品先物取引業者等が行う一定の商品先物取引に係る損益の額((43)から(46)までに該当するものを除く。)	47	
	(42)－((43)＋(44)＋(45)＋(46)＋(47))	48	
外国為替差損益	外国為替差損益の額	49	
	(49)のうちその行う事業(投機的な取引を行う事業を除く。)に係る業務の通常の過程において生ずる外国為替差損益の額	50	
	(49)－(50)	51	
その他の金融所得	その他の金融所得に係る損益の額((21)、(30)、(33)、(40)、(48)又は(51)に該当するものを除く。)	52	
	(52)のうちヘッジ取引として行った一定の取引に係る損益の額	53	
	(52)－(53)	54	
保険所得	当期に収入した、又は収入すべきことの確定した収入保険料(当該収入保険料のうち払い戻した、又は払い戻すべきものを除く。)	55	
	当期に収入した、又は収入すべきことの確定した再保険返戻金	56	
	当期に支払った、又は支払うべきことの確定した再保険料及び解約返戻金の合計額	57	
	(55)＋(56)－(57) (マイナスの場合は0)	58	
	当期に支払った、又は支払うべきことの確定した支払保険金の額の合計額	59	
	当期に収入した、又は収入すべきことの確定した再保険金の額の合計額	60	
	(59)－(60) (マイナスの場合は0)	61	
	(58)－(61)	62	

外国金融子会社等以外の部分対象外国関係会社に係る特定所得の金額の計算等に関する明細書

事業年度	2023・4・1 2024・3・31	法人名	P社

別表十七(三の三)付表　令五・四・一以後終了事業年度分

外国金融子会社等以外の部分対象外国関係会社の名称	1	B社	事業年度 2	2023・1・1 2023・12・31

特定所得の金額の計算

固定資産の貸付けに係る収益	固定資産（無形資産等を除く。）の貸付けによる対価の額の合計額	3	
	(3)のうち主としてその本店所在地国において使用に供される固定資産（不動産及び不動産の上に存する権利を除く。）の貸付けによる対価の額（(6)に該当するものを除く。）	4	
	(3)のうちその本店所在地国にある不動産及び不動産の上に存する権利の貸付けによる対価の額（(6)に該当するものを除く。）	5	
	(3)のうち一定の要件を満たす部分対象外国関係会社が行う固定資産の貸付けによる対価の額	6	
	(3)－((4)＋(5)＋(6))	7	
	(7)に係る直接費用の額の合計額（(9)に該当するものを除く。）	8	
	(7)に係る償却費の額	9	
	(8)＋(9)	10	
	(7)－(10)（マイナスの場合は０）	11	
	償却費計算上の適用法令	12	本邦法令・外国法令
無形資産等の使用許諾に係る収益	無形資産等の使用料の合計額	13	300,000ドル
	(13)のうち部分対象外国関係会社が自ら行った研究開発の成果に係る無形資産等の使用料	14	
	(13)のうち部分対象外国関係会社が取得をしその事業の用に供する無形資産等の使用料	15	
	(13)のうち部分対象外国関係会社が使用を許諾されその事業の用に供する無形資産等の使用料	16	
	(13)－((14)＋(15)＋(16))	17	300,000ドル
	(17)に係る直接費用の額の合計額（(19)に該当するものを除く。）	18	
	(17)に係る償却費の額	19	
	(18)＋(19)	20	
	(17)－(20)（マイナスの場合は０）	21	300,000ドル
	償却費計算上の適用法令	22	本邦法令・外国法令（外国法令に〇）
無形資産等の譲渡損益	無形資産等の譲渡に係る対価の額の合計額	23	
	(23)のうち部分対象外国関係会社が自ら行った研究開発の成果に係る無形資産等の譲渡に係る対価の額	24	
	(23)のうち部分対象外国関係会社が取得をしその事業の用に供する無形資産等の譲渡に係る対価の額	25	
	(23)－((24)＋(25))	26	
	(23)に係る原価の額の合計額	27	
	(27)のうち部分対象外国関係会社が自ら行った研究開発の成果に係る無形資産等の譲渡に係る対価の額に係る原価の額の合計額	28	
	(27)のうち部分対象外国関係会社が取得をしその事業の用に供する無形資産等の譲渡に係る対価の額に係る原価の額の合計額	29	
	(26)に係る直接費用の額の合計額	30	
	(26)－(((27)－(28)－(29))＋(30))	31	
異常所得	税引後当期利益の額	32	
	(別表十七(三の三)「10」＋「22」＋「31」＋(「34」－「37」)＋「42」＋「49」＋「52」＋「62」)＋(3)＋(13)＋((23)－(27))	33	
	(32)－(33)（マイナスの場合は０）	34	
	所得控除の金額　総資産の帳簿価額	35	
	所得控除の金額　人件費の額	36	
	所得控除の金額　減価償却費の累計額	37	
	所得控除の金額　((35)＋(36)＋(37))×50%	38	
	(34)－(38)（マイナスの場合は０）	39	

部分適用対象損失額の内訳

事業年度	控除未済部分適用対象損失額 40	当期控除額 41	翌期繰越額 (40)－(41) 42
・　・			
・　・			
・　・			
・　・			
・　・			
・　・			
・　・			
計			
当期分			
合計			

外国関係会社の課税対象金額等に係る控除対象外国法人税額の計算に関する明細書	事業年度	2023・4・1 2024・3・31	法人名	P社

別表十七(三の五)　令五・四・一以後終了事業年度分

外国関係会社の名称		1	B社
本店又は主たる事務所の所在	国名又は地域名	2	X国
	所在地	3	
事業年度		4	2023・1・1 2023・12・31
外国法人税	税種目	5	法人税
	外国法人税額	6	56,000ドル
	増額又は減額前の事業年度の(6)の金額	7	

特定外国関係会社又は対象外国関係会社に係る控除対象外国法人税額の計算		
適用対象金額 (別表十七(三の二)「26」)	8	
子会社から受ける配当等の額 (別表十七(三の二)「13」のうち(6)の外国法人税の課税標準に含まれるもの)	9	
控除対象配当等の額 (別表十七(三の二)「15」のうち(6)の外国法人税の課税標準に含まれるもの)	10	
調整適用対象金額 (8)＋(9)＋(10)	11	
課税対象金額 (別表十七(三の二)「28」)	12	
$\frac{(12)}{(11)}$	13	%
(6)×(13)	14	

外国金融子会社等以外の部分対象外国関係会社に係る控除対象外国法人税額の計算			
特定外国関係会社又は対象外国関係会社に該当するものとした場合	適用対象金額 (55)	15	294,000ドル
	子会社から受ける配当等の額 ((46)のうち(6)の外国法人税の課税標準に含まれるもの)	16	
	控除対象配当等の額 ((47)のうち(6)の外国法人税の課税標準に含まれるもの)	17	
調整適用対象金額 (15)＋(16)＋(17)		18	294,000ドル
部分適用対象金額 (別表十七(三の三)「7」)		19	300,000ドル
部分課税対象金額 (別表十七(三の三)「9」)		20	300,000ドル
(20)≦(18)の場合 $\frac{(20)}{(18)}$		21	%
(20)＞(18)の場合 $\frac{(20)}{(19)}$		22	% 100
(6)×((21)又は(22))		23	56,000ドル

外国金融子会社等に係る控除対象外国法人税額の計算			
特定外国関係会社又は対象外国関係会社に該当するものとした場合	適用対象金額 (55)	24	
	子会社から受ける配当等の額 ((46)のうち(6)の外国法人税の課税標準に含まれるもの)	25	
	控除対象配当等の額 ((47)のうち(6)の外国法人税の課税標準に含まれるもの)	26	
調整適用対象金額 (24)＋(25)＋(26)		27	
金融子会社等部分適用対象金額 (別表十七(三の四)「9」)		28	
金融子会社等部分課税対象金額 (別表十七(三の四)「11」)		29	
(29)≦(27)の場合 $\frac{(29)}{(27)}$		30	%
(29)＞(27)の場合 $\frac{(29)}{(28)}$		31	%
(6)×((30)又は(31))		32	

(12)と(14)のうち少ない金額、(20)と(23)のうち少ない金額又は(29)と(32)のうち少ない金額		33	56,000ドル
外国法人税額が異動した場合	増額又は減額前の事業年度の(33)の金額	34	
	(33)≧(34)の場合 (33)－(34)	35	
	(33)＜(34)の場合 (34)－(33)	36	(　　円)
課税対象金額等に係る控除対象外国法人税額 (33)又は(35)		37	(5,600,000円) 56,000ドル

別表6（2の2）の6欄に円で移記します。

特定外国関係会社又は対象外国関係会社に該当するものとした場合の適用対象金額の計算

所得計算上の適用法令		38	本邦法令・(外国法令)
当期の利益若しくは欠損の額又は所得金額		39	300,000ドル
加算	損金の額に算入した法人所得税の額	40	50,000ドル
		41	
		42	
		43	
	小計	44	50,000ドル
減算	益金の額に算入した法人所得税の還付額	45	
	子会社から受ける配当等の額	46	

減算	控除対象配当等の額	47	
		48	
		49	
	小計	50	0
基準所得金額 (39)＋(44)－(50)		51	350,000ドル
繰越欠損金の当期控除額		52	
当期中に納付することとなる法人所得税の額		53	56,000ドル
当期中に還付を受けることとなる法人所得税の額		54	
適用対象金額 (51)－(52)－(53)＋(54)		55	294,000ドル

外国関係会社に係る控除対象所得税額等相当額の控除に関する明細書

事業年度	2023・4・1 2024・3・31	法人名	P社	別表十七(三の六) 令五・四・一以後終了事業年度分

控除対象所得税額等相当額 (別表十七(三の六)付表「31」)	1	3,000,000	円
法人税の額 (別表一「9」)－(別表六(五の二)「7」)	2	10,000,000	
法人税の額から控除する金額 ((1)と(2)のうち少ない金額)	3	3,000,000	
(1)のうち法人税の額を超える金額 (1)－(2) (マイナスの場合は０)	4	0	

外国関係会社の課税対象金額等に係る控除対象所得税額等相当額の計算に関する明細書

事業年度	2023・4・1 2024・3・31	法人名	P社

別表十七(三の六)付表 令五・四・一以後終了事業年度分

外国関係会社の名称	1	B社
本店所在地又は主たる事務所の所在地　国名又は地域名	2	X国
本店所在地又は主たる事務所の所在地　所在地	3	
事業年度	4	2023・1・1 2023・12・31
所得税等の額	5	3,000,000円

特定外国関係会社又は対象外国関係会社に係る控除対象所得税額等相当額の計算

適用対象金額 (別表十七(三の二)「26」)	6	
子会社から受ける配当等の額	7	
控除対象配当等の額	8	
調整適用対象金額 (6)＋(7)＋(8)	9	
課税対象金額 (別表十七(三の二)「28」)	10	
(10)/(9)	11	%
(5)×(11)	12	円

外国金融子会社等以外の部分対象外国関係会社に係る控除対象所得税額等相当額の計算

特定外国関係会社又は対象外国関係会社に該当するものとした場合の　適用対象金額 (49)	13	294,000ドル
同　子会社から受ける配当等の額	14	
同　控除対象配当等の額	15	
調整適用対象金額 (13)＋(14)＋(15)	16	294,000ドル
部分適用対象金額 (別表十七(三の三)「7」)	17	300,000ドル
部分課税対象金額 (別表十七(三の三)「9」)	18	300,000ドル
(18)≦(16)の場合 (18)/(16)	19	100%
(18)＞(16)の場合 (18)/(17)	20	%
(5)×((19)又は(20))	21	3,000,000円

外国金融子会社等に係る控除対象所得税額等相当額の計算

特定外国関係会社又は対象外国関係会社に該当するものとした場合の　適用対象金額 (49)	22	
同　子会社から受ける配当等の額	23	
同　控除対象配当等の額	24	
調整適用対象金額 (22)＋(23)＋(24)	25	
金融子会社等部分適用対象金額 (別表十七(三の四)「9」)	26	
金融子会社等部分課税対象金額 (別表十七(三の四)「11」)	27	
(27)≦(25)の場合 (27)/(25)	28	%
(27)＞(25)の場合 (27)/(26)	29	%
(5)×((28)又は(29))	30	円

控除対象所得税額等相当額 (12)、(21)又は(30)	31	3,000,000円

別表17(3の6)の1欄に移記します。

特定外国関係会社又は対象外国関係会社に該当するものとした場合の適用対象金額の計算

項目	番号	金額	項目	番号	金額
所得計算上の適用法令	32	本邦法令・(外国法令)	減算　控除対象配当等の額	41	
当期の利益若しくは欠損の額又は所得金額	33	300,000ドル	減算	42	
加算　損金の額に算入した法人所得税の額	34	50,000ドル	減算	43	
加算	35		減算　小計	44	0
加算	36		基準所得金額 (33)＋(38)－(44)	45	350,000ドル
加算	37		繰越欠損金の当期控除額	46	
加算　小計	38	50,000ドル	当期中に納付することとなる法人所得税の額	47	56,000ドル
減算　益金の額に算入した法人所得税の還付額	39		当期中に還付を受けることとなる法人所得税の額	48	
減算　子会社から受ける配当等の額	40		適用対象金額 (45)－(46)－(47)＋(48)	49	294,000ドル

第 4 部

参考法令等

1　租税特別措置法

第七節の四　内国法人の外国関係会社に係る所得等の課税の特例

第一款　内国法人の外国関係会社に係る所得の課税の特例

第66条の６　次に掲げる内国法人に係る外国関係会社のうち、特定外国関係会社又は対象外国関係会社に該当するものが、昭和53年４月１日以後に開始する各事業年度において適用対象金額を有する場合には、その適用対象金額のうちその内国法人が直接及び間接に有する当該特定外国関係会社又は対象外国関係会社の株式等（株式又は出資をいう。以下この条において同じ。）の数又は金額につきその請求権（剰余金の配当等（法人税法第23条第１項第１号に規定する剰余金の配当、利益の配当又は剰余金の分配をいう。以下この項及び次項において同じ。）を請求する権利をいう。以下この条において同じ。）の内容を勘案した数又は金額並びにその内国法人と当該特定外国関係会社又は対象外国関係会社との間の実質支配関係の状況を勘案して政令で定めるところにより計算した金額（次条及び第66条の８において「課税対象金額」という。）に相当する金額は、その内国法人の収益の額とみなして当該各事業年度終了の日の翌日から２月を経過する日を含むその内国法人の各事業年度の所得の金額の計算上、益金の額に算入する。

一　内国法人の外国関係会社に係る次に掲げる割合のいずれかが100分の10以上である場合における当該内国法人

イ　その有する外国関係会社の株式等の数又は金額（当該外国関係会社と居住者（第２条第１項第１号の２に規定する居住者をいう。以下この項及び次項において同じ。）又は内国法人との間に実質支配関係がある場合には、零）及び他の外国法人を通じて間接に有するものとして政令で定める当該外国関係会社の株式等の数又は金額の合計数又は合計額が当該外国関係会社の発行済株式又は出資（自己が有する自己の株式等を除く。同項、第６項及び第８項において「発行済株式等」という。）の総数又は総額のうちに占める割合

ロ　その有する外国関係会社の議決権（剰余金の配当等に関する決議に係るものに限る。ロ及び次項第１号イ(2)において同じ。）の数（当該外国関係会社と居住者又は内国法人との間に実質支配関係がある場合には、零）及び他の外国法人を通じて間接に有するものとして政令で定める当該外国関係会社の議決権の数の合計数が当該外国関係会社の議決権の総数のうちに占める割合

ハ　その有する外国関係会社の株式等の請求権に基づき受けることができる剰余金の配当等の額（当該外国関係会社と居住者又は内国法人との間に実質支配関係がある場合には、零）及び他の外国法人を通じて間接に有する当該外国関係会社の株式等の請求権に基づき受けることができる剰余金の配当等の額として政令で定めるものの合計額が当該外国関係会社の株式等の請求権に基づき受けることができる剰余金の配当等の総額のうちに占める割合

二　外国関係会社との間に実質支配関係がある内国法人

三　外国関係会社（内国法人との間に実質支配関係があるものに限る。）の他の外国関係会社に係る第１号イからハまでに掲げる割合のいずれかが100分の10以上である場合における当該内国法人（同号に掲げる内国法人を除く。）

四　外国関係会社に係る第１号イからハまでに掲げる割合のいずれかが100分の10以上である一の同族株主グループ（外国関係会社の株式等を直接又は間接に有する者及び当該株式等を直接又は間接に有する者との間に実質支配関係がある者（当該株式等を直接又は間接に有する者を除く。）のうち、一の居住者又は内国法人、当該一の居住者又は内国法人との間に実質支配関係がある者及び当該一の居住者又は内国法人と政令で定める特殊の関係のある者（外国法人を除く。）をいう。）に属する内国法人（外国関係会社に係る同号イからハまでに掲げる割合又は他の外国関係会社（内国法人との間に実質支配関係があるものに限る。）の当該外国関係会社に係る同号イからハまでに掲げる割合のいずれかが零を超えるものに限るものとし、同号及び前号に掲げる内国法人を除く。）

2　この条において、次の各号に掲げる用語の意義は、当該各号に定めるところによる。

一　外国関係会社　次に掲げる外国法人をいう。

イ　居住者及び内国法人並びに特殊関係非居住者（居住者又は内国法人と政令で定める特殊の関係のある第２条第１項第１号の２に規定する非居住者をいう。）及びロに掲げる外国法人（イにおいて「居住者等株主等」という。）の外国法人に係る次に掲げる割合のいずれかが100分の50を超える場合における当該外国法人

⑴　居住者等株主等の外国法人（ロに掲げる外国法人を除く。）に係る直接保有株式等保有割合（居住者等株主等の有する当該外国法人の株式等の数又は金額がその発行済株式等の総数又は総額のうちに占める割合をいう。）及び居住者等株主等の当該外国法人に係る間接保有株式等保有割合（居住者等株主等の他の外国法人を通じて間接に有する当該外国法人の株式等の数又は金額がその発行済株式等の総数又は総額のうちに占める割合として政令で定める割合をいう。）を合計した割合

⑵　居住者等株主等の外国法人（ロに掲げる外国法人を除く。）に係る直接保有議決権保有割合（居住者等株主等の有する当該外国法人の議決権の数がその総数のうちに占める割合をいう。）及び居住者等株主等の当該外国法人に係る間接保有議決権保有割合（居住者等株主等の他の外国法人を通じて間接に有する当該外国法人の議決権の数がその総数のうちに占める割合として政令で定める割合をいう。）を合計した割合

⑶　居住者等株主等の外国法人（ロに掲げる外国法人を除く。）に係る直接保有請求権保有割合（居住者等株主等の有する当該外国法人の株式等の請求権に基づき受けることができる剰余金の配当等の額がその総額のうちに占める割合をいう。）及び居住者等株主等の当該外国法人に係る間接保有請求権保有割合（居住者等株主等の他の外国法人を通じて間接に有する当該外国法人の株式等の請求権に基づき受けることができる剰余金の配当等の額がその総額のうちに占める割合として政令で定める割合をいう。）を合計した割合

ロ　居住者又は内国法人との間に実質支配関係がある外国法人

ハ　第６号中「外国関係会社（特定外国関係会社に該当するものを除く。）」とあるのを「外国法人」として同号及び第７号の規定を適用した場合に同号に規定する外国金融機関に該当することとなる外国法人で、同号に規定する外国金融機関に準ずるものとして政令で定める部分対象外国関係会社との間に、当該部分対象外国関係会社が当該外国法人の経営管理を行っている関係その他の特殊の関係がある外国法人として政令で定める外国法人

二　特定外国関係会社　次に掲げる外国関係会社をいう。

イ　次のいずれにも該当しない外国関係会社

⑴　その主たる事業を行うに必要と認められる事務所、店舗、工場その他の固定施設を有している外国関係会社（これらを有している外国関係会社と同様の状況にあるものとして政令で定める外国関係会社を含む。）

⑵　その本店又は主たる事務所の所在する国又は地域（以下この項、第６項及び第８項において「本店所在地国」という。）においてその事業の管理、支配及び運営を自ら行っている外国関係会社（これらを自ら行っている外国関係会社と同様の状況にあるものとして政令で定める外国関係会社を含む。）

⑶　外国子会社（当該外国関係会社とその本店所在地国を同じくする外国法人で、当該外国関係会社の有する当該外国法人の株式等の数又は金額のその発行済株式等の総数又は総額のうちに占める割合が100分の25以上であることその他の政令で定める要件に該当するものをいう。）の株式等の保有を主たる事業とする外国関係会社で、その収入金額のうちに占める当該株式等に係る剰余金の配当等の額の割合が著しく高いことその他の政令で定める要件に該当するもの

⑷　特定子会社（前項各号に掲げる内国法人に係る他の外国関係会社で、部分対象外国関係会社に該当するものその他の政令で定めるものをいう。）の株式等の保有を主たる事業とする外国関係会社で、その本店所在地国を同じくする管理支配会社（当該内国法人に係る他の外国関係会社のうち、部分対象外国関係会社に該当するもので、その本店所在地国において、その役員（法人税法第２条第15号に規定する役員をいう。次号及び第７号並びに第６項において同じ。）又は使用人がその主たる事業を的確に遂行するために通常必要と認められる業務の全てに従事しているものをいう。⑷及び⑸において同じ。）によってその事業の管理、支配及び運営が行われていること、当該管理支配会社がその本店所在地国で行う事業の遂行上欠くことのできない機能を果たしていること、その収入金額のうちに占める当該株式等に係る剰余金の配当等の額及び当該株式等の譲渡に係る対価の額の割合が著しく高いことその他の政令で定める要件に該当するもの

⑸　その本店所在地国にある不動産の保有、その本店所在地国における石油その他の天然資源の探鉱、開発若しくは採取又はその本店所在地国の社会資本の整備に関する事業の遂行上欠くことのできない機能を果たしている外国関係会社で、その本店所在地国を同じくする管理支配会社によってその事業の管理、支配及び運営が行われていることその他の政令

で定める要件に該当するもの

ロ　その総資産の額として政令で定める金額（ロにおいて「総資産額」という。）に対する第6項第1号から第7号まで及び第8号から第10号までに掲げる金額に相当する金額の合計額の割合（第6号中「外国関係会社（特定外国関係会社に該当するものを除く。）」とあるのを「外国関係会社」として同号及び第7号の規定を適用した場合に外国金融子会社等に該当することとなる外国関係会社にあっては総資産額に対する第8項第1号に掲げる金額に相当する金額又は同項第2号から第4号までに掲げる金額に相当する金額の合計額のうちいずれか多い金額の割合とし、第6号中「外国関係会社（特定外国関係会社に該当するものを除く。）」とあるのを「外国関係会社」として同号及び第6項の規定を適用した場合に同項に規定する清算外国金融子会社等に該当することとなる外国関係会社の同項に規定する特定清算事業年度にあっては総資産額に対する同項に規定する特定金融所得金額がないものとした場合の同項第1号から第7号まで及び第8号から第10号までに掲げる金額に相当する金額の合計額の割合とする。）が100分の30を超える外国関係会社（総資産額に対する有価証券（法人税法第2条第21号に規定する有価証券をいう。同項において同じ。）、貸付金その他政令で定める資産の額の合計額として政令で定める金額の割合が100分の50を超える外国関係会社に限る。）

ハ　次に掲げる要件のいずれにも該当する外国関係会社

⑴　各事業年度の非関連者等収入保険料（関連者（当該外国関係会社に係る第40条の4第1項各号に掲げる居住者、前項各号に掲げる内国法人その他これらの者に準ずる者として政令で定めるものをいう。⑵において同じ。）以外の者から収入するものとして政令で定める収入保険料をいう。⑵において同じ。）の合計額の収入保険料の合計額に対する割合として政令で定めるところにより計算した割合が100分の10未満であること。

⑵　各事業年度の非関連者等支払再保険料合計額（関連者以外の者に支払う再保険料の合計額を関連者等収入保険料（非関連者等収入保険料以外の収入保険料をいう。⑵において同じ。）の合計額の収入保険料の合計額に対する割合で按分した金額として政令で定める金額をいう。）の関連者等収入保険料の合計額に対する割合として政令で定めるところにより計算した割合が100分の50未満であること。

ニ　租税に関する情報の交換に関する国際的な取組への協力が著しく不十分な国又は地域として財務大臣が指定する国又は地域に本店又は主たる事務所を有する外国関係会社

三　対象外国関係会社　次に掲げる要件のいずれかに該当しない外国関係会社（特定外国関係会社に該当するものを除く。）をいう。

イ　株式等若しくは債券の保有、工業所有権その他の技術に関する権利、特別の技術による生産方式若しくはこれらに準ずるもの（これらの権利に関する使用権を含む。）若しくは著作権（出版権及び著作隣接権その他これに準ずるものを含む。）の提供又は船舶若しくは航空機の貸付けを主たる事業とするもの（次に掲げるものを除く。）でないこと。

⑴　株式等の保有を主たる事業とする外国関係会社のうち当該外国関係会社が他の法人の事業活動の総合的な管理及び調整を通じてその収益性の向上に資する業務として政令で定め

るもの（ロにおいて「統括業務」という。）を行う場合における当該他の法人として政令で定めるものの株式等の保有を行うものとして政令で定めるもの

⑵　株式等の保有を主たる事業とする外国関係会社のうち第7号中「部分対象外国関係会社」とあるのを「外国関係会社」として同号の規定を適用した場合に外国金融子会社等に該当することとなるもの（同号に規定する外国金融機関に該当することとなるもの及び⑴に掲げるものを除く。）

⑶　航空機の貸付けを主たる事業とする外国関係会社のうちその役員又は使用人がその本店所在地国において航空機の貸付けを的確に遂行するために通常必要と認められる業務の全てに従事していることその他の政令で定める要件を満たすもの

ロ　その本店所在地国においてその主たる事業（イ⑴に掲げる外国関係会社にあっては統括業務とし、イ⑵に掲げる外国関係会社にあっては政令で定める経営管理とする。ハにおいて同じ。）を行うに必要と認められる事務所、店舗、工場その他の固定施設を有していること（これらを有していることと同様の状況にあるものとして政令で定める状況にあることを含む。）並びにその本店所在地国においてその事業の管理、支配及び運営を自ら行っていること（これらを自ら行っていることと同様の状況にあるものとして政令で定める状況にあることを含む。）のいずれにも該当すること。

ハ　各事業年度においてその行う主たる事業が次に掲げる事業のいずれに該当するかに応じそれぞれ次に定める場合に該当すること。

⑴　卸売業、銀行業、信託業、金融商品取引業、保険業、水運業、航空運送業又は物品賃貸業（航空機の貸付けを主たる事業とするものに限る。）　その事業を主として当該外国関係会社に係る第40条の4第1項各号に掲げる居住者、前項各号に掲げる内国法人その他これらの者に準ずる者として政令で定めるもの以外の者との間で行っている場合として政令で定める場合

⑵　⑴に掲げる事業以外の事業　その事業を主としてその本店所在地国（当該本店所在地国に係る水域で政令で定めるものを含む。）において行っている場合として政令で定める場合

四　適用対象金額　特定外国関係会社又は対象外国関係会社の各事業年度の決算に基づく所得の金額につき法人税法及びこの法律による各事業年度の所得の金額の計算に準ずるものとして政令で定める基準により計算した金額（以下この号において「基準所得金額」という。）を基礎として、政令で定めるところにより、当該各事業年度開始の日前7年以内に開始した各事業年度において生じた欠損の金額及び当該基準所得金額に係る税額に関する調整を加えた金額をいう。

五　実質支配関係　居住者又は内国法人が外国法人の残余財産のおおむね全部を請求する権利を有している場合における当該居住者又は内国法人と当該外国法人との間の関係その他の政令で定める関係をいう。

六　部分対象外国関係会社　第3号イからハまでに掲げる要件の全てに該当する外国関係会社

（特定外国関係会社に該当するものを除く。）をいう。

七　外国金融子会社等　その本店所在地国の法令に準拠して銀行業、金融商品取引業（金融商品取引法第28条第１項に規定する第一種金融商品取引業と同種類の業務に限る。）又は保険業を行う部分対象外国関係会社（これらの事業を行う部分対象外国関係会社と同様の状況にあるものとして政令で定める部分対象外国関係会社を含む。）でその本店所在地国においてその役員又は使用人がこれらの事業を的確に遂行するために通常必要と認められる業務の全てに従事しているもの（その本店所在地国においてその役員又は使用人が当該業務の全てに従事している部分対象外国関係会社と同様の状況にあるものとして政令で定めるものを含む。）（以下この号において「外国金融機関」という。）及び外国金融機関に準ずるものとして政令で定める部分対象外国関係会社をいう。

3　国税庁の当該職員又は内国法人の納税地の所轄税務署若しくは所轄国税局の当該職員は、内国法人に係る外国関係会社が前項第２号イ⑴から⑸までのいずれかに該当するかどうかを判定するために必要があるときは、当該内国法人に対し、期間を定めて、当該外国関係会社が同号イ⑴から⑸までに該当することを明らかにする書類その他の資料の提示又は提出を求めることができる。この場合において、当該書類その他の資料の提示又は提出がないときは、同項（同号イに係る部分に限る。）の規定の適用については、当該外国関係会社は同号イ⑴から⑸までに該当しないものと推定する。

4　国税庁の当該職員又は内国法人の納税地の所轄税務署若しくは所轄国税局の当該職員は、内国法人に係る外国関係会社が第２項第３号イからハまでに掲げる要件に該当するかどうかを判定するために必要があるときは、当該内国法人に対し、期間を定めて、当該外国関係会社が同号イからハまでに掲げる要件に該当することを明らかにする書類その他の資料の提示又は提出を求めることができる。この場合において、当該書類その他の資料の提示又は提出がないときは、同項（同号又は第６号に係る部分に限る。）の規定の適用については、当該外国関係会社は同項第３号イからハまでに掲げる要件に該当しないものと推定する。

5　第１項の規定は、同項各号に掲げる内国法人に係る次の各号に掲げる外国関係会社につき当該各号に定める場合に該当する事実があるときは、当該各号に掲げる外国関係会社のその該当する事業年度に係る適用対象金額については、適用しない。

一　特定外国関係会社　特定外国関係会社の各事業年度の租税負担割合（外国関係会社の各事業年度の所得に対して課される租税の額の当該所得の金額に対する割合として政令で定めるところにより計算した割合をいう。次号、第10項及び第11項において同じ。）が100分の30以上である場合

二　対象外国関係会社　対象外国関係会社の各事業年度の租税負担割合が100分の20以上である場合

6　第１項各号に掲げる内国法人に係る部分対象外国関係会社（外国金融子会社等に該当するものを除く。以下この項及び次項において同じ。）が、平成22年４月１日以後に開始する各事業年度において、当該各事業年度に係る次に掲げる金額（解散により外国金融子会社等に該当しないこ

ととなった部分対象外国関係会社（以下この項及び次項において「清算外国金融子会社等」という。）のその該当しないこととなった日から同日以後３年を経過する日（当該清算外国金融子会社等の残余財産の確定の日が当該３年を経過する日前である場合には当該残余財産の確定の日とし、その本店所在地国の法令又は慣行その他やむを得ない理由により当該残余財産の確定の日が当該３年を経過する日後である場合には政令で定める日とする。）までの期間内の日を含む事業年度（次項において「特定清算事業年度」という。）にあっては、第１号から第７号の２までに掲げる金額のうち政令で定める金額（次項において「特定金融所得金額」という。）がないものとした場合の次に掲げる金額。以下この項において「特定所得の金額」という。）を有する場合には、当該各事業年度の特定所得の金額に係る部分適用対象金額のうちその内国法人が直接及び間接に有する当該部分対象外国関係会社の株式等の数又は金額につきその請求権の内容を勘案した数又は金額並びにその内国法人と当該部分対象外国関係会社との間の実質支配関係の状況を勘案して政令で定めるところにより計算した金額（次条及び第66条の８において「部分課税対象金額」という。）に相当する金額は、その内国法人の収益の額とみなして当該各事業年度終了の日の翌日から２月を経過する日を含むその内国法人の各事業年度の所得の金額の計算上、益金の額に算入する。

一　剰余金の配当等（第１項に規定する剰余金の配当等をいい、法人税法第23条第１項第２号に規定する金銭の分配を含む。以下この号及び第11号イにおいて同じ。）の額（次に掲げる法人から受ける剰余金の配当等の額（当該法人の所得の金額の計算上損金の額に算入することとされている剰余金の配当等の額として政令で定める剰余金の配当等の額を除く。）を除く。以下この号において同じ。）の合計額から当該剰余金の配当等の額を得るために直接要した費用の額の合計額及び当該剰余金の配当等の額に係る費用の額として政令で定めるところにより計算した金額を控除した残額

　イ　当該部分対象外国関係会社の有する他の法人の株式等の数又は金額のその発行済株式等の総数又は総額のうちに占める割合が100分の25以上であることその他の政令で定める要件に該当する場合における当該他の法人（ロに掲げる外国法人を除く。）

　ロ　当該部分対象外国関係会社の有する他の外国法人（原油、石油ガス、可燃性天然ガス又は石炭（ロにおいて「化石燃料」という。）を採取する事業（自ら採取した化石燃料に密接に関連する事業を含む。）を主たる事業とする外国法人のうち政令で定めるものに限る。）の株式等の数又は金額のその発行済株式等の総数又は総額のうちに占める割合が100分の10以上であることその他の政令で定める要件に該当する場合における当該他の外国法人

二　受取利子等（その支払を受ける利子（これに準ずるものとして政令で定めるものを含む。以下この号において同じ。）をいう。以下この号及び第11号ロにおいて同じ。）の額（その行う事業に係る業務の通常の過程において生ずる預金又は貯金（所得税法第２条第１項第10号に規定する政令で定めるものに相当するものを含む。）の利子の額、金銭の貸付けを主たる事業とする部分対象外国関係会社（金銭の貸付けを業として行うことにつきその本店所在地国の法令の規定によりその本店所在地国において免許又は登録その他これらに類する処分を受けているも

のに限る。）でその本店所在地国においてその役員又は使用人がその行う金銭の貸付けの事業を的確に遂行するために通常必要と認められる業務の全てに従事しているものが行う金銭の貸付けに係る利子の額その他政令で定める利子の額を除く。以下この号において同じ。）の合計額から当該受取利子等の額を得るために直接要した費用の額の合計額を控除した残額

三　有価証券の貸付けによる対価の額の合計額から当該対価の額を得るために直接要した費用の額の合計額を控除した残額

四　有価証券の譲渡に係る対価の額（当該部分対象外国関係会社の有する他の法人の株式等の数又は金額のその発行済株式等の総数又は総額のうちに占める割合が、当該譲渡の直前において、100分の25以上である場合における当該他の法人の株式等の譲渡に係る対価の額を除く。以下この号において同じ。）の合計額から当該有価証券の譲渡に係る原価の額として政令で定めるところにより計算した金額の合計額及び当該対価の額を得るために直接要した費用の額の合計額を減算した金額

五　デリバティブ取引（法人税法第61条の５第１項に規定するデリバティブ取引をいう。以下この号及び第11号ホにおいて同じ。）に係る利益の額又は損失の額として財務省令で定めるところにより計算した金額（同法第61条の６第１項各号に掲げる損失を減少させるために行ったデリバティブ取引として財務省令で定めるデリバティブ取引に係る利益の額又は損失の額、その本店所在地国の法令に準拠して商品先物取引法第２条第22項各号に掲げる行為に相当する行為を業として行う部分対象外国関係会社（その本店所在地国においてその役員又は使用人がその行う当該行為に係る事業を的確に遂行するために通常必要と認められる業務の全てに従事しているものに限る。）が行う財務省令で定めるデリバティブ取引に係る利益の額又は損失の額その他財務省令で定めるデリバティブ取引に係る利益の額又は損失の額を除く。）

六　その行う取引又はその有する資産若しくは負債につき外国為替の売買相場の変動に伴って生ずる利益の額又は損失の額として財務省令で定めるところにより計算した金額（その行う事業（政令で定める取引を行う事業を除く。）に係る業務の通常の過程において生ずる利益の額又は損失の額を除く。）

七　前各号に掲げる金額に係る利益の額又は損失の額（これらに類する利益の額又は損失の額を含む。）を生じさせる資産の運用、保有、譲渡、貸付けその他の行為により生ずる利益の額又は損失の額（当該各号に掲げる金額に係る利益の額又は損失の額及び法人税法第61条の６第１項各号に掲げる損失を減少させるために行った取引として財務省令で定める取引に係る利益の額又は損失の額を除く。）

七の二　イに掲げる金額からロに掲げる金額を減算した金額

イ　収入保険料の合計額から支払った再保険料の合計額を控除した残額に相当するものとして政令で定める金額

ロ　支払保険金の額の合計額から収入した再保険金の額の合計額を控除した残額に相当するものとして政令で定める金額

八　固定資産（政令で定めるものを除く。以下この号及び第11号リにおいて同じ。）の貸付け

（不動産又は不動産の上に存する権利を使用させる行為を含む。）による対価の額（主としてその本店所在地国において使用に供される固定資産（不動産及び不動産の上に存する権利を除く。）の貸付けによる対価の額、その本店所在地国にある不動産又は不動産の上に存する権利の貸付け（これらを使用させる行為を含む。）による対価の額及びその本店所在地国においてその役員又は使用人が固定資産の貸付け（不動産又は不動産の上に存する権利を使用させる行為を含む。以下この号及び第11号リにおいて同じ。）を的確に遂行するために通常必要と認められる業務の全てに従事していることその他の政令で定める要件に該当する部分対象外国関係会社が行う固定資産の貸付けによる対価の額を除く。以下この号において同じ。）の合計額から当該対価の額を得るために直接要した費用の額（その有する固定資産に係る償却費の額として政令で定めるところにより計算した金額を含む。）の合計額を控除した残額

九　工業所有権その他の技術に関する権利、特別の技術による生産方式若しくはこれらに準ずるもの（これらの権利に関する使用権を含む。）又は著作権（出版権及び著作隣接権その他これに準ずるものを含む。）（以下この項において「無形資産等」という。）の使用料（自ら行った研究開発の成果に係る無形資産等の使用料その他の政令で定めるものを除く。以下この号において同じ。）の合計額から当該使用料を得るために直接要した費用の額（その有する無形資産等に係る償却費の額として政令で定めるところにより計算した金額を含む。）の合計額を控除した残額

十　無形資産等の譲渡に係る対価の額（自ら行った研究開発の成果に係る無形資産等の譲渡に係る対価の額その他の政令で定める対価の額を除く。以下この号において同じ。）の合計額から当該無形資産等の譲渡に係る原価の額の合計額及び当該対価の額を得るために直接要した費用の額の合計額を減算した金額

十一　イからルまでに掲げる金額がないものとした場合の当該部分対象外国関係会社の各事業年度の所得の金額として政令で定める金額から当該各事業年度に係るヲに掲げる金額を控除した残額

イ　支払を受ける剰余金の配当等の額

ロ　受取利子等の額

ハ　有価証券の貸付けによる対価の額

ニ　有価証券の譲渡に係る対価の額の合計額から当該有価証券の譲渡に係る原価の額として政令で定めるところにより計算した金額の合計額を減算した金額

ホ　デリバティブ取引に係る利益の額又は損失の額として財務省令で定めるところにより計算した金額

ヘ　その行う取引又はその有する資産若しくは負債につき外国為替の売買相場の変動に伴って生ずる利益の額又は損失の額として財務省令で定めるところにより計算した金額

ト　第1号から第6号までに掲げる金額に係る利益の額又は損失の額（これらに類する利益の額又は損失の額を含む。）を生じさせる資産の運用、保有、譲渡、貸付けその他の行為により生ずる利益の額又は損失の額（当該各号に掲げる金額に係る利益の額又は損失の額を除

く。)

チ　第7号の2に掲げる金額

リ　固定資産の貸付けによる対価の額

ヌ　支払を受ける無形資産等の使用料

ル　無形資産等の譲渡に係る対価の額の合計額から当該無形資産等の譲渡に係る原価の額の合計額を減算した金額

ヲ　総資産の額として政令で定める金額に人件費その他の政令で定める費用の額を加算した金額に100分の50を乗じて計算した金額

7　前項に規定する部分適用対象金額とは、部分対象外国関係会社の各事業年度の同項第1号から第3号まで、第8号、第9号及び第11号に掲げる金額の合計額（清算外国金融子会社等の特定清算事業年度にあっては、特定金融所得金額がないものとした場合の当該各号に掲げる金額の合計額）と、当該各事業年度の同項第4号から第7号の2まで及び第10号に掲げる金額の合計額（当該合計額が零を下回る場合には零とし、清算外国金融子会社等の特定清算事業年度にあっては特定金融所得金額がないものとした場合の当該各号に掲げる金額の合計額（当該合計額が零を下回る場合には、零）とする。）を基礎として当該各事業年度開始の日前7年以内に開始した各事業年度において生じた同項第4号から第7号の2まで及び第10号に掲げる金額の合計額（当該各事業年度のうち特定清算事業年度に該当する事業年度にあっては、特定金融所得金額がないものとした場合の当該各号に掲げる金額の合計額）が零を下回る部分の金額につき政令で定めるところにより調整を加えた金額とを合計した金額をいう。

8　第1項各号に掲げる内国法人に係る部分対象外国関係会社（外国金融子会社等に該当するものに限る。以下この項及び次項において同じ。）が、平成22年4月1日以後に開始する各事業年度において、当該各事業年度に係る次に掲げる金額（以下この項において「特定所得の金額」という。）を有する場合には、当該各事業年度の特定所得の金額に係る金融子会社等部分適用対象金額のうちその内国法人が直接及び間接に有する当該部分対象外国関係会社の株式等の数又は金額につきその請求権の内容を勘案した数又は金額並びにその内国法人と当該部分対象外国関係会社との間の実質支配関係の状況を勘案して政令で定めるところにより計算した金額（次条及び第66条の8において「金融子会社等部分課税対象金額」という。）に相当する金額は、その内国法人の収益の額とみなして当該各事業年度終了の日の翌日から2月を経過する日を含むその内国法人の各事業年度の所得の金額の計算上、益金の額に算入する。

一　一の内国法人及び当該一の内国法人との間に特定資本関係（いずれか一方の法人が他方の法人の発行済株式等の全部を直接又は間接に保有する関係その他の政令で定める関係をいう。）のある内国法人によってその発行済株式等の全部を直接又は間接に保有されている部分対象外国関係会社で政令で定める要件を満たすもの（その純資産につき剰余金その他に関する調整を加えた金額として政令で定める金額（以下この号において「親会社等資本持分相当額」という。）の総資産の額として政令で定める金額に対する割合が100分の70を超えるものに限る。）の親会社等資本持分相当額がその本店所在地国の法令に基づき下回ることができない資本の額を勘案して政令で定める金額を超える場合におけるその超える部分に相当する資本に係る利益の額として政令で定めるところにより計算した金額

二　部分対象外国関係会社について第６項第８号の規定に準じて計算した場合に算出される同号に掲げる金額に相当する金額

三　部分対象外国関係会社について第６項第９号の規定に準じて計算した場合に算出される同号に掲げる金額に相当する金額

四　部分対象外国関係会社について第６項第10号の規定に準じて計算した場合に算出される同号に掲げる金額に相当する金額

五　部分対象外国関係会社について第６項第11号の規定に準じて計算した場合に算出される同号に掲げる金額に相当する金額

9　前項に規定する金融子会社等部分適用対象金額とは、部分対象外国関係会社の各事業年度の次に掲げる金額のうちいずれか多い金額をいう。

一　前項第１号に掲げる金額

二　前項第２号、第３号及び第５号に掲げる金額の合計額と、同項第４号に掲げる金額（当該金額が零を下回る場合には、零）を基礎として当該各事業年度開始の日前７年以内に開始した各事業年度において生じた同号に掲げる金額が零を下回る部分の金額につき政令で定めるところにより調整を加えた金額とを合計した金額

10　第６項及び第８項の規定は、第１項各号に掲げる内国法人に係る部分対象外国関係会社につき次のいずれかに該当する事実がある場合には、当該部分対象外国関係会社のその該当する事業年度に係る部分適用対象金額（第７項に規定する部分適用対象金額をいう。以下この項において同じ。）又は金融子会社等部分適用対象金額（前項に規定する金融子会社等部分適用対象金額をいう。以下この項において同じ。）については、適用しない。

一　各事業年度の租税負担割合が100分の20以上であること。

二　各事業年度における部分適用対象金額又は金融子会社等部分適用対象金額が２千万円以下であること。

三　各事業年度の決算に基づく所得の金額に相当する金額として政令で定める金額のうちに当該各事業年度における部分適用対象金額又は金融子会社等部分適用対象金額の占める割合が100分の５以下であること。

11　第１項各号に掲げる内国法人は、当該内国法人に係る次に掲げる外国関係会社の各事業年度の貸借対照表及び損益計算書その他の財務省令で定める書類を当該各事業年度終了の日の翌日から２月を経過する日を含む各事業年度の法人税法第２条第31号に規定する確定申告書に添付しなければならない。

一　当該各事業年度の租税負担割合が100分の20未満である外国関係会社（特定外国関係会社を除く。）

二　当該各事業年度の租税負担割合が100分の30未満である特定外国関係会社

12　内国法人が外国信託（投資信託及び投資法人に関する法律第２条第24項に規定する外国投資信

託のうち第68条の３の３第１項に規定する特定投資信託に類するものをいう。以下この項において同じ。）の受益権を直接又は間接に有する場合（当該内国法人に係る第２項第１号ロに掲げる外国法人を通じて間接に有する場合を含む。）及び当該外国信託との間に実質支配関係がある場合には、当該外国信託の受託者は、当該外国信託の信託資産等（信託財産に属する資産及び負債並びに当該信託財産に帰せられる収益及び費用をいう。以下この項において同じ。）及び固有資産等（外国信託の信託資産等以外の資産及び負債並びに収益及び費用をいう。）ごとに、それぞれ別の者とみなして、この条から第66条の９までの規定を適用する。

13　法人税法第４条の２第２項及び第４条の３の規定は、前項の規定を適用する場合について準用する。

14　財務大臣は、第２項第２号ニの規定により国又は地域を指定したときは、これを告示する。

第66条の７　前条第１項各号に掲げる内国法人（資産の流動化に関する法律第２条第３項に規定する特定目的会社、投資信託及び投資法人に関する法律第２条第12項に規定する投資法人、法人税法第２条第29号の２ホに掲げる特定目的信託に係る同法第４条の３に規定する受託法人又は特定投資信託（投資信託及び投資法人に関する法律第２条第３項に規定する投資信託のうち、法人課税信託に該当するものをいう。）に係る法人税法第４条の３に規定する受託法人（第３項において「特定目的会社等」という。）を除く。以下この項及び次項において同じ。）が、前条第１項、第６項又は第８項の規定の適用を受ける場合には、当該内国法人に係る外国関係会社（同条第２項第１号に規定する外国関係会社をいう。以下この条において同じ。）の所得に対して課される外国法人税（同法第69条第１項に規定する外国法人税をいう。以下この項及び第３項において同じ。）の額（政令で定める外国法人税にあっては、政令で定める金額）のうち、当該外国関係会社の課税対象金額に対応するものとして政令で定めるところにより計算した金額（当該金額が当該課税対象金額を超える場合には、当該課税対象金額に相当する金額）、当該外国関係会社の部分課税対象金額に対応するものとして政令で定めるところにより計算した金額（当該金額が当該部分課税対象金額を超える場合には、当該部分課税対象金額に相当する金額）又は当該外国関係会社の金融子会社等部分課税対象金額に対応するものとして政令で定めるところにより計算した金額（当該金額が当該金融子会社等部分課税対象金額を超える場合には、当該金融子会社等部分課税対象金額に相当する金額）は、政令で定めるところにより、当該内国法人が納付する控除対象外国法人税の額（同法第69条第１項に規定する控除対象外国法人税の額をいう。次項において同じ。）とみなして、同法第69条及び地方法人税法第12条の規定を適用する。この場合において、法人税法第69条第12項中「外国法人税の額につき」とあるのは、「外国法人税の額（租税特別措置法第66条の７第１項（内国法人の外国関係会社に係る所得の課税の特例）に規定する外国関係会社の所得に対して課される外国法人税の額のうち同項の規定により当該内国法人が納付するものとみなされる部分の金額を含む。以下この項において同じ。）につき」とする。

２　前条第１項各号に掲げる内国法人が、同項の規定の適用に係る外国関係会社の課税対象金額に相当する金額につき同項の規定の適用を受ける場合、同条第６項の規定の適用に係る外国関係会社の部分課税対象金額に相当する金額につき同項の規定の適用を受ける場合又は同条第８項の規定の適用に係る外国関係会社の金融子会社等部分課税対象金額に相当する金額につき同項の規定の適用を受ける場合において、前項の規定により法人税法第69条第１項から第３項まで又は第18項（同条第23項又は第24項において準用する場合を含む。第４項において同じ。）の規定の適用を受けるときは、前項の規定により控除対象外国法人税の額とみなされた金額は、当該内国法人の政令で定める事業年度の所得の金額の計算上、益金の額に算入する。

3　前条第１項各号に掲げる内国法人（特定目的会社等に限る。以下この項において同じ。）が、同条第１項又は第６項の規定の適用を受ける場合には、当該内国法人に係る外国関係会社の所得に対して課される外国法人税の額（第１項に規定する政令で定める外国法人税にあっては、政令で定める金額）のうち、当該外国関係会社の課税対象金額に対応するものとして政令で定めるところにより計算した金額（当該金額が当該課税対象金額を超える場合には、当該課税対象金額に相当する金額）又は当該外国関係会社の部分課税対象金額に対応するものとして政令で定めるところにより計算した金額（当該金額が当該部分課税対象金額を超える場合には、当該部分課税対象金額に相当する金額）は、政令で定めるところにより、当該内国法人が納付した外国法人税の額（第９条の３の２第３項第２号又は第９条の６第１項に規定する外国法人税の額をいう。）とみなして、第９条の３の２及び第９条の６から第９条の６の４までの規定を適用する。

4　前条第１項各号に掲げる内国法人が、同項又は同条第６項若しくは第８項の規定の適用を受ける場合には、次に掲げる金額の合計額（次項及び第11項において「所得税等の額」という。）のうち、当該内国法人に係る外国関係会社の課税対象金額に対応するものとして政令で定めるところにより計算した金額に相当する金額、当該外国関係会社の部分課税対象金額に対応するものとして政令で定めるところにより計算した金額に相当する金額又は当該外国関係会社の金融子会社等部分課税対象金額に対応するものとして政令で定めるところにより計算した金額に相当する金額（第６項及び第10項において「控除対象所得税額等相当額」という。）は、当該内国法人の政令で定める事業年度の所得に対する法人税の額（この項並びに法人税法第68条、第69条第１項から第３項まで及び第18項並びに第70条の規定を適用しないで計算した場合の法人税の額とし、附帯税（国税通則法第２条第４号に規定する附帯税をいう。第１号において同じ。）の額を除く。第10項において同じ。）から控除する。

一　当該外国関係会社に対して課される所得税の額（附帯税の額を除く。）、法人税（退職年金等積立金に対する法人税を除く。）の額（附帯税の額を除く。）及び地方法人税（地方法人税法第６条第３号に定める基準法人税額に対する地方法人税を除く。）の額（附帯税の額を除く。）

二　当該外国関係会社に対して課される地方税法第23条第１項第３号に掲げる法人税割（同法第１条第２項において準用する同法第４条第２項（第１号に係る部分に限る。）又は同法第734条第２項（第２号に係る部分に限る。）の規定により都が課するものを含むものとし、退職年金等積立金に対する法人税に係るものを除く。）の額及び同法第292条第１項第３号に掲げる法人税割（同法第734条第２項（第２号に係る部分に限る。）の規定により都が課するものを含むものとし、退職年金等積立金に対する法人税に係るものを除く。）の額

5　前項の規定は、確定申告書等、修正申告書又は更正請求書に同項の規定による控除の対象となる所得税等の額、控除を受ける金額及び当該金額の計算に関する明細を記載した書類の添付がある場合に限り、適用する。この場合において、同項の規定により控除される金額の計算の基礎となる所得税等の額は、当該書類に当該所得税等の額として記載された金額を限度とする。

6　前条第１項各号に掲げる内国法人が、同項の規定の適用に係る外国関係会社の課税対象金額に相当する金額につき同項の規定の適用を受ける場合、同条第６項の規定の適用に係る外国関係会社の部分課税対象金額に相当する金額につき同項の規定の適用を受ける場合又は同条第８項の規定の適用に係る外国関係会社の金融子会社等部分課税対象金額に相当する金額につき同項の規定の適用を受ける場合において、第４項の規定の適用を受けるときは、当該内国法人に係る外国関係会社に係る控除対象所得税額等相当額は、当該内国法人の政令で定める事業年度の所得の金額の計算上、益金の額に算入する。

7　第４項の規定の適用がある場合には、法人税法第二編第一章第二節第二款の規定による法人税の額からの控除及び同項の規定による法人税の額からの控除については、同項の規定による控除は、同法第69条の２の規定による控除をした後に、かつ、同法第70条の規定による控除をする前に行うものとする。

8　第４項の規定の適用がある場合における法人税法第二編第一章（第二節第二款を除く。）の規定の適用については、次に定めるところによる。

一　法人税法第67条第３項に規定する計算した金額の合計額は、当該計算した金額の合計額から第４項の規定による控除をされるべき金額を控除した金額とする。

二　法人税法第72条第１項第２号に掲げる金額は、同項に規定する期間（通算子法人にあっては、同条第５項第１号に規定する期間）を一事業年度とみなして同条第１項第１号に掲げる所得の金額につき同法第二編第一章第二節（第67条、第68条第３項及び第70条を除く。）の規定及び第４項の規定を適用するものとした場合に計算される法人税の額とする。

三　法人税法第74条第１項第２号に掲げる金額は、同項第１号に掲げる所得の金額につき同法第二編第一章第二節の規定及び第４項の規定を適用して計算した法人税の額とする。

9　第４項の規定の適用がある場合における第42条の４第22項（第42条の６第９項、第42条の９第６項、第42条の10第６項、第42条の11第７項、第42条の11の２第６項、第42条の11の３第６項、第42条の12第11項、第42条の12の２第３項、第42条の12の４第９項、第42条の12の５第７項、第42条の12の６第６項又は第42条の12の７第11項において準用する場合を含む。）及び地方法人税法の規定の適用については、第42条の４第22項中「又は第三編第二章第二節（第143条を除く。）の規定」とあるのは「の規定」と、「控除及び」とあるのは「控除、」と、「控除に」とあるのは「控除及び第66条の７第４項の規定による法人税の額からの控除に」と、「同法第70条の２又は第144条の２の３」とあるのは「同条第７項及び同法第70条の２」と、「法人税法税額控除規定に」とあるのは「第66条の７第４項の規定及び法人税法税額控除規定に」と、同法第６条第１号中「まで」とあるのは「まで及び租税特別措置法第66条の７第４項」とする。

10　内国法人が各課税事業年度（地方法人税法第７条に規定する課税事業年度をいう。以下この項において同じ。）において第４項の規定の適用を受ける場合において、当該課税事業年度の控除対象所得税額等相当額が同項に規定する政令で定める事業年度の所得に対する法人税の額を超えるときは、その超える金額を当該課税事業年度の所得地方法人税額（同法第11条に規定する所得地方法人税額をいう。第12項において同じ。）から控除する。

11　前項の規定は、地方法人税法第２条第14号に規定する地方法人税中間申告書で同法第17条第１項各号に掲げる事項を記載したもの、同法第２条第15号に規定する地方法人税確定申告書、修正申告書又は更正請求書に前項の規定による控除の対象となる所得税等の額、控除を受ける金額及び当該金額の計算に関する明細を記載した書類の添付がある場合に限り、適用する。この場合において、同項の規定により控除される金額の計算の基礎となる所得税等の額は、当該書類に当該所得税等の額として記載された金額を限度とする。

12　第10項の規定の適用がある場合には、地方法人税法第12条から第14条までの規定による所得地方法人税額からの控除及び同項の規定による所得地方法人税額からの控除については、同項の規定による控除は、同法第12条の２の規定による控除をした後に、かつ、同法第13条の規定による控除をする前に行うものとする。

13　第10項の規定の適用がある場合における地方法人税法の規定の適用については、次に定めるところによる。

一　地方法人税法第17条第１項第２号に掲げる金額は、同項第１号に掲げる課税標準法人税額につき同法第三章（第11条及び第13条を除く。）の規定及び第10項の規定を適用して計算した地方法人税の額とする。

二　地方法人税法第19条第１項第２号に掲げる金額は、同項第１号に掲げる課税標準法人税額につき同法第三章の規定及び第10項の規定を適用して計算した地方法人税の額とする。

第66条の８　内国法人が外国法人（法人税法第23条の２第１項に規定する外国子会社に該当するものを除く。以下この項において同じ。）から受ける同法第23条第１項第１号に掲げる金額（以下この条において「剰余金の配当等の額」という。）がある場合には、当該剰余金の配当等の額のうち当該外国法人に係る特定課税対象金額に達するまでの金額は、当該内国法人の各事業年度の所得の金額の計算上、益金の額に算入しない。

2　内国法人が外国法人から受ける剰余金の配当等の額（法人税法第23条の２第１項の規定の適用を受ける部分の金額に限る。以下この項において同じ。）がある場合には、当該剰余金の配当等の額のうち当該外国法人に係る特定課税対象金額に達するまでの金額についての同条第１項の規定の適用については、同項中「剰余金の配当等の額から当該剰余金の配当等の額に係る費用の額に相当するものとして政令で定めるところにより計算した金額を控除した金額」とあるのは、「剰余金の配当等の額」とする。

3　内国法人が外国法人から受ける剰余金の配当等の額（法人税法第23条の２第２項の規定の適用を受ける部分の金額に限る。以下この項において同じ。）がある場合には、当該剰余金の配当等の額のうち当該外国法人に係る特定課税対象金額に達するまでの金額は、当該内国法人の各事業年度の所得の金額の計算上、益金の額に算入しない。

4　前３項に規定する特定課税対象金額とは、次に掲げる金額の合計額をいう。

一　外国法人に係る課税対象金額、部分課税対象金額又は金融子会社等部分課税対象金額で、内国法人が当該外国法人から剰余金の配当等の額を受ける日を含む事業年度において第66条の６第１項、第６項又は第８項の規定により当該事業年度の所得の金額の計算上益金の額に算入されるもののうち、当該内国法人の有する当該外国法人の直接保有の株式等の数（内国法人が有する外国法人の株式の数又は出資の金額をいう。次号、次項及び第10項において同じ。）及び当該内国法人と当該外国法人との間の実質支配関係（同条第２項第５号に規定する実質支配関係をいう。次号及び第10項第２号において同じ。）の状況を勘案して政令で定めるところにより計算した金額

二　外国法人に係る課税対象金額、部分課税対象金額又は金融子会社等部分課税対象金額で、内国法人が当該外国法人から剰余金の配当等の額を受ける日を含む事業年度開始の日前10年以内に開始した各事業年度（以下この条において「前10年以内の各事業年度」という。）において第66条の６第１項、第６項又は第８項の規定により前10年以内の各事業年度の所得の金額の計算上益金の額に算入されたもののうち、当該内国法人の有する当該外国法人の直接保有の株式等の数及び当該内国法人と当該外国法人との間の実質支配関係の状況を勘案して政令で定めるところにより計算した金額（前10年以内の各事業年度において当該外国法人から受けた剰余金の配当等の額（前３項の規定の適用を受けた部分の金額に限る。以下この号において同じ。）がある場合には、当該剰余金の配当等の額に相当する金額を控除した残額。以下この条において「課税済金額」という。）

5　内国法人が適格合併、適格分割、適格現物出資又は適格現物分配（以下この項において「適格組織再編成」という。）により被合併法人、分割法人、現物出資法人又は現物分配法人からその有する外国法人の直接保有の株式等の数の全部又は一部の移転を受けた場合には、当該内国法人の当該適格組織再編成の日（当該適格組織再編成が残余財産の全部の分配である場合には、その残余財産の確定の日の翌日）を含む事業年度以後の各事業年度における前項の規定の適用については、次の各号に掲げる適格組織再編成の区分に応じ当該各号に定める金額は、政令で定めるところにより、当該内国法人の前10年以内の各事業年度の課税済金額とみなす。

一　適格合併又は適格現物分配（適格現物分配にあっては、残余財産の全部の分配に限る。以下この号において「適格合併等」という。）　当該適格合併等に係る被合併法人又は現物分配法人の合併等前10年内事業年度（適格合併等の日（当該適格合併等が残余財産の全部の分配である場合には、その残余財産の確定の日の翌日）前10年以内に開始した各事業年度をいう。）の課税済金額

二　適格分割、適格現物出資又は適格現物分配（適格現物分配にあっては、残余財産の全部の分配を除く。以下この号及び次項において「適格分割等」という。）　当該適格分割等に係る分割法人、現物出資法人又は現物分配法人（同項において「分割法人等」という。）の分割等前10年内事業年度（適格分割等の日を含む事業年度開始の日前10年以内に開始した各事業年度をい

う。同項において同じ。）の課税済金額のうち、当該適格分割等により当該内国法人が移転を受けた当該外国法人の直接保有の株式等の数に対応する部分の金額として第66条の６第１項に規定する請求権の内容を勘案して政令で定めるところにより計算した金額

6　適格分割等に係る分割承継法人、被現物出資法人又は被現物分配法人（以下この項において「分割承継法人等」という。）が前項の規定の適用を受ける場合には、当該適格分割等に係る分割法人等の当該適格分割等の日を含む事業年度以後の各事業年度における第４項の規定の適用については、当該分割法人等の分割等前10年内事業年度の課税済金額のうち、前項の規定により当該分割承継法人等の前10年以内の各事業年度の課税済金額とみなされる金額は、ないものとする。

7　内国法人が外国法人（法人税法第23条の２第１項に規定する外国子会社に該当するものを除く。以下この項において同じ。）から受ける剰余金の配当等の額がある場合には、当該剰余金の配当等の額（第１項の規定の適用を受ける部分の金額を除く。）のうち当該外国法人に係る間接特定課税対象金額に達するまでの金額は、当該内国法人の各事業年度の所得の金額の計算上、益金の額に算入しない。

8　内国法人が外国法人から受ける剰余金の配当等の額（法人税法第23条の２第１項の規定の適用を受ける部分の金額に限る。以下この項において同じ。）がある場合には、当該剰余金の配当等の額（第２項の規定の適用を受ける部分の金額を除く。）のうち当該外国法人に係る間接特定課税対象金額に達するまでの金額についての同条第１項の規定の適用については、同項中「剰余金の配当等の額から当該剰余金の配当等の額に係る費用の額に相当するものとして政令で定めるところにより計算した金額を控除した金額」とあるのは、「剰余金の配当等の額」とする。

9　内国法人が外国法人から受ける剰余金の配当等の額（法人税法第23条の２第２項の規定の適用を受ける部分の金額に限る。以下この項において同じ。）がある場合には、当該剰余金の配当等の額（第３項の規定の適用を受ける部分の金額を除く。）のうち当該外国法人に係る間接特定課税対象金額に達するまでの金額は、当該内国法人の各事業年度の所得の金額の計算上、益金の額に算入しない。

10　前３項に規定する間接特定課税対象金額とは、次に掲げる金額のうちいずれか少ない金額をいう。

一　内国法人が外国法人から剰余金の配当等の額を受ける日を含む当該内国法人の事業年度（以下この項において「配当事業年度」という。）開始の日前２年以内に開始した各事業年度（以下この項において「前２年以内の各事業年度」という。）のうち最も古い事業年度開始の日から配当事業年度終了の日までの期間において、当該外国法人が他の外国法人から受けた剰余金の配当等の額（当該他の外国法人の第66条の６第１項、第６項又は第８項の規定の適用に係る事業年度開始の日前に受けた剰余金の配当等の額として政令で定めるものを除く。）のうち、当該内国法人の有する当該外国法人の直接保有の株式等の数に対応する部分の金額として政令で定める金額（前２年以内の各事業年度において当該外国法人から受けた剰余金の配当等の額（前３項の規定の適用を受けた金額のうち、当該外国法人が当該他の外国法人から受けた剰余金の配当等の額に対応する部分の金額に限る。以下この号において同じ。）がある場合には、当該剰余金の配当等の額に相当する金額を控除した残額。第12項において「間接配当等」とい

う。）

二　次に掲げる金額の合計額

イ　前号の他の外国法人に係る課税対象金額、部分課税対象金額又は金融子会社等部分課税対象金額で、配当事業年度において第66条の６第１項、第６項又は第８項の規定により配当事業年度の所得の金額の計算上益金の額に算入されるもののうち、同号の内国法人の有する当該他の外国法人の間接保有の株式等の数（内国法人が外国法人を通じて間接に有するものとして政令で定める他の外国法人の株式の数又は出資の金額をいう。ロにおいて同じ。）及び当該内国法人と当該他の外国法人との間の実質支配関係の状況を勘案して政令で定めるところにより計算した金額

ロ　前号の他の外国法人に係る課税対象金額、部分課税対象金額又は金融子会社等部分課税対象金額で、前２年以内の各事業年度において第66条の６第１項、第６項又は第８項の規定により前２年以内の各事業年度の所得の金額の計算上益金の額に算入されたもののうち、同号の内国法人の有する当該他の外国法人の間接保有の株式等の数及び当該内国法人と当該他の外国法人との間の実質支配関係の状況を勘案して政令で定めるところにより計算した金額（前２年以内の各事業年度において同号の外国法人から受けた剰余金の配当等の額（前３項の規定の適用を受けた金額のうち、当該外国法人が当該他の外国法人から受けた剰余金の配当等の額に対応する部分の金額に限る。以下この号において同じ。）がある場合には、当該剰余金の配当等の額に相当する金額を控除した残額。第12項において「間接課税済金額」という。）

11　第５項及び第６項の規定は、第７項から前項までの規定を適用する場合について準用する。この場合において、次の表の上欄に掲げる規定中同表の中欄に掲げる字句は、それぞれ同表の下欄に掲げる字句に読み替えるものとする。

第5項	直接保有の株式等の数の	第10項第２号イに規定する間接保有の株式等の数（以下この項において「間接保有の株式等の数」という。）の
	前項	第10項
	前10年以内の各事業年度の課税済金額	前２年以内の各事業年度（同項第１号に規定する前２年以内の各事業年度をいう。次項において同じ。）の間接配当等（第10項第１号に規定する間接配当等をいう。以下この項及び次項において同じ。）又は間接課税済金額（第10項第２号ロに規定する間接課税済金額をいう。以下この項及び次項において同じ。）
第5項第1号	合併等前10年内事業年度	合併等前２年内事業年度
	前10年以内	前２年以内
	課税済金額	間接配当等又は間接課税済金額
第5項第2号	分割等前10年内事業年度	分割等前２年内事業年度
	前10年以内	前２年以内
	課税済金額	間接配当等又は間接課税済金額
	直接保有の株式等の数	間接保有の株式等の数

第6項	前項	第11項において準用する前項
	第4項	第10項
	分割等前10年内事業年度の課税済金額	分割等前2年内事業年度の間接配当等又は間接課税済金額
	前10年以内の各事業年度の課税済金額	前2年以内の各事業年度の間接配当等又は間接課税済金額

12　第1項から第3項まで及び第7項から第9項までの規定は、課税済金額又は間接配当等若しくは間接課税済金額に係る事業年度のうち最も古い事業年度以後の各事業年度の法人税法第2条第31号に規定する確定申告書の提出があり、かつ、第1項から第3項まで及び第7項から第9項までの規定の適用を受けようとする事業年度の確定申告書等、修正申告書又は更正請求書にこれらの規定により益金の額に算入されない剰余金の配当等の額及びその計算に関する明細を記載した書類の添付がある場合に限り、適用する。この場合において、これらの規定により益金の額に算入されない金額は、当該金額として記載された金額を限度とする。

13　第1項若しくは第3項又は第7項若しくは第9項の規定の適用がある場合における法人税法の規定の適用については、同法第67条第3項第3号中「益金不算入)」とあるのは、「益金不算入)又は租税特別措置法第66条の8（内国法人の外国関係会社に係る所得の課税の特例)」とするほか、利益積立金額の計算に関し必要な事項は、政令で定める。

14　第2項又は第8項の規定の適用がある場合における法人税法の規定の適用については、同法第39条の2中「を除く」とあるのは「並びに租税特別措置法第66条の8第2項及び第8項（内国法人の外国関係会社に係る所得の課税の特例）の規定の適用を受ける部分の金額を除く」と、同法第67条第3項第3号中「益金不算入)」とあるのは「益金不算入)（租税特別措置法第66条の8第2項又は第8項（内国法人の外国関係会社に係る所得の課税の特例）の規定により読み替えて適用する場合を含む。)」とするほか、利益積立金額の計算に関し必要な事項は、政令で定める。

第66条の9　内国法人が第66条の6第1項各号に掲げる法人に該当するかどうかの判定に関する事項その他前3条の規定の適用に関し必要な事項は、政令で定める。

2　租税特別措置法施行令

第八節の四　内国法人の外国関係会社に係る所得の課税の特例

（課税対象金額の計算等）

第39条の14　法第66条の６第１項に規定する政令で定めるところにより計算した金額は、同項各号に掲げる内国法人に係る特定外国関係会社（同条第２項第２号に規定する特定外国関係会社をいう。以下この項において同じ。）又は対象外国関係会社（同条第２項第３号に規定する対象外国関係会社をいう。以下この項において同じ。）の各事業年度の同条第１項に規定する適用対象金額に、当該各事業年度終了の時における当該内国法人の当該特定外国関係会社又は対象外国関係会社に係る請求権等勘案合算割合を乗じて計算した金額とする。

2　前項及びこの項において、次の各号に掲げる用語の意義は、当該各号に定めるところによる。

一　請求権等勘案合算割合　次に掲げる場合の区分に応じそれぞれ次に定める割合（イ及びハに掲げる場合のいずれにも該当する場合には、それぞれイ及びハに定める割合の合計割合）をいう。

イ　内国法人が外国関係会社（法第66条の６第２項第１号に規定する外国関係会社をいい、被支配外国法人（同号ロに掲げる外国法人をいう。以下この項、次条第２項及び第39条の14の３第27項において同じ。）に該当するものを除く。イ及びハにおいて同じ。）の株式等（株式又は出資をいう。以下この節において同じ。）を直接又は他の外国法人を通じて間接に有している場合　当該外国関係会社の発行済株式又は出資（自己が有する自己の株式等を除く。）の総数又は総額（以下この節において「発行済株式等」という。）のうちに当該内国法人の有する当該外国関係会社の請求権等勘案保有株式等の占める割合

ロ　法第66条の６第２項第１号に規定する外国関係会社が内国法人に係る被支配外国法人に該当する場合　100分の100

ハ　内国法人に係る被支配外国法人が外国関係会社の株式等を直接又は他の外国法人を通じて間接に有している場合　当該外国関係会社の発行済株式等のうちに当該被支配外国法人の有する当該外国関係会社の請求権等勘案保有株式等の占める割合

二　請求権等勘案保有株式等　内国法人又は当該内国法人に係る被支配外国法人（以下この項及び次項において「内国法人等」という。）が有する外国法人の株式等の数又は金額（当該外国法人が請求権（法第66条の６第１項に規定する請求権をいう。以下この節において同じ。）の内容が異なる株式等又は実質的に請求権の内容が異なると認められる株式等（以下この項、第39条の15第４項第２号及び第39条の19において「請求権の内容が異なる株式等」という。）を発行している場合には、当該外国法人の発行済株式等に、当該内国法人等が当該請求権の内容が異なる株式等に係る請求権に基づき受けることができる法人税法第23条第１項第１号に規定する剰余金の配当、利益の配当又は剰余金の分配（次号において「剰余金の配当等」という。）

の額がその総額のうちに占める割合を乗じて計算した数又は金額）及び請求権等勘案間接保有株式等を合計した数又は金額をいう。

三　請求権等勘案間接保有株式等　外国法人の発行済株式等に、次に掲げる場合の区分に応じそれぞれ次に定める割合（次に掲げる場合のいずれにも該当する場合には、それぞれ次に定める割合の合計割合）を乗じて計算した株式等の数又は金額をいう。

イ　当該外国法人の株主等（法人税法第２条第14号に規定する株主等をいう。以下この号、次項第１号及び次条第２項において同じ。）である他の外国法人（イにおいて「他の外国法人」という。）の発行済株式等の全部又は一部が内国法人等により保有されている場合　当該内国法人等の当該他の外国法人に係る持株割合（その株主等の有する株式等の数又は金額が当該株式等の発行法人の発行済株式等のうちに占める割合（次に掲げる場合に該当する場合には、それぞれ次に定める割合）をいう。以下この号において同じ。）に当該他の外国法人の当該外国法人に係る持株割合を乗じて計算した割合（当該他の外国法人が２以上ある場合には、２以上の当該他の外国法人につきそれぞれ計算した割合の合計割合）

⑴　当該発行法人が請求権の内容が異なる株式等を発行している場合（⑵に掲げる場合に該当する場合を除く。）　その株主等が当該請求権の内容が異なる株式等に係る請求権に基づき受けることができる剰余金の配当等の額がその総額のうちに占める割合

⑵　当該発行法人と居住者（法第２条第１項第１号の２に規定する居住者をいう。以下この節において同じ。）又は内国法人との間に実質支配関係（法第66条の６第２項第５号に規定する実質支配関係をいう。以下この節において同じ。）がある場合　零

ロ　当該外国法人と他の外国法人（その発行済株式等の全部又は一部が内国法人等により保有されているものに限る。ロにおいて「他の外国法人」という。）との間に１又は２以上の外国法人（ロにおいて「出資関連外国法人」という。）が介在している場合であって、当該内国法人等、当該他の外国法人、出資関連外国法人及び当該外国法人が株式等の保有を通じて連鎖関係にある場合　当該内国法人等の当該他の外国法人に係る持株割合、当該他の外国法人の出資関連外国法人に係る持株割合、出資関連外国法人の他の出資関連外国法人に係る持株割合及び出資関連外国法人の当該外国法人に係る持株割合を順次乗じて計算した割合（当該連鎖関係が２以上ある場合には、当該２以上の連鎖関係につきそれぞれ計算した割合の合計割合）

3　法第66条の６第１項第１号イに規定する間接に有するものとして政令で定める外国関係会社の株式等の数又は金額は、外国関係会社（同条第２項第１号に規定する外国関係会社をいう。以下この項において同じ。）の発行済株式等に、次の各号に掲げる場合の区分に応じ当該各号に定める割合（当該各号に掲げる場合のいずれにも該当する場合には、当該各号に定める割合の合計割合）を乗じて計算した株式等の数又は金額とする。

一　当該外国関係会社の株主等である他の外国法人（以下この号において「他の外国法人」という。）の発行済株式等の全部又は一部が内国法人等により保有されている場合　当該内国法人等の当該他の外国法人に係る持株割合（その株主等の有する株式等の数又は金額が当該株式等

の発行法人の発行済株式等のうちに占める割合をいい、当該発行法人と居住者又は内国法人との間に実質支配関係がある場合には、零とする。以下この項において同じ。）に当該他の外国法人の当該外国関係会社に係る持株割合を乗じて計算した割合（当該他の外国法人が２以上ある場合には、２以上の当該他の外国法人につきそれぞれ計算した割合の合計割合）

二　当該外国関係会社と他の外国法人（その発行済株式等の全部又は一部が内国法人等により保有されているものに限る。以下この号において「他の外国法人」という。）との間に１又は２以上の外国法人（以下この号において「出資関連外国法人」という。）が介在している場合であって、当該内国法人等、当該他の外国法人、出資関連外国法人及び当該外国関係会社が株式等の保有を通じて連鎖関係にある場合　当該内国法人等の当該他の外国法人に係る持株割合、当該他の外国法人の出資関連外国法人に係る持株割合、出資関連外国法人の他の出資関連外国法人に係る持株割合及び出資関連外国法人の当該外国関係会社に係る持株割合を順次乗じて計算した割合（当該連鎖関係が２以上ある場合には、当該２以上の連鎖関係につきそれぞれ計算した割合の合計割合）

4　前項の規定は、法第66条の６第１項第１号ロに規定する間接に有するものとして政令で定める外国関係会社の議決権の数の計算について準用する。この場合において、前項中「発行済株式等に」とあるのは「議決権（前項第２号に規定する剰余金の配当等に関する決議に係るものに限る。以下この項において同じ。）の総数に」と、「株式等の数又は金額と」とあるのは「議決権の数と」と、同項第１号中「発行済株式等の全部」とあるのは「議決権の全部」と、「持株割合」とあるのは「議決権割合」と、「株式等の数又は金額が当該株式等の発行法人の発行済株式等」とあるのは「議決権の数がその総数」と、「発行法人と」とあるのは「議決権に係る法人と」と、同項第２号中「発行済株式等」とあるのは「議決権」と、「が株式等」とあるのは「が議決権」と、「持株割合」とあるのは「議決権割合」と読み替えるものとする。

5　第３項の規定は、法第66条の６第１項第１号ハに規定する間接に有する外国関係会社の株式等の請求権に基づき受けることができる剰余金の配当等の額として政令で定めるものの計算について準用する。この場合において、第３項中「発行済株式等に」とあるのは「株式等の請求権に基づき受けることができる剰余金の配当等（前項第２号に規定する剰余金の配当等をいう。以下この項において同じ。）の総額に」と、「株式等の数又は金額と」とあるのは「剰余金の配当等の額と」と、同項第１号中「発行済株式等の全部」とあるのは「株式等の請求権の全部」と、「持株割合」とあるのは「請求権割合」と、「数又は金額が当該株式等の発行法人の発行済株式等」とあるのは「請求権に基づき受けることができる剰余金の配当等の額がその総額」と、「発行法人と」とあるのは「請求権に係る株式等の発行法人と」と、同項第２号中「発行済株式等」とあるのは「株式等の請求権」と、「保有を」とあるのは「請求権の保有を」と、「持株割合」とあるのは「請求権割合」と読み替えるものとする。

6　法第66条の６第１項第４号に規定する一の居住者又は内国法人と政令で定める特殊の関係のある者は、次に掲げる個人又は法人とする。

一　次に掲げる個人

イ　居住者の親族

ロ　居住者と婚姻の届出をしていないが事実上婚姻関係と同様の事情にある者

ハ　居住者の使用人

ニ　イからハまでに掲げる者以外の者で居住者から受ける金銭その他の資産によって生計を維持しているもの

ホ　ロからニまでに掲げる者と生計を一にするこれらの者の親族

ヘ　内国法人の役員（法人税法第２条第15号に規定する役員をいう。以下この節において同じ。）及び当該役員に係る法人税法施行令第72条各号に掲げる者

二　次に掲げる法人

イ　一の居住者又は内国法人（当該居住者又は内国法人と前号に規定する特殊の関係のある個人を含む。以下この項において「居住者等」という。）が他の法人を支配している場合における当該他の法人

ロ　一の居住者等及び当該一の居住者等とイに規定する特殊の関係のある法人が他の法人を支配している場合における当該他の法人

ハ　一の居住者等及び当該一の居住者等とイ及びロに規定する特殊の関係のある法人が他の法人を支配している場合における当該他の法人

ニ　同一の者とイからハまでに規定する特殊の関係のある２以上の法人のいずれかの法人が一の居住者等である場合における当該２以上の法人のうち当該一の居住者等以外の法人

７　法人税法施行令第４条第３項の規定は、前項第２号イからハまでに掲げる他の法人を支配している場合について準用する。

（外国関係会社の範囲）

第39条の14の２　法第66条の６第２項第１号イに規定する居住者又は内国法人と政令で定める特殊の関係のある非居住者は、法第２条第１項第１号の２に規定する非居住者で、前条第６項第１号イからヘまでに掲げるものとする。

２　法第66条の６第２項第１号イ⑴に規定する政令で定める割合は、次の各号に掲げる場合の区分に応じ当該各号に定める割合（当該各号に掲げる場合のいずれにも該当する場合には、当該各号に定める割合の合計割合）とする。

一　法第66条の６第２項第１号イ⑴の外国法人（以下この項において「判定対象外国法人」という。）の株主等である外国法人（被支配外国法人に該当するものを除く。）の発行済株式等の100分の50を超える数又は金額の株式等が居住者等株主等（同号イに規定する居住者等株主等をいう。次号において同じ。）によって保有されている場合　当該株主等である外国法人の有する当該判定対象外国法人の株式等の数又は金額がその発行済株式等のうちに占める割合（当該株主等である外国法人が２以上ある場合には、当該２以上の株主等である外国法人につきそれぞれ計算した割合の合計割合）

二　判定対象外国法人の株主等である外国法人（前号に掲げる場合に該当する同号の株主等であ

る外国法人及び被支配外国法人に該当するものを除く。）と居住者等株主等との間にこれらの者と株式等の保有を通じて連鎖関係にある１又は２以上の外国法人（被支配外国法人に該当するものを除く。以下この号において「出資関連外国法人」という。）が介在している場合（出資関連外国法人及び当該株主等である外国法人がそれぞれその発行済株式等の100分の50を超える数又は金額の株式等を居住者等株主等又は出資関連外国法人（その発行済株式等の100分の50を超える数又は金額の株式等が居住者等株主等又は他の出資関連外国法人によって保有されているものに限る。）によって保有されている場合に限る。） 当該株主等である外国法人の有する当該判定対象外国法人の株式等の数又は金額がその発行済株式等のうちに占める割合（当該株主等である外国法人が２以上ある場合には、当該二以上の株主等である外国法人につきそれぞれ計算した割合の合計割合）

3　前項の規定は、法第66条の６第２項第１号イ(2)に規定する政令で定める割合の計算について準用する。この場合において、前項第１号中「第66条の６第２項第１号イ(1)」とあるのは「第66条の６第２項第１号イ(2)」と、「）の発行済株式等」とあるのは「）の議決権（前条第２項第２号に規定する剰余金の配当等に関する決議に係るものに限る。以下この項において同じ。）の総数」と、「又は金額の株式等」とあるのは「の議決権」と、「同号イ」とあるのは「法第66条の６第２項第１号イ」と、「株式等の数又は金額がその発行済株式等」とあるのは「議決権の数がその総数」と、同項第２号中「株式等の保有」とあるのは「議決権の保有」と、「発行済株式等の100分の50」とあるのは「議決権の総数の100分の50」と、「又は金額の株式等」とあるのは「の議決権」と、「株式等の数又は金額がその発行済株式等」とあるのは「議決権の数がその総数」と読み替えるものとする。

4　第２項の規定は、法第66条の６第２項第１号イ(3)に規定する政令で定める割合の計算について準用する。この場合において、第２項第１号中「第66条の６第２項第１号イ(1)」とあるのは「第66条の６第２項第１号イ(3)」と、「）の発行済株式等」とあるのは「）の支払う剰余金の配当等（前条第２項第２号に規定する剰余金の配当等をいう。以下この項において同じ。）の総額」と、「数又は金額の株式等」とあるのは「金額の剰余金の配当等を受けることができる株式等の請求権」と、「同号イ」とあるのは「法第66条の６第２項第１号イ」と、「数又は金額がその発行済株式等」とあるのは「請求権に基づき受けることができる剰余金の配当等の額がその総額」と、同項第２号中「保有を」とあるのは「請求権の保有を」と、「発行済株式等の100分の50を超える数又は金額の株式等」とあるのは「支払う剰余金の配当等の総額の100分の50を超える金額の剰余金の配当等を受けることができる株式等の請求権」と、「数又は金額がその発行済株式等」とあるのは「請求権に基づき受けることができる剰余金の配当等の額がその総額」と読み替えるものとする。

5　法第66条の６第２項第１号ハに規定する政令で定める外国法人は、第39条の17第３項に規定する部分対象外国関係会社に係る同項第１号イに規定する特定外国金融機関（同号イ(2)に掲げる外国法人に限る。）及び同条第９項第２号に規定する特定外国金融機関（同号ロに掲げる外国法人に限る。）とする。

（特定外国関係会社及び対象外国関係会社の範囲）

第39条の14の３　法第66条の６第２項第２号イ⑴に規定する政令で定める外国関係会社は、次に掲げる外国関係会社（同項第１号に規定する外国関係会社をいう。以下この条において同じ。）とする。

一　一の内国法人等（一の内国法人（保険業を主たる事業とするもの、保険業法第２条第16項に規定する保険持株会社に該当するもの又は保険業若しくはこれに関連する事業を主たる事業とする外国関係会社の経営管理を行う法人として財務省令で定めるものに限る。）及び当該一の内国法人との間に第39条の17第４項に規定する特定資本関係のある内国法人（保険業を主たる事業とするもの、同法第２条第16項に規定する保険持株会社に該当するもの又は当該外国関係会社の経営管理を行う他の法人として財務省令で定めるものに限る。）をいう。以下この項及び次項において同じ。）によってその発行済株式等の全部を直接又は間接に保有されている外国関係会社で同法第219条第１項に規定する引受社員に該当するもの（以下この条及び第39条の17において「特定保険外国子会社等」という。）に係る特定保険協議者（特定保険外国子会社等が行う保険の引受けについて保険契約の内容を確定するための協議を行う者として財務省令で定めるもので次に掲げる要件の全てを満たすものをいう。以下この条及び第39条の17において同じ。）がその本店又は主たる事務所の所在する国又は地域（以下この節において「本店所在地国」という。）においてその主たる事業を行うに必要と認められる事務所、店舗その他の固定施設を有している場合における当該特定保険協議者に係る当該特定保険外国子会社等に該当する外国関係会社

イ　当該一の内国法人等によってその発行済株式等の全部を直接又は間接に保有されている外国関係会社に該当すること。

ロ　当該特定保険外国子会社等の本店所在地国と同一の国又は地域に本店又は主たる事務所が所在すること。

ハ　その役員又は使用人がその本店所在地国において保険業を的確に遂行するために通常必要と認められる業務の全てに従事していること。

二　一の内国法人等によってその発行済株式等の全部を直接又は間接に保有されている外国関係会社でその本店所在地国の法令の規定によりその本店所在地国において保険業の免許（当該免許に類する許可、登録その他の行政処分を含む。以下この号において同じ。）を受けているもの（以下この条及び第39条の17において「特定保険委託者」という。）に係る特定保険受託者（特定保険委託者が当該法令の規定によりその本店所在地国において保険業の免許の申請をする際又は当該法令の規定により保険業を営むために必要な事項の届出をする際にその保険業に関する業務を委託するものとして申請又は届出をされた者で次に掲げる要件の全てを満たすもの（その申請又は届出をされた者が当該一の内国法人等に係る他の特定保険委託者に該当する場合には、当該他の特定保険委託者が当該法令の規定によりその本店所在地国において保険業の免許の申請をする際又は当該法令の規定により保険業を営むために必要な事項の届出をする際にその保険業に関する業務を委託するものとして申請又は届出をされた者で次に掲げる要件

の全てを満たすものを含む。）をいう。以下この条及び第39条の17において同じ。）がその本店所在地国においてその主たる事業を行うに必要と認められる事務所、店舗その他の固定施設を有している場合における当該特定保険受託者に係る当該特定保険委託者に該当する外国関係会社

イ　当該一の内国法人等によってその発行済株式等の全部を直接又は間接に保有されている外国関係会社に該当すること。

ロ　当該特定保険委託者の本店所在地国と同一の国又は地域に本店又は主たる事務所が所在すること。

ハ　その役員又は使用人がその本店所在地国において保険業を的確に遂行するために通常必要と認められる業務の全てに従事していること。

2　前項において、発行済株式等の全部を直接又は間接に保有されているかどうかの判定は、同項の一の内国法人等の外国関係会社に係る直接保有株式等保有割合（当該一の内国法人等の有する外国法人の株式等の数又は金額が当該外国法人の発行済株式等のうちに占める割合をいう。）と当該一の内国法人等の当該外国関係会社に係る間接保有株式等保有割合とを合計した割合により行うものとする。

3　第39条の17第７項の規定は、前項に規定する間接保有株式等保有割合について準用する。この場合において、同条第７項第１号中「部分対象外国関係会社の株主等」とあるのは「外国関係会社（法第66条の６第２項第１号に規定する外国関係会社をいう。以下この項において同じ。）の株主等」と、「一の内国法人等」とあるのは「一の内国法人等（第39条の14の３第１項第１号に規定する一の内国法人等をいう。次号において同じ。）」と、「当該部分対象外国関係会社」とあるのは「当該外国関係会社」と、同項第２号中「部分対象外国関係会社」とあるのは「外国関係会社」と読み替えるものとする。

4　法第66条の６第２項第２号イ⑵に規定する政令で定める外国関係会社は、次に掲げる外国関係会社とする。

一　外国関係会社（特定保険外国子会社等に該当するものに限る。以下この号において同じ。）に係る特定保険協議者がその本店所在地国においてその事業の管理、支配及び運営を自ら行っている場合における当該外国関係会社

二　外国関係会社（特定保険委託者に該当するものに限る。以下この号において同じ。）に係る特定保険受託者がその本店所在地国においてその事業の管理、支配及び運営を自ら行っている場合における当該外国関係会社

5　法第66条の６第２項第２号イ⑶に規定する政令で定める要件に該当する外国法人は、外国法人（外国関係会社とその本店所在地国を同じくするものに限る。以下この項において同じ。）の発行済株式等のうちに当該外国関係会社が保有しているその株式等の数若しくは金額の占める割合又は当該外国法人の発行済株式等のうちの議決権のある株式等の数若しくは金額のうちに当該外国関係会社が保有しているその議決権のある株式等の数若しくは金額の占める割合のいずれかが100分の25以上であり、かつ、その状態が当該外国関係会社が当該外国法人から受ける剰余金の

配当等（同条第１項に規定する剰余金の配当等をいう。以下この条において同じ。）の額の支払義務が確定する日（当該剰余金の配当等の額が法人税法第24条第１項に規定する事由に係る財務省令で定める剰余金の配当等の額である場合には、同日の前日。以下この項において同じ。）以前６月以上（当該外国法人が当該確定する日以前６月以内に設立された外国法人である場合には、その設立の日から当該確定する日まで）継続している場合の当該外国法人とする。

6　法第66条の６第２項第２号イ⑶に規定する政令で定める要件に該当する外国関係会社は、外国子会社（同号イ⑶に規定する外国子会社をいう。以下この項において同じ。）の株式等の保有を主たる事業とする外国関係会社で、次に掲げる要件の全てに該当するものとする。

一　当該事業年度の収入金額の合計額のうちに占める外国子会社から受ける剰余金の配当等の額（その受ける剰余金の配当等の額の全部又は一部が当該外国子会社の本店所在地国の法令において当該外国子会社の所得の金額の計算上損金の額に算入することとされている剰余金の配当等の額に該当する場合におけるその受ける剰余金の配当等の額を除く。）その他財務省令で定める収入金額の合計額の割合が100分の95を超えていること。

二　当該事業年度終了の時における貸借対照表（これに準ずるものを含む。以下この節及び次節において同じ。）に計上されている総資産の帳簿価額のうちに占める外国子会社の株式等その他財務省令で定める資産の帳簿価額の合計額の割合が100分の95を超えていること。

7　法第66条の６第２項第２号イ⑷に規定する同条第１項各号に掲げる内国法人に係る他の外国関係会社で政令で定めるものは、当該内国法人に係る他の外国関係会社（管理支配会社（同号イ⑷に規定する管理支配会社をいう。次項及び第９項において同じ。）とその本店所在地国を同じくするものに限る。）で、部分対象外国関係会社（同条第２項第６号に規定する部分対象外国関係会社をいう。第９項第３号イ⑴（ⅱ）において同じ。）に該当するものとする。

8　法第66条の６第２項第２号イ⑷に規定する政令で定める要件に該当する外国関係会社は、特定子会社（同号イ⑷に規定する特定子会社をいう。第６号及び第７号において同じ。）の株式等の保有を主たる事業とする外国関係会社で次に掲げる要件の全てに該当するものその他財務省令で定めるものとする。

一　その事業の管理、支配及び運営が管理支配会社によって行われていること。

二　管理支配会社の行う事業（当該管理支配会社の本店所在地国において行うものに限る。）の遂行上欠くことのできない機能を果たしていること。

三　その事業を的確に遂行するために通常必要と認められる業務の全てが、その本店所在地国において、管理支配会社の役員又は使用人によって行われていること。

四　その本店所在地国を管理支配会社の本店所在地国と同じくすること。

五　次に掲げる外国関係会社の区分に応じそれぞれ次に定める要件に該当すること。

イ　ロに掲げる外国関係会社以外の外国関係会社　その本店所在地国の法令においてその外国関係会社の所得（その外国関係会社の属する企業集団の所得を含む。）に対して外国法人税（法人税法第69条第１項に規定する外国法人税をいう。以下この節において同じ。）を課されるものとされていること。

ロ　その本店所在地国の法令において、その外国関係会社の所得がその株主等（法人税法第２条第14号に規定する株主等をいう。ロ及び次条第６項第３号において同じ。）である者の所得として取り扱われる外国関係会社　その本店所在地国の法令において、当該株主等である者（法第66条の６第１項各号に掲げる内国法人に係る他の外国関係会社に該当するものに限る。）の所得として取り扱われる所得に対して外国法人税を課されるものとされていること。

六　当該事業年度の収入金額の合計額のうちに占める次に掲げる金額の合計額の割合が100分の95を超えていること。

イ　当該事業年度の特定子会社から受ける剰余金の配当等の額（その受ける剰余金の配当等の額の全部又は一部が当該特定子会社の本店所在地国の法令において当該特定子会社の所得の金額の計算上損金の額に算入することとされている剰余金の配当等の額に該当する場合におけるその受ける剰余金の配当等の額を除く。）

ロ　特定子会社の株式等の譲渡（当該外国関係会社に係る関連者（法第66条の６第２項第２号ハ(1)に規定する関連者をいう。以下第15項までにおいて同じ。）以外の者への譲渡に限るものとし、当該株式等の取得の日から１年以内に譲渡が行われることが見込まれていた場合の当該譲渡及びその譲渡を受けた株式等を当該外国関係会社又は当該外国関係会社に係る関連者に移転することが見込まれる場合の当該譲渡を除く。）に係る対価の額

ハ　その他財務省令で定める収入金額

七　当該事業年度終了の時における貸借対照表に計上されている総資産の帳簿価額のうちに占める特定子会社の株式等その他財務省令で定める資産の帳簿価額の合計額の割合が100分の95を超えていること。

9　法第66条の６第２項第２号イ(5)に規定する政令で定める要件に該当する外国関係会社は、次に掲げる外国関係会社とする。

一　特定不動産（その本店所在地国にある不動産（不動産の上に存する権利を含む。以下この項及び第32項第１号において同じ。）で、その外国関係会社に係る管理支配会社の事業の遂行上欠くことのできないものをいう。以下この号において同じ。）の保有を主たる事業とする外国関係会社で次に掲げる要件の全てに該当するものその他財務省令で定めるもの

イ　管理支配会社の行う事業（当該管理支配会社の本店所在地国において行うもので不動産業に限る。）の遂行上欠くことのできない機能を果たしていること。

ロ　前項第１号及び第３号から第５号までに掲げる要件の全てに該当すること。

ハ　当該事業年度の収入金額の合計額のうちに占める次に掲げる金額の合計額の割合が100分の95を超えていること。

(1)　特定不動産の譲渡に係る対価の額

(2)　特定不動産の貸付け（特定不動産を使用させる行為を含む。）による対価の額

(3)　その他財務省令で定める収入金額

ニ　当該事業年度終了の時における貸借対照表に計上されている総資産の帳簿価額のうちに占める特定不動産その他財務省令で定める資産の帳簿価額の合計額の割合が100分の95を超え

ていること。

二　特定不動産（その本店所在地国にある不動産で、その外国関係会社に係る管理支配会社が自ら使用するものをいう。以下この号において同じ。）の保有を主たる事業とする外国関係会社で、次に掲げる要件の全てに該当するもの

イ　前項第1号から第5号までに掲げる要件の全てに該当すること。

ロ　当該事業年度の収入金額の合計額のうちに占める次に掲げる金額の合計額の割合が100分の95を超えていること。

(1)　特定不動産の譲渡に係る対価の額

(2)　特定不動産の貸付け（特定不動産を使用させる行為を含む。）による対価の額

(3)　その他財務省令で定める収入金額

ハ　当該事業年度終了の時における貸借対照表に計上されている総資産の帳簿価額のうちに占める特定不動産その他財務省令で定める資産の帳簿価額の合計額の割合が100分の95を超えていること。

三　次に掲げる要件の全てに該当する外国関係会社その他財務省令で定める外国関係会社

イ　その主たる事業が次のいずれかに該当すること。

(1)　特定子会社（当該外国関係会社とその本店所在地国を同じくする外国法人で、次に掲げる要件の全てに該当するものをいう。以下この号において同じ。）の株式等の保有

(i)　当該外国関係会社の当該事業年度開始の時又は終了の時において、その発行済株式等のうちに当該外国関係会社が有するその株式等の数若しくは金額の占める割合又はその発行済株式等のうちの議決権のある株式等の数若しくは金額のうちに当該外国関係会社が有するその議決権のある株式等の数若しくは金額の占める割合のいずれかが100分の10以上となっていること。

(ii)　管理支配会社等（法第66条の6第1項各号に掲げる内国法人に係る他の外国関係会社のうち、部分対象外国関係会社に該当するもので、その本店所在地国において、その役員又は使用人がその本店所在地国（当該本店所在地国に係る第31項に規定する水域を含む。）において行う石油その他の天然資源の探鉱、開発若しくは採取の事業（採取した天然資源に密接に関連する事業を含む。）又はその本店所在地国の社会資本の整備に関する事業（以下この号において「資源開発等プロジェクト」という。）を的確に遂行するために通常必要と認められる業務の全てに従事しているものをいい、当該内国法人に係る他の外国関係会社のうち部分対象外国関係会社に該当するものの役員又は使用人とその本店所在地国を同じくする他の外国法人の役員又は使用人がその本店所在地国において共同で資源開発等プロジェクトを的確に遂行するために通常必要と認められる業務の全てに従事している場合の当該他の外国関係会社及び当該他の外国法人を含む。以下この号において同じ。）の行う当該資源開発等プロジェクトの遂行上欠くことのできない機能を果たしていること。

(2)　当該外国関係会社に係る関連者以外の者からの資源開発等プロジェクトの遂行のための

資金の調達及び特定子会社に対して行う当該資金の提供

⑶　特定不動産（その本店所在地国にある不動産で、資源開発等プロジェクトの遂行上欠くことのできない機能を果たしているものをいう。以下この号において同じ。）の保有

ロ　その事業の管理、支配及び運営が管理支配会社等によって行われていること。

ハ　管理支配会社等の行う資源開発等プロジェクトの遂行上欠くことのできない機能を果たしていること。

ニ　その事業を的確に遂行するために通常必要と認められる業務の全てが、その本店所在地国において、管理支配会社等の役員又は使用人によって行われていること。

ホ　その本店所在地国を管理支配会社等の本店所在地国と同じくすること。

ヘ　前項第５号に掲げる要件に該当すること。

ト　当該事業年度の収入金額の合計額のうちに占める次に掲げる金額の合計額の割合が100分の95を超えていること。

⑴　特定子会社から受ける剰余金の配当等の額（その受ける剰余金の配当等の額の全部又は一部が当該特定子会社の本店所在地国の法令において当該特定子会社の所得の金額の計算上損金の額に算入することとされている剰余金の配当等の額に該当する場合におけるその受ける剰余金の配当等の額を除く。）

⑵　特定子会社の株式等の譲渡（当該外国関係会社に係る関連者以外の者への譲渡に限るものとし、当該株式等の取得の日から１年以内に譲渡が行われることが見込まれていた場合の当該譲渡及びその譲渡を受けた株式等を当該外国関係会社又は当該外国関係会社に係る関連者に移転することが見込まれる場合の当該譲渡を除く。）に係る対価の額

⑶　特定子会社に対する貸付金（資源開発等プロジェクトの遂行上欠くことのできないものに限る。チにおいて同じ。）に係る利子の額

⑷　特定不動産の譲渡に係る対価の額

⑸　特定不動産の貸付け（特定不動産を使用させる行為を含む。）による対価の額

⑹　その他財務省令で定める収入金額

チ　当該事業年度終了の時における貸借対照表に計上されている総資産の帳簿価額のうちに占める特定子会社の株式等、特定子会社に対する貸付金、特定不動産その他財務省令で定める資産の帳簿価額の合計額の割合が100分の95を超えていること。

10　法第66条の６第２項第２号ロに規定する総資産の額として政令で定める金額は、外国関係会社の当該事業年度（当該事業年度が残余財産の確定の日を含む事業年度である場合には、当該事業年度の前事業年度。次項において同じ。）終了の時における貸借対照表に計上されている総資産の帳簿価額とする。

11　法第66条の６第２項第２号ロに規定する政令で定める資産の額の合計額として政令で定める金額は、外国関係会社の当該事業年度終了の時における貸借対照表に計上されている有価証券、貸付金、固定資産（無形資産等（同条第６項第９号に規定する無形資産等をいう。以下この項及び第39条の17の３において同じ。）を除くものとし、貸付けの用に供しているものに限る。）及び無

形資産等の帳簿価額の合計額とする。

12　法第66条の6第2項第2号ハ(1)に規定する政令で定める者は、第27項第1号から第3号までの規定中「法第66条の6第2項第3号ハ(1)に掲げる事業を主として行う外国関係会社」とあるのを「外国関係会社」と、「同条第1項各号」とあるのを「法第66条の6第1項各号」と、同項第4号及び第5号中「法第66条の6第2項第3号ハ(1)に掲げる事業を主として行う外国関係会社」とあり、並びに同項第6号中「同条第2項第3号ハ(1)に掲げる事業を主として行う外国関係会社」とあり、及び「法第66条の6第2項第3号ハ(1)に掲げる事業を主として行う外国関係会社」とあるのを「外国関係会社」と読み替えた場合における同条第2項第2号ハ(1)の外国関係会社に係る第27項各号に掲げる者とする。

13　法第66条の6第2項第2号ハ(1)に規定する政令で定める収入保険料は、次に掲げる収入保険料とする。

一　外国関係会社に係る関連者以外の者から収入する収入保険料（当該収入保険料が再保険に係るものである場合には、関連者以外の者が有する資産又は関連者以外の者が負う損害賠償責任を保険の目的とする保険に係る収入保険料に限る。）

二　特定保険委託者に該当する外国関係会社が当該特定保険委託者に係る特定保険受託者又は当該特定保険委託者と特定保険受託者を同じくする他の特定保険委託者から収入する収入保険料（第28項第5号ロ(1)から(3)までに掲げる要件の全てに該当する再保険に係るものに限る。）及び特定保険受託者に該当する外国関係会社が当該特定保険受託者に係る特定保険委託者から収入する収入保険料（同号ロ(1)から(3)までに掲げる要件の全てに該当する再保険に係るものに限る。）

14　法第66条の6第2項第2号ハ(1)に規定する政令で定めるところにより計算した割合は、外国関係会社の各事業年度の同号ハ(1)に規定する非関連者等収入保険料の合計額を当該各事業年度の収入保険料の合計額で除して計算した割合とする。

15　法第66条の6第2項第2号ハ(2)に規定する政令で定める金額は、第1号に掲げる金額に第2号に掲げる割合を乗じて計算した金額とする。

一　外国関係会社が各事業年度において当該外国関係会社に係る関連者以外の者に支払う再保険料（特定保険委託者に該当する外国関係会社が当該特定保険委託者に係る特定保険受託者又は当該特定保険委託者と特定保険受託者を同じくする他の特定保険委託者に支払う再保険料及び特定保険受託者に該当する外国関係会社が当該特定保険受託者に係る特定保険委託者に支払う再保険料を含む。）の合計額

二　外国関係会社の各事業年度の関連者等収入保険料（法第66条の6第2項第2号ハ(2)に規定する関連者等収入保険料をいう。次項において同じ。）の合計額の収入保険料の合計額に対する割合

16　法第66条の6第2項第2号ハ(2)に規定する政令で定めるところにより計算した割合は、外国関係会社の各事業年度の同号ハ(2)に規定する非関連者等支払再保険料合計額を当該各事業年度の関連者等収入保険料の合計額で除して計算した割合とする。

17　法第66条の６第２項第３号イ⑴に規定する政令で定める業務は、外国関係会社が被統括会社（次項に規定する被統括会社をいう。以下この項において同じ。）との間における契約に基づき行う業務のうち当該被統括会社の事業の方針の決定又は調整に係るもの（当該事業の遂行上欠くことのできないものに限る。）であって、当該外国関係会社が２以上の被統括会社に係る当該業務を一括して行うことによりこれらの被統括会社の収益性の向上に資することとなると認められるもの（以下この条において「統括業務」という。）とする。

18　法第66条の６第２項第３号イ⑴に規定する政令で定める他の法人は、次に掲げる法人で、当該法人の発行済株式等のうちに外国関係会社（当該法人に対して統括業務を行うものに限る。以下この項において同じ。）の有する当該法人の株式等の数又は金額の占める割合及び当該法人の議決権の総数のうちに当該外国関係会社の有する当該法人の議決権の数の占める割合のいずれもが100分の25（当該法人が内国法人である場合には、100分の50）以上であり、かつ、その本店所在地国にその事業を行うに必要と認められる当該事業に従事する者を有するもの（以下この条において「被統括会社」という。）とする。

一　当該外国関係会社及び当該外国関係会社に係る法第66条の６第１項各号に掲げる内国法人並びに当該内国法人が当該外国関係会社に係る間接保有の株式等（第39条の14第３項に規定する計算した株式等の数又は金額をいう。以下この号において同じ。）を有する場合における当該間接保有の株式等に係る第39条の14第３項第１号に規定する他の外国法人又は同項第２号に規定する他の外国法人及び出資関連外国法人（以下この項において「判定株主等」という。）が法人を支配している場合における当該法人（以下この項において「子会社」という。）

二　判定株主等及び子会社が法人を支配している場合における当該法人（次号において「孫会社」という。）

三　判定株主等並びに子会社及び孫会社が法人を支配している場合における当該法人

19　法人税法施行令第４条第３項の規定は、前項各号に掲げる法人を支配している場合について準用する。

20　法第66条の６第２項第３号イ⑴に規定する政令で定める外国関係会社は、一の内国法人によってその発行済株式等の全部を直接又は間接に保有されている外国関係会社で次に掲げる要件を満たすもの（以下この条において「統括会社」という。）のうち、株式等の保有を主たる事業とするもの（当該統括会社の当該事業年度終了の時において有する当該統括会社に係る被統括会社の株式等の当該事業年度終了の時における貸借対照表に計上されている帳簿価額の合計額が当該統括会社の当該事業年度終了の時において有する株式等の当該貸借対照表に計上されている帳簿価額の合計額の100分の50に相当する金額を超える場合で、かつ、当該統括会社の当該事業年度終了の時において有する当該統括会社に係る外国法人である被統括会社の株式等の当該事業年度終了の時における貸借対照表に計上されている帳簿価額の合計額の当該統括会社の当該事業年度終了の時において有する当該統括会社に係る被統括会社の株式等の当該貸借対照表に計上されている帳簿価額の合計額に対する割合又は当該統括会社の当該事業年度における当該統括会社に係る外国法人である被統括会社に対して行う統括業務に係る対価の額の合計額の当該統括会社の当該事業年度における当該統括会社に係る被統括会社に対して行う統括業務に係る対価の額の合計額に対する割合のいずれかが100分の50を超える場合における当該統括会社に限る。）とする。

一　当該外国関係会社に係る複数の被統括会社（外国法人である２以上の被統括会社を含む場合に限る。）に対して統括業務を行っていること。

二　その本店所在地国に統括業務に係る事務所、店舗、工場その他の固定施設及び当該統括業務を行うに必要と認められる当該統括業務に従事する者（専ら当該統括業務に従事する者に限るものとし、当該外国関係会社の役員及び当該役員に係る法人税法施行令第72条各号に掲げる者を除く。）を有していること。

21　前項において、発行済株式等の全部を直接又は間接に保有されているかどうかの判定は、同項の一の内国法人の外国関係会社に係る直接保有株式等保有割合（当該一の内国法人の有する外国法人の株式等の数又は金額が当該外国法人の発行済株式等のうちに占める割合をいう。）と当該一の内国法人の当該外国関係会社に係る間接保有株式等保有割合（当該一の内国法人の外国法人を通じて間接に有する他の外国法人の株式等の数又は金額が当該他の外国法人の発行済株式等のうちに占める割合をいう。）とを合計した割合により行うものとする。

22　第39条の14第３項の規定は、前項に規定する間接に有する他の外国法人の株式等の数又は金額の計算について準用する。この場合において、同条第３項中「外国関係会社（同条第２項第１号に規定する外国関係会社をいう。以下この項において同じ。）」とあるのは「外国法人」と、同項第１号中「外国関係会社」とあるのは「外国法人」と、「内国法人等」とあるのは「一の内国法人」と、「いい、当該発行法人と居住者又は内国法人との間に実質支配関係がある場合には、零とする」とあるのは「いう」と、同項第２号中「外国関係会社」とあるのは「外国法人」と、「内国法人等」とあるのは「一の内国法人」と読み替えるものとする。

23　法第66条の６第２項第３号イ⑶に規定する政令で定める要件は、次に掲げる要件とする。

一　外国関係会社の役員又は使用人がその本店所在地国において航空機の貸付けを的確に遂行するために通常必要と認められる業務の全てに従事していること。

二　外国関係会社の当該事業年度における航空機の貸付けに係る業務の委託に係る対価の支払額の合計額の当該外国関係会社の当該事業年度における航空機の貸付けに係る業務に従事する役員及び使用人に係る人件費の額の合計額に対する割合が100分の30を超えていないこと。

三　外国関係会社の当該事業年度における航空機の貸付けに係る業務に従事する役員及び使用人に係る人件費の額の合計額の当該外国関係会社の当該事業年度における航空機の貸付けによる収入金額から当該事業年度における貸付けの用に供する航空機に係る償却費の額の合計額を控除した残額（当該残額がない場合には、当該人件費の額の合計額に相当する金額）に対する割合が100分の５を超えていること。

24　法第66条の６第２項第３号ロに規定する政令で定める経営管理は、同号イ⑵に掲げる外国関係会社に係る第39条の17第３項第１号イに規定する特定外国金融機関及び同条第９項第２号に規定する特定外国金融機関の経営管理とする。

25　法第66条の６第２項第３号ロに規定する事務所、店舗、工場その他の固定施設を有していることと同様の状況にあるものとして政令で定める状況は、次に掲げる状況とする。

一　外国関係会社（特定保険外国子会社等に該当するものに限る。）に係る特定保険協議者がその本店所在地国においてその主たる事業を行うに必要と認められる事務所、店舗その他の固定施設を有している状況

二　外国関係会社（特定保険委託者に該当するものに限る。）に係る特定保険受託者がその本店所在地国においてその主たる事業を行うに必要と認められる事務所、店舗その他の固定施設を有している状況

26　法第66条の6第2項第3号ロに規定する事業の管理、支配及び運営を自ら行っていることと同様の状況にあるものとして政令で定める状況は、次に掲げる状況とする。

一　外国関係会社（特定保険外国子会社等に該当するものに限る。）に係る特定保険協議者がその本店所在地国においてその事業の管理、支配及び運営を自ら行っている状況

二　外国関係会社（特定保険委託者に該当するものに限る。）に係る特定保険受託者がその本店所在地国においてその事業の管理、支配及び運営を自ら行っている状況

27　法第66条の6第2項第3号ハ⑴に規定する政令で定める者は、次に掲げる者とする。

一　法第66条の6第2項第3号ハ⑴に掲げる事業を主として行う外国関係会社に係る同条第1項各号に掲げる内国法人が通算法人である場合における他の通算法人

二　法第66条の6第2項第3号ハ⑴に掲げる事業を主として行う外国関係会社に係る同条第1項各号に掲げる内国法人の発行済株式等の100分の50を超える数又は金額の株式等を有する者（当該外国関係会社に係る法第40条の4第1項各号及び第66条の6第1項各号並びに前号に掲げる者に該当する者を除く。）

三　法第66条の6第2項第3号ハ⑴に掲げる事業を主として行う外国関係会社に係る同条第1項各号に掲げる内国法人が通算法人である場合における当該内国法人に係る通算親法人の発行済株式等の100分の50を超える数又は金額の株式等を有する者（当該外国関係会社に係る法第40条の4第1項各号及び第66条の6第1項各号並びに前2号に掲げる者に該当する者を除く。）

四　法第66条の6第2項第3号ハ⑴に掲げる事業を主として行う外国関係会社に係る法第40条の4第1項各号又は第66条の6第1項各号に掲げる者に係る被支配外国法人（前2号に掲げる者に該当する者を除く。）

五　法第66条の6第2項第3号ハ⑴に掲げる事業を主として行う外国関係会社に係る法第40条の4第1項各号若しくは第66条の6第1項各号に掲げる者又はこれらの者に係る被支配外国法人が当該外国関係会社に係る間接保有の株式等（第25条の19第5項又は第39条の14第3項に規定する計算した株式等の数又は金額をいう。以下この号において同じ。）を有する場合における当該間接保有の株式等に係る第25条の19第5項第1号若しくは第39条の14第3項第1号に規定する他の外国法人又は第25条の19第5項第2号若しくは第39条の14第3項第2号に規定する他の外国法人及び出資関連外国法人

六　次に掲げる者と法第66条の6第1項第4号に規定する政令で定める特殊の関係のある者（同条第2項第3号ハ⑴に掲げる事業を主として行う外国関係会社に係る法第40条の4第1項各号

及び第66条の６第１項各号並びに前各号に掲げる者に該当する者を除く。）

イ　法第66条の６第２項第３号ハ(1)に掲げる事業を主として行う外国関係会社

ロ　法第66条の６第２項第３号ハ(1)に掲げる事業を主として行う外国関係会社に係る法第40条の４第１項各号又は第66条の６第１項各号に掲げる者

ハ　前各号に掲げる者

28　法第66条の６第２項第３号ハ(1)に規定する政令で定める場合は、外国関係会社の各事業年度において行う主たる事業が次の各号に掲げる事業のいずれに該当するかに応じ当該各号に定める場合とする。

一　卸売業　当該各事業年度の棚卸資産の販売に係る収入金額（当該各事業年度において棚卸資産の売買の代理又は媒介に関し受け取る手数料がある場合には、その手数料を受け取る基因となった売買の取引金額を含む。以下この号において「販売取扱金額」という。）の合計額のうちに関連者（当該外国関係会社に係る法第40条の４第１項各号及び第66条の６第１項各号並びに前項各号に掲げる者をいう。以下この項及び次項において同じ。）以外の者との間の取引に係る販売取扱金額の合計額の占める割合が100分の50を超える場合又は当該各事業年度において取得した棚卸資産の取得価額（当該各事業年度において棚卸資産の売買の代理又は媒介に関し受け取る手数料がある場合には、その手数料を受け取る基因となった売買の取引金額を含む。以下この号において「仕入取扱金額」という。）の合計額のうちに関連者以外の者との間の取引に係る仕入取扱金額の合計額の占める割合が100分の50を超える場合

二　銀行業　当該各事業年度の受入利息の合計額のうちに当該受入利息で関連者以外の者から受けるものの合計額の占める割合が100分の50を超える場合又は当該各事業年度の支払利息の合計額のうちに当該支払利息で関連者以外の者に対して支払うものの合計額の占める割合が100分の50を超える場合

三　信託業　当該各事業年度の信託報酬の合計額のうちに当該信託報酬で関連者以外の者から受けるものの合計額の占める割合が100分の50を超える場合

四　金融商品取引業　当該各事業年度の受入手数料（有価証券の売買による利益を含む。）の合計額のうちに当該受入手数料で関連者以外の者から受けるものの合計額の占める割合が100分の50を超える場合

五　保険業　当該各事業年度の収入保険料（ハに掲げる金額を含む。）のうちに次に掲げる金額の合計額の占める割合が100分の50を超える場合

イ　関連者以外の者から収入する収入保険料（当該収入保険料が再保険に係るものである場合には、関連者以外の者が有する資産又は関連者以外の者が負う損害賠償責任を保険の目的とする保険に係る収入保険料に限る。）

ロ　特定保険委託者に該当する外国関係会社が当該特定保険委託者に係る特定保険受託者又は当該特定保険委託者と特定保険受託者を同じくする他の特定保険委託者から収入する収入保険料（次に掲げる要件の全てに該当する再保険に係るものに限る。）及び特定保険受託者に該当する外国関係会社が当該特定保険受託者に係る特定保険委託者から収入する収入保険料

（次に掲げる要件の全てに該当する再保険に係るものに限る。）

⑴　特定保険委託者と当該特定保険委託者に係る特定保険受託者との間で行われる再保険又は特定保険委託者と当該特定保険委託者と特定保険受託者を同じくする他の特定保険委託者との間で行われる再保険であること。

⑵　再保険の引受けに係る保険に係る収入保険料の合計額のうちに関連者以外の者（当該外国関係会社の本店所在地国と同一の国又は地域に住所を有する個人又は本店若しくは主たる事務所を有する法人に限る。）を被保険者とする保険に係るものの占める割合が100分の95以上であること。

⑶　特定保険委託者と当該特定保険委託者に係る特定保険受託者との間で行われる再保険にあっては当該再保険を行うことにより当該特定保険委託者及び当該特定保険受託者の資本の効率的な使用と収益性の向上に資することとなると認められ、特定保険委託者と当該特定保険委託者と特定保険受託者を同じくする他の特定保険委託者との間で行われる再保険にあっては当該再保険を行うことによりこれらの特定保険委託者の資本の効率的な使用と収益性の向上に資することとなると認められること。

ハ　特定保険協議者に該当する外国関係会社が当該特定保険協議者に係る特定保険外国子会社等が行う保険の引受けについて保険契約の内容を確定するための協議その他の業務に係る対価として当該特定保険外国子会社等から支払を受ける手数料の額及び特定保険受託者に該当する外国関係会社が当該特定保険受託者に係る特定保険委託者から受託した保険業に関する業務に係る対価として当該特定保険委託者から支払を受ける手数料の額

六　水運業又は航空運送業　当該各事業年度の船舶の運航及び貸付け又は航空機の運航及び貸付けによる収入金額の合計額のうちに当該収入金額で関連者以外の者から収入するものの合計額の占める割合が100分の50を超える場合

七　物品賃貸業（航空機の貸付けを主たる事業とするものに限る。）　当該各事業年度の航空機の貸付けによる収入金額の合計額のうちに当該収入金額で関連者以外の者から収入するものの合計額の占める割合が100分の50を超える場合

29　次に掲げる取引は、外国関係会社と当該外国関係会社に係る関連者との間で行われた取引とみなして、前項各号の規定を適用する。

一　外国関係会社と当該外国関係会社に係る関連者以外の者（以下この項において「非関連者」という。）との間で行う取引（以下この号において「対象取引」という。）により当該非関連者に移転又は提供をされる資産、役務その他のものが当該外国関係会社に係る関連者に移転又は提供をされることが当該対象取引を行った時において契約その他によりあらかじめ定まっている場合における当該対象取引

二　外国関係会社に係る関連者と当該外国関係会社に係る非関連者との間で行う取引（以下この号において「先行取引」という。）により当該非関連者に移転又は提供をされる資産、役務その他のものが当該外国関係会社に係る非関連者と当該外国関係会社との間の取引（以下この号において「対象取引」という。）により当該外国関係会社に移転又は提供をされることが当該

先行取引を行った時において契約その他によりあらかじめ定まっている場合における当該対象取引

30　外国関係会社（第28項第１号に掲げる事業を主たる事業とするものに限る。以下この項において同じ。）が統括会社に該当する場合における前２項の規定の適用については、同号及び前項に規定する関連者には、当該外国関係会社に係る外国法人である被統括会社を含まないものとする。

31　法第66条の６第２項第３号ハ⑵に規定する政令で定める水域は、同号ハ⑵に規定する本店所在地国に係る内水及び領海並びに排他的経済水域又は大陸棚に相当する水域とする。

32　法第66条の６第２項第３号ハ⑵に規定する政令で定める場合は、外国関係会社の各事業年度において行う主たる事業（同号イ⑴に掲げる外国関係会社にあっては統括業務とし、同号イ⑵に掲げる外国関係会社にあっては第24項に規定する経営管理とする。以下この項において同じ。）が次の各号に掲げる事業のいずれに該当するかに応じ当該各号に定める場合とする。

一　不動産業　主として本店所在地国にある不動産の売買又は貸付け（当該不動産を使用させる行為を含む。）、当該不動産の売買又は貸付けの代理又は媒介及び当該不動産の管理を行っている場合

二　物品賃貸業（航空機の貸付けを主たる事業とするものを除く。）　主として本店所在地国において使用に供される物品の貸付けを行っている場合

三　製造業　主として本店所在地国において製品の製造を行っている場合（製造における重要な業務を通じて製造に主体的に関与していると認められる場合として財務省令で定める場合を含む。）

四　第28項各号及び前３号に掲げる事業以外の事業　主として本店所在地国において行っている場合

33　法第66条の６第２項（第３号に係る部分に限る。）の規定を適用する場合において、法人が被統括会社に該当するかどうかの判定については当該法人に対して統括業務を行う外国関係会社の各事業年度終了の時の現況によるものとし、外国関係会社が統括会社に該当するかどうかの判定については当該外国関係会社の各事業年度終了の時の現況によるものとする。

（適用対象金額の計算）

第39条の15　法第66条の６第２項第４号に規定する政令で定める基準により計算した金額は、外国関係会社（同項第１号に規定する外国関係会社をいい、同項第２号に規定する特定外国関係会社又は同項第３号に規定する対象外国関係会社に該当するものに限る。以下この条において同じ。）の各事業年度の決算に基づく所得の金額に係る第１号及び第２号に掲げる金額の合計額から当該所得の金額に係る第３号から第５号までに掲げる金額の合計額を控除した残額（当該所得の金額に係る第１号に掲げる金額が欠損の金額である場合には、当該所得の金額に係る第２号に掲げる金額から当該欠損の金額と当該所得の金額に係る第３号から第５号までに掲げる金額との合計額を控除した残額）とする。

一　当該各事業年度の決算に基づく所得の金額につき、法人税法第二編第一章第一節第二款から

第九款まで（同法第23条、第23条の２、第25条の２、第26条第１項から第４項まで、第27条、第33条第５項、第37条第２項、第38条から第41条の２まで、第55条第４項、第57条、第59条、第61条の２第17項、第61条の11、第62条の５第３項から第６項まで及び第62条の７（適格現物分配に係る部分に限る。）を除く。）及び第十二款の規定並びに法第43条、第45条の２、第52条の２、第57条の５、第57条の６、第57条の８、第57条の９、第61条の４、第65条の７から第65条の９まで（法第65条の７第１項の表の第４号に係る部分に限る。）、第66条の４第３項、第67条の12及び第67条の13の規定（以下この号において「本邦法令の規定」という。）の例に準じて計算した場合に算出される所得の金額又は欠損の金額（当該外国関係会社に係る法第66条の６第１項各号に掲げる内国法人との間の取引につき法第66条の４第１項の規定の適用がある場合には、当該取引が同項に規定する独立企業間価格で行われたものとして本邦法令の規定の例に準じて計算した場合に算出される所得の金額又は欠損の金額）

二　当該各事業年度において納付する法人所得税（本店所在地国若しくは本店所在地国以外の国若しくは地域又はこれらの国若しくは地域の地方公共団体により法人の所得を課税標準として課される税（これらの国若しくは地域又はこれらの国若しくは地域の地方公共団体により課される法人税法施行令第141条第２項各号に掲げる税を含む。）及びこれに附帯して課される法人税法第２条第41号に規定する附帯税（利子税を除く。）に相当する税その他当該附帯税に相当する税に類する税をいう。以下この条において同じ。）の額

三　当該各事業年度において還付を受ける法人所得税の額

四　当該各事業年度において子会社（他の法人の発行済株式等のうちに当該外国関係会社が保有しているその株式等の数若しくは金額の占める割合又は当該他の法人の発行済株式等のうちの議決権のある株式等の数若しくは金額のうちに当該外国関係会社が保有している当該株式等の数若しくは金額の占める割合のいずれかが100分の25（当該他の法人が次に掲げる要件を満たす外国法人である場合には、100分の10）以上であり、かつ、その状態が当該外国関係会社が当該他の法人から受ける法人税法第23条第１項第１号及び第２号に掲げる金額（同法第24条第１項の規定の例によるものとした場合にこれらの号に掲げる金額とみなされる金額に相当する金額を含む。以下この条及び第39条の17の２第２項において「配当等の額」という。）の支払義務が確定する日（当該配当等の額が同法第24条第１項に規定する事由に係る財務省令で定める配当等の額である場合には、同日の前日。以下この号において同じ。）以前６月以上（当該他の法人が当該確定する日以前６月以内に設立された法人である場合には、その設立の日から当該確定する日まで）継続している場合の当該他の法人をいう。）から受ける配当等の額（その受ける配当等の額の全部又は一部が当該子会社の本店所在地国の法令において当該子会社の所得の金額の計算上損金の額に算入することとされている配当等の額に該当する場合におけるその受ける配当等の額を除く。）

イ　その主たる事業が化石燃料（原油、石油ガス、可燃性天然ガス又は石炭をいう。以下この号において同じ。）を採取する事業（自ら採取した化石燃料に密接に関連する事業を含む。）であること。

ロ　租税条約（財務省令で定めるものを除く。第39条の17の３第７項において同じ。）の我が国以外の締約国又は締約者（当該締約国又は締約者に係る内水及び領海並びに排他的経済水域又は大陸棚に相当する水域を含む。）内に化石燃料を採取する場所を有していること。

五　当該外国関係会社（その発行済株式等の全部又は一部が法第66条の６第１項各号に掲げる内国法人により保有されているものを除く。以下この号において同じ。）の当該各事業年度における部分対象外国関係会社（同条第２項第６号に規定する部分対象外国関係会社をいう。以下この号において同じ。）の株式等（同項第１号イに規定する居住者等株主等の当該外国関係会社に係る同号イ(1)から(3)までに掲げる割合のいずれかが100分の50を超えることとなった場合（当該外国関係会社が設立された場合を除く。）の当該超えることとなった日（以下この号において「特定関係発生日」という。）に当該外国関係会社が有する部分対象外国関係会社に該当する外国法人の株式等に限る。以下この号において「特定部分対象外国関係会社株式等」という。）の特定譲渡（次に掲げる要件の全てに該当する特定部分対象外国関係会社株式等の譲渡をいう。）に係る譲渡利益額（法人税法第61条の２（第17項を除く。）の規定の例に準じて計算した場合に算出される同条第１項に規定する譲渡利益額に相当する金額をいう。）

イ　当該外国関係会社に係る法第66条の６第１項各号に掲げる内国法人又は当該内国法人に係る部分対象外国関係会社への譲渡（その譲渡を受けた特定部分対象外国関係会社株式等を他の者（当該内国法人に係る部分対象外国関係会社その他の財務省令で定める者を除く。）に移転することが見込まれる場合の当該譲渡を除く。）であること。

ロ　当該外国関係会社の特定関係発生日から当該特定関係発生日以後２年を経過する日までの期間内の日を含む事業年度において行われる譲渡（その本店所在地国の法令又は慣行その他やむを得ない理由により当該期間内の日を含む事業年度において譲渡をすることが困難であると認められる場合には、特定関係発生日から当該特定関係発生日以後５年を経過する日までの期間内の日を含む事業年度において行われる譲渡）であること。

ハ　次のいずれかに該当する譲渡であること。

(1)　当該外国関係会社の清算中の事業年度において行われる譲渡

(2)　特定部分対象外国関係会社株式等の譲渡の日から２年以内に当該外国関係会社が解散をすることが見込まれる場合の当該譲渡

(3)　特定部分対象外国関係会社株式等の譲渡の日から２年以内に次に掲げる者以外の者が当該外国関係会社の発行済株式等の全部を有することとなると見込まれる場合の当該譲渡

(i)　当該外国関係会社に係る法第40条の４第１項各号及び第66条の６第１項各号に掲げる者

(ii)　前条第27項第１号から第３号までの規定中「法第66条の６第２項第３号ハ(1)に掲げる事業を主として行う」とあるのを「次条第１項第５号に規定する」と、「同条第１項各号」とあるのを「法第66条の６第１項各号」と、同項第４号及び第５号中「法第66条の６第２項第３号ハ(1)に掲げる事業を主として行う」とあり、並びに同項第６号中「同条第２項第３号ハ(1)に掲げる事業を主として行う」とあり、及び「法第66条の６第２項第

3号ハ⑴に掲げる事業を主として行う」とあるのを「次条第1項第5号に規定する」と読み替えた場合における当該外国関係会社に係る同項各号に掲げる者

二　次に掲げる事項を記載した計画書に基づいて行われる譲渡であること。

⑴　外国法人に係る法第66条の6第2項第1号イ⑴から⑶までに掲げる割合のいずれかが100分の50を超えることとする目的

⑵　⑴に掲げる目的を達成するための基本方針

⑶　⑴に掲げる目的を達成するために行う組織再編成（合併、分割、現物出資、現物分配、株式交換、株式移転、清算その他の行為をいい、特定部分対象外国関係会社株式等の譲渡を含む。）に係る基本方針

⑷　その他財務省令で定める事項

ホ　特定部分対象外国関係会社株式等を発行した外国法人の法人税法第24条第1項各号に掲げる事由により金銭その他の資産の交付を受けた場合における当該特定部分対象外国関係会社株式等の譲渡でないこと。

2　法第66条の6第1項各号に掲げる内国法人は、前項の規定にかかわらず、外国関係会社の各事業年度の決算に基づく所得の金額につき、当該外国関係会社の本店所在地国の法人所得税に関する法令（法人所得税に関する法令が2以上ある場合には、そのうち主たる法人所得税に関する法令）の規定（企業集団等所得課税規定を除く。以下この項において「本店所在地国の法令の規定」という。）により計算した所得の金額（当該外国関係会社と当該内国法人との間の取引につき法第66条の4第1項の規定の適用がある場合には、当該取引が同項に規定する独立企業間価格で行われたものとして本店所在地国の法令の規定により計算した場合に算出される所得の金額）に当該所得の金額に係る第1号から第13号までに掲げる金額の合計額を加算した金額から当該所得の金額に係る第14号から第18号までに掲げる金額の合計額を控除した残額（本店所在地国の法令の規定により計算した金額が欠損の金額となる場合には、当該計算した金額に係る第1号から第13号までに掲げる金額の合計額から当該欠損の金額に当該計算した金額に係る第14号から第18号までに掲げる金額の合計額を加算した金額を控除した残額）をもって法第66条の6第2項第4号に規定する政令で定める基準により計算した金額とすることができる。

一　その本店所在地国の法令の規定により当該各事業年度の法人所得税の課税標準に含まれないこととされる所得の金額

二　その支払う配当等の額で当該各事業年度の損金の額に算入している金額

三　その有する減価償却資産（平成10年3月31日以前に取得した営業権を除く。）につきその償却費として当該各事業年度の損金の額に算入している金額（その減価償却資産の取得価額（既にした償却の額で各事業年度の損金の額に算入されたものがある場合には、当該金額を控除した金額）を各事業年度の損金の額に算入する金額の限度額として償却する方法を用いて計算されたものに限る。）のうち、法人税法第31条の規定の例によるものとした場合に損金の額に算入されることとなる金額に相当する金額を超える部分の金額

四　その有する資産の評価換えにより当該各事業年度の損金の額に算入している金額で法人税法

第33条（第５項を除く。）の規定の例によるものとした場合に損金の額に算入されないこととなる金額に相当する金額

五　その役員に対して支給する給与の額のうち、当該各事業年度の損金の額に算入している金額で法人税法第34条の規定の例によるものとした場合に損金の額に算入されないこととなる金額に相当する金額

六　その使用人に対して支給する給与の額のうち、当該各事業年度の損金の額に算入している金額で法人税法第36条の規定の例によるものとした場合に損金の額に算入されないこととなる金額に相当する金額

七　その支出する寄附金（その本店所在地国又はその地方公共団体に対する寄附金で法人税法第37条第３項第１号に規定する寄附金に相当するものを除く。）の額のうち、当該各事業年度の損金の額に算入している金額で同条第１項及び法第66条の４第３項の規定の例に準ずるものとした場合に損金の額に算入されないこととなる金額に相当する金額

八　その納付する法人所得税の額（法人所得税に関する法令に企業集団等所得課税規定がある場合の当該法人所得税にあっては、企業集団等所得課税規定の適用がないものとした場合に納付するものとして計算される法人所得税の額。第５項第２号において「個別計算納付法人所得税額」という。）で当該各事業年度の損金の額に算入している金額

九　その本店所在地国の法令の規定（法人税法第57条又は第59条の規定に相当する規定に限る。）により、当該各事業年度前の事業年度において生じた欠損の金額で当該各事業年度の損金の額に算入している金額

十　その積み立てた法第57条の５第１項又は第57条の６第１項の異常危険準備金に類する準備金（次号及び第39条の17の２第２項第１号において「保険準備金」という。）の額のうち、当該各事業年度の損金の額に算入している金額で法第57条の５又は第57条の６の規定の例によるものとした場合に損金の額に算入されないこととなる金額に相当する金額

十一　その積み立てた保険準備金（法第57条の５又は第57条の６の規定の例によるものとした場合に積み立てられるものに限る。）につき当該各事業年度の益金の額に算入した金額がこれらの規定の例によるものとした場合に益金の額に算入すべき金額に相当する金額に満たない場合におけるその満たない部分の金額

十二　その支出する法第61条の４第１項に規定する交際費等に相当する費用の額のうち、当該各事業年度の損金の額に算入している金額で同条の規定の例によるものとした場合に損金の額に算入されないこととなる金額に相当する金額

十三　その損失の額（法第67条の12第１項に規定する組合等損失額又は法第67条の13第１項に規定する組合事業による同項に規定する損失の額をいう。）で法第67条の12第１項又は第67条の13第１項の規定の例によるものとした場合に損金の額に算入されないこととなる金額に相当する金額

十四　法第67条の12第２項又は第67条の13第２項の規定の例によるものとした場合に損金の額に算入されることとなる金額に相当する金額

十五　その還付を受ける法人所得税の額（法人所得税に関する法令に企業集団等所得課税規定がある場合の当該法人所得税にあっては、企業集団等所得課税規定の適用がないものとした場合に還付を受けるものとして計算される法人所得税の額。第５項第２号において「個別計算還付法人所得税額」という。）で当該各事業年度の益金の額に算入している金額

十六　その有する資産の評価換えにより当該各事業年度の益金の額に算入している金額で法人税法第25条の規定の例によるものとした場合に益金の額に算入されないこととなる金額に相当する金額

十七　前項第４号に掲げる金額

十八　当該外国関係会社（その発行済株式等の全部又は一部が法第66条の６第１項各号に掲げる内国法人により保有されているものを除く。）の当該各事業年度における前項第５号に規定する特定部分対象外国関係会社株式等の同号に規定する特定譲渡に係る譲渡利益額（譲渡に係る対価の額が原価の額を超える場合におけるその超える部分の金額をいう。）

3　法第66条の６第１項各号に掲げる内国法人に係る外国関係会社の各事業年度につき控除対象配当等の額（次の各号に掲げる場合の区分に応じ当該各号に定める金額に相当する金額をいう。以下この項において同じ。）がある場合には、同条第２項第４号に規定する政令で定める基準により計算した金額は、第１項又は前項の規定にかかわらず、これらの規定により計算した金額から当該控除対象配当等の額を控除した残額とする。

一　当該外国関係会社が当該各事業年度において当該内国法人に係る他の外国関係会社（第１項第４号に規定する子会社に該当するものを除く。以下この号及び次号において「他の外国関係会社」という。）から受ける配当等の額が当該他の外国関係会社の当該配当等の額の支払に係る基準日の属する事業年度（以下この項において「基準事業年度」という。）の配当可能金額のうち当該外国関係会社の出資対応配当可能金額を超えない場合であって、当該基準事業年度が法第66条の６第１項に規定する課税対象金額（以下この節において「課税対象金額」という。）の生ずる事業年度である場合　当該配当等の額

二　当該外国関係会社が当該各事業年度において当該内国法人に係る他の外国関係会社から受ける配当等の額が当該配当等の額に係る基準事業年度の出資対応配当可能金額を超える場合　当該他の外国関係会社の基準事業年度以前の各事業年度の出資対応配当可能金額をそれぞれ最も新しい事業年度のものから順次当該配当等の額に充てるものとして当該配当等の額を当該各事業年度の出資対応配当可能金額に応じそれぞれの事業年度ごとに区分した場合において、課税対象金額の生ずる事業年度の出資対応配当可能金額から充てるものとされた配当等の額の合計額

三　当該外国関係会社が当該各事業年度において当該内国法人に係る他の外国関係会社（第１項第４号に規定する子会社に該当するものに限る。以下この号及び次号において「他の外国関係会社」という。）から受ける配当等の額（その受ける配当等の額の全部又は一部が当該他の外国関係会社の本店所在地国の法令において当該他の外国関係会社の所得の金額の計算上損金の額に算入することとされている配当等の額に該当する場合におけるその受ける配当等の額に限

る。以下この号及び次号において同じ。）が当該他の外国関係会社の基準事業年度の配当可能金額のうち当該外国関係会社の出資対応配当可能金額を超えない場合であって、当該基準事業年度が課税対象金額の生ずる事業年度である場合　当該配当等の額

四　当該外国関係会社が当該各事業年度において当該内国法人に係る他の外国関係会社から受ける配当等の額が当該配当等の額に係る基準事業年度の出資対応配当可能金額を超える場合　当該他の外国関係会社の基準事業年度以前の各事業年度の出資対応配当可能金額をそれぞれ最も新しい事業年度のものから順次当該配当等の額に充てるものとして当該配当等の額を当該各事業年度の出資対応配当可能金額に応じそれぞれの事業年度ごとに区分した場合において、課税対象金額の生ずる事業年度の出資対応配当可能金額から充てるものとされた配当等の額の合計額

4　前項及びこの項において、次の各号に掲げる用語の意義は、当該各号に定めるところによる。

一　配当可能金額　外国関係会社の各事業年度の適用対象金額（法第66条の6第2項第4号に規定する適用対象金額をいう。以下この号において同じ。）に当該適用対象金額に係るイからハまでに掲げる金額の合計額を加算した金額から当該適用対象金額に係るニ及びホに掲げる金額の合計額を控除した残額をいう。

イ　第1項（第4号に係る部分に限る。）又は第2項（第17号に係る部分に限る。）の規定により控除される第1項第4号に掲げる金額

ロ　前項の規定により控除される同項に規定する控除対象配当等の額

ハ　当該外国関係会社に係る法第66条の6第1項各号に掲げる内国法人との間の取引につき法第66条の4第1項の規定の適用がある場合において第1項又は第2項の規定による減額をされる所得の金額のうちに当該内国法人に支払われない金額があるときの当該金額

ニ　当該各事業年度の剰余金の処分により支出される金額（法人所得税の額及び配当等の額を除く。）

ホ　当該各事業年度の費用として支出された金額（法人所得税の額及び配当等の額を除く。）のうち第1項若しくは第2項の規定により所得の金額の計算上損金の額に算入されなかったため又は同項の規定により所得の金額に加算されたため当該各事業年度の適用対象金額に含まれた金額

二　出資対応配当可能金額　外国関係会社の配当可能金額に他の外国関係会社（以下この号において「他の外国関係会社」という。）の有する当該外国関係会社の株式等の数又は金額が当該外国関係会社の発行済株式等のうちに占める割合（当該外国関係会社が請求権の内容が異なる株式等を発行している場合には、当該他の外国関係会社が当該請求権の内容が異なる株式等に係る請求権に基づき受けることができる配当等の額がその総額のうちに占める割合）を乗じて計算した金額をいう。

5　法第66条の6第2項第4号に規定する欠損の金額及び基準所得金額に係る税額に関する調整を加えた金額は、外国関係会社の各事業年度の同号に規定する基準所得金額（第8項及び第9項において「基準所得金額」という。）から次に掲げる金額の合計額を控除した残額とする。

一　当該外国関係会社の当該各事業年度開始の日前７年以内に開始した事業年度（昭和53年４月１日前に開始した事業年度、外国関係会社（法第40条の４第２項第２号に規定する特定外国関係会社及び同項第３号に規定する対象外国関係会社を含む。）に該当しなかった事業年度及び法第66条の６第５項各号に掲げる外国関係会社の区分に応じ当該各号に定める場合に該当する事実があるときのその該当する事業年度（法第40条の４第５項各号に掲げる外国関係会社の区分に応じ当該各号に定める場合に該当する事実があるときのその該当する事業年度を含む。）を除く。）において生じた欠損金額（この項の規定により当該各事業年度前の事業年度において控除されたものを除く。）の合計額に相当する金額

二　当該外国関係会社が当該各事業年度において納付をすることとなる法人所得税の額（法人所得税に関する法令に企業集団等所得課税規定がある場合の当該法人所得税にあっては個別計算納付法人所得税額とし、当該各事業年度において還付を受けることとなる法人所得税の額がある場合には当該還付を受けることとなる法人所得税の額（法人所得税に関する法令に企業集団等所得課税規定がある場合の当該法人所得税にあっては、個別計算還付法人所得税額）を控除した金額とする。）

6　第２項及び前項第２号に規定する企業集団等所得課税規定とは、次に掲げる規定をいう。

一　外国法人の属する企業集団の所得に対して法人所得税を課することとし、かつ、当該企業集団に属する一の外国法人のみが当該法人所得税に係る納税申告書（国税通則法第２条第６号に規定する納税申告書をいう。次号において同じ。）に相当する申告書を提出することとする当該外国法人の本店所在地国の法令の規定

二　外国法人（法人の所得に対して課される税が存在しない国若しくは地域に本店若しくは主たる事務所を有するもの又は当該外国法人の本店所在地国の法人所得税に関する法令の規定により当該外国法人の所得の全部につき法人所得税を課さないこととされるものに限る。）の属する企業集団の所得に対して法人所得税を課することとし、かつ、当該企業集団に属する一の外国法人のみが当該法人所得税に係る納税申告書に相当する申告書を提出することとする当該外国法人の本店所在地国以外の国又は地域の法令の規定

三　外国法人の所得を当該外国法人の株主等である者の所得として取り扱うこととする当該外国法人の本店所在地国の法令の規定

7　第５項第１号に規定する欠損金額とは、外国関係会社の各事業年度の決算に基づく所得の金額について第１項若しくは第２項又は第３項の規定を適用した場合において計算される欠損の金額をいう。

8　第１項第１号の計算をする場合において、同号の規定によりその例に準ずるものとされる法人税法第33条（第５項を除く。）及び第42条から第52条までの規定並びに法第43条、第45条の２、第52条の２、第57条の５、第57条の６、第57条の８、第65条の７から第65条の９まで（法第65条の７第１項の表の第４号に係る部分に限る。）、第67条の12第２項及び第67条の13第２項の規定により当該各事業年度において損金の額に算入されることとなる金額があるときは、当該各事業年度に係る法第66条の６第11項の確定申告書（次項において「確定申告書」という。）に当該金額

の損金算入に関する明細書の添付がある場合に限り、当該金額を当該各事業年度の基準所得金額の計算上、損金の額に算入する。ただし、その添付がなかったことについて税務署長がやむを得ない事情があると認める場合において、当該明細書の提出があったときは、この限りでない。

9　第１項（第４号に係る部分に限る。）又は第２項（第17号に係る部分に限る。）の規定により基準所得金額を計算する場合において、これらの規定により当該各事業年度において控除されることとなる金額があるときは、当該各事業年度に係る確定申告書に当該金額の計算に関する明細書の添付がある場合に限り、当該金額を当該各事業年度の基準所得金額の計算上控除する。ただし、その添付がなかったことについて税務署長がやむを得ない事情があると認める場合において、当該明細書の提出があったときは、この限りでない。

10　その外国関係会社の各事業年度の決算に基づく所得の金額の計算につき第１項の規定の適用を受けた内国法人がその適用を受けた事業年度後の事業年度において当該外国関係会社の各事業年度の決算に基づく所得の金額の計算につき第２項の規定の適用を受けようとする場合又はその外国関係会社の各事業年度の決算に基づく所得の金額の計算につき同項の規定の適用を受けた内国法人がその適用を受けた事業年度後の事業年度において当該外国関係会社の各事業年度の決算に基づく所得の金額の計算につき第１項の規定の適用を受けようとする場合には、あらかじめ納税地の所轄税務署長の承認を受けなければならない。

（実質支配関係の判定）

第39条の16　法第66条の６第２項第５号に規定する政令で定める関係は、居住者又は内国法人（以下この項において「居住者等」という。）と外国法人との間に次に掲げる事実その他これに類する事実が存在する場合（当該外国法人の行う事業から生ずる利益のおおむね全部が剰余金の配当、利益の配当、剰余金の分配その他の経済的な利益の給付として当該居住者等（当該居住者等と特殊の関係のある者を含む。）以外の者に対して金銭その他の資産により交付されることとなっている場合を除く。）における当該居住者等と当該外国法人との間の関係（当該関係がないものとして同条第２項第１号（イに係る部分に限る。）の規定を適用した場合に居住者及び内国法人並びに同号イに規定する特殊関係非居住者と当該外国法人との間に同号イ⑴から⑶までに掲げる割合のいずれかが100分の50を超える関係がある場合における当該居住者等と当該外国法人との間の関係を除く。）とする。

一　居住者等が外国法人の残余財産のおおむね全部について分配を請求する権利を有していること。

二　居住者等が外国法人の財産の処分の方針のおおむね全部を決定することができる旨の契約その他の取決めが存在すること（当該外国法人につき前号に掲げる事実が存在する場合を除く。）。

2　前項に規定する特殊の関係とは、次に掲げる関係をいう。

一　一方の者と他方の者との間に当該他方の者が次に掲げるものに該当する関係がある場合における当該関係

イ　当該一方の者の親族

ロ　当該一方の者と婚姻の届出をしていないが事実上婚姻関係と同様の事情にある者

ハ　当該一方の者の使用人又は雇主

ニ　イからハまでに掲げる者以外の者で当該一方の者から受ける金銭その他の資産によって生計を維持しているもの

ホ　ロからニまでに掲げる者と生計を一にするこれらの者の親族

二　一方の者と他方の者との間に当該他方の者が次に掲げる法人に該当する関係がある場合における当該関係（次号及び第４号に掲げる関係に該当するものを除く。）

イ　当該一方の者（当該一方の者と前号に規定する関係のある者を含む。以下この号において同じ。）が他の法人を支配している場合における当該他の法人

ロ　当該一方の者及び当該一方の者と特殊の関係（この項（イに係る部分に限る。）に規定する特殊の関係をいう。）のある法人が他の法人を支配している場合における当該他の法人

ハ　当該一方の者及び当該一方の者と特殊の関係（この項（イ及びロに係る部分に限る。）に規定する特殊の関係をいう。）のある法人が他の法人を支配している場合における当該他の法人

三　二の法人のいずれか一方の法人が他方の法人の発行済株式等の100分の50を超える数又は金額の株式等を直接又は間接に有する関係

四　二の法人が同一の者（当該者が個人である場合には、当該個人及びこれと法人税法第２条第10号に規定する政令で定める特殊の関係のある個人）によってそれぞれその発行済株式等の100分の50を超える数又は金額の株式等を直接又は間接に保有される場合における当該２の法人の関係（前号に掲げる関係に該当するものを除く。）

3　法人税法施行令第４条第３項の規定は、前項第２号イからハまでに掲げる他の法人を支配している場合について準用する。

4　第39条の12第２項及び第３項の規定は、第２項（第３号及び第４号に係る部分に限る。）の規定を適用する場合について準用する。この場合において、同条第２項及び第３項中「100分の50以上の」とあるのは、「100分の50を超える」と読み替えるものとする。

（外国金融子会社等の範囲）

第39条の17　法第66条の６第２項第７号に規定する同様の状況にあるものとして政令で定める部分対象外国関係会社は、次に掲げる部分対象外国関係会社（同項第６号に規定する部分対象外国関係会社をいう。以下この条において同じ。）とする。

一　部分対象外国関係会社（特定保険外国子会社等に該当するものに限る。以下この号において同じ。）に係る特定保険協議者がその本店所在地国の法令に準拠して保険業を行う場合における当該部分対象外国関係会社

二　部分対象外国関係会社（特定保険受託者に該当するものに限る。以下この号において同じ。）に係る特定保険委託者がその本店所在地国の法令に準拠して保険業を行う場合における当該部分対象外国関係会社

2　法第66条の6第2項第7号に規定する政令で定めるものは、次に掲げる部分対象外国関係会社とする。

一　特定保険協議者に係る特定保険外国子会社等に該当する部分対象外国関係会社

二　特定保険受託者に係る特定保険委託者に該当する部分対象外国関係会社

3　法第66条の6第2項第7号に規定する外国金融機関に準ずるものとして政令で定める部分対象外国関係会社は、部分対象外国関係会社のうち次に掲げるもの（一の内国法人及び当該一の内国法人との間に特定資本関係のある内国法人（第6項及び第7項において「一の内国法人等」という。）によってその発行済株式等の全部を直接又は間接に保有されているものに限る。）とする。

一　次に掲げる要件の全てに該当する部分対象外国関係会社

イ　その本店所在地国の法令に準拠して専ら特定外国金融機関（次に掲げる外国法人をいう。以下この項において同じ。）の経営管理及びこれに附帯する業務（以下この項において「経営管理等」という。）を行っていること。

⑴　法第66条の6第2項第7号に規定する外国金融機関でその発行済株式等の100分の50を超える数又は金額の株式等を有するもの

⑵　法第66条の6第2項第6号中「外国関係会社（特定外国関係会社に該当するものを除く。）」とあるのを「外国法人」として同号及び同項第7号の規定を適用した場合に同号に規定する外国金融機関に該当することとなる外国法人で、その本店所在地国の法令又は慣行その他やむを得ない理由により、その発行済株式等の100分の50を超える数又は金額の株式等を有することが認められないもののうち、その議決権の総数の100分の40以上の数の議決権を有することその他財務省令で定める要件に該当するもの

ロ　その本店所在地国においてその役員又は使用人が特定外国金融機関の経営管理を的確に遂行するために通常必要と認められる業務の全てに従事していること。

ハ　当該事業年度終了の時における貸借対照表に計上されている⑴に掲げる金額の⑵に掲げる金額に対する割合が100分の75を超えること。

⑴　その有する特定外国金融機関の株式等及び従属関連業務子会社（その発行済株式等の100分の50を超える数又は金額の株式等を有するものに限る。以下この項において同じ。）の株式等の帳簿価額の合計額

⑵　その総資産の帳簿価額から特定外国金融機関及び従属関連業務子会社に対する貸付金の帳簿価額を控除した残額

ニ　当該事業年度終了の時における貸借対照表に計上されている⑴に掲げる金額の⑵に掲げる金額に対する割合が100分の50を超えること。

⑴　その有する特定外国金融機関の株式等の帳簿価額

⑵　その総資産の帳簿価額から特定外国金融機関に対する貸付金の帳簿価額を控除した残額

二　次に掲げる要件の全てに該当する部分対象外国関係会社（一又は二以上の特定外国金融機関の株式等を有するものに限るものとし、前号に該当する部分対象外国関係会社を除く。）

イ　その本店所在地国の法令に準拠して専ら特定外国金融機関の経営管理等及び特定間接保有

外国金融機関等（特定中間持株会社がその株式等を有する第９項第２号イ及びロに掲げる外国法人並びに特定中間持株会社がその株式等を有する前号に該当する部分対象外国関係会社（その発行済株式等の100分の50を超える数又は金額の株式等を有するものに限る。）をいう。以下この項において同じ。）の経営管理等を行っていること。

ロ　その本店所在地国においてその役員又は使用人が特定外国金融機関の経営管理及び特定間接保有外国金融機関等の経営管理を的確に遂行するために通常必要と認められる業務の全てに従事していること。

ハ　当該事業年度終了の時における貸借対照表に計上されている⑴に掲げる金額の⑵に掲げる金額に対する割合が100分の75を超えること。

⑴　その有する特定外国金融機関の株式等、特定中間持株会社の株式等及び従属関連業務子会社の株式等の帳簿価額の合計額

⑵　その総資産の帳簿価額から特定外国金融機関、特定中間持株会社及び従属関連業務子会社に対する貸付金の帳簿価額を控除した残額

ニ　当該事業年度終了の時における貸借対照表に計上されている⑴に掲げる金額の⑵に掲げる金額に対する割合が100分の50を超えること。

⑴　その有する特定外国金融機関の株式等及び特定中間持株会社の株式等の帳簿価額の合計額

⑵　その総資産の帳簿価額から特定外国金融機関及び特定中間持株会社に対する貸付金の帳簿価額を控除した残額

三　次に掲げる要件の全てに該当する部分対象外国関係会社（一又は二以上の特定外国金融機関の株式等を有するものに限るものとし、前２号のいずれかに該当する部分対象外国関係会社を除く。）

イ　その本店所在地国の法令に準拠して専ら特定外国金融機関の経営管理等、前２号又は次号のいずれかに該当する部分対象外国関係会社（その発行済株式等の100分の50を超える数又は金額の株式等を有するものに限る。以下この号において同じ。）の経営管理等及び特定間接保有外国金融機関等の経営管理等を行っていること。

ロ　その本店所在地国においてその役員又は使用人が特定外国金融機関の経営管理、前２号又は次号のいずれかに該当する部分対象外国関係会社の経営管理及び特定間接保有外国金融機関等の経営管理を的確に遂行するために通常必要と認められる業務の全てに従事していること。

ハ　当該事業年度終了の時における貸借対照表に計上されている⑴に掲げる金額の⑵に掲げる金額に対する割合が100分の75を超えること。

⑴　その有する特定外国金融機関の株式等、前２号及び次号に掲げる部分対象外国関係会社の株式等、特定中間持株会社の株式等並びに従属関連業務子会社の株式等の帳簿価額の合計額

⑵　その総資産の帳簿価額から特定外国金融機関、前２号及び次号に掲げる部分対象外国関

係会社、特定中間持株会社並びに従属関連業務子会社に対する貸付金の帳簿価額を控除した残額

ニ　当該事業年度終了の時における貸借対照表に計上されている⑴に掲げる金額の⑵に掲げる金額に対する割合が100分の50を超えること。

⑴　その有する特定外国金融機関の株式等、前2号及び次号に掲げる部分対象外国関係会社の株式等並びに特定中間持株会社の株式等の帳簿価額の合計額

⑵　その総資産の帳簿価額から特定外国金融機関、前2号及び次号に掲げる部分対象外国関係会社並びに特定中間持株会社に対する貸付金の帳簿価額を控除した残額

四　次に掲げる要件の全てに該当する部分対象外国関係会社（一又は二以上の特定外国金融機関の株式等を有するものに限るものとし、前3号のいずれかに該当する部分対象外国関係会社を除く。）

イ　その本店所在地国の法令に準拠して専ら特定外国金融機関の経営管理等、前3号のいずれかに該当する部分対象外国関係会社（その発行済株式等の100分の50を超える数又は金額の株式等を有するものに限る。以下この号において同じ。）の経営管理等及び特定間接保有外国金融機関等の経営管理等を行っていること。

ロ　その本店所在地国においてその役員又は使用人が特定外国金融機関の経営管理、前3号のいずれかに該当する部分対象外国関係会社の経営管理及び特定間接保有外国金融機関等の経営管理を的確に遂行するために通常必要と認められる業務の全てに従事していること。

ハ　当該事業年度終了の時における貸借対照表に計上されている⑴に掲げる金額の⑵に掲げる金額に対する割合が100分の75を超えること。

⑴　その有する特定外国金融機関の株式等、前3号に掲げる部分対象外国関係会社の株式等、特定中間持株会社の株式等及び従属関連業務子会社の株式等の帳簿価額の合計額

⑵　その総資産の帳簿価額から特定外国金融機関、前3号に掲げる部分対象外国関係会社、特定中間持株会社及び従属関連業務子会社に対する貸付金の帳簿価額を控除した残額

ニ　当該事業年度終了の時における貸借対照表に計上されている⑴に掲げる金額の⑵に掲げる金額に対する割合が100分の50を超えること。

⑴　その有する特定外国金融機関の株式等、前3号に掲げる部分対象外国関係会社の株式等及び特定中間持株会社の株式等の帳簿価額の合計額

⑵　その総資産の帳簿価額から特定外国金融機関、前3号に掲げる部分対象外国関係会社及び特定中間持株会社に対する貸付金の帳簿価額を控除した残額

4　前項に規定する特定資本関係とは、次に掲げる関係をいう。

一　2の法人のいずれか一方の法人が他方の法人の発行済株式等の全部を直接又は間接に保有する関係

二　2の法人が同一の者によってそれぞれその発行済株式等の全部を直接又は間接に保有される場合における当該2の法人の関係（前号に掲げる関係に該当するものを除く。）

5　第39条の12第2項及び第3項の規定は、前項各号の発行済株式等の全部を直接又は間接に保有

するかどうかの判定について準用する。この場合において、同条第２項及び第３項中「100分の50以上の数又は金額の株式又は出資」とあるのは、「全部」と読み替えるものとする。

6　第３項において、発行済株式等の全部を直接又は間接に保有されているかどうかの判定は、同項の一の内国法人等の部分対象外国関係会社に係る直接保有株式等保有割合（当該一の内国法人等の有する外国法人の株式等の数又は金額が当該外国法人の発行済株式等のうちに占める割合をいう。）と当該一の内国法人等の当該部分対象外国関係会社に係る間接保有株式等保有割合とを合計した割合により行うものとする。

7　前項に規定する間接保有株式等保有割合とは、次の各号に掲げる場合の区分に応じ当該各号に定める割合（当該各号に掲げる場合のいずれにも該当する場合には、当該各号に定める割合の合計割合）をいう。

一　部分対象外国関係会社の株主等（法人税法第２条第14号に規定する株主等をいう。以下この項において同じ。）である外国法人の発行済株式等の全部が一の内国法人等によって保有されている場合　当該株主等である外国法人の有する当該部分対象外国関係会社の株式等の数又は金額がその発行済株式等のうちに占める割合（当該株主等である外国法人が２以上ある場合には、当該２以上の株主等である外国法人につきそれぞれ計算した割合の合計割合）

二　部分対象外国関係会社の株主等である外国法人（前号に掲げる場合に該当する同号の株主等である外国法人を除く。）と一の内国法人等との間にこれらの者と株式等の保有を通じて連鎖関係にある一又は二以上の外国法人（以下この号において「出資関連外国法人」という。）が介在している場合（出資関連外国法人及び当該株主等である外国法人がそれぞれその発行済株式等の全部を一の内国法人等又は出資関連外国法人（その発行済株式等の全部が一の内国法人等又は他の出資関連外国法人によって保有されているものに限る。）によって保有されている場合に限る。）　当該株主等である外国法人の有する当該部分対象外国関係会社の株式等の数又は金額がその発行済株式等のうちに占める割合（当該株主等である外国法人が２以上ある場合には、当該２以上の株主等である外国法人につきそれぞれ計算した割合の合計割合）

8　第３項及び次項に規定する従属関連業務子会社とは、部分対象外国関係会社（法第66条の６第２項第７号に規定する外国金融子会社等に該当するものを除く。以下この項において同じ。）のうち次に掲げる要件の全てに該当するものをいう。

一　従属業務（次に掲げる者のうち銀行業、金融商品取引業（金融商品取引法第28条第１項に規定する第一種金融商品取引業と同種類の業務に限る。）又は保険業（以下この号において「銀行業等」という。）を行うものの当該銀行業等の業務に従属する業務をいう。次号において同じ。）又は関連業務（銀行業等に付随し、又は関連する業務をいう。同号において同じ。）を専ら行っていること。

イ　当該部分対象外国関係会社に係る法第40条の４第１項各号及び第66条の６第１項各号に掲げる者

ロ　第39条の14の３第27項第１号中「法第66条の６第２項第３号ハ(1)に掲げる事業を主として行う外国関係会社」とあるのを「外国関係会社（法第66条の６第２項第６号に規定する部分

対象外国関係会社に該当するものに限るものとし、同項第７号に規定する外国金融子会社等に該当するものを除く。以下この項において同じ。)」と、同項第２号及び第３号中「法第66条の６第２項第３号ハ⑴に掲げる事業を主として行う外国関係会社」とあるのを「外国関係会社」と、「同条第１項各号」とあるのを「法第66条の６第１項各号」と、同項第４号及び第５号中「法第66条の６第２項第３号ハ⑴に掲げる事業を主として行う外国関係会社」とあり、並びに同項第６号中「同条第２項第３号ハ⑴に掲げる事業を主として行う外国関係会社」とあり、及び「法第66条の６第２項第３号ハ⑴に掲げる事業を主として行う外国関係会社」とあるのを「外国関係会社」と読み替えた場合における当該部分対象外国関係会社に係る同項各号に掲げる者

二　その本店所在地国においてその役員又は使用人が従属業務又は関連業務を的確に遂行するために通常必要と認められる業務の全てに従事していること。

三　当該事業年度の総収入金額のうちに第１号イ及びロに掲げる者（個人を除く。）との取引に係る収入金額の合計額の占める割合が100分の90以上であること。

9　第３項に規定する特定中間持株会社とは、外国関係会社（法第66条の６第２項第１号に規定する外国関係会社をいい、同項第２号に規定する特定外国関係会社又は同項第３号に規定する対象外国関係会社に該当するものに限る。）のうち次に掲げる要件の全てに該当するものをいう。

一　判定対象外国金融持株会社（第３項第２号から第４号までに掲げる部分対象外国関係会社に該当するかどうかを判定しようとする部分対象外国関係会社をいう。以下この項において同じ。）によってその発行済株式等の100分の50を超える数又は金額の株式等を保有されていること。

二　その本店所在地国が、判定対象外国金融持株会社の本店所在地国又は特定中間持株会社に該当するかどうかを判定しようとする外国関係会社がその株式等を有するいずれかの特定外国金融機関（次に掲げる外国法人をいう。以下この項において同じ。）の本店所在地国と同一であること。

イ　法第66条の６第２項第７号に規定する外国金融機関でその発行済株式等の100分の50を超える数又は金額の株式等を有するもの

ロ　法第66条の６第２項第６号中「外国関係会社（特定外国関係会社に該当するものを除く。)」とあるのを「外国法人」として同号及び同項第７号の規定を適用した場合に同号に規定する外国金融機関に該当することとなる外国法人で、その本店所在地国の法令又は慣行その他やむを得ない理由により、その発行済株式等の100分の50を超える数又は金額の株式等を有することが認められないもののうち、その議決権の総数の100分の40以上の数の議決権を有することその他財務省令で定める要件に該当するもの

三　当該事業年度終了の時における貸借対照表に計上されているイに掲げる金額のロに掲げる金額に対する割合が100分の75を超えること。

イ　その有する特定外国金融機関の株式等、第３項第１号に掲げる部分対象外国関係会社（その発行済株式等の100分の50を超える数又は金額の株式等を有するものに限る。以下この号

及び次号において同じ。）の株式等及び従属関連業務子会社（その発行済株式等の100分の50を超える数又は金額の株式等を有するものに限る。ロにおいて同じ。）の株式等の帳簿価額の合計額

ロ　その総資産の帳簿価額から特定外国金融機関、第３項第１号に掲げる部分対象外国関係会社及び従属関連業務子会社に対する貸付金の帳簿価額を控除した残額

四　当該事業年度終了の時における貸借対照表に計上されているイに掲げる金額のロに掲げる金額に対する割合が100分の50を超えること。

イ　その有する特定外国金融機関の株式等及び第３項第１号に掲げる部分対象外国関係会社の株式等の帳簿価額の合計額

ロ　その総資産の帳簿価額から特定外国金融機関及び第３項第１号に掲げる部分対象外国関係会社に対する貸付金の帳簿価額を控除した残額

五　一又は二以上の特定外国金融機関の株式等を有していること。

（外国関係会社に係る租税負担割合の計算）

第39条の17の２　法第66条の６第５項第１号に規定する政令で定めるところにより計算した割合は、外国関係会社（同条第２項第１号に規定する外国関係会社をいう。次項において同じ。）の各事業年度の所得に対して課される租税の額を当該所得の金額で除して計算した割合とする。

２　前項に規定する割合の計算については、次に定めるところによる。

一　前項の所得の金額は、次に掲げる外国関係会社の区分に応じそれぞれ次に定める金額とする。

イ　ロに掲げる外国関係会社以外の外国関係会社　当該外国関係会社の各事業年度の決算に基づく所得の金額につき、その本店所在地国の外国法人税に関する法令（外国法人税に関する法令が２以上ある場合には、そのうち主たる外国法人税に関する法令）の規定（企業集団等所得課税規定（第39条の15第６項に規定する企業集団等所得課税規定をいう。以下この項において同じ。）を除く。以下この項において「本店所在地国の法令の規定」という。）により計算した所得の金額に当該所得の金額に係る⑴から⑸までに掲げる金額の合計額を加算した金額から当該所得の金額に係る⑹に掲げる金額を控除した残額

⑴　その本店所在地国の法令の規定により外国法人税の課税標準に含まれないこととされる所得の金額（支払を受ける配当等の額を除く。）

⑵　その支払う配当等の額で損金の額に算入している金額

⑶　その納付する外国法人税の額（外国法人税に関する法令に企業集団等所得課税規定がある場合の当該外国法人税にあっては、企業集団等所得課税規定の適用がないものとした場合に納付するものとして計算される外国法人税の額）で損金の額に算入している金額

⑷　その積み立てた保険準備金の額のうち損金の額に算入している金額で法第57条の５又は第57条の６の規定の例によるものとした場合に損金の額に算入されないこととなる金額に相当する金額

⑸　その積み立てた保険準備金（法第57条の５又は第57条の６の規定の例によるものとした

場合に積み立てられるものに限る。）につき益金の額に算入した金額がこれらの規定の例によるものとした場合に益金の額に算入すべき金額に相当する金額に満たない場合におけるその満たない部分の金額

⑹　その還付を受ける外国法人税の額（外国法人税に関する法令に企業集団等所得課税規定がある場合の当該外国法人税にあっては、企業集団等所得課税規定の適用がないものとした場合に還付を受けるものとして計算される外国法人税の額）で益金の額に算入している金額

ロ　法人の所得に対して課される税が存在しない国又は地域に本店又は主たる事務所を有する外国関係会社　当該外国関係会社の各事業年度の決算に基づく所得の金額に当該所得の金額に係る⑴から⑷までに掲げる金額の合計額を加算した金額から当該所得の金額に係る⑸及び⑹に掲げる金額の合計額を控除した残額

⑴　その支払う配当等の額で費用の額又は損失の額としている金額

⑵　その納付する外国法人税の額で費用の額又は損失の額としている金額

⑶　その積み立てた保険準備金の額のうち費用の額又は損失の額としている金額で法第57条の５又は第57条の６の規定の例によるものとした場合に損金の額に算入されないこととなる金額に相当する金額

⑷　その積み立てた保険準備金（法第57条の５又は第57条の６の規定の例によるものとした場合に積み立てられるものに限る。）につき収益の額としている金額がこれらの規定の例によるものとした場合に益金の額に算入すべき金額に相当する金額に満たない場合におけるその満たない部分の金額

⑸　その支払を受ける配当等の額で収益の額としている金額

⑹　その還付を受ける外国法人税の額で収益の額としている金額

二　前項の租税の額は、外国関係会社の各事業年度の決算に基づく所得の金額につき、その本店所在地国又は本店所在地国以外の国若しくは地域において課される外国法人税の額（外国法人税に関する法令に企業集団等所得課税規定がある場合の当該外国法人税にあっては、企業集団等所得課税規定の適用がないものとした場合に計算される外国法人税の額）とする。

三　前号の外国法人税の額は、その本店所在地国の法令の規定により外国関係会社が納付したものとみなしてその本店所在地国の外国法人税の額から控除されるものを含むものとし、次に掲げる外国関係会社の区分に応じそれぞれ次に定めるものを含まないものとする。

イ　第１号イに掲げる外国関係会社　同号イ⑴に掲げる所得の金額から除かれるその本店所在地国以外の国又は地域に所在する法人から受ける配当等の額に対して課される外国法人税の額

ロ　第１号ロに掲げる外国関係会社　その本店所在地国以外の国又は地域に所在する法人から受ける同号ロ⑸に掲げる配当等の額に対して課される外国法人税の額

四　その本店所在地国の外国法人税の税率が所得の額に応じて高くなる場合には、第２号の外国法人税の額は、これらの税率をこれらの税率のうち最も高い税率であるものとして算定した外

国法人税の額とすることができる。

五　前項の所得の金額がない場合又は欠損の金額となる場合には、同項に規定する割合は、次に掲げる外国関係会社の区分に応じそれぞれ次に定める割合とする。

イ　第１号イに掲げる外国関係会社　その行う主たる事業に係る収入金額（当該収入金額が同号イ⑴に掲げる所得の金額から除かれる配当等の額である場合には、当該収入金額以外の収入金額）から所得が生じたとした場合にその所得に対して適用されるその本店所在地国の外国法人税の税率に相当する割合

ロ　第１号ロに掲げる外国関係会社　零

（部分適用対象金額の計算等）

第39条の17の３　法第66条の６第６項に規定する政令で定める日は、清算外国金融子会社等（同項に規定する清算外国金融子会社等をいう。次項及び第32項において同じ。）の残余財産の確定の日と特定日（同条第６項に規定する該当しないこととなった日をいう。次項において同じ。）以後５年を経過する日とのいずれか早い日とする。

２　法第66条の６第６項各号列記以外の部分に規定する政令で定める金額は、清算外国金融子会社等の特定清算事業年度（同項に規定する特定清算事業年度をいう。第32項において同じ。）に係る同条第６項第１号から第７号の２までに掲げる金額に係る利益の額又は損失の額（特定日の前日に有していた資産若しくは負債又は特定日前に締結した契約に基づく取引に係るものに限る。）の合計額とする。

３　法第66条の６第６項各号列記以外の部分に規定する政令で定めるところにより計算した金額は、同条第１項各号に掲げる内国法人に係る部分対象外国関係会社（同条第２項第６号に規定する部分対象外国関係会社をいい、同項第７号に規定する外国金融子会社等に該当するものを除く。以下この条（第10項第４号を除く。）において同じ。）の各事業年度の法第66条の６第６項に規定する部分適用対象金額に、当該各事業年度終了の時における当該内国法人の当該部分対象外国関係会社に係る第39条の14第２項第１号に規定する請求権等勘案合算割合を乗じて計算した金額とする。

４　法第66条の６第６項第１号に規定する政令で定める剰余金の配当等の額は、部分対象外国関係会社が同号イ又はロに掲げる法人から受ける剰余金の配当等（同号に規定する剰余金の配当等をいう。以下この項及び第６項において同じ。）の全部又は一部が当該法人の本店所在地国の法令において当該法人の所得の金額の計算上損金の額に算入することとされている場合におけるその受ける剰余金の配当等の額とする。

５　法第66条の６第６項第１号に規定する政令で定めるところにより計算した金額は、部分対象外国関係会社が当該事業年度において支払う負債の利子の額の合計額に、第１号に掲げる金額のうちに第２号に掲げる金額の占める割合を乗じて計算した金額（当該負債の利子の額の合計額のうちに同項第１号に規定する直接要した費用の額の合計額として同号に掲げる金額の計算上控除される金額がある場合には、当該金額を控除した残額）とする。

一　当該部分対象外国関係会社の当該事業年度終了の時における貸借対照表に計上されている総資産の帳簿価額

二　当該部分対象外国関係会社が当該事業年度終了の時において有する株式等（剰余金の配当等の額（法第66条の６第６項第１号に規定する剰余金の配当等の額をいう。）に係るものに限る。）の前号の貸借対照表に計上されている帳簿価額の合計額

6　法第66条の６第６項第１号イに規定する政令で定める要件は、他の法人の発行済株式等のうちに部分対象外国関係会社が保有しているその株式等の数若しくは金額の占める割合又は当該他の法人の発行済株式等のうちの議決権のある株式等の数若しくは金額のうちに当該部分対象外国関係会社が保有している当該株式等の数若しくは金額の占める割合のいずれかが100分の25以上であり、かつ、その状態が当該部分対象外国関係会社が当該他の法人から受ける剰余金の配当等の額の支払義務が確定する日（当該剰余金の配当等の額が法人税法第24条第１項に規定する事由に係る財務省令で定める剰余金の配当等の額である場合には、同日の前日。以下この項において同じ。）以前６月以上（当該他の法人が当該確定する日以前６月以内に設立された法人である場合には、その設立の日から当該確定する日まで）継続していることとする。

7　法第66条の６第６項第１号ロに規定する政令で定める外国法人は、租税条約の我が国以外の締約国又は締約者（当該締約国又は締約者に係る内水及び領海並びに排他的経済水域又は大陸棚に相当する水域を含む。）内に同号ロに規定する化石燃料を採取する場所を有する外国法人とする。

8　第６項の規定は、法第66条の６第６項第１号ロに規定する政令で定める要件について準用する。この場合において、第６項中「他の法人」とあるのは「他の外国法人」と、「100分の25」とあるのは「100分の10」と読み替えるものとする。

9　法第66条の６第６項第２号に規定する支払を受ける利子に準ずるものとして政令で定めるものは、支払を受ける手形の割引料、法人税法施行令第139条の２第１項に規定する償還有価証券に係る同項に規定する調整差益その他経済的な性質が支払を受ける利子に準ずるもの（法人税法第64条の２第３項に規定するリース取引による同条第１項に規定するリース資産の引渡しを行ったことにより受けるべき対価の額のうちに含まれる利息に相当する金額及び財務省令で定める金額を除く。）とする。

10　法第66条の６第６項第２号に規定する政令で定める利子の額は、次に掲げる利子（前項に規定する支払を受ける利子に準ずるものを含む。以下この項において同じ。）の額とする。

一　割賦販売等（割賦販売法第２条第１項に規定する割賦販売、同条第２項に規定するローン提携販売、同条第３項に規定する包括信用購入あっせん又は同条第４項に規定する個別信用購入あっせんに相当するものをいう。以下この号において同じ。）を行う部分対象外国関係会社でその本店所在地国においてその役員又は使用人が割賦販売等を的確に遂行するために通常必要と認められる業務の全てに従事しているものが行う割賦販売等から生ずる利子の額

二　部分対象外国関係会社（その本店所在地国においてその役員又は使用人がその行う棚卸資産の販売及びこれに付随する棚卸資産の販売の対価の支払の猶予に係る業務を的確に遂行するために通常必要と認められる業務の全てに従事しているものに限る。）が当該部分対象外国関係

会社に係る次号イ及びロに掲げる者以外の者に対して行う棚卸資産の販売の対価の支払の猶予により生ずる利子の額

三　部分対象外国関係会社（その本店所在地国においてその行う金銭の貸付けに係る事務所、店舗その他の固定施設を有し、かつ、その本店所在地国においてその役員又は使用人がその行う金銭の貸付けの事業を的確に遂行するために通常必要と認められる業務の全てに従事しているものに限る。以下この号において同じ。）がその関連者等（次に掲げる者をいい、個人を除く。次号において同じ。）に対して行う金銭の貸付けに係る利子の額

イ　当該部分対象外国関係会社に係る法第40条の４第１項各号及び第66条の６第１項各号に掲げる者

ロ　第39条の14の３第27項第１号中「法第66条の６第２項第３号ハ(1)に掲げる事業を主として行う外国関係会社」とあるのを「外国関係会社（法第66条の６第２項第６号に規定する部分対象外国関係会社に該当するものに限るものとし、同項第７号に規定する外国金融子会社等に該当するものを除く。以下この項において同じ。）」と、同項第２号及び第３号中「法第66条の６第２項第３号ハ(1)に掲げる事業を主として行う外国関係会社」とあるのを「外国関係会社」と、「同条第１項各号」とあるのを「法第66条の６第１項各号」と、同項第４号及び第５号中「法第66条の６第２項第３号ハ(1)に掲げる事業を主として行う外国関係会社」とあり、並びに同項第６号中「同条第２項第３号ハ(1)に掲げる事業を主として行う外国関係会社」とあり、及び「法第66条の６第２項第３号ハ(1)に掲げる事業を主として行う外国関係会社」とあるのを「外国関係会社」と読み替えた場合における当該部分対象外国関係会社に係る同項各号に掲げる者

ハ　当該部分対象外国関係会社（第39条の14の３第20項に規定する統括会社に該当するものに限る。）に係る同条第18項に規定する被統括会社

四　法第66条の６第２項第６号に規定する部分対象外国関係会社（同項第７号に規定する外国金融子会社等に該当するものを除く。）が当該部分対象外国関係会社に係る関連者等である外国法人（前号（イからハまでを除く。）に規定する部分対象外国関係会社及び同条第８項各号列記以外の部分に規定する部分対象外国関係会社に限る。）に対して行う金銭の貸付けに係る利子の額

11　法第66条の６第６項第４号に規定する政令で定めるところにより計算した金額は、法人税法施行令第119条の規定の例によるものとした場合の有価証券の取得価額を基礎として移動平均法（有価証券を銘柄の異なるごとに区別し、銘柄を同じくする有価証券（以下第13項までにおいて「同一銘柄有価証券」という。）の取得をする都度その同一銘柄有価証券のその取得の直前の帳簿価額とその取得をした同一銘柄有価証券の取得価額との合計額をこれらの同一銘柄有価証券の総数で除して平均単価を算出し、その算出した平均単価をもってその一単位当たりの帳簿価額とする方法をいう。）により算出したその有価証券の一単位当たりの帳簿価額に、その譲渡をした有価証券（同号に規定する対価の額に係るものに限る。）の数を乗じて計算した金額とする。

12　法第66条の６第６項の内国法人は、前項の規定にかかわらず、法人税法施行令第119条の規定

の例によるものとした場合の有価証券の取得価額を基礎として総平均法（有価証券を銘柄の異なるごとに区別し、同一銘柄有価証券について、事業年度開始の時において有していたその同一銘柄有価証券の帳簿価額と当該事業年度において取得をしたその同一銘柄有価証券の取得価額の総額との合計額をこれらの同一銘柄有価証券の総数で除して平均単価を算出し、その算出した平均単価をもつてその一単位当たりの帳簿価額とする方法をいう。）により算出したその有価証券の一単位当たりの帳簿価額に、その譲渡をした有価証券（法第66条の６第６項第４号に規定する対価の額に係るものに限る。）の数を乗じて計算した金額をもって同号に規定する政令で定めるところにより計算した金額とすることができる。

13　前２項に規定する同一銘柄有価証券の一単位当たりの帳簿価額の算出の方法は、有価証券の種類ごとに選定するものとする。

14　法第66条の６第６項の内国法人は、その有価証券につき選定した一単位当たりの帳簿価額の算出の方法を変更しようとする場合には、あらかじめ納税地の所轄税務署長の承認を受けなければならない。

15　法第66条の６第６項第６号に規定する政令で定める取引は、外国為替の売買相場の変動に伴って生ずる利益を得ることを目的とする投機的な取引とする。

16　次に掲げる金額に係る利益の額又は損失の額（法第66条の６第６項第１号から第６号までに掲げる金額に係る利益の額又は損失の額及び法人税法第61条の６第１項各号に掲げる損失を減少させるために行った取引として財務省令で定める取引に係る利益の額又は損失の額を除く。）は、法第66条の６第６項第７号に掲げる金額に係る利益の額又は損失の額に含まれるものとする。

一　所得税法第２条第１項第12号の２に規定する投資信託の収益の分配の額の合計額から当該収益の分配の額を得るために直接要した費用の額の合計額を控除した残額

二　法人税法第61条の３第１項第１号に規定する売買目的有価証券に相当する有価証券（以下この号において「売買目的有価証券相当有価証券」という。）に係る評価益（当該売買目的有価証券相当有価証券の時価評価金額（同項第１号に規定する時価評価金額に相当する金額をいう。以下この号において同じ。）が当該売買目的有価証券相当有価証券の期末帳簿価額（同条第２項に規定する期末帳簿価額に相当する金額をいう。以下この号において同じ。）を超える場合におけるその超える部分の金額をいう。）又は評価損（当該売買目的有価証券相当有価証券の期末帳簿価額が当該売買目的有価証券相当有価証券の時価評価金額を超える場合におけるその超える部分の金額をいう。）

三　法人税法第61条の２第20項に規定する有価証券の空売りに相当する取引に係るみなし決済損益額（同法第61条の４第１項に規定するみなし決済損益額に相当する金額をいう。以下この項において同じ。）

四　法人税法第61条の２第21項に規定する信用取引に相当する取引に係るみなし決済損益額

五　法人税法第61条の２第21項に規定する発行日取引に相当する取引に係るみなし決済損益額

六　法人税法第61条の４第１項に規定する有価証券の引受けに相当する取引に係るみなし決済損益額

17　法第66条の６第６項第７号の２イに規定する政令で定める金額は、部分対象外国関係会社の当該事業年度において収入した、又は収入すべきことの確定した収入保険料（当該収入保険料のうちに払い戻した、又は払い戻すべきものがある場合には、その金額を控除した残額）及び再保険返戻金の合計額から当該事業年度において支払った、又は支払うべきことの確定した再保険料及び解約返戻金の合計額を控除した残額とする。

18　法第66条の６第６項第７号の２ロに規定する政令で定める金額は、部分対象外国関係会社の当該事業年度において支払った、又は支払うべきことの確定した支払保険金の額の合計額から当該事業年度において収入した、又は収入すべきことの確定した再保険金の額の合計額を控除した残額とする。

19　法第66条の６第６項第８号に規定する政令で定める固定資産は、固定資産のうち無形資産等に該当するものとする。

20　法第66条の６第６項第８号に規定する政令で定める要件は、次に掲げる要件とする。

一　部分対象外国関係会社の役員又は使用人がその本店所在地国において固定資産（無形資産等に該当するものを除く。以下この項及び次項において同じ。）の貸付け（不動産又は不動産の上に存する権利を使用させる行為を含む。以下この項において同じ。）を的確に遂行するために通常必要と認められる業務の全てに従事していること。

二　部分対象外国関係会社の当該事業年度における固定資産の貸付けに係る業務の委託に係る対価の支払額の合計額の当該部分対象外国関係会社の当該事業年度における固定資産の貸付けに係る業務に従事する役員及び使用人に係る人件費の額の合計額に対する割合が100分の30を超えていないこと。

三　部分対象外国関係会社の当該事業年度における固定資産の貸付けに係る業務に従事する役員及び使用人に係る人件費の額の合計額の当該部分対象外国関係会社の当該事業年度における固定資産の貸付けによる収入金額から当該事業年度における貸付けの用に供する固定資産に係る償却費の額の合計額を控除した残額（当該残額がない場合には、当該人件費の額の合計額に相当する金額）に対する割合が100分の５を超えていること。

四　部分対象外国関係会社がその本店所在地国において固定資産の貸付けを行うに必要と認められる事務所、店舗、工場その他の固定施設を有していること。

21　法第66条の６第６項第８号に規定する政令で定めるところにより計算した金額は、部分対象外国関係会社が有する固定資産（同号に規定する対価の額に係るものに限る。第24項及び第25項において同じ。）に係る当該事業年度の償却費の額のうち法人税法第31条の規定の例に準じて計算した場合に算出される同条第１項に規定する償却限度額に達するまでの金額とする。

22　法第66条の６第６項第９号に規定する政令で定める使用料は、次の各号に掲げる無形資産等の区分に応じ、当該各号に定める使用料（同条第１項各号に掲げる内国法人が次の各号に定めるものであることを明らかにする書類を保存している場合における当該使用料に限る。）とする。

一　部分対象外国関係会社が自ら行った研究開発の成果に係る無形資産等　当該部分対象外国関係会社が当該研究開発を主として行った場合の当該無形資産等の使用料

二　部分対象外国関係会社が取得をした無形資産等　当該部分対象外国関係会社が当該取得につき相当の対価を支払い、かつ、当該無形資産等をその事業（株式等若しくは債券の保有、無形資産等の提供又は船舶若しくは航空機の貸付けを除く。次号において同じ。）の用に供している場合の当該無形資産等の使用料

三　部分対象外国関係会社が使用を許諾された無形資産等　当該部分対象外国関係会社が当該許諾につき相当の対価を支払い、かつ、当該無形資産等をその事業の用に供している場合の当該無形資産等の使用料

23　法第66条の6第6項第9号に規定する政令で定めるところにより計算した金額は、部分対象外国関係会社が有する無形資産等（同号に規定する使用料に係るものに限る。次項及び第25項において同じ。）に係る当該事業年度の償却費の額のうち法人税法第31条の規定の例に準じて計算した場合に算出される同条第1項に規定する償却限度額に達するまでの金額とする。

24　法第66条の6第6項の内国法人は、第21項及び前項の規定にかかわらず、部分対象外国関係会社が有する固定資産又は無形資産等に係る当該事業年度の償却費の額として当該部分対象外国関係会社の第39条の15第2項に規定する本店所在地国の法令の規定により当該事業年度の損金の額に算入している金額（その固定資産又は無形資産等の取得価額（既にした償却の額で各事業年度の損金の額に算入されたものがある場合には、当該金額を控除した金額）を各事業年度の損金の額に算入する金額の限度額として償却する方法を用いて計算されたものについては法人税法第31条の規定の例によるものとした場合に損金の額に算入されることとなる金額に相当する金額）をもつて法第66条の6第6項第8号又は第9号に規定する政令で定めるところにより計算した金額とすることができる。

25　その部分対象外国関係会社が有する固定資産若しくは無形資産等に係る償却費の額の計算につき第21項若しくは第23項の規定の適用を受けた内国法人がその適用を受けた事業年度後の事業年度において当該償却費の額の計算につき前項の規定の適用を受けようとする場合又はその部分対象外国関係会社が有する固定資産若しくは無形資産等に係る償却費の額の計算につき同項の規定の適用を受けた内国法人がその適用を受けた事業年度後の事業年度において当該償却費の額の計算につき第21項若しくは第23項の規定の適用を受けようとする場合には、あらかじめ納税地の所轄税務署長の承認を受けなければならない。

26　第22項（第3号を除く。）の規定は、法第66条の6第6項第10号に規定する政令で定める対価の額について準用する。この場合において、第22項中「使用料（」とあるのは「対価の額（」と、「当該使用料」とあるのは「当該対価の額」と、同項第1号及び第2号中「使用料」とあるのは「譲渡に係る対価の額」と読み替えるものとする。

27　法第66条の6第6項第11号に規定する各事業年度の所得の金額として政令で定める金額は、同号イからルまでに掲げる金額がないものとした場合の部分対象外国関係会社の各事業年度の決算に基づく所得の金額（当該金額が零を下回る場合には、零）とする。

28　第11項から第14項までの規定は、法第66条の6第6項第11号ニに規定する政令で定めるところにより計算した金額について準用する。

29　第16項の規定は、法第66条の６第６項第11号トに掲げる金額に係る利益の額又は損失の額について準用する。

30　法第66条の６第６項第11号ヲに規定する総資産の額として政令で定める金額は、部分対象外国関係会社の当該事業年度（当該事業年度が残余財産の確定の日を含む事業年度である場合には、当該事業年度の前事業年度）終了の時における貸借対照表に計上されている総資産の帳簿価額とする。

31　法第66条の６第６項第11号ヲに規定する政令で定める費用の額は、部分対象外国関係会社の当該事業年度の人件費の額及び当該部分対象外国関係会社の当該事業年度（当該事業年度が残余財産の確定の日を含む事業年度である場合には、当該事業年度の前事業年度）終了の時における貸借対照表に計上されている減価償却資産に係る償却費の累計額とする。

32　法第66条の６第７項に規定する政令で定めるところにより調整を加えた金額は、部分対象外国関係会社の各事業年度の同条第６項第４号から第７号の２まで及び第10号に掲げる金額の合計額（当該合計額が零を下回る場合には零とし、清算外国金融子会社等の特定清算事業年度にあっては特定金融所得金額（同項に規定する特定金融所得金額をいう。以下この項において同じ。）がないものとした場合の当該各号に掲げる金額の合計額（当該合計額が零を下回る場合には、零）とする。）から当該部分対象外国関係会社の当該各事業年度開始の日前７年以内に開始した事業年度（平成30年４月１日前に開始した事業年度、部分対象外国関係会社又は法第40条の４第２項第６号に規定する部分対象外国関係会社（同項第７号に規定する外国金融子会社等に該当するものを除く。）に該当しなかった事業年度及び法第66条の６第10項第１号に該当する事実がある場合のその該当する事業年度（法第40条の４第10項第１号に該当する事実がある場合のその該当する事業年度を含む。）を除く。）において生じた部分適用対象損失額（法第66条の６第６項第４号から第７号の２まで及び第10号に掲げる金額の合計額（清算外国金融子会社等の特定清算事業年度にあっては特定金融所得金額がないものとした場合の当該各号に掲げる金額の合計額）が零を下回る場合のその下回る額をいい、この項の規定により当該各事業年度前の事業年度において控除されたものを除く。）の合計額に相当する金額を控除した残額とする。

（金融子会社等部分適用対象金額の計算等）

第39条の17の４　法第66条の６第８項各号列記以外の部分に規定する政令で定めるところにより計算した金額は、同条第１項各号に掲げる内国法人に係る部分対象外国関係会社（同条第８項各号列記以外の部分に規定する部分対象外国関係会社をいう。以下この条において同じ。）の各事業年度の法第66条の６第８項に規定する金融子会社等部分適用対象金額に、当該各事業年度終了の時における当該内国法人の当該部分対象外国関係会社に係る第39条の14第２項第１号に規定する請求権等勘案合算割合を乗じて計算した金額とする。

２　第39条の17第４項及び第５項の規定は、法第66条の６第８項第１号に規定する政令で定める関係について準用する。

３　法第66条の６第８項第１号に規定する政令で定める要件を満たす部分対象外国関係会社は、一の内国法人及び当該一の内国法人との間に同号に規定する特定資本関係のある内国法人（次項において「一の内国法人等」という。）によってその発行済株式等の全部を直接又は間接に保有されている部分対象外国関係会社（部分対象外国関係会社のうち、その設立の日から同日以後５年を経過する日を含む事業年度終了の日までの期間を経過していないもの及びその解散の日から同日以後３年を経過する日を含む事業年度終了の日までの期間を経過していないものを除く。）とする。

4　前項において、発行済株式等の全部を直接又は間接に保有されているかどうかの判定は、同項の一の内国法人等の部分対象外国関係会社に係る直接保有株式等保有割合（当該一の内国法人等の有する外国法人の株式等の数又は金額が当該外国法人の発行済株式等のうちに占める割合をいう。）と当該一の内国法人等の当該部分対象外国関係会社に係る間接保有株式等保有割合とを合計した割合により行うものとする。

5　第39条の17第７項の規定は、前項に規定する間接保有株式等保有割合について準用する。

6　法第66条の６第８項第１号に規定する純資産につき剰余金その他に関する調整を加えた金額として政令で定める金額は、部分対象外国関係会社の当該事業年度終了の時における貸借対照表に計上されている総資産の帳簿価額から総負債の帳簿価額を控除した残額から、剰余金その他の財務省令で定めるものの額を控除した残額とする。

7　法第66条の６第８項第１号に規定する総資産の額として政令で定める金額は、部分対象外国関係会社の当該事業年度終了の時における貸借対照表に計上されている総資産の帳簿価額（保険業を行う部分対象外国関係会社にあっては、財務省令で定めるものの額を含む。）とする。

8　法第66条の６第８項第１号に規定する本店所在地国の法令に基づき下回ることができない資本の額を勘案して政令で定める金額は、部分対象外国関係会社の本店所在地国の法令に基づき下回ることができない資本の額の２倍に相当する金額とする。

9　法第66条の６第８項第１号に規定する政令で定めるところにより計算した金額は、部分対象外国関係会社の当該事業年度に係る同号に規定する親会社等資本持分相当額から前項に規定する金額を控除した残額に、当該部分対象外国関係会社の当該事業年度終了の日の翌日から２月を経過する日を含む同条第１項各号に掲げる内国法人の事業年度（以下この項において「親会社等事業年度」という。）に係る第１号に掲げる金額の第２号に掲げる金額に対する割合（当該割合が100分の10を下回る場合には、100分の10）を乗じて計算した金額とする。

一　親会社等事業年度の決算に基づく所得の金額

二　親会社等事業年度終了の時における貸借対照表に計上されている総資産の帳簿価額から総負債の帳簿価額を控除した残額

10　法第66条の６第９項第２号に規定する政令で定めるところにより調整を加えた金額は、部分対象外国関係会社の各事業年度の同条第８項第４号に掲げる金額（当該金額が零を下回る場合には、零）から当該部分対象外国関係会社の当該各事業年度開始の日前７年以内に開始した事業年度（平成30年４月１日前に開始した事業年度、部分対象外国関係会社（法第40条の４第８項各号列記以外の部分に規定する部分対象外国関係会社を含む。）に該当しなかった事業年度及び法第66

条の６第10項第１号に該当する事実がある場合のその該当する事業年度（法第40条の４第10項第１号に該当する事実がある場合のその該当する事業年度を含む。）を除く。）において生じた金融子会社等部分適用対象損失額（法第66条の６第８項第４号に掲げる金額が零を下回る場合のその下回る額をいい、この項の規定により当該各事業年度前の事業年度において控除されたものを除く。）の合計額に相当する金額を控除した残額とする。

（部分適用対象金額又は金融子会社等部分適用対象金額に係る適用除外）

第39条の17の５　法第66条の６第10項第３号に規定する政令で定める金額は、同条第２項第６号に規定する部分対象外国関係会社の各事業年度の決算に基づく所得の金額（各事業年度の所得を課税標準として課される第39条の15第１項第２号に規定する法人所得税（法人税法施行令第141条第２項第３号に掲げる税を除く。）の額を含む。）とする。

（外国関係会社の課税対象金額等に係る外国法人税額の計算等）

第39条の18　法第66条の７第１項に規定する政令で定める外国法人税は、外国法人税に関する法令に企業集団等所得課税規定（第39条の15第６項に規定する企業集団等所得課税規定をいう。以下この条において同じ。）がある場合の当該外国法人税とし、法第66条の７第１項に規定する政令で定める金額は、当該企業集団等所得課税規定の適用がないものとした場合に当該外国法人税に関する法令の規定により計算される外国法人税の額（以下この条において「個別計算外国法人税額」という。）とする。

２　個別計算外国法人税額は、企業集団等所得課税規定の適用がないものとした場合に当該個別計算外国法人税額に係る外国法人税に関する法令の規定により当該個別計算外国法人税額を納付すべきものとされる期限の日に課されるものとして、この条の規定を適用する。

３　法第66条の７第１項に規定する課税対象金額に対応するものとして政令で定めるところにより計算した金額は、外国関係会社（法第66条の６第２項第１号に規定する外国関係会社をいう。以下この条において同じ。）につきその適用対象金額（法第66条の６第２項第４号に規定する適用対象金額をいう。以下この項及び次条において同じ。）を有する事業年度（以下この条において「課税対象年度」という。）の所得に対して課される外国法人税の額（外国法人税に関する法令に企業集団等所得課税規定がある場合の当該外国法人税にあっては、個別計算外国法人税額。以下この条において同じ。）に、当該課税対象年度に係る適用対象金額（第39条の15第１項（第４号に係る部分に限る。）若しくは第２項（第17号に係る部分に限る。）の規定により控除される同条第１項第４号に掲げる金額（当該外国法人税の課税標準に含まれるものに限る。）又は同条第３項の規定により控除される同項に規定する控除対象配当等の額（当該外国法人税の課税標準に含まれるものに限る。）がある場合には、これらの金額を加算した金額。第17項及び第23項において「調整適用対象金額」という。）のうちに法第66条の７第１項に規定する内国法人に係る課税対象金額の占める割合を乗じて計算した金額とする。

４　法第66条の７第１項に規定する部分課税対象金額に対応するものとして政令で定めるところに

より計算した金額は、外国関係会社につきその部分適用対象金額（法第66条の６第６項に規定する部分適用対象金額をいう。以下この項、第18項、第24項及び次条において同じ。）を有する事業年度（以下この条において「部分課税対象年度」という。）の所得に対して課される外国法人税の額に、当該部分課税対象年度に係る調整適用対象金額のうちに法第66条の７第１項に規定する内国法人に係る部分課税対象金額（法第66条の６第６項に規定する部分課税対象金額をいう。以下この条及び次条において同じ。）の占める割合（当該調整適用対象金額が当該部分課税対象金額を下回る場合には、当該部分課税対象年度に係る部分適用対象金額のうちに当該部分課税対象金額の占める割合）を乗じて計算した金額とする。

5　法第66条の７第１項に規定する金融子会社等部分課税対象金額に対応するものとして政令で定めるところにより計算した金額は、外国関係会社につきその金融子会社等部分適用対象金額（法第66条の６第８項に規定する金融子会社等部分適用対象金額をいう。以下この項、第25項及び次条において同じ。）を有する事業年度（以下この条において「金融子会社等部分課税対象年度」という。）の所得に対して課される外国法人税の額に、当該金融子会社等部分課税対象年度に係る調整適用対象金額のうちに法第66条の７第１項に規定する内国法人に係る金融子会社等部分課税対象金額（法第66条の６第８項に規定する金融子会社等部分課税対象金額をいう。以下この条及び次条において同じ。）の占める割合（当該調整適用対象金額が当該金融子会社等部分課税対象金額を下回る場合には、当該金融子会社等部分課税対象年度に係る金融子会社等部分適用対象金額のうちに当該金融子会社等部分課税対象金額の占める割合）を乗じて計算した金額とする。

6　前２項に規定する調整適用対象金額とは、これらの規定に規定する外国関係会社が法第66条の６第２項第２号に規定する特定外国関係会社又は同項第３号に規定する対象外国関係会社に該当するものとして同項第４号の規定を適用した場合に計算される同号に定める金額（第39条の15第１項（第４号に係る部分に限る。）若しくは第２項（第17号に係る部分に限る。）の規定により控除される同条第１項第４号に掲げる金額（当該外国関係会社の部分課税対象年度又は金融子会社等部分課税対象年度の所得に対して課される外国法人税の課税標準に含まれるものに限る。）又は同条第３項の規定により控除される同項に規定する控除対象配当等の額（当該外国関係会社の部分課税対象年度又は金融子会社等部分課税対象年度の所得に対して課される外国法人税の課税標準に含まれるものに限る。）がある場合には、これらの金額を加算した金額）をいう。

7　外国関係会社につきその課税対象年度、部分課税対象年度又は金融子会社等部分課税対象年度の所得に対して２以上の外国法人税が課され、又は２回以上にわたって外国法人税が課された場合において、当該外国関係会社に係る内国法人がその２以上の事業年度において当該外国法人税の額につき法第66条の７第１項の規定の適用を受けるときは、当該２以上の事業年度のうち最初の事業年度後の事業年度に係る同項の規定の適用については、第１号に掲げる金額から第２号に掲げる金額を控除した金額をもって第３項から第５項までに規定する計算した金額とする。

一　法第66条の７第１項の規定の適用を受ける事業年度（次号において「適用事業年度」という。）終了の日までに当該課税対象年度、部分課税対象年度又は金融子会社等部分課税対象年度の所得に対して課された外国法人税の額（第９項の規定により同条第１項の規定の適用を受

けることを選択したものに限る。同号において同じ。）の合計額について第３項から第５項までの規定により計算した金額

二　適用事業年度開始の日の前日までに当該課税対象年度、部分課税対象年度又は金融子会社等部分課税対象年度の所得に対して課された外国法人税の額の合計額について第３項から第５項までの規定により計算した金額

8　外国関係会社につきその課税対象年度、部分課税対象年度又は金融子会社等部分課税対象年度の所得に対して課された外国法人税の額のうち、法第66条の７第１項の規定により当該外国関係会社に係る内国法人が納付する同項に規定する控除対象外国法人税の額（以下この条において「控除対象外国法人税の額」という。）とみなされる金額は、次の各号に掲げる外国法人税の区分に応じそれぞれその内国法人の当該各号に定める事業年度においてその内国法人が納付することとなるものとみなす。

一　その内国法人が当該外国関係会社の当該課税対象年度の課税対象金額に相当する金額、当該部分課税対象年度の部分課税対象金額に相当する金額又は当該金融子会社等部分課税対象年度の金融子会社等部分課税対象金額に相当する金額につき法第66条の６第１項、第６項又は第８項の規定の適用を受ける事業年度終了の日以前に当該課税対象年度、部分課税対象年度又は金融子会社等部分課税対象年度の所得に対して課された外国法人税　その適用を受ける事業年度

二　その内国法人が当該外国関係会社の当該課税対象年度の課税対象金額に相当する金額、当該部分課税対象年度の部分課税対象金額に相当する金額又は当該金融子会社等部分課税対象年度の金融子会社等部分課税対象金額に相当する金額につき法第66条の６第１項、第６項又は第８項の規定の適用を受ける事業年度終了の日後に当該課税対象年度、部分課税対象年度又は金融子会社等部分課税対象年度の所得に対して課された外国法人税　その課された日の属する事業年度

9　外国関係会社につきその課税対象年度、部分課税対象年度又は金融子会社等部分課税対象年度の所得に対して２以上の外国法人税が課され、又は２回以上にわたって外国法人税が課された場合には、当該外国関係会社の当該課税対象年度の課税対象金額に相当する金額、当該部分課税対象年度の部分課税対象金額に相当する金額又は当該金融子会社等部分課税対象年度の金融子会社等部分課税対象金額に相当する金額につき法第66条の６第１項、第６項又は第８項の規定の適用を受ける内国法人は、その適用を受ける課税対象金額、部分課税対象金額又は金融子会社等部分課税対象金額に係るそれぞれの外国法人税の額につき、法第66条の７第１項の規定の適用を受け、又は受けないことを選択することができる。

10　内国法人がその内国法人に係る外国関係会社の所得に対して課された外国法人税の額につき法第66条の７第１項の規定の適用を受けた場合において、その適用を受けた事業年度（以下この項において「適用事業年度」という。）開始の日後７年以内に開始するその内国法人の各事業年度において当該外国法人税の額が減額されたときは、当該外国法人税の額のうち同条第１項の規定によりその内国法人が納付する控除対象外国法人税の額とみなされた部分の金額につき、その減額されることとなった日において、第１号に掲げる金額から第２号に掲げる金額を控除した残額

に相当する金額の減額があったものとみなす。

一　当該外国法人税の額のうち適用事業年度においてその内国法人が納付する控除対象外国法人税の額とみなされた部分の金額

二　当該減額があった後の当該外国法人税の額につき適用事業年度において法第66条の7第1項の規定を適用したならばその内国法人が納付する控除対象外国法人税の額とみなされる部分の金額

11　前項の規定により控除対象外国法人税の額が減額されたものとみなされた場合における法人税法第69条第12項の規定の適用については、法人税法施行令第147条（第2項を除く。）に定めるところによる。この場合において、同条第1項中「外国法人税の額に係る当該内国法人」とあるのは「外国法人税の額（租税特別措置法第66条の7第1項（内国法人の外国関係会社に係る所得の課税の特例）に規定する外国関係会社の所得に対して課される外国法人税の額のうち同項の規定により当該内国法人が納付するものとみなされる部分の金額を含む。以下この項において同じ。）に係る当該内国法人」と、「控除対象外国法人税の額（」とあるのは「控除対象外国法人税の額（租税特別措置法第66条の7第1項の規定により当該内国法人が納付するものとみなされる金額を含む。」と、「減額控除対象外国法人税額」とあるのは「減額控除対象外国法人税額（租税特別措置法施行令第39条の18第10項（外国関係会社の課税対象金額等に係る外国法人税額の計算等）の規定により減額があったものとみなされる控除対象外国法人税の額を含む。）」とする。

12　法第66条の6第1項各号に掲げる内国法人の各事業年度の所得の金額の計算上同項又は同条第6項若しくは第8項の規定により益金の額に算入された金額（以下この項において「益金算入額」という。）がある場合には、当該益金算入額は、当該内国法人の当該各事業年度に係る法人税法第69条第1項に規定する控除限度額の計算については、法人税法施行令第142条第3項本文に規定する調整国外所得金額（当該内国法人が通算法人である場合には、同令第148条第4項に規定する加算前国外所得金額）に含まれるものとする。ただし、その所得に対して同令第141条第1項に規定する外国法人税（以下この項において「外国法人税」という。）を課さない国又は地域に本店又は主たる事務所を有する外国関係会社に係る益金算入額（当該外国関係会社の本店所在地国以外の国又は地域において、当該益金算入額の計算の基礎となった当該外国関係会社の所得に対して課される外国法人税の額がある場合の当該外国関係会社の所得に係る益金算入額を除く。）については、この限りでない。

13　第8項各号に掲げる外国法人税の額のうち法第66条の7第1項の規定により外国関係会社に係る内国法人が納付する控除対象外国法人税の額とみなされる金額は、その内国法人の当該各号に定める事業年度に係る法人税法第69条第1項に規定する控除限度額の計算については、法人税法施行令第142条第3項本文に規定する調整国外所得金額（当該内国法人が通算法人である場合には、同令第148条第4項に規定する加算前国外所得金額）に含まれるものとする。

14　第10項の規定により控除対象外国法人税の額が減額されたものとみなされた金額のうち、第11項の規定により法人税法施行令第147条第1項の規定による同項に規定する納付控除対象外国法人税額からの控除又は同条第3項の規定による同項に規定する控除限度超過額からの控除に充てられることとなる部分の金額に相当する金額は、第10項に規定する内国法人のこれらの控除をすることとなる事業年度の所得の金額の計算上、損金の額に算入する。この場合において、当該損金の額に算入する金額は、同令第142条第３項本文に規定する調整国外所得金額（当該内国法人が通算法人である場合には、同令第148条第４項に規定する加算前国外所得金額）の計算上の損金の額として配分するものとする。

15　法第66条の７第２項に規定する政令で定める事業年度は、外国関係会社の所得に対して課された外国法人税の額が第８項各号のいずれに該当するかに応じ当該各号に定める事業年度とする。

16　法第66条の７第３項に規定する政令で定める金額は、外国法人税に関する法令に企業集団等所得課税規定がある場合に計算される個別計算外国法人税額とする。

17　法第66条の７第３項に規定する課税対象金額に対応するものとして政令で定めるところにより計算した金額は、外国関係会社につきその課税対象年度の所得に対して課される外国法人税の額に、当該課税対象年度に係る調整適用対象金額のうちに同項に規定する内国法人に係る課税対象金額の占める割合を乗じて計算した金額とする。

18　法第66条の７第３項に規定する部分課税対象金額に対応するものとして政令で定めるところにより計算した金額は、外国関係会社につきその部分課税対象年度の所得に対して課される外国法人税の額に、当該部分課税対象年度に係る調整適用対象金額（第６項に規定する調整適用対象金額をいう。以下この項、第24項及び第25項において同じ。）のうちに同条第３項に規定する内国法人に係る部分課税対象金額の占める割合（当該調整適用対象金額が当該部分課税対象金額を下回る場合には、当該部分課税対象年度に係る部分適用対象金額のうちに当該部分課税対象金額の占める割合）を乗じて計算した金額とする。

19　外国関係会社につきその課税対象年度又は部分課税対象年度の所得に対して２以上の外国法人税が課され、又は２回以上にわたって外国法人税が課された場合において、当該外国関係会社に係る内国法人がその２以上の事業年度において当該外国法人税の額につき法第66条の７第３項の規定の適用を受けるときは、当該２以上の事業年度のうち最初の事業年度後の事業年度に係る同項の規定の適用については、第１号に掲げる金額から第２号に掲げる金額を控除した金額をもって前２項に規定する計算した金額とする。

一　法第66条の７第３項の規定の適用を受ける事業年度（次号において「適用事業年度」という。）終了の日までに当該課税対象年度又は部分課税対象年度の所得に対して課された外国法人税の額の合計額について前２項の規定により計算した金額

二　適用事業年度開始の日の前日までに当該課税対象年度又は部分課税対象年度の所得に対して課された外国法人税の額の合計額について前２項の規定により計算した金額

20　外国関係会社につきその課税対象年度又は部分課税対象年度の所得に対して課された外国法人税の額のうち、法第66条の７第３項の規定により当該外国関係会社に係る内国法人が納付した同項に規定する外国法人税の額とみなされる金額は、次の各号に掲げる外国法人税の区分に応じそれぞれその内国法人の当該各号に定める事業年度においてその内国法人が納付することとなるものとみなし、その納付することとなるものとみなされた事業年度においてその内国法人が納付し

たものとみなす。

一　その内国法人が当該外国関係会社の当該課税対象年度の課税対象金額に相当する金額又は当該部分課税対象年度の部分課税対象金額に相当する金額につき法第66条の６第１項又は第６項の規定の適用を受ける事業年度終了の日以前に当該課税対象年度又は部分課税対象年度の所得に対して課された外国法人税　その適用を受ける事業年度

二　その内国法人が当該外国関係会社の当該課税対象年度の課税対象金額に相当する金額又は当該部分課税対象年度の部分課税対象金額に相当する金額につき法第66条の６第１項又は第６項の規定の適用を受ける事業年度終了の日後に当該課税対象年度又は部分課税対象年度の所得に対して課された外国法人税　その課された日の属する事業年度

21　法第66条の７第３項に規定する内国法人が有する同項の規定の適用に係る外国関係会社の株式等は、第４条の９第１項第１号（第４条の10第１項、第４条の11第１項又は第５条第１項において準用する場合を含む。以下この項において同じ。）に規定する外貨建資産割合の計算については、同号に規定する外貨建資産に含まれるものとする。

22　法第66条の７第３項の規定の適用を受けた内国法人は、財務省令で定めるところにより、同項の規定の適用に係る外国法人税の額を課されたことを証する書類その他財務省令で定める書類を保存しなければならない。

23　法第66条の７第４項に規定する課税対象金額に対応するものとして政令で定めるところにより計算した金額は、外国関係会社につきその課税対象年度の所得に対して課される所得税等の額（同項に規定する所得税等の額をいう。次項及び第25項において同じ。）に、当該課税対象年度に係る調整適用対象金額のうちに同条第４項に規定する内国法人に係る課税対象金額の占める割合を乗じて計算した金額とする。

24　法第66条の７第４項に規定する部分課税対象金額に対応するものとして政令で定めるところにより計算した金額は、外国関係会社につきその部分課税対象年度の所得に対して課される所得税等の額に、当該部分課税対象年度に係る調整適用対象金額のうちに同項に規定する内国法人に係る部分課税対象金額の占める割合（当該調整適用対象金額が当該部分課税対象金額を下回る場合には、当該部分課税対象年度に係る部分適用対象金額のうちに当該部分課税対象金額の占める割合）を乗じて計算した金額とする。

25　法第66条の７第４項に規定する金融子会社等部分課税対象金額に対応するものとして政令で定めるところにより計算した金額は、外国関係会社につきその金融子会社等部分課税対象年度の所得に対して課される所得税等の額に、当該金融子会社等部分課税対象年度に係る調整適用対象金額のうちに同項に規定する内国法人に係る金融子会社等部分課税対象金額の占める割合（当該調整適用対象金額が当該金融子会社等部分課税対象金額を下回る場合には、当該金融子会社等部分課税対象年度に係る金融子会社等部分適用対象金額のうちに当該金融子会社等部分課税対象金額の占める割合）を乗じて計算した金額とする。

26　法第66条の７第４項及び第６項に規定する政令で定める事業年度は、法第66条の６第１項各号に掲げる内国法人が、当該内国法人に係る外国関係会社の課税対象年度の課税対象金額に相当する金額、部分課税対象年度の部分課税対象金額に相当する金額又は金融子会社等部分課税対象年度の金融子会社等部分課税対象金額に相当する金額につき、同項又は同条第６項若しくは第８項の規定の適用を受ける事業年度とする。

（特定課税対象金額及び間接特定課税対象金額の計算等）

第39条の19　内国法人が外国法人から受ける剰余金の配当等の額（法第66条の８第１項に規定する剰余金の配当等の額をいう。以下この条において同じ。）がある場合における同項から法第66条の８第３項までの規定の適用については、同条第１項の規定の適用に係る剰余金の配当等の額、同条第２項の規定の適用に係る剰余金の配当等の額及び同条第３項の規定の適用に係る剰余金の配当等の額の順に、同条第１項から第３項までの規定を適用するものとする。

２　法第66条の８第４項第１号に規定する政令で定めるところにより計算した金額は、同号の外国法人に係る適用対象金額（内国法人の同号に規定する事業年度（以下この項において「配当事業年度」という。）の所得の金額の計算上益金の額に算入される課税対象金額に係るものに限る。以下この項において同じ。）、部分適用対象金額（内国法人の配当事業年度の所得の金額の計算上益金の額に算入される部分課税対象金額に係るものに限る。以下この項において同じ。）又は金融子会社等部分適用対象金額（内国法人の配当事業年度の所得の金額の計算上益金の額に算入される金融子会社等部分課税対象金額に係るものに限る。以下この項において同じ。）に、当該外国法人の当該適用対象金額、部分適用対象金額又は金融子会社等部分適用対象金額に係る事業年度終了の時における発行済株式等のうちに当該事業年度終了の時における当該内国法人の有する当該外国法人の請求権等勘案直接保有株式等（内国法人が有する外国法人の株式等の数又は金額（次の各号に掲げる場合に該当する場合には、当該各号に定める数又は金額）をいう。次項において同じ。）の占める割合を乗じて計算した金額とする。

一　当該外国法人が請求権の内容が異なる株式等を発行している場合（次号又は第３号に掲げる場合に該当する場合を除く。）　当該外国法人の発行済株式等に、当該内国法人が当該請求権の内容が異なる株式等に係る請求権に基づき受けることができる剰余金の配当等の額がその総額のうちに占める割合を乗じて計算した数又は金額

二　当該外国法人の事業年度終了の時において当該外国法人と当該内国法人との間に実質支配関係がある場合　当該外国法人の発行済株式等

三　当該外国法人の事業年度終了の時において当該外国法人と当該内国法人以外の者との間に実質支配関係がある場合　零

３　法第66条の８第４項第２号に規定する政令で定めるところにより計算した金額は、同号の外国法人の各事業年度の適用対象金額（内国法人の同号に規定する前10年以内の各事業年度（以下この項において「前10年以内の各事業年度」という。）の所得の金額の計算上益金の額に算入された課税対象金額に係るものに限る。以下この項において同じ。）、部分適用対象金額（内国法人の前10年以内の各事業年度の所得の金額の計算上益金の額に算入された部分課税対象金額に係るものに限る。以下この項において同じ。）又は金融子会社等部分適用対象金額（内国法人の前10年

以内の各事業年度の所得の金額の計算上益金の額に算入された金融子会社等部分課税対象金額に係るものに限る。以下この項において同じ。）に、当該外国法人の当該適用対象金額、部分適用対象金額又は金融子会社等部分適用対象金額に係る各事業年度終了の時における発行済株式等のうちに当該各事業年度終了の時における当該内国法人の有する当該外国法人の請求権等勘案直接保有株式等の占める割合を乗じて計算した金額の合計額とする。

4　法第66条の８第５項の規定の適用がある場合の同項の内国法人の同項に規定する適格組織再編成（次項において「適格組織再編成」という。）の日（当該適格組織再編成が残余財産の全部の分配である場合には、その残余財産の確定の日の翌日。次項において同じ。）を含む事業年度以後の各事業年度における同条第４項の規定の適用については、同条第５項各号に定める課税済金額（同条第４項第２号に掲げる金額をいう。以下この条において同じ。）は、被合併法人、分割法人、現物出資法人又は現物分配法人（次項において「被合併法人等」という。）の次の各号に掲げる事業年度の区分に応じ当該内国法人の当該各号に定める事業年度の課税済金額とみなす。

一　適格合併等（法第66条の８第５項第１号に規定する適格合併等をいう。次号において同じ。）に係る被合併法人又は現物分配法人の同項第１号に規定する合併等前10年内事業年度（以下この項及び次項において「合併等前10年内事業年度」という。）のうち次号に掲げるもの以外のもの　当該被合併法人又は現物分配法人の合併等前10年内事業年度開始の日を含む当該内国法人の各事業年度

二　適格合併等に係る被合併法人又は現物分配法人の合併等前10年内事業年度のうち当該内国法人の当該適格合併等の日（法第66条の８第５項第１号に規定する適格合併等の日をいう。）を含む事業年度（以下この号において「合併等事業年度」という。）開始の日以後に開始したもの　当該内国法人の合併等事業年度開始の日の前日を含む事業年度

三　適格分割等（法第66条の８第５項第２号に規定する適格分割等をいう。以下この項及び第６項において同じ。）に係る分割法人等（分割法人、現物出資法人又は現物分配法人をいう。以下この項及び第６項において同じ。）の同号に規定する分割等前10年内事業年度（以下この条において「分割等前10年内事業年度」という。）のうち次号及び第５号に掲げるもの以外のもの　当該分割法人等の分割等前10年内事業年度開始の日を含む当該内国法人の各事業年度

四　適格分割等に係る分割法人等の当該適格分割等の日を含む事業年度開始の日が当該内国法人の当該適格分割等の日を含む事業年度開始の日前である場合の当該分割法人等の分割等前10年内事業年度　当該分割法人等の分割等前10年内事業年度終了の日を含む当該内国法人の各事業年度

五　適格分割等に係る分割法人等の分割等前10年内事業年度のうち当該内国法人の当該適格分割等の日を含む事業年度（以下この号において「分割承継等事業年度」という。）開始の日以後に開始したもの　当該内国法人の分割承継等事業年度開始の日の前日を含む事業年度

5　法第66条の８第５項の内国法人の適格組織再編成の日を含む事業年度開始の日前10年以内に開始した各事業年度のうち最も古い事業年度開始の日（以下この項において「内国法人10年前事業年度開始日」という。）が当該適格組織再編成に係る被合併法人等の合併等前10年内事業年度又

は分割等前10年内事業年度（以下この項において「被合併法人等前10年内事業年度」という。）のうち最も古い事業年度開始の日（２以上の被合併法人等が行う適格組織再編成にあっては、当該開始の日が最も早い被合併法人等の当該事業年度開始の日。以下この項において「被合併法人等10年前事業年度開始日」という。）後である場合には、当該被合併法人等10年前事業年度開始日から当該内国法人10年前事業年度開始日（当該適格組織再編成が当該内国法人を設立するものである場合にあっては、当該内国法人の当該適格組織再編成の日を含む事業年度開始の日。以下この項において同じ。）の前日までの期間を当該期間に対応する当該被合併法人等10年前事業年度開始日に係る被合併法人等前10年内事業年度ごとに区分したそれぞれの期間（当該前日を含む期間にあっては、当該被合併法人等の当該前日を含む事業年度開始の日から当該内国法人10年前事業年度開始日の前日までの期間）は、当該内国法人のそれぞれの事業年度とみなして、前項の規定を適用する。

6　法第66条の８第５項第２号に規定する政令で定めるところにより計算した金額は、適格分割等に係る分割法人等の分割等前10年内事業年度の課税済金額に、当該適格分割等の直前に当該分割法人等が有する同項の外国法人の請求権勘案直接保有株式等（内国法人が有する外国法人の株式等の数又は金額（当該外国法人が請求権の内容が異なる株式等を発行している場合には、当該外国法人の発行済株式等に、当該内国法人が当該請求権の内容が異なる株式等に係る請求権に基づき受けることができる剰余金の配当等の額がその総額のうちに占める割合を乗じて計算した数又は金額）をいう。以下この項及び第８項において同じ。）のうちに同条第５項の内国法人が当該適格分割等により当該分割法人等から移転を受ける同項の外国法人の請求権勘案直接保有株式等の占める割合をそれぞれ乗じて計算した金額とする。

7　法第66条の８第10項第１号に規定する政令で定める剰余金の配当等の額は、同号に規定する期間において同号の外国法人が他の外国法人から受けた剰余金の配当等の額であって次に掲げるものとする。

一　当該他の外国法人の課税対象金額、部分課税対象金額又は金融子会社等部分課税対象金額（法第66条の８第10項第１号の内国法人の配当事業年度（同号に規定する配当事業年度をいう。次項及び第10項において同じ。）又は前２年以内の各事業年度（同号に規定する前２年以内の各事業年度をいう。第11項において同じ。）の所得の金額の計算上益金の額に算入されたものに限る。次号において「課税対象金額等」という。）の生ずる事業年度がない場合における当該他の外国法人から受けたもの

二　当該他の外国法人の課税対象金額等の生ずる事業年度開始の日（その日が２以上ある場合には、最も早い日）前に受けたもの

8　法第66条の８第10項第１号に規定する政令で定める金額は、同号に規定する期間において同号の外国法人が他の外国法人から受けた剰余金の配当等の額（同号に規定する政令で定める剰余金の配当等の額を除く。）に、同号の内国法人の配当事業年度において当該内国法人が当該外国法人から受けた剰余金の配当等の額のうち当該配当事業年度の終了の日に最も近い日に受けたものの支払に係る基準日（以下この項において「直近配当基準日」という。）における当該外国法人

の発行済株式等のうちに直近配当基準日における当該内国法人の有する当該外国法人の請求権勘案直接保有株式等の占める割合を乗じて計算した金額とする。

9　法第66条の８第10項第２号イに規定する政令で定める他の外国法人の株式の数又は出資の金額は、外国法人の発行済株式等に、内国法人の出資関連法人（当該外国法人の株主等（法人税法第２条第14号に規定する株主等をいう。以下この項及び第12項第２号において同じ。）である他の外国法人をいう。以下この項及び第12項第１号において同じ。）に係る持株割合（その株主等の有する株式等の数又は金額が当該株式等の発行法人の発行済株式等のうちに占める割合（当該発行法人が請求権の内容が異なる株式等を発行している場合には、その株主等が当該請求権の内容が異なる株式等に係る請求権に基づき受けることができる剰余金の配当等の額がその総額のうちに占める割合）をいう。以下この項において同じ。）及び当該出資関連法人の当該外国法人に係る持株割合を乗じて計算した株式等の数又は金額とする。

10　法第66条の８第10項第２号イに規定する政令で定めるところにより計算した金額は、同号イの他の外国法人に係る適用対象金額（内国法人の配当事業年度の所得の金額の計算上益金の額に算入される課税対象金額に係るものに限る。以下この項において同じ。）、部分適用対象金額（内国法人の配当事業年度の所得の金額の計算上益金の額に算入される部分課税対象金額に係るものに限る。以下この項において同じ。）又は金融子会社等部分適用対象金額（内国法人の配当事業年度の所得の金額の計算上益金の額に算入される金融子会社等部分課税対象金額に係るものに限る。以下この項において同じ。）に、当該他の外国法人の当該適用対象金額、部分適用対象金額又は金融子会社等部分適用対象金額に係る事業年度終了の時における発行済株式等のうちに当該事業年度終了の時において当該内国法人が同条第10項第１号の外国法人を通じて間接に有する当該他の外国法人の請求権等勘案間接保有株式等の占める割合を乗じて計算した金額とする。

11　法第66条の８第10項第２号ロに規定する政令で定めるところにより計算した金額は、同号ロの他の外国法人の各事業年度の適用対象金額（内国法人の前２年以内の各事業年度の所得の金額の計算上益金の額に算入された課税対象金額に係るものに限る。以下この項において同じ。）、部分適用対象金額（内国法人の前２年以内の各事業年度の所得の金額の計算上益金の額に算入された部分課税対象金額に係るものに限る。以下この項において同じ。）又は金融子会社等部分適用対象金額（内国法人の前２年以内の各事業年度の所得の金額の計算上益金の額に算入された金融子会社等部分課税対象金額に係るものに限る。以下この項において同じ。）に、当該他の外国法人の当該適用対象金額、部分適用対象金額又は金融子会社等部分適用対象金額に係る各事業年度終了の時における発行済株式等のうちに当該各事業年度終了の時において当該内国法人が同条第10項第１号の外国法人を通じて間接に有する当該他の外国法人の請求権等勘案間接保有株式等の占める割合を乗じて計算した金額の合計額とする。

12　前２項及びこの項において、次の各号に掲げる用語の意義は、当該各号に定めるところによる。

一　請求権等勘案間接保有株式等　外国法人の発行済株式等に、内国法人の出資関連法人に係る請求権等勘案保有株式等保有割合及び当該出資関連法人の当該外国法人に係る請求権等勘案保有株式等保有割合を乗じて計算した株式等の数又は金額をいう。

二　請求権等勘案保有株式等保有割合　株式等の発行法人の株主等の有する株式等の数又は金額が当該発行法人の発行済株式等のうちに占める割合（次に掲げる場合に該当する場合には、それぞれ次に定める割合）

イ　当該発行法人が請求権の内容が異なる株式等を発行している場合（ロ又はハに掲げる場合に該当する場合を除く。）　当該株主等が当該請求権の内容が異なる株式等に係る請求権に基づき受けることができる剰余金の配当等の額がその総額のうちに占める割合

ロ　法第66条の８第10項第１号の他の外国法人の事業年度終了の時において当該発行法人と当該株主等との間に実質支配関係がある場合　100分の100

ハ　法第66条の８第10項第１号の他の外国法人の事業年度終了の時において当該発行法人と当該株主等以外の者との間に実質支配関係がある場合　零

13　第４項から第６項までの規定は、法第66条の８第11項において準用する同条第５項の規定を適用する場合について準用する。この場合において、次の表の上欄に掲げる規定中同表の中欄に掲げる字句は、それぞれ同表の下欄に掲げる字句に読み替えるものとする。

第4項	第66条の８第５項の	第66条の８第11項の規定により読み替えられた同条第５項の
	同条第４項の	同条第10項の
	同条第５項各号に定める課税済金額（同条第４項第２号に掲げる金額をいう。以下この条において同じ。）	同条第11項の規定により読み替えられた同条第５項各号に定める間接配当等（同条第10項第１号に掲げる金額をいう。以下この項及び第６項において同じ。）又は間接課税済金額（同条第10項第２号ロに掲げる金額をいう。以下この項及び第６項において同じ。）
	の課税済金額	の間接配当等又は間接課税済金額
第4項第1号	同項第１号	同条第11項の規定により読み替えられた同条第５項第１号
	合併等前10年内事業年度	合併等前２年内事業年度
第4項第2号	合併等前10年内事業年度	合併等前２年内事業年度
第4項第3号	同号	同条第11項の規定により読み替えられた同条第５項第２号
	分割等前10年内事業年度	分割等前２年内事業年度
第4項第4号及び第5号	分割等前10年内事業年度	分割等前２年内事業年度

第5項	前10年以内	前2年以内
	内国法人10年前事業年度開始日	内国法人2年前事業年度開始日
	合併等前10年内事業年度又は分割等前10年内事業年度	合併等前2年内事業年度又は分割等前2年内事業年度
	被合併法人等前10年内事業年度	被合併法人等前2年内事業年度
	被合併法人等10年前事業年度開始日	被合併法人等2年前事業年度開始日
	前項	第13項の規定により読み替えられた前項
第6項	第66条の8第5項第2号	第66条の8第11項の規定により読み替えられた同条第5項第2号
	分割等前10年内事業年度の課税済金額	分割等前2年内事業年度の間接配当等又は間接課税済金額
	請求権勘案直接保有株式等（内国法人が有する外国法人の株式等の数又は金額（当該外国法人が請求権の内容が異なる株式等を発行している場合には、当該外国法人の発行済株式等に、当該内国法人が当該請求権の内容が異なる株式等に係る請求権に基づき受けることができる剰余金の配当等の額がその総額のうちに占める割合を乗じて計算した数又は金額）をいう。以下この項及び第8項において同じ。）	間接保有の株式等の数（法第66条の8第10項第2号イに規定する間接保有の株式等の数をいう。以下この項において同じ。）
	請求権勘案直接保有株式等の	間接保有の株式等の数の

14　法第66条の8第1項、第3項、第7項又は第9項の規定の適用がある場合における法人税法施行令の規定の適用については、同令第9条第1号ハ中「益金不算入）」とあるのは、「益金不算入）又は租税特別措置法第66条の8（内国法人の外国関係会社に係る所得の課税の特例）」とする。

15　法第66条の8第2項又は第8項の規定の適用がある場合における法人税法施行令の規定の適用については、同令第9条第1号ハ中「益金不算入）」とあるのは、「益金不算入）（租税特別措置法第66条の8第2項又は第8項（内国法人の外国関係会社に係る所得の課税の特例）の規定により読み替えて適用する場合を含む。）」とする。

（外国関係会社の判定等）

第39条の20　法第66条の6第1項、第6項又は第8項の場合において、外国法人が同条第2項第1

号に規定する外国関係会社（以下この項及び次項において「外国関係会社」という。）に該当するかどうかの判定は、当該外国法人の各事業年度終了の時の現況によるものとし、内国法人が同条第１項各号に掲げる法人に該当するかどうかの判定は、これらの法人に係る外国関係会社の各事業年度終了の時の現況による。

2　法第66条の６第１項各号に掲げる内国法人が当該内国法人に係る外国関係会社の各事業年度終了の日以後２月を経過する日までの間に合併により解散した場合には、その直接及び間接に有する当該外国関係会社の株式等でその合併に係る合併法人が移転を受けたものは、その合併法人が当該外国関係会社の各事業年度終了の日において直接及び間接に有する株式等とみなす。

3　法第66条の６第１項、第６項又は第８項の規定の適用を受けた内国法人のこれらの規定により益金の額に算入された金額は、法人税法第67条第３項及び第５項の規定の適用については、これらの規定に規定する所得等の金額に含まれないものとする。

4　法第66条の６第１項、第６項又は第８項の規定の適用を受けた内国法人の利益積立金額の計算については、これらの規定により益金の額に算入された金額は、法人税法施行令第９条第１号イに規定する所得の金額に含まれないものとする。

5　法人税法施行令第14条の６第１項から第５項まで及び第７項から第11項までの規定は、法第66条の６第12項の規定を同条から法第66条の９までの規定及び第39条の14からこの条までの規定において適用する場合について準用する。

6　前項に定めるもののほか、法人税法第４条の３に規定する受託法人又は法人課税信託の受益者についての法第66条の６から第66条の９までの規定又は第39条の14からこの条までの規定の適用に関し必要な事項は、財務省令で定める。

3　租税特別措置法施行規則

（内国法人の外国関係会社に係る所得の課税の特例）

第22条の11　施行令第39条の14の３第１項第１号に規定する外国関係会社の経営管理を行う法人として財務省令で定めるものは、保険会社等（保険業を主たる事業とする内国法人又は保険業法第２条第16項に規定する保険持株会社に該当する内国法人をいう。以下第５項までにおいて同じ。）にその発行済株式又は出資（自己が有する自己の株式等（株式又は出資をいう。以下この条において同じ。）を除く。）の総数又は総額（以下この条において「発行済株式等」という。）の全部を直接又は間接に保有されている内国法人（保険会社等を除く。以下この項及び第５項において「判定対象内国法人」という。）で、次に掲げる要件の全てに該当するものとする。

一　当該判定対象内国法人が専ら保険外国関係会社等（外国関係会社（法第66条の６第２項第１号に規定する外国関係会社をいう。以下この条において同じ。）で次に掲げる要件の全てに該当するものをいう。次号及び第５項において同じ。）の経営管理及びこれに附帯する業務を行っていること。

イ　その主たる事業が保険業又はこれに関連する事業であること。

ロ　判定対象内国法人等（当該保険会社等並びに当該判定対象内国法人及び当該保険会社等に係る他の判定対象内国法人をいう。）によってその発行済株式等の100分の50を超える数又は金額の株式等を直接又は間接に保有されていること。

ハ　当該判定対象内国法人によってその発行済株式又は出資を直接又は間接に保有されていること。

二　当該保険会社等に係る他の判定対象内国法人（当該保険外国関係会社等の発行済株式又は出資を直接又は間接に保有するものに限る。第５項において同じ。）がある場合には、当該他の判定対象内国法人が専ら当該保険外国関係会社等の経営管理及びこれに附帯する業務を行っていること。

2　前項において発行済株式等の全部を直接又は間接に保有されているかどうかの判定は、同項の保険会社等の内国法人に係る直接保有株式等保有割合（当該保険会社等の有する当該内国法人の株式等の数又は金額が当該内国法人の発行済株式等のうちに占める割合をいう。）と当該保険会社等の当該内国法人に係る間接保有株式等保有割合とを合計した割合により行うものとする。

3　前項に規定する間接保有株式等保有割合とは、次の各号に掲げる場合の区分に応じ当該各号に定める割合（当該各号に掲げる場合のいずれにも該当する場合には、当該各号に定める割合の合計割合）をいう。

一　内国法人の法人税法第２条第14号に規定する株主等である他の内国法人（以下この項において「株主内国法人」という。）の発行済株式等の全部が保険会社等によって保有されている場合　当該株主内国法人の有する当該内国法人の株式等の数又は金額がその発行済株式等のうちに占める割合（当該株主内国法人が２以上ある場合には、当該２以上の株主内国法人につきそ

れぞれ計算した割合の合計割合）

二　内国法人に係る株主内国法人（前号に掲げる場合に該当する同号の株主内国法人を除く。）と保険会社等との間にこれらの者と株式等の保有を通じて連鎖関係にある1又は2以上の内国法人（以下この号において「出資関連内国法人」という。）が介在している場合（出資関連内国法人及び当該株主内国法人がそれぞれその発行済株式等の全部を保険会社等又は出資関連内国法人（その発行済株式等の全部が保険会社等又は他の出資関連内国法人によって保有されているものに限る。）によって保有されている場合に限る。）当該株主内国法人の有する当該内国法人の株式等の数又は金額がその発行済株式等のうちに占める割合（当該株主内国法人が2以上ある場合には、当該2以上の株主内国法人につきそれぞれ計算した割合の合計割合）

4　前2項の規定は、第1項第1号ロの発行済株式等の100分の50を超える数又は金額の株式等を直接又は間接に保有されているかどうかの判定について準用する。この場合において、第2項中「同項の保険会社等」とあるのは「判定対象内国法人等（同項第1号ロに規定する判定対象内国法人等をいう。以下この項及び次項において同じ。）」と、「内国法人」とあるのは「外国関係会社」と、「当該保険会社等」とあるのは「当該判定対象内国法人等」と、前項第1号中「内国法人の法人税法」とあるのは「外国関係会社の法人税法」と、「他の内国法人」とあるのは「外国法人」と、「株主内国法人」とあるのは「株主外国法人」と、「全部」とあるのは「100分の50を超える数又は金額の株式等」と、「保険会社等」とあるのは「判定対象内国法人等」と、「当該内国法人」とあるのは「当該外国関係会社」と、同項第2号中「内国法人に係る」とあるのは「外国関係会社に係る」と、「株主内国法人」とあるのは「株主外国法人」と、「保険会社等」とあるのは「判定対象内国法人等」と、「の内国法人」とあるのは「の外国法人」と、「出資関連内国法人」とあるのは「出資関連外国法人」と、「全部」とあるのは「100分の50を超える数又は金額の株式等」と、「当該内国法人」とあるのは「当該外国関係会社」と読み替えるものとする。

5　施行令第39条の14の3第1項第1号に規定する外国関係会社の経営管理を行う他の法人として財務省令で定めるものは、保険会社等に係る他の判定対象内国法人で、専ら保険外国関係会社等の経営管理及びこれに附帯する業務を行っているものとする。

6　施行令第39条の14の3第1項第1号に規定する財務省令で定める者は、保険業法第219条第1項に規定する特定法人の規約により保険契約者と保険契約の内容を確定するための協議を行うことが認められている者のうち、同号に規定する特定保険外国子会社等が行う保険の引受けについて保険契約の内容を確定するための協議を行う者とする。

7　施行令第39条の14の3第5項に規定する財務省令で定める剰余金の配当等の額は、法人税法第24条第1項（同項第2号に掲げる分割型分割、同項第3号に掲げる株式分配又は同項第4号に規定する資本の払戻しに係る部分を除く。）の規定の例によるものとした場合に同法第23条第1項第1号又は第2号に掲げる金額とみなされる金額に相当する金額とする。

8　施行令第39条の14の3第6項第1号に規定する財務省令で定める収入金額は、外国関係会社の行う主たる事業に係る業務の通常の過程において生ずる預金又は貯金の利子の額とする。

9　施行令第39条の14の3第6項第2号に規定する財務省令で定める資産の帳簿価額は、次に掲げる金額とする。

一　未収金（次に掲げる金額に係るものに限る。）の帳簿価額

イ　外国子会社（施行令第39条の14の３第６項に規定する外国子会社をいう。以下この項において同じ。）から受ける剰余金の配当等（法第66条の６第１項に規定する剰余金の配当等をいう。以下この条において同じ。）の額（その受ける剰余金の配当等の額の全部又は一部が当該外国子会社の本店所在地国（本店又は主たる事務所の所在する国又は地域をいう。以下この条及び第22条の11の３において同じ。）の法令において当該外国子会社の所得の金額の計算上損金の額に算入することとされている剰余金の配当等の額に該当する場合におけるその受ける剰余金の配当等の額を除く。次号において同じ。）

ロ　前項に規定する利子の額

二　現金、預金及び貯金（以下この条において「現預金」という。）の帳簿価額（外国子会社から剰余金の配当等の額を受けた日を含む事業年度にあっては当該事業年度において受けた当該剰余金の配当等の額に相当する金額を限度とし、同日を含む事業年度以外の事業年度にあっては零とする。）

10　施行令第39条の14の３第８項に規定する財務省令で定める外国関係会社は、被管理支配会社（特定子会社（同項に規定する特定子会社をいう。以下この項において同じ。）の株式等の保有を主たる事業とする外国関係会社で、同条第８項各号に掲げる要件の全てに該当するものをいう。以下この項において同じ。）の株式等の保有を主たる事業とする外国関係会社で、次に掲げる要件の全てに該当するものとする。

一　その事業の管理、支配及び運営が管理支配会社（法第66条の６第２項第２号イ(4)に規定する管理支配会社をいう。以下この項及び第14項第１号において同じ。）によって行われていること。

二　管理支配会社の行う事業（当該管理支配会社の本店所在地国において行うものに限る。）の遂行上欠くことのできない機能を果たしていること。

三　その事業を的確に遂行するために通常必要と認められる業務の全てが、その本店所在地国において、管理支配会社の役員（法人税法第２条第15号に規定する役員をいう。第20項第３号及び第30項第１号ロ(1)において同じ。）又は使用人によって行われていること。

四　その本店所在地国を管理支配会社の本店所在地国と同じくすること。

五　施行令第39条の14の３第８項第５号に掲げる要件に該当すること。

六　当該事業年度の収入金額の合計額のうちに占める次に掲げる金額の合計額の割合が100分の95を超えていること。

イ　被管理支配会社又は特定子会社から受ける剰余金の配当等の額（その受ける剰余金の配当等の額の全部又は一部が当該被管理支配会社の本店所在地国の法令において当該被管理支配会社の所得の金額の計算上損金の額に算入することとされている剰余金の配当等の額に該当する場合におけるその受ける剰余金の配当等の額及びその受ける剰余金の配当等の額の全部又は一部が当該特定子会社の本店所在地国の法令において当該特定子会社の所得の金額の計

算上損金の額に算入することとされている剰余金の配当等の額に該当する場合におけるその受ける剰余金の配当等の額を除く。）

ロ　被管理支配会社の株式等の譲渡（当該外国関係会社に係る関連者（法第66条の６第２項第２号ハ(1)に規定する関連者をいう。以下この条において同じ。）以外の者への譲渡に限るものとし、その取得の日から１年以内に譲渡が行われることが見込まれていた場合の当該譲渡及びその譲渡を受けた株式等を当該外国関係会社又は当該外国関係会社に係る関連者に移転することが見込まれる場合の当該譲渡を除く。ロにおいて同じ。）及び特定子会社の株式等の譲渡に係る対価の額

ハ　その行う主たる事業に係る業務の通常の過程において生ずる預金又は貯金の利子の額

七　当該事業年度終了の時における貸借対照表（これに準ずるものを含む。以下この条及び第22条の11の３において同じ。）に計上されている総資産の帳簿価額のうちに占める次に掲げる金額の合計額の割合が100分の95を超えていること。

イ　被管理支配会社の株式等及び特定子会社の株式等の帳簿価額

ロ　未収金（前号イからハまでに掲げる金額に係るものに限る。）の帳簿価額

ハ　現預金の帳簿価額（前号イ又はロに掲げる金額が生じた日を含む事業年度にあっては当該事業年度に係る同号イ及びロに掲げる金額の合計額に相当する金額を限度とし、同日を含む事業年度以外の事業年度にあっては零とする。）

11　前項に規定する財務省令で定める外国関係会社（以下この項において「他の被管理支配会社」という。）には、当該他の被管理支配会社と法第66条の６第１項各号に掲げる内国法人との間にこれらの者と株式等の保有を通じて連鎖関係にある１又は２以上の外国関係会社で、他の被管理支配会社に準ずるものを含むものとする。

12　施行令第39条の14の３第８項第６号ハに規定する財務省令で定める収入金額は、その行う主たる事業に係る業務の通常の過程において生ずる預金又は貯金の利子の額とする。

13　施行令第39条の14の３第８項第７号に規定する財務省令で定める資産の帳簿価額は、次に掲げる金額とする。

一　未収金（施行令第39条の14の３第８項第６号イ及びロに掲げる金額並びに前項に規定する利子の額に係るものに限る。）の帳簿価額

二　現預金の帳簿価額（施行令第39条の14の３第８項第６号イ又はロに掲げる金額が生じた日を含む事業年度にあっては当該事業年度に係る同号イ及びロに掲げる金額の合計額に相当する金額を限度とし、同日を含む事業年度以外の事業年度にあっては零とする。）

14　施行令第39条の14の３第９項第１号に規定する財務省令で定める外国関係会社は、被管理支配会社（特定不動産（同号に規定する特定不動産をいう。以下この項及び第17項第１号において同じ。）の保有を主たる事業とする外国関係会社で、同条第９項第１号イからニまでに掲げる要件の全てに該当するものをいう。以下この項において同じ。）の株式等の保有を主たる事業とする外国関係会社で、次に掲げる要件の全てに該当するものとする。

一　管理支配会社の行う事業（当該管理支配会社の本店所在地国において行うもので、不動産業

に限る。）の遂行上欠くことのできない機能を果たしていること。

二　第10項第１号及び第３号から第５号までに掲げる要件の全てに該当すること。

三　当該事業年度の収入金額の合計額のうちに占める次に掲げる金額の合計額の割合が100分の95を超えていること。

イ　被管理支配会社から受ける剰余金の配当等の額（その受ける剰余金の配当等の額の全部又は一部が当該被管理支配会社の本店所在地国の法令において当該被管理支配会社の所得の金額の計算上損金の額に算入することとされている剰余金の配当等の額に該当する場合におけるその受ける剰余金の配当等の額を除く。）

ロ　被管理支配会社の株式等の譲渡（当該外国関係会社に係る関連者以外の者への譲渡に限るものとし、その取得の日から１年以内に譲渡が行われることが見込まれていた場合の当該譲渡及びその譲渡を受けた株式等を当該外国関係会社又は当該外国関係会社に係る関連者に移転することが見込まれる場合の当該譲渡を除く。）に係る対価の額

ハ　特定不動産の譲渡に係る対価の額

ニ　特定不動産の貸付け（特定不動産を使用させる行為を含む。）による対価の額

ホ　その行う事業（被管理支配会社の株式等の保有又は特定不動産の保有に限る。次号ホにおいて同じ。）に係る業務の通常の過程において生ずる預金又は貯金の利子の額

四　当該事業年度終了の時における貸借対照表に計上されている総資産の帳簿価額のうちに占める次に掲げる金額の合計額の割合が100分の95を超えていること。

イ　被管理支配会社の株式等の帳簿価額

ロ　未収金（前号イからホまでに掲げる金額に係るものに限る。）の帳簿価額

ハ　特定不動産の帳簿価額

ニ　未収金、前払費用その他これらに類する資産（特定不動産に係るものに限る。）の帳簿価額（ロに掲げる金額を除く。）

ホ　その行う事業に係る業務の通常の過程において生ずる現預金の帳簿価額

15　前項に規定する財務省令で定める外国関係会社（以下この項において「他の被管理支配会社」という。）には、当該他の被管理支配会社と法第66条の６第１項各号に掲げる内国法人との間にこれらの者と株式等の保有を通じて連鎖関係にある１又は２以上の外国関係会社で、他の被管理支配会社に準ずるものを含むものとする。

16　施行令第39条の14の３第９項第１号ハ⑶に規定する財務省令で定める収入金額は、その行う主たる事業に係る業務の通常の過程において生ずる預金又は貯金の利子の額とする。

17　施行令第39条の14の３第９項第１号ニに規定する財務省令で定める資産の帳簿価額は、次に掲げる金額とする。

一　未収金、前払費用その他これらに類する資産（特定不動産に係るものに限る。）の帳簿価額

二　その行う主たる事業に係る業務の通常の過程において生ずる現預金の帳簿価額

18　施行令第39条の14の３第９項第２号ロ⑶に規定する財務省令で定める収入金額は、その行う主たる事業に係る業務の通常の過程において生ずる預金又は貯金の利子の額とする。

19　施行令第39条の14の３第９項第２号ハに規定する財務省令で定める資産の帳簿価額は、次に掲げる金額とする。

一　未収金、前払費用その他これらに類する資産（施行令第39条の14の３第９項第２号に規定する特定不動産に係るものに限る。）の帳簿価額

二　その行う主たる事業に係る業務の通常の過程において生ずる現預金の帳簿価額

20　施行令第39条の14の３第９項第３号に規定する財務省令で定める外国関係会社は、その関連者以外の者からの資源開発等プロジェクト（同号イ⑴（ⅱ）に規定する資源開発等プロジェクトをいう。以下この項、第22項及び第23項第３号において同じ。）の遂行のための資金の調達及び被管理支配会社（同条第９項第３号イ⑴から⑶までに掲げる事業のいずれかを主たる事業とする外国関係会社で、同号ロからチまでに掲げる要件の全てに該当するものをいう。以下この項において同じ。）に係る特定子会社（同号イ⑴に規定する特定子会社をいう。以下この項において同じ。）に対して行う当該資金の提供を主たる事業とする外国関係会社で、次に掲げる要件の全てに該当するものとする。

一　その事業の管理、支配及び運営が管理支配会社等（施行令第39条の14の３第９項第３号イ⑴（ⅱ）に規定する管理支配会社等をいう。以下この項において同じ。）によって行われていること。

二　管理支配会社等の行う資源開発等プロジェクトの遂行上欠くことのできない機能を果たしていること。

三　その事業を的確に遂行するために通常必要と認められる業務の全てが、その本店所在地国において、管理支配会社等の役員又は使用人によって行われていること。

四　その本店所在地国を管理支配会社等の本店所在地国と同じくすること。

五　第10項第５号に掲げる要件に該当すること。

六　当該事業年度の収入金額の合計額のうちに占める次に掲げる金額の合計額の割合が100分の95を超えていること。

イ　被管理支配会社又は特定子会社から受ける剰余金の配当等の額（その受ける剰余金の配当等の額の全部又は一部が当該被管理支配会社の本店所在地国の法令において当該被管理支配会社の所得の金額の計算上損金の額に算入することとされている剰余金の配当等の額に該当する場合におけるその受ける剰余金の配当等の額及びその受ける剰余金の配当等の額の全部又は一部が当該特定子会社の本店所在地国の法令において当該特定子会社の所得の金額の計算上損金の額に算入することとされている剰余金の配当等の額に該当する場合におけるその受ける剰余金の配当等の額を除く。）

ロ　被管理支配会社の株式等の譲渡（当該外国関係会社に係る関連者以外の者への譲渡に限るものとし、その取得の日から１年以内に譲渡が行われることが見込まれていた場合の当該譲渡及びその譲渡を受けた株式等を当該外国関係会社又は当該外国関係会社に係る関連者に移転することが見込まれる場合の当該譲渡を除く。ロにおいて同じ。）及び特定子会社の株式等の譲渡に係る対価の額

ハ　被管理支配会社又は被管理支配会社に係る特定子会社に対する貸付金（資源開発等プロジェクトの遂行上欠くことのできないものに限る。次号ロにおいて同じ。）に係る利子の額

ニ　特定不動産（施行令第39条の14の３第９項第３号イ⑶に規定する特定不動産をいう。以下この項及び第23項第２号において同じ。）の譲渡に係る対価の額

ホ　特定不動産の貸付け（特定不動産を使用させる行為を含む。）による対価の額

ヘ　資源開発等プロジェクトに係る業務の通常の過程において生ずる預金又は貯金の利子の額

七　当該事業年度終了の時における貸借対照表に計上されている総資産の帳簿価額のうちに占める次に掲げる金額の合計額の割合が100分の95を超えていること。

イ　被管理支配会社の株式等及び被管理支配会社に係る特定子会社の株式等の帳簿価額

ロ　被管理支配会社又は被管理支配会社に係る特定子会社に対する貸付金の帳簿価額

ハ　未収金（前号イからヘまでに掲げる金額に係るものに限る。）の帳簿価額

ニ　特定不動産の帳簿価額

ホ　未収金、前払費用その他これらに類する資産（特定不動産に係るものに限る。）の帳簿価額（ハに掲げる金額を除く。）

ヘ　資源開発等プロジェクトに係る業務の通常の過程において生ずる現預金の帳簿価額

21　前項に規定する財務省令で定める外国関係会社（以下この項において「他の被管理支配会社」という。）には、当該他の被管理支配会社と法第66条の６第１項各号に掲げる内国法人との間にこれらの者と株式等の保有を通じて連鎖関係にある１又は２以上の外国関係会社で、他の被管理支配会社に準ずるものを含むものとする。

22　施行令第39条の14の３第９項第３号ト⑹に規定する財務省令で定める収入金額は、資源開発等プロジェクトに係る業務の通常の過程において生ずる預金又は貯金の利子の額とする。

23　施行令第39条の14の３第９項第３号チに規定する財務省令で定める資産の帳簿価額は、次に掲げる金額とする。

一　未収金（施行令第39条の14の３第９項第３号ト⑴から⑸までに掲げる金額及び前項に規定する利子の額に係るものに限る。）の帳簿価額

二　未収金、前払費用その他これらに類する資産（特定不動産に係るものに限る。）の帳簿価額（前号に掲げる金額を除く。）

三　資源開発等プロジェクトに係る業務の通常の過程において生ずる現預金の帳簿価額

24　施行令第39条の14の３第32項第３号に規定する財務省令で定める場合は、外国関係会社がその本店所在地国において行う次に掲げる業務の状況を勘案して、当該外国関係会社がその本店所在地国においてこれらの業務を通じて製品の製造に主体的に関与していると認められる場合とする。

一　工場その他の製品の製造に係る施設又は製品の製造に係る設備の確保、整備及び管理

二　製品の製造に必要な原料又は材料の調達及び管理

三　製品の製造管理及び品質管理の実施又はこれらの業務に対する監督

四　製品の製造に必要な人員の確保、組織化、配置及び労務管理又はこれらの業務に対する監督

五　製品の製造に係る財務管理（損益管理、原価管理、資産管理、資金管理その他の管理を含

む。）

六　事業計画、製品の生産計画、製品の生産設備の投資計画その他製品の製造を行うために必要な計画の策定

七　その他製品の製造における重要な業務

25　第７項の規定は、施行令第39条の15第１項第４号に規定する財務省令で定める配当等の額について準用する。

26　施行令第39条の15第１項第４号ロに規定する財務省令で定めるものは、租税に関する相互行政支援に関する条約及び税源浸食及び利益移転を防止するための租税条約関連措置を実施するための多数国間条約とする。

27　施行令第39条の15第１項第５号イに規定する財務省令で定める者は、同号イの外国関係会社に係る法第66条の６第１項各号に掲げる内国法人又は当該内国法人に係る部分対象外国関係会社（同条第２項第６号に規定する部分対象外国関係会社をいう。第30項第１号において同じ。）とする。

28　施行令第39条の15第１項第５号ニ⑷に規定する財務省令で定める事項は、次に掲げる事項とする。

一　施行令第39条の15第１項第５号ニ⑶に規定する組織再編成の内容及び実施時期

二　その他参考となるべき事項

29　施行令第39条の15第８項の規定により同項に規定する確定申告書に添付する明細書は、法人税法施行規則別表９⑵、別表11⑴、別表11（１の２）、別表12⑽、別表12⒀、別表13⑴から別表13⑶まで、別表13⑸、別表14⑴及び別表16⑴から別表16⑸までに定める書式に準じた書式による明細書とする。

30　施行令第39条の17第３項第１号イ⑵に規定する財務省令で定める要件に該当する外国法人は、次に掲げる外国法人とする。

一　その議決権の総数に対する判定対象外国金融持株会社（施行令第39条の17第３項各号に掲げる部分対象外国関係会社に該当するかどうかを判定しようとする部分対象外国関係会社をいう。以下この項において同じ。）が有する議決権の数の割合が100分の４以上である外国法人で、次に掲げる要件のいずれかに該当するもの

イ　その議決権の総数に対する次に掲げる議決権の数の合計数の割合が100分の50を超えていること。

⑴　判定対象外国金融持株会社が有する議決権

⑵　判定対象外国金融持株会社と出資、人事、資金、技術、取引等において緊密な関係があることにより当該判定対象外国金融持株会社の意思と同一の内容の議決権を行使すると認められる者が有する議決権

⑶　判定対象外国金融持株会社の意思と同一の内容の議決権を行使することに同意している者が有する議決権

ロ　外国法人の取締役会その他これに準ずる機関の構成員の総数に対する次に掲げる者（当該

外国法人の財務及び事業の方針の決定に関して影響を与えることができるものに限る。）の数の割合が100分の50を超えていること。

⑴　判定対象外国金融持株会社の役員

⑵　判定対象外国金融持株会社の使用人

⑶　⑴又は⑵に掲げる者であった者

ハ　判定対象外国金融持株会社が外国法人の重要な財務及び事業の方針の決定を支配する契約等が存在すること。

ニ　外国法人の資金調達額（貸借対照表の負債の部に計上されているものに限る。）の総額に対する判定対象外国金融持株会社が行う融資（債務の保証及び担保の提供を含む。ニにおいて同じ。）の額（当該判定対象外国金融持株会社と出資、人事、資金、技術、取引等において緊密な関係のある者が行う融資の額を含む。）の割合が100分の50を超えていること。

ホ　その他判定対象外国金融持株会社が外国法人の財務及び事業の方針の決定を支配していることが推測される事実が存在すること。

二　その議決権の総数に対する判定対象外国金融持株会社が有する議決権の数の割合が100分の49以上である外国法人で、次に掲げる要件の全てに該当するもの（前号に掲げるものを除く。）

イ　判定対象外国金融持株会社が外国法人の本店所在地国の法令又は慣行により有することができる最高限度の数の議決権を有していること。

ロ　判定対象外国金融持株会社が外国法人の財務及び事業の方針の決定に対して重要な影響を与えることができることが推測される事実が存在すること。

31　前項の規定は、施行令第39条の17第９項第２号ロに規定する財務省令で定める要件に該当する外国法人について準用する。この場合において、前項中「判定対象外国金融持株会社」とあるのは「判定対象特定中間持株会社」と、「第39条の17第３項各号に掲げる部分対象外国関係会社」とあるのは「第39条の17第９項に規定する特定中間持株会社」と、「部分対象外国関係会社を」とあるのは「外国関係会社（法第66条の６第２項第１号に規定する外国関係会社をいい、同項第２号に規定する特定外国関係会社又は同項第３号に規定する対象外国関係会社に該当するものに限る。）を」と読み替えるものとする。

32　第７項の規定は、施行令第39条の17の３第６項に規定する財務省令で定める剰余金の配当等の額について準用する。

33　施行令第39条の17の３第９項に規定する財務省令で定める金額は、法人税法第61条の５第１項に規定するその他財務省令で定める取引に相当する取引に係る利益の額又は損失の額とする。

34　法第66条の６第６項第５号に規定する財務省令で定めるところにより計算した金額は、部分対象外国関係会社（同条第２項第６号に規定する部分対象外国関係会社をいい、同項第７号に規定する外国金融子会社等に該当するものを除く。次項から第42項までにおいて同じ。）の行うデリバティブ取引（法人税法第61条の５第１項に規定するデリバティブ取引をいう。次項、第39項及び第40項並びに第22条の11の３において同じ。）に係る利益の額又は損失の額につき法人税法第61条の５の規定その他法人税に関する法令の規定（同法第61条の６の規定を除く。）の例に準じて計算した場合に算出される金額とする。

35 法第66条の6第6項第5号に規定する法人税法第61条の6第1項各号に掲げる損失を減少させるために行ったデリバティブ取引として財務省令で定めるデリバティブ取引は、次に掲げるデリバティブ取引等（同条第4項第1号に掲げる取引をいい、同法第61条の8第2項に規定する先物外国為替契約等に相当する契約に基づくデリバティブ取引及び同法第61条の5第1項に規定するその他財務省令で定める取引に相当する取引を除く。以下第37項までにおいて同じ。）とする。

一 ヘッジ対象資産等損失額（法人税法第61条の6第1項各号に掲げる損失の額に相当する金額をいう。以下第37項までにおいて同じ。）を減少させるために部分対象外国関係会社がデリバティブ取引等を行った場合（当該デリバティブ取引等を行った日において、同条第1項第1号に規定する資産若しくは負債の取得若しくは発生又は当該デリバティブ取引等に係る契約の締結等に関する帳簿書類（その作成に代えて電磁的記録の作成がされている場合の当該電磁的記録を含む。次号において同じ。）に当該デリバティブ取引等につき次に掲げる事項が記載されている場合に限る。）において、当該デリバティブ取引等がヘッジ対象資産等損失額を減少させる効果についてあらかじめ定めた評価方法に従って定期的に確認が行われているときの当該デリバティブ取引等（次号に掲げるデリバティブ取引等を除く。）

イ そのデリバティブ取引等がヘッジ対象資産等損失額を減少させるために行ったものである旨

ロ そのデリバティブ取引等によりヘッジ対象資産等損失額を減少させようとする法人税法第61条の6第1項第1号に規定する資産又は負債及び同項第2号に規定する金銭に相当するもの

ハ そのデリバティブ取引等の種類、名称、金額及びヘッジ対象資産等損失額を減少させようとする期間

ニ その他参考となるべき事項

二 その有する売買目的外有価証券相当有価証券（法人税法第61条の3第1項第2号に規定する売買目的外有価証券に相当する有価証券（同法第2条第21号に規定する有価証券をいう。第42項第4号ロにおいて同じ。）をいう。以下この号において同じ。）の価額の変動（同法第61条の9第1項第1号ロに規定する期末時換算法に相当する方法により機能通貨換算額への換算をする売買目的外有価証券相当有価証券の価額の外国為替の売買相場の変動に基因する変動を除く。）により生ずるおそれのある損失の額（以下この号において「ヘッジ対象有価証券損失額」という。）を減少させるために部分対象外国関係会社がデリバティブ取引等を行った場合（当該デリバティブ取引等を行った日において、当該売買目的外有価証券相当有価証券の取得又は当該デリバティブ取引等に係る契約の締結等に関する帳簿書類に当該デリバティブ取引等につき次に掲げる事項が記載されている場合に限る。）において、当該デリバティブ取引等がヘッジ対象有価証券損失額を減少させる効果についてあらかじめ定めた評価方法に従って定期的に確認が行われているときの当該デリバティブ取引等

イ その売買目的外有価証券相当有価証券を法人税法施行令第124条の6の規定に準じて評価

し、又は機能通貨換算額に換算する旨

ロ　そのデリバティブ取引等によりヘッジ対象有価証券損失額を減少させようとする売買目的外有価証券相当有価証券

ハ　そのデリバティブ取引等の種類、名称、金額及びヘッジ対象有価証券損失額を減少させようとする期間

ニ　その他参考となるべき事項

36　部分対象外国関係会社が当該事業年度において行ったデリバティブ取引等のおおむね全部がヘッジ対象資産等損失額を減少させるために行ったものである場合（次に掲げる要件の全てを満たす場合に限る。）には、当該部分対象外国関係会社に係る法第66条の６第６項各号列記以外の部分に規定する内国法人は、前項の規定にかかわらず、当該部分対象外国関係会社が当該事業年度において行った全てのデリバティブ取引等をもって、同条第６項第５号に規定する法人税法第61条の６第１項各号に掲げる損失を減少させるために行ったデリバティブ取引として財務省令で定めるデリバティブ取引とすることができる。

一　そのデリバティブ取引等によりヘッジ対象資産等損失額を減少させようとする法人税法第61条の６第１項第１号に規定する資産又は負債及び同項第２号に規定する金銭に相当するものの内容、ヘッジ対象資産等損失額を減少させるために行うデリバティブ取引等の方針並びにその行うデリバティブ取引等がヘッジ対象資産等損失額を減少させる効果の評価方法に関する書類（その作成に代えて電磁的記録の作成がされている場合における当該電磁的記録を含む。以下この項において同じ。）を作成していること。

二　前号に規定する書類において、その行うデリバティブ取引等のおおむね全部がヘッジ対象資産等損失額を減少させるために行うことが明らかにされていること。

三　第１号に規定する書類において定められた方針に従ってデリバティブ取引等を行うために必要な組織及び業務管理体制が整備されていること。

四　その行うデリバティブ取引等がヘッジ対象資産等損失額を減少させる効果について、第１号に規定する書類において定められた評価方法に従って定期的に確認が行われていること。

37　部分対象外国関係会社の当該事業年度の前事業年度以前の事業年度に係る部分適用対象金額（法第66条の６第６項に規定する部分適用対象金額をいう。以下この項において同じ。）の計算につき、前項の規定の適用を受けた内国法人の当該部分対象外国関係会社に係る当該事業年度に係る部分適用対象金額の計算については、当該部分対象外国関係会社が当該事業年度において行ったデリバティブ取引等のおおむね全部がヘッジ対象資産等損失額を減少させるために行ったものである場合に該当しないこととなった場合又は同項各号に掲げる要件のいずれかを満たさないこととなった場合を除き、同項の規定の適用があるものとする。

38　法第66条の６第６項第５号に規定する行為を業として行う同号に規定する部分対象外国関係会社が行う同号に規定する財務省令で定めるデリバティブ取引は、商品先物取引法第２条第13項に規定する外国商品市場取引及び同条第14項に規定する店頭商品デリバティブ取引に相当する取引とする。

39　法第66条の６第６項第５号に規定するその他財務省令で定めるデリバティブ取引は、短期売買商品等（法人税法第61条第１項に規定する短期売買商品等に相当する資産をいう。次項において同じ。）の価額の変動に伴って生ずるおそれのある損失を減少させるために行ったデリバティブ取引、法人税法第61条の８第２項に規定する先物外国為替契約等に相当する契約に基づくデリバティブ取引及び同法第61条の５第１項に規定するその他財務省令で定める取引に相当する取引とする。

40　第35項から第37項までの規定は、前項の短期売買商品等の価額の変動に伴って生ずるおそれのある損失を減少させるために行ったデリバティブ取引について準用する。この場合において、第35項第１号中「ヘッジ対象資産等損失額（法人税法第61条の６第１項各号に掲げる損失」とあるのは「短期売買商品等損失額（短期売買商品等（法人税法第61条第１項に規定する短期売買商品等に相当する資産をいう。以下第37項までにおいて同じ。）の価額の変動に伴って生ずるおそれのある損失」と、「同条第１項第１号に規定する資産若しくは負債の取得若しくは発生」とあるのは「短期売買商品等の取得」と、「ヘッジ対象資産等損失額を減少させる効果」とあるのは「短期売買商品等損失額を減少させる効果」と、同号イ中「ヘッジ対象資産等損失額」とあるのは「短期売買商品等損失額」と、同号ロ中「ヘッジ対象資産等損失額」とあるのは「短期売買商品等損失額」と、「法人税法第61条の６第１項第１号に規定する資産又は負債及び同項第２号に規定する金銭に相当するもの」とあるのは「短期売買商品等」と、同号ハ中「ヘッジ対象資産等損失額」とあるのは「短期売買商品等損失額」と、第36項中「ヘッジ対象資産等損失額を減少させるために行った」とあるのは「短期売買商品等損失額を減少させるために行った」と、「前項」とあるのは「第40項において準用する前項」と、同項第１号中「ヘッジ対象資産等損失額」とあるのは「短期売買商品等損失額」と、「法人税法第61条の６第１項第１号に規定する資産又は負債及び同項第２号に規定する金銭に相当するもの」とあるのは「短期売買商品等」と、同項第２号及び第４号中「ヘッジ対象資産等損失額」とあるのは「短期売買商品等損失額」と、第37項中「前項」とあるのは「第40項において準用する前項」と、「ヘッジ対象資産等損失額」とあるのは「短期売買商品等損失額」と読み替えるものとする。

41　法第66条の６第６項第６号に規定する財務省令で定めるところにより計算した金額は、各事業年度において行う特定通貨建取引の金額又は各事業年度終了の時において有する特定通貨建資産等の金額に係る機能通貨換算額につき法人税法第61条の８から第61条の10までの規定その他法人税に関する法令の規定の例に準じて計算した場合に算出される利益の額又は損失の額とする。

42　第35項、前項及びこの項において、次の各号に掲げる用語の意義は、当該各号に定めるところによる。

一　機能通貨　部分対象外国関係会社がその会計帳簿の作成に当たり使用する通貨表示の通貨をいう。

二　特定通貨　機能通貨以外の通貨をいう。

三　特定通貨建取引　特定通貨で支払が行われる資産の販売及び購入、役務の提供、金銭の貸付け及び借入れ、剰余金の配当その他の取引をいう。

四　特定通貨建資産等　次に掲げる資産及び負債をいう。

イ　特定通貨建債権（特定通貨で支払を受けるべきこととされている金銭債権をいう。）及び特定通貨建債務（特定通貨で支払を行うべきこととされている金銭債務をいう。）

ロ　特定通貨建有価証券（その償還が特定通貨で行われる債券、残余財産の分配が特定通貨で行われる株式及びこれらに準ずる有価証券をいう。）

ハ　特定通貨建の預金

ニ　特定通貨

五　機能通貨換算額　特定通貨で表示された金額を機能通貨で表示された金額に換算した金額をいう。

43　第35項から第37項までの規定は、法第66条の６第６項第７号及び施行令第39条の17の３第16項に規定する財務省令で定める取引について準用する。この場合において、第35項中「同条第４項第１号」とあるのは、「同条第４項第２号及び第３号」と読み替えるものとする。

44　第34項の規定は、法第66条の６第６項第11号ホに規定する財務省令で定めるところにより計算した金額について準用する。

45　第41項及び第42項の規定は、法第66条の６第６項第11号へに規定する財務省令で定めるところにより計算した金額について準用する。

46　施行令第39条の17の４第６項に規定する剰余金その他の財務省令で定めるものの額は、部分対象外国関係会社（法第66条の６第８項各号列記以外の部分に規定する部分対象外国関係会社をいう。次項において同じ。）の第１号から第３号までに掲げる金額の合計額（法第66条の６第２項第７号に規定する外国金融機関に準ずるものとして政令で定める部分対象外国関係会社（第４号において「外国金融持株会社等」という。）に該当するものにあっては、次に掲げる金額の合計額）とする。

一　当該事業年度終了の時における貸借対照表に計上されている利益剰余金の額（当該額が零を下回る場合には、零）

二　当該事業年度以前の各事業年度において利益剰余金の額を減少して資本金の額又は出資金の額を増加した場合のその増加した金額

三　当該事業年度終了の時における貸借対照表に計上されている利益剰余金の額が零を下回る場合における当該零を下回る額

四　当該事業年度終了の時における貸借対照表に計上されている当該外国金融持株会社等に係る施行令第39条の17第３項第１号イに規定する特定外国金融機関の株式等及び他の外国金融持株会社等（その発行済株式等の100分の50を超える数又は金額の株式等を有するものに限る。）の株式等の帳簿価額

47　施行令第39条の17の４第７項に規定する財務省令で定めるものの額は、部分対象外国関係会社（保険業を行うものに限る。）が保険契約を再保険に付した場合において、その再保険を付した部分につきその本店所在地国の保険業法に相当する法令の規定により積み立てないこととした同法第116条第１項に規定する責任準備金に相当するものの額及び同法第117条第１項に規定する支払

備金に相当するものの額の合計額とする。

48　法第66条の６第11項に規定する財務省令で定める書類は、同項各号に掲げる外国関係会社（第７号において「添付対象外国関係会社」という。）に係る次に掲げる書類その他参考となるべき事項を記載した書類（これらの書類が電磁的記録で作成され、又はこれらの書類の作成に代えてこれらの書類に記載すべき情報を記録した電磁的記録の作成がされている場合には、これらの電磁的記録に記録された情報の内容を記載した書類）とする。

一　各事業年度の貸借対照表及び損益計算書（これに準ずるものを含む。）

二　各事業年度の株主資本等変動計算書、損益金の処分に関する計算書その他これらに準ずるもの

三　第１号に掲げるものに係る勘定科目内訳明細書

四　本店所在地国の法人所得税（施行令第39条の15第１項第２号に規定する法人所得税をいう。以下この号及び次号において同じ。）に関する法令（当該法人所得税に関する法令が２以上ある場合には、そのうち主たる法人所得税に関する法令）により課される税に関する申告書で各事業年度に係るものの写し

五　施行令第39条の15第６項に規定する企業集団等所得課税規定の適用がないものとした場合に計算される法人所得税の額に関する計算の明細を記載した書類及び当該法人所得税の額に関する計算の基礎となる書類で各事業年度に係るもの

六　各事業年度終了の日における株主等（法人税法第２条第14号に規定する株主等をいう。次号において同じ。）の氏名及び住所又は名称及び本店若しくは主たる事務所の所在地並びにその有する株式等の数又は金額を記載した書類

七　各事業年度終了の日における法第66条の６第11項に規定する内国法人に係る添付対象外国関係会社に係る施行令第39条の14第３項第１号に規定する他の外国法人の株主等並びに同項第２号に規定する他の外国法人及び出資関連外国法人の株主等に係る前号に掲げる書類

49　第35項第１号、第36項第１号及び前項に規定する電磁的記録とは、電子的方式、磁気的方式その他人の知覚によっては認識することができない方式で作られる記録であって、電子計算機による情報処理の用に供されるものをいう。

第22条の11の２　法第66条の７第３項の規定の適用を受けた内国法人は、施行令第39条の18第22項に規定する書類を、法第９条の６第１項、第９条の６の２第１項、第９条の６の３第１項若しくは第９条の６の４第１項の規定により法第66条の７第３項の規定による外国法人税の額（法第９条の３の２第３項第２号又は第９条の６第１項に規定する外国法人税の額をいう。以下この項及び次項第１号において同じ。）とみなされる金額を控除した日又は法第９条の３の２第３項の規定により法第66条の７第３項の規定による外国法人税の額とみなされる金額が控除された日の属する年の翌年から７年間、納税地に保存しなければならない。

2　施行令第39条の18第22項に規定する財務省令で定める書類は、次に掲げる書類とする。

一　法第66条の７第３項の規定の適用を受けようとする外国の法令により課される税が法人税法

第69条第１項に規定する外国法人税に該当することについての説明、個別計算外国法人税額（施行令第39条の18第１項に規定する個別計算外国法人税額をいう。次号において同じ。）に関する計算の明細及び法第66条の７第３項の規定による外国法人税の額とみなされる金額の計算に関する明細を記載した書類

二　前号に規定する税が課されたことを証するその税に係る申告書の写し又はこれに代わるべきその税に係る書類及びその税が既に納付されている場合にはその納付を証する書類並びに個別計算外国法人税額に関する計算の基礎となる書類

4　租税特別措置法通達

第66条の６～第66条の９　《内国法人の外国関係会社に係る所得の課税の特例》関係

（発行済株式）

66の６－１　措置法第66条の６第１項第１号イの「発行済株式」には、その株式の払込み又は給付の金額（以下66の６－２において「払込金額等」という。）の全部又は一部について払込み又は給付（以下66の６－２において「払込み等」という。）が行われていないものも含まれるものとする。

（注）例えば寄附金の損金算入限度額を計算する場合のように、いわゆる資本金基準額を計算する場合の資本金の額又は出資金の額は、払込済の金額による。

（直接及び間接に有する株式）

66の６－２　措置法第66条の６第１項、第６項又は第８項の内国法人が直接及び間接に有する外国関係会社（同条第２項第１号に規定する外国関係会社をいう。以下66の９の２－１までにおいて同じ。）の株式には、その株式の払込金額等の全部又は一部について払込み等が行われていないものも含まれるものとする。

（注）名義株は、その実際の権利者が所有するものとして同条第１項、第６項又は第８項の規定を適用することに留意する。

（特定外国関係会社等が２以上ある場合の損益の不通算）

66の６－３　措置法第66条の６第１項に規定する課税対象金額は特定外国関係会社（同条第２項第２号に規定する特定外国関係会社をいう。以下66の６－12までにおいて同じ。）又は対象外国関係会社（同条第２項第３号に規定する対象外国関係会社をいう。以下66の６－12までにおいて同じ。）ごとに計算するから、内国法人に係る特定外国関係会社又は対象外国関係会社が２以上ある場合において、その特定外国関係会社又は対象外国関係会社のうちに欠損金額が生じたものがあるときであっても、他の特定外国関係会社又は対象外国関係会社の所得の金額との通算はしないことに留意する。

内国法人に係る部分対象外国関係会社（同条第２項第６号に規定する部分対象外国関係会社をいい、同項第７号に規定する外国金融子会社等（以下66の６－４までにおいて「外国金融子会社等」という。）に該当するものを除く。以下66の６－４において同じ。）又は外国金融子会社等が２以上ある場合についても同様とする。

（課税対象金額等の円換算）

66の６－４　内国法人が措置法第66条の６第１項、第６項又は第８項の規定により特定外国関係会社若しくは対象外国関係会社に係る課税対象金額、部分対象外国関係会社に係る部分課税対象金額又は外国金融子会社等に係る金融子会社等部分課税対象金額に相当する金額を益金の額に算入する場合における当該課税対象金額、部分課税対象金額又は金融子会社等部分課税対象金額及び同条第10項第２号に規定する部分適用対象金額又は金融子会社等部分適用対象金額の円換算は、当該外国関係会社の当該事業年度終了の日の翌日から２月を経過する日における電信売買相場の仲値（基本通達13の２－１－２に定める電信売買相場の仲値をいう。以下66の６－21までにおいて同じ。）による。ただし、継続適用を条件として、当該内国法人の同日を含む事業年度終了の日の電信売買相場の仲値によることができるものとする。

（注）　ただし書による場合において、当該内国法人が２以上の外国関係会社を有するときは、その全ての外国関係会社につき、当該電信売買相場の仲値によるものとする。

（主たる事業の判定）

66の６－５　措置法第66条の６第２項第２号イ、同項第３号、同条第６項第１号ロ若しくは同項第２号又は措置法令第39条の15第１項第４号イ若しくは第39条の17の２第２項第５号イの規定を適用する場合において、外国関係会社が２以上の事業を営んでいるときは、そのいずれが主たる事業であるかは、それぞれの事業に属する収入金額又は所得金額の状況、使用人の数、固定施設の状況等を総合的に勘案して判定する。

（主たる事業を行うに必要と認められる事務所等の意義）

66の６－６　措置法第66条の６第２項第２号イ⑴及び第３号ロのその主たる事業を行うに必要と認められる事務所、店舗、工場その他の固定施設を有していることとは、外国関係会社がその主たる事業に係る活動を行うために必要となる固定施設を有していることをいうのであるから、同項第２号イ⑴及び第３号ロの規定の適用に当たっては、次のことに留意する。

⑴　外国関係会社の有する固定施設が、当該外国関係会社の主たる事業を行うに必要と認められる事務所、店舗、工場その他の固定施設（以下66の６－６において「事務所等」という。）に該当するか否かは、当該外国関係会社の主たる事業の業種や業態、主たる事業に係る活動の内容等を踏まえて判定すること。ただし、当該外国関係会社の有する固定施設が、主たる事業に係る活動を行うために使用されるものでない場合には、主たる事業を行うに必要と認められる事務所等には該当しない。

⑵　外国関係会社が主たる事業を行うに必要と認められる事務所等を賃借により使用している場合であっても、事務所等を有していることに含まれること。

（自ら事業の管理、支配等を行っていることの意義）

66の６－７　措置法第66条の６第２項第２号イ⑵及び第３号ロの「その事業の管理、支配及び運営を自ら行っている」こととは、外国関係会社が、当該外国関係会社の事業計画の策定等を行い、その事業計画等に従い裁量をもって事業を執行することであり、これらの行為に係る結果及び責任が当該外国関係会社に帰属していることをいうのであるが、次の事実があるとしてもそのことだけでこの要件を満たさないことにはならないことに留意する。

⑴　当該外国関係会社の役員が当該外国関係会社以外の法人の役員又は使用人（以下66の６－８において「役員等」という。）を兼務していること。

⑵　当該外国関係会社の事業計画の策定等に当たり、親会社等と協議し、その意見を求めていること。

⑶　当該事業計画等に基づき、当該外国関係会社の業務の一部を委託していること。

（事業の管理、支配等を本店所在地国において行っていることの判定）

66の６－８　措置法第66条の６第２項第２号イ⑵及び第３号ロにおけるその事業の管理、支配及び運営を本店所在地国（同項第２号イ⑵に規定する本店所在地国をいう。以下66の６－27までにおいて同じ。）において行っているかどうかの判定は、外国関係会社の株主総会及び取締役会等の開催、事業計画の策定等、役員等の職務執行、会計帳簿の作成及び保管等が行われている場所並びにその他の状況を総合的に勘案の上行うことに留意する。

（特定保険協議者又は特定保険受託者の管理支配基準の判定）

66の６－９　措置法令第39条の14の３第４項及び第26項の特定保険協議者又は特定保険受託者がその本店所在地国においてその事業の管理、支配及び運営を自ら行っているかどうかの判定は、66の６－７及び66の６－８の取扱いにより行うことに留意する。

（管理支配会社によって事業の管理、支配等が行われていることの判定）

66の６－９の２　措置法令第39条の14の３第８項第１号に規定する「その事業の管理、支配及び運営が管理支配会社によって行われていること」とは、管理支配会社（措置法第66条の６第２項第２号イ⑷に規定する管理支配会社をいう。以下66の６－９の３までにおいて同じ。）が、同号イ⑷に規定する特定子会社（以下66の６－９の３において「特定子会社」という。）の株式等の保有を主たる事業とする外国関係会社の事業計画の策定等を行い、その事業計画に従い裁量をもって事業を執行することをいうのであるが、管理支配会社とは同条第１項各号に掲げる内国法人に係る他の外国関係会社のうち一定の要件を満たすものをいうのであるから、当該管理支配会社と当該外国関係会社との間に直接に株式等を保有する関係がない場合であっても、これに該当する場合があることに留意する。

措置法令第39条の14の３第９項第３号ロ、措置法規則第22条の11第10項第１号及び第20項第１号のその事業の管理、支配及び運営が管理支配会社等によって行われていることについても、同様とする。

（事業の遂行上欠くことのできない機能の意義）

66の6－9の3　措置法令第39条の14の3第8項第2号に規定する「管理支配会社の行う事業（……）の遂行上欠くことのできない機能を果たしていること」とは、特定子会社の株式等の保有を主たる事業とする外国関係会社が存在しないとしたならば、管理支配会社の行う事業の継続に支障をきたすこととなり、かつ、当該事業の継続のために代替する機能が必要となることをいう。

同条第9項第1号イ、同項第3号イ(1)(ii)、同号ハ、措置法規則第22条の11第10項第2号、第14項第1号及び第20項第2号の欠くことのできない機能を果たしていることについても、同様とする。

（株式等の保有を主たる事業とする統括会社の経済活動基準の判定）

66の6－10　措置法第66条の6第2項第3号の規定の適用上、統括会社（措置法令第39条の14の3第20項に規定する統括会社をいう。）に該当する株式等の保有を主たる事業とする外国関係会社が、「その本店所在地国においてその主たる事業（……）を行うに必要と認められる事務所、店舗、工場その他の固定施設を有していること（……）並びにその本店所在地国においてその事業の管理、支配及び運営を自ら行っていること（……）」に該当するかどうかは、当該外国関係会社の行う統括業務を「その主たる事業」として、その判定を行うことに留意する。

措置法令第39条の14の3第32項に規定する「主たる事業」が同項第4号に規定する「主として本店所在地国において行っている場合」に該当するかどうかの判定についても、同様とする。

（被統括会社の事業の方針の決定又は調整に係るものの意義）

66の6－11　措置法令第39条の14の3第17項に規定する「被統括会社の事業の方針の決定又は調整に係るもの（当該事業の遂行上欠くことのできないものに限る。）」とは、被統括会社（同条第18項に規定する被統括会社をいう。以下66の6－12までにおいて同じ。）の事業方針の策定及び指示並びに業務執行の管理及び事業方針の調整の業務で、当該事業の遂行上欠くことのできないものをいう。

（注）　例えば、同条第17項に規定する外国関係会社が被統括会社の事業方針の策定等のために補完的に行う広告宣伝、情報収集等の業務は、「被統括会社の事業の方針の決定又は調整に係るもの」に該当しないことに留意する。

（被統括会社に該当する外国関係会社の経済活動基準の判定）

66の6－12　被統括会社に該当する外国関係会社（特定外国関係会社に該当するものを除く。）が措置法第66条の6第2項第3号に掲げる要件のいずれにも該当する場合には、当該被統括会社は対象外国関係会社に該当せず、同条第1項の規定の適用はないことに留意する。

（注）　当該被統括会社が本店所在地国においてその事業の管理、支配及び運営を自ら行っているかどうかの判定は、66の6－7及び66の6－8の取扱いにより行う。

（被統括会社の事業を行うに必要と認められる者）

66の６－13　措置法令第39条の14の３第18項に規定する「その本店所在地国にその事業を行うに必要と認められる当該事業に従事する者を有する」とは、同項の法人がその事業の内容、規模等に応じて必要な従事者を本店所在地国に有していることをいうのであるから、当該事業に従事する者は当該法人の事業に専属的に従事している者に限られないことに留意する。

（専ら統括業務に従事する者）

66の６－14　措置法令第39条の14の３第20項第２号に規定する「専ら当該統括業務に従事する者……を有している」とは、同項の外国関係会社に同条第17項に規定する統括業務を行う専門部署（以下66の６－14において「統括部署」という。）が存している場合には当該統括部署で当該統括業務に従事する者を有していることをいい、当該外国関係会社に統括部署が存していない場合には当該統括業務に専属的に従事する者を有していることをいう。

（船舶又は航空機の貸付けの意義）

66の６－15　措置法第66条の６第２項第３号イ又は同条第６項第８号の規定の適用上、船舶又は航空機の貸付けとは、いわゆる裸用船（機）契約に基づく船舶（又は航空機）の貸付けをいい、いわゆる定期用船（機）契約又は航海用船（機）契約に基づく船舶（又は航空機）の用船（機）は、これに該当しない。

（全てに従事していることの範囲）

66の６－16　措置法第66条の６第２項第３号イ⑶に規定する「全てに従事している」ことには、外国関係会社の業務の一部の委託（補助業務（広告宣伝、市場調査、専門的知識の提供その他の当該外国関係会社が業務を行う上での補助的な機能を有する業務をいう。）以外の業務の委託にあっては、当該外国関係会社が仕様書等を作成し、又は指揮命令している場合に限る。）が含まれることに留意する。

同項第２号イ⑷、措置法令第39条の14の３第１項各号及び第９項第３号イ⑴（ⅱ）、措置法第66条の６第２項第７号、措置法令第39条の17第３項各号及び第８項第２号並びに措置法第66条の６第６項第２号、第５号及び第８号並びに措置法令第39条の17の３第10項第１号から第３号までに規定する「全てに従事している」こと並びに措置法令第39条の14の３第８項第３号、第９項第３号ニ、措置法規則第22条の11第10項第３号及び第20項第３号に規定する「全てが……行われていること」についても、同様とする。

（事業の判定）

66の６－17　外国関係会社の営む事業が措置法第66条の６第２項第３号ハ⑴又は措置法令第39条の14の３第32項第１号から第３号までに掲げる事業のいずれに該当するかどうかは、原則として日本標準産業分類（総務省）の分類を基準として判定する。

（金融商品取引業を営む外国関係会社が受けるいわゆる分与口銭）

66の６－18　金融商品取引業を営む内国法人に係る外国関係会社で金融商品取引業を営むものが、その本店所在地国においてその顧客から受けた有価証券の売買に係る注文（募集又は売出しに係る有価証券の取得の申込みを含む。以下66の６－18において同じ。）を当該内国法人に取り次いだ場合において、その取り次いだことにより当該内国法人からその注文に係る売買等の手数料（手数料を含む価額で売買が行われた場合における売買価額のうち手数料に相当する部分を含む。）の一部をいわゆる分与口銭として受け取ったときは、その分与口銭は措置法令第39条の14の３第28項第４号に規定する関連者以外の者から受ける受入手数料に該当するものとして取り扱う。

（適用対象金額等の計算）

66の６－19　措置法第66条の６第２項第４号に規定する適用対象金額、同条第７項に規定する部分適用対象金額及び同条第９項に規定する金融子会社等部分適用対象金額並びに措置法令第39条の15第５項に規定する欠損金額、措置法令第39条の17の３第32項に規定する部分適用対象損失額及び措置法令第39条の17の４第10項に規定する金融子会社等部分適用対象損失額は、外国関係会社が会計帳簿の作成に当たり使用する外国通貨表示の金額により計算するものとする。この場合において、例えば措置法第61条の４の規定の例に準じて交際費等の損金不算入額を計算する場合における同条に定める800万円のように、法令中本邦通貨表示で定められている金額については、66の６－４により内国法人が外国関係会社の課税対象金額、部分課税対象金額又は金融子会社等部分課税対象金額の円換算に当たり適用する為替相場により当該本邦通貨表示で定められている金額を当該外国通貨表示の金額に換算した金額によるものとする。

（法人税法等の規定の例に準じて計算する場合の取扱い）

66の６－20　措置法令第39条の15第１項第１号の規定により同項の外国関係会社の適用対象金額につき法及び措置法の規定の例に準じて計算する場合には、次に定めるものは、次によるものとする。

⑴　青色申告書を提出する法人であることを要件として適用することとされている規定については、当該外国関係会社は当該要件を満たすものとして当該規定の例に準じて計算する。

⑵　減価償却費、評価損、圧縮記帳、引当金の繰入額、準備金の積立額等の損金算入又はリース譲渡に係る延払基準による収益及び費用の計上等確定した決算における経理を要件として適用することとされている規定については、当該外国関係会社がその決算において行った経理のほか、内国法人が措置法第66条の６の規定の適用に当たり当該外国関係会社の決算を修正して作成した当該外国関係会社に係る損益計算書等において行った経理をもって当該要件を満たすものとして取り扱う。この場合には、決算の修正の過程を明らかにする書類を当該損益計算書等に添付するものとする。

（注）　当該外国関係会社の決算の修正は、当該外国関係会社に係る内国法人が統一的に行うものとし、個々の内国法人ごとに行うことはできない。

⑶　内国法人が措置法第66条の６の規定の適用に当たり採用した棚卸資産の評価方法、減価償却資産の償却方法、有価証券の一単位当たりの帳簿価額の算出方法等は、同条を適用して最初に提出する確定申告書に添付する当該外国関係会社に係る損益計算書等に付記するものとし、一旦採用したこれらの方法は、特別の事情がない限り、継続して適用するものとする。

（大法人により発行済株式等の全部を保有される場合の適用対象金額の計算）

66の６－21　措置法令第39条の15第１項第１号の規定により同項の外国関係会社の適用対象金額につき本邦法令の規定の例に準じて計算するに当たり、当該外国関係会社の発行済株式等の全部を直接又は間接に保有する者のいずれかに大法人（当該外国関係会社の当該事業年度終了の時における資本金の額又は出資金の額が５億円以上である法人など法第66条第５項第２号の大法人をいう。以下66の６－21において同じ。）が含まれている場合には、当該外国関係会社が中小法人（当該事業年度終了の時における資本金の額又は出資金の額が１億円以下である法人をいう。）に該当するときであっても、措置法第57条の９第１項及び第61条の４第２項の規定の適用はないことに留意する。

当該外国関係会社が、法第２条第12号の７の６に規定する完全支配関係のある複数の大法人に発行済株式等の全部を直接又は間接に保有されている場合についても、同様とする。

（注）１　当該外国関係会社の資本金の額又は出資金の額の円換算については、当該事業年度終了の日の電信売買相場の仲値による。

２　当該外国関係会社の発行済株式等の全部を直接又は間接に保有する者が外国法人である場合において、当該外国法人が大法人に該当するかどうかは、当該外国関係会社の当該事業年度終了の時における当該外国法人の資本金の額又は出資金の額について、当該事業年度終了の日の電信売買相場の仲値により換算した円換算による。

（企業集団等所得課税規定を除いた法令の規定による所得の金額の計算）

66の６－21の２　措置法令第39条の15第２項に規定する「本店所在地国の法人所得税に関する法令の規定（……企業集団等所得課税規定を除く。……）により計算した所得の金額」の計算は、原則として、次に掲げる場合の区分に応じ、それぞれ次に定める計算によることに留意する。

⑴　連結納税規定（措置法令第39条の15第６項第１号に掲げる法令の規定をいう。）の適用を受けている場合

外国関係会社の属する企業集団の所得ではなく当該外国関係会社の所得に対して法人所得税が課されるものとして、当該外国関係会社の本店所在地国の法令の規定（措置法令第39条の15第２項に規定する本店所在地国の法令の規定をいう。以下66の６－21の５までにおいて同じ。）により当該外国関係会社の所得の金額を計算すること。

⑵　パススルー課税規定（措置法令第39条の15第６項第３号に掲げる法令の規定をいう。以下66の６－21の２において同じ。）の適用を受けている場合

パススルー課税規定の適用により外国関係会社の所得がその株主等の所得とされる場合の当

該外国関係会社にあっては、当該外国関係会社の所得を当該外国関係会社の株主等の所得として取り扱わず、当該外国関係会社の所得に対して法人所得税が課されるものとして、当該外国関係会社の本店所在地国の法令の規定により当該外国関係会社の所得の金額を計算すること。

パススルー課税規定の適用により外国法人の所得がその株主等である外国関係会社の所得とされる場合の当該株主等である外国関係会社にあっては、当該外国法人の所得を当該株主等である外国関係会社の所得として取り扱わないものとして、当該株主等である外国関係会社の本店所在地国の法令の規定により当該株主等である外国関係会社の所得の金額を計算すること。

（企業集団等所得課税規定を除いた法令の規定により計算する場合の取扱い）

66の６－21の３　66の６－21の２により計算する場合において、本店所在地国の法令の規定のうち、その適用が法人の選択によること（以下66の６－24の３までにおいて「選択適用」という。）とされているものであっても、措置法令第39条の15第２項第１号に規定する課税標準に含まれないこととされる所得の金額の規定、法第23条、第23条の２、第57条又は第59条の規定に相当する規定など、企業集団等所得課税規定（措置法令第39条の15第６項に規定する企業集団等所得課税規定をいう。以下66の６－31までにおいて同じ。）の適用に当たり選択された規定に相当する規定については、その規定の適用要件等からその外国関係会社が適用を受けることができないものを除き、これらの規定を適用して計算を行うものとする。

（合理的な方法による所得の金額の簡便計算）

66の６－21の４　外国関係会社がその本店所在地国において企業集団等所得課税規定の適用を受けている場合の措置法令第39条の15第２項に規定する「本店所在地国の法令の規定……により計算した所得の金額」の計算については、原則として66の６－21の２の取扱いによることとなるのであるが、企業集団等所得課税規定を除かない本店所在地国の法令の規定により計算された所得の金額の計算の基礎となる書類等に記載された金額を基礎として合理的に算出することができる場合など、所得の金額を計算する方法が合理的と認められるときには、その合理的に算出される所得の金額によることとして差し支えない。

（企業集団等所得課税規定の適用がある場合の個別計算納付法人所得税額等の計算）

66の６－21の５　外国関係会社が企業集団等所得課税規定の適用を受けている場合の措置法令第39条の15第２項第８号に規定する「個別計算納付法人所得税額」の基礎となる所得の金額の計算については、66の６－21の２及び66の６－21の４の取扱いを準用し、当該外国関係会社の本店所在地国の法令の規定等により、その計算された所得の金額から法人所得税の額を計算する。

同項第15号に規定する「個別計算還付法人所得税額」についても、同様とする。

（選択適用の規定がある場合の個別計算納付法人所得税額等の計算）

66の６－21の６　66の６－21の５により計算する場合において、措置法令第39条の15第２項第８号の法人所得税に関する法令の規定（企業集団等所得課税規定を除く。）に税額控除規定（法人所得税の額の計算に当たり算出された税額から一定の金額を控除する規定をいう。以下66の６－24の３において同じ。）のうち選択適用とされているものがあるときは、法第68条又は第69条の規定に相当する規定など、企業集団等所得課税規定の適用に当たり選択された規定に相当する規定については、その規定の適用要件等からその外国関係会社が適用を受けることができない場合を除き、これらを適用して計算を行うものとする。

（無税国の外国関係会社が企業集団等所得課税規定の適用を受ける場合の所得の金額の計算）

66の６－21の７　措置法令第39条の15第６項第２号の法令の規定の適用を受ける外国関係会社（法人の所得に対して課される税が存在しない国又は地域に本店又は主たる事務所を有するものに限る。）にあっては、措置法第66条の６第２項第４号に規定する基準所得金額の計算については、措置法令第39条の15第２項の適用はなく同条第１項により計算することとなり、措置法第66条の６第５項第１号に規定する租税負担割合（以下66の６－25までにおいて「租税負担割合」という。）を算出する場合の措置法令第39条の17の２第２項第１号の所得の金額の計算については、同号イの適用はなく同号ロにより計算することとなることに留意する。

（外国関係会社の事業年度と課税年度とが異なる場合の租税負担割合の計算）

66の６－22　租税負担割合を算出する場合において、外国関係会社の事業年度が措置法令第39条の17の２第２項第１号イに規定する本店所在地国の法令の規定（以下66の６－23において「本店所在地国の法令の規定」という。）における課税年度と異なるときであっても、当該外国関係会社の事業年度につき同項の規定を適用して算出することに留意する。

（課税標準の計算がコストプラス方式による場合）

66の６－23　外国関係会社の本店所在地国の法令の規定により、当該外国関係会社の当該事業年度の決算に基づく所得の金額及び課税標準を算出することに代えて、当該外国関係会社の支出経費に一定率を乗じて計算した金額をもって課税標準とする、いわゆるコストプラス方式により計算することができることとされている場合であっても、措置法令第39条の17の２第２項第１号イに規定する所得の金額は、当該外国関係会社の当該事業年度の決算に基づく所得の金額につき当該本店所在地国の法令の規定を適用して算出することに留意する。

（外国法人税の範囲）

66の６－24　措置法令第39条の17の２第２項第１号イに規定する外国法人税の額には、外国関係会社が法第138条第１項又は所得税法第161条第１項に規定する国内源泉所得に係る所得について課された法人税及び所得税並びに地方法人税及び法第38条第２項第２号に掲げるものの額を含めることができる。

（租税負担割合の計算における企業集団等所得課税規定を除いた法令の規定による所得の金額の計算）

66の6－24の2　措置法令第39条の17の2第2項第1号イの本店所在地国の外国法人税に関する法令の規定から企業集団等所得課税規定を除いた法令の規定（以下66の6－26までにおいて「本店所在地国の法令の規定」という。）による所得の金額の計算については、66の6－21の2及び66の6－21の4の取扱いによる。

（企業集団等所得課税規定の適用がないものとした場合に計算される外国法人税の額の計算）

66の6－24の3　措置法令第39条の17の2第2項第2号に規定する「企業集団等所得課税規定の適用がないものとした場合に計算される外国法人税の額」の計算については、66の6－21の5前段の取扱いによる。この場合において、66の6－21の6の適用に当たっては、選択適用とされている税額控除規定については、任意に選択することができるものとする。

（非課税所得の範囲）

66の6－25　措置法令第39条の17の2第2項第1号イ(1)に規定する「その本店所在地国の法令の規定により外国法人税の課税標準に含まれないこととされる所得の金額」には、例えば、次のような金額が含まれることに留意する。

(1)　外国関係会社の本店所在地国へ送金されない限り課税標準に含まれないこととされる国外源泉所得

(2)　措置法第65条の2の規定に類する制度により決算に基づく所得の金額から控除される特定の取引に係る特別控除額

（注）　国外源泉所得につき、その生じた事業年度後の事業年度において外国関係会社の本店所在地国以外の国又は地域からの送金が行われた場合にはその送金が行われた事業年度で課税標準に含めることとされているときであっても、租税負担割合を算出する場合には、当該国外源泉所得の生じた事業年度の課税標準の額に含めることに留意する。

（外国法人税の額に加算される税額控除額）

66の6－26　措置法令第39条の17の2第2項第3号に規定する「外国関係会社が納付したものとみなしてその本店所在地国の外国法人税の額から控除されるもの」とは、外国関係会社がその本店所在地国以外の国又は地域に所在する子会社（以下66の6－26において「外国子会社」という。）から受ける剰余金の配当、利益の配当又は剰余金の分配（以下66の6－26において「剰余金の配当等」という。）の額がある場合に、本店所在地国の法令の規定により、当該外国子会社の所得に対して課される外国法人税の額のうちその剰余金の配当等の額に対応するものにつき税額控除の適用を受けるときにおける当該外国関係会社が納付したものとみなされる外国法人税の額をいうのであるが、当該外国子会社の所得に対して課される外国法人税の額には、当該外国子会社が当該事業年度においてその本店所在地国以外の国又は地域において軽減され、又は免除された外国法人税の額で、租税条約の規定により当該外国子会社が納付したものとみなされるものは含まれないことに留意する。

（複数税率の場合の特例の適用）

66の６－27　その本店所在地国の外国法人税の税率が所得の額に応じて高くなる場合に措置法令第39条の17の２第２項第４号の規定が適用されるのであるから、法人の所得の区分に応じて税率が異なる場合には、同号の規定は適用されないことに留意する。

（特定所得の金額に係る源泉税等）

66の６－28　措置法第66条の６第６項第１号から第４号まで及び同項第８号から第10号まで並びに措置法令第39条の17の３第16項第１号に規定する「直接要した費用の額」には、措置法第66条の６第６項に規定する特定所得の金額に係る源泉税等（令第141条第２項第３号に掲げる税及びこれに附帯して課される法第２条第41号に規定する附帯税に相当する税その他当該附帯税に相当する税に類する税をいう。）の額が含まれることに留意する。

（自ら行った研究開発の意義）

66の６－29　措置法令第39条の17の３第22項第１号に規定する「部分対象外国関係会社が自ら行った研究開発」には、同号の部分対象外国関係会社が他の者に研究開発の全部又は一部を委託などして行う研究開発であっても、当該部分対象外国関係会社が自ら当該研究開発に係る企画、立案、委託先への開発方針の指示、費用負担及びリスク負担を行うものはこれに該当することに留意する。

（課税対象金額等に係る外国法人税額の計算）

66の６－30　措置法第66条の７第１項の規定を適用する場合における措置法令第39条の18第３項の規定による課税対象金額、同条第４項の規定による部分課税対象金額又は同条第５項の規定による金融子会社等部分課税対象金額に係る控除対象外国法人税の額の計算並びに同条第10項の規定による減額されたとみなされる控除対象外国法人税の額の計算は、その外国関係会社がその会計帳簿の作成に当たり使用する外国通貨表示の金額により行うものとし、その計算されたこれらの控除対象外国法人税の額の円換算については、66の６－４に準ずる。

（企業集団等所得課税規定の適用がないものとした場合に計算される個別計算外国法人税額の計算）

66の６－31　外国関係会社が企業集団等所得課税規定の適用を受けている場合の措置法令第39条の18第１項に規定する「個別計算外国法人税額」の計算については、66の６－21の５前段の取扱いによる。

〔索　　引〕

〔み〕

〔む〕

〔や〕

〔ゆ〕

〔ら〕

〔り〕

〔れ〕

【著者紹介】

望月文夫（もちづきふみお）

1957年神奈川県生まれ。神奈川県立外語短期大学付属高等学校卒業、明治大学法学部卒業、明治大学大学院経営学研究科博士後期課程修了、博士（経営学）。
東京国税局、国税庁、上武大学ビジネス情報学部教授などを経て、現在、青山学院大学大学院特任教授、税理士（松岡・大江税理士法人）、企業税務研究部会研究協力委員など。主要著書等に『図解　国際税務（平成20年～）』（大蔵財務協会）、『日米移転価格税制の制度と適用—無形資産取引を中心に—』（大蔵財務協会。第17回租税資料館賞受賞）、『国際税務基本500語辞典』（大蔵財務協会）、『2020年版詳解国際税務』（清文社、共著）など多数。

本書についてお気づきの点などあれば、ご自由に下記からご意見・ご質問をお寄せください。
http://www.facebook.com/MochizukiFumio

令和５年版
タックス・ヘイブン税制の実務と申告

令和５年11月28日　初版印刷
令和５年12月13日　初版発行

著者　望　月　文　夫

（一財）大蔵財務協会 理事長
発行者　木　村　幸　俊

発行所　一般財団法人　大蔵財務協会
〔郵便番号　130-8585〕
東京都墨田区東駒形１丁目14番１号
（販　売　部）TEL03(3829)4141・FAX03(3829)4001
（出版編集部）TEL03(3829)4142・FAX03(3829)4005
https://www.zaikyo.or.jp

乱丁、落丁の場合は、お取替えいたします。
印刷・㈱恵友社
ISBN978-4-7547-3180-9